Friedrich L. Ekey

Grundriss des Wettbewerbs- und Kartellrechts

Friedrich L. Ekey

Grundriss des Wettbewerbs- und Kartellrechts

Mit Grundzügen des Marken-, Domain- und Telekommunikationsrechts

4., neu bearbeitete und erweiterte Auflage

CFM C.F. Müller

Friedrich L. Ekey, Prof. Dr. jur., Rechtsanwalt, Honorarprofessor für Wirtschaftsrecht an der Rheinischen Fachhochschule in Köln, zahlreiche Veröffentlichungen, u.a. Mitherausgeber und Mitautor des Heidelberger Kommentars zum Wettbewerbsrecht, 2. Aufl. 2005, Mitherausgeber und Mitautor des Heidelberger Kommentars zum Markenrecht, 2. Aufl. 2009, sowie Vorträge, Seminare und Artikel.

Manuel Jansen, Rechtsanwalt, Mitautor des Heidelberger Kommentars zum Wettbewerbsrecht, 2. Aufl. 2005, Mitautor des Heidelberger Kommentars zum Markenrecht, 2009, sowie weiterer Vorträge, Seminare und Artikel.

Bibliografische Information der Deutschen Nationalbibliothek

Die Deutsche Nationalbibliothek verzeichnet diese Publikation in der Deutschen Nationalbibliografie; detaillierte bibliografische Daten sind im Internet über <http://dnb.d-nb.de> abrufbar.

Bei der Herstellung des Werkes haben wir uns zukunftsbewusst für umweltverträgliche und wiederverwertbare Materialien entschieden. Der Inhalt ist auf elementar chlorfreiem Papier gedruckt.

ISBN 978-3-8114-9452-7

E-Mail: kundenservice@hjr-verlag.de

Telefon: +49 6221/489-555
Telefax: +49 6221/489-410

www.cfmueller-campus.de
www.hjr-verlag.de

Satz: Gottemeyer, Rot
Druck: Westermann Druck Zwickau

Vorwort

Das Wettbewerbs- und Kartellrecht und damit eingeschlossen das Marken- und das Telekommunikationsrecht erfahren weiterhin einen nicht unerheblichen Bedeutungszuwachs. Die Entwicklung wurde und wird einerseits begleitet und andererseits auch forciert durch die Prägung ganzer Rechtsgebiete durch das sog. europäische Recht, d.h. das Recht der Europäischen Gemeinschaft. Die deutschen Universitäten und Fachhochschulen reagierten auf diese Entwicklung zu Recht mit einer entsprechenden Ausweitung ihrer Lehrangebote.

Das nunmehr in 4. Auflage vorliegende Kurzlehrbuch „Wettbewerbs- und Kartellrecht" wendet sich in diesem Zusammenhang zunächst an die mit diesem Stoff befassten Studenten zur zügigen Einarbeitung in die Materie, an Fortgeschrittene zur Wiederholung des examensrelevanten Stoffes und schließlich auch an Praktiker zur raschen Orientierung.

Die vielen im Text enthaltenen Beispielsfälle sollen Gelegenheit geben, am konkreten Sachverhalt das Gelernte einzuüben.

Verfasser der Teile G (Domainrecht), H (Telekommunikationsrecht) und I (Telekommunikationsrecht) ist Herr Rechtanwalt *Manuel Jansen*, wobei bis zur 3. Auflage den Teil H Herr Dr. *Ralf Schneider* verantwortete. Die Teile A bis G verfasste der Unterzeichner.

Der Bearbeitung liegt der jeweilige Stand der höchstrichterlichen Rechtsprechung zugrunde. Literaturhinweise erfolgen nur, wenn sie für das konkrete Verständnis oder die Orientierung im Stoff unverzichtbar erscheinen.

Der vorliegende Grundriss sieht sich in der Tradition der Reihe „Schäfers Grundriss" und „Schäfers Rechtsfälle", die sich seit Jahrzehnten als Ausbildungsmittel für Juristen bewährt haben.

Der Autor dankt an dieser Stelle neben dem Verlag und seinem Sekretariat auch Herrn Rechtsanwalt *Volker Ekey*, Köln, für die teilweise Bearbeitung der Fallbeispiele sowie des Prüfungsschemas.

Köln, im März 2013 *Friedrich L. Ekey*

Inhaltsverzeichnis

Vorwort V
Abkürzungsverzeichnis XVII
Literaturverzeichnis XXIII

A. Einleitung 1

B. Das Wettbewerbs- und Kartellrecht als Begriff 4

I. Funktionen des Wettbewerbsrechts 4

II. Wettbewerbsrecht im weiteren Sinn 5

III. Wettbewerbsrecht im engeren Sinn 6

IV. Fehlende gesetzliche Definition des Wettbewerbs 7

C. Die Entstehung des Wettbewerbs- und Kartellrechts in Deutschland 9

I. Zur Historie des Wettbewerbsrechts im weiteren Sinn 9

II. Zur Geschichte des Kartellrechts 11

D. Europarechtliche Grundlagen des Wettbewerbs- und Kartellrechts 13

E. Das Gesetz gegen den unlauteren Wettbewerb 16

I. Die Europäisierung des Unlauterkeitsrechts 16
1. Allgemeines 16
2. Einzelne Richtlinien 17
a) Die europäische Richtlinie über die vergleichende Werbung 17
b) Die europäische Richtlinie gegen irreführende Werbung 18
3. Die europäische Richtlinie über unlautere Geschäftspraktiken 20
a) Zweck der Richtlinie 20
b) Einzelheiten der Richtlinie 20
aa) Verbot unlauterer Geschäftspraktiken 20
bb) Irreführende Unterlassungen 24
cc) Aggressive Geschäftspraktiken 25
c) Ausblick 25

II. Die Änderungen im UWG aus dem Jahr 2004 25
1. Allgemeine Ziele 25
2. Widerspruch zwischen Liberalisierung und Verbraucherschutz 26
3. Die geschützten Verbraucherinnen und Verbraucher 26
4. Kodifizierung der zum „alten" UWG entwickelten Fallgruppen sowie des Instituts der Abmahnung 26
5. Abschaffung des Anspruchs auf die öffentliche Bekanntmachung bloß vorläufig vollstreckbarer Unterlassungsurteile 27
6. Kein Rücktrittsrecht des Verbrauchers mehr bei strafbarer Irreführung 27
7. Abschaffung des Sonderveranstaltungsrechts 27
8. Ablehnung allgemeiner Informationspflichten 27
9. Aufhebung weiterer Verbote 28

III. Übersicht über die Vorschriften des UWG 28

IV. Die durch das UWG geschützten Rechtsgüter 29

V. Kein Schutz des einzelnen Verbrauchers nach dem UWG 30

VI. Wichtige Grundbegriffe gem. § 2 UWG 31
1. Konzeption der Vorschrift 31
2. Begriff der geschäftlichen Handlung in § 2 Abs. 1 Nr. 1 UWG 31
3. Begriff der Marktteilnehmer in § 2 Abs. 1 Nr. 2 UWG 33
4. Begriff der Mitbewerber in § 2 Abs. 1 Nr. 3 UWG 33
a) Allgemeines 33
b) Konkretes Wettbewerbsverhältnis 33
5. Begriff der Nachricht in § 2 Abs. 1 Nr. 4 UWG 34
6. Verhaltenskodex in § 2 Abs. 1 Nr. 5 UWG 35
7. Begriff des Unternehmers in § 2 Abs. 1 Nr. 6 UWG 35
8. Begriff der fachlichen Sorgfalt in § 2 Abs. 1 Nr. 7 UWG 37
9. Der Verbraucher in § 2 Abs. 2 UWG 37
a) Der Begriff des Verbrauchers 37
b) Das Verbraucherleitbild 38
aa) Das Verbraucherleitbild des EuGH 38
bb) Das Verbraucherleitbild des BGH 39
(1) Bis zur Orientteppichmusterentscheidung 39
(2) Das neue Verbraucherleitbild 40
cc) Stellungnahme 41

VII. Das UWG und die Grundrechte 41
1. Allgemeine Grundsätze 41
2. Die Benetton-Judikatur des Bundesverfassungsgerichts 42
a) Die erste Benetton-Entscheidung des BGH 43
b) Die erste Benetton-Entscheidung des BVerfG 44
c) Das Benetton-Urteil des BGH vom 6.12.2001 46
d) Der zweite Benetton-Beschluss des BVerfG 47
e) Ausblick 47

aa) Zu den Differenzen zwischen dem BVerfG und dem BGH ... 47
bb) Die Verletzung der Menschenwürde durch Werbung 48
3. Die Entscheidung des BGH „Gastro-Kritiker" 49
4. Die Bedeutung der Berufsfreiheit 50

VIII. Verbot unlauterer geschäftlicher Handlungen nach § 3 UWG 51
1. Die Funktion von § 3 UWG 51
a) Allgemeines 51
b) Aufbauhinweise 52
2. Der Vorwurf der Unlauterkeit 53
3. Kein Subjektiver Tatbestand mehr erforderlich 53
4. Die Eignung zur spürbaren Beeinträchtigung der Interessen von Mitbewerbern, Verbrauchern oder sonstigen Marktteilnehmern 53
5. Die wettbewerbswidrige Marktstörung 55
6. Die fachliche Sorgfalt nach § 3 Abs. 2 UWG 56
7. Unzulässigkeit der im Anhang dieses Gesetzes aufgeführten geschäftlichen Handlungen gegenüber Verbrauchern 57

IX. Die in § 4 UWG genannten Beispiele unlauterer geschäftlicher Handlungen 57
1. Einführung 57
2. Die Unlauterkeit gem. § 4 Nr. 1 UWG 58
a) Ausübung von Druck 58
b) In menschenverachtender Weise 59
c) Sonstiger unangemessener unsachlicher Einfluss 59
3. Ausnutzen der geistigen oder körperlichen Gebrechen von Verbrauchern, des Alters, der geschäftlichen Unerfahrenheit, der Leichtgläubigkeit, der Angst oder der Zwangslage von Verbrauchern gem. § 4 Nr. 2 UWG 63
a) Nr. 28 der Anlage zu § 3 UWG 63
b) Einzelheiten zum Tatbestand des § 4 Nr. 2 UWG 63
4. Getarnte Werbung gem. § 4 Nr. 3 UWG 65
5. Nicht klare und nicht eindeutige Bedingungen bei Verkaufsförderungsmaßnahmen gem. § 4 Nr. 4 UWG 66
6. Gebot der Transparenz bei Preisausschreiben und Gewinnspielen gem. § 4 Nr. 5 UWG 67
7. Kopplung von Geschäften bei Preisausschreiben oder Gewinnspielen gem. § 4 Nr. 6 UWG 68
8. Geschäftsehrverletzungen gem. § 4 Nr. 7 UWG 69
9. Unwahre Tatsachenbehauptungen gem. § 4 Nr. 8 UWG 70
10. Anbieten einer Nachahmung der Waren oder Dienstleistungen eines Mitbewerbers gem. § 4 Nr. 9 UWG 71
a) Allgemeine Grundsätze 72
b) Vermeidbare Herkunftstäuschung nach § 4 Nr. 9a UWG 72
c) Unangemessene Ausnutzung oder Beeinträchtigung der Wertschätzung der nachgeahmten Ware oder Dienstleistung nach § 4 Nr. 9b UWG 74

d) Unredliche Erlangung der Kenntnisse oder Unterlagen nach § 4 Nr. 9c UWG ... 75
11. Gezielte Behinderung von Mitbewerbern gem. § 4 Nr. 10 UWG ... 75
12. Vorsprung durch Rechtsbruch gem. § 4 Nr. 11 UWG ... 76

X. Die irreführenden geschäftlichen Handlungen nach § 5 UWG ... 78
1. Irreführende geschäftliche Handlungen gegenüber Verbrauchern gemäß der Anlage zu § 3 Abs. 3 UWG ... 78
2. Struktur von § 5 UWG, Prüfungsreihenfolge ... 79
3. Irreführende geschäftliche Handlung, Begriff der Werbung ... 80
4. Werbung gegenüber Verbrauchern ... 81

XI. Die in § 5 Abs. 1 Satz 1 UWG enthaltenen Kriterien ... 81
1. Irreführende geschäftliche Handlungen ... 81
a) Die deutsche Rechtsprechung zur Irreführung im Spannungsfeld der Rechtsprechung des EuGH ... 81
b) Objektiv zutreffende Werbeangaben ... 82
c) Irreführende geschäftliche Handlungen ... 82
d) Wegfall eines Irreführungsbesitzstandes durch die Änderung wesentlicher Bedingungen ... 84
e) Missverständliche, verunsichernde, übertriebene Werbeaussagen 84
f) Getarnte Werbung ... 84
g) Die Feststellung des Vorliegens irreführender Angaben nach Maßgabe der Verkehrsauffassung ... 85
h) Die Einholung eines Meinungsumfragegutachtens ... 85
2. Angaben ... 85
a) Weiter Begriff ... 86
b) Angaben als mitgeteilter Sachverhalt oder Meinungsäußerung ... 86
c) Bloße Kaufappelle, nichtssagende Anpreisungen ... 87
d) Verwendung von Symbolen und Zeichen ... 87
e) Äußerungen Dritter, anlehnende Werbung ... 87
f) Firmierungen und markenrechtliche Bezeichnungen ... 88
3. Die in § 5 Abs. 1 Satz 2 UWG enthaltene allgemeine Regelung ... 88
4. Irreführende Angaben über die in § 5 Abs. 1 Satz 2 Nr. 1 UWG aufgeführten Umstände ... 88
a) Merkmale der Waren oder Dienstleistungen ... 89
b) Verfügbarkeit ... 89
c) Einzelne in § 5 Abs. 1 Satz 2 Nr. 1 UWG aufgeführte Merkmale ... 90
5. Zwecktauglichkeit ... 90
6. Verwendungsmöglichkeit ... 91
7. Menge ... 91
8. Beschaffenheit ... 91
9. Die geografische Herkunft ... 92
10. Die von der Verwendung zu erwartenden Ergebnisse ... 92
11. Ergebnisse und wesentliche Bestandteile von Tests der Waren oder Dienstleistungen ... 93

12. Die in § 5 Abs. 1 Satz 2 Nr. 2 UWG aufgeführten Angaben 94
    a) Der Anlass des Verkaufs 94
    b) Die Werbung mit dem Preis und dem Preisvorteil 94
    c) Die Bedingungen, unter denen die Waren geliefert oder die Dienstleistungen erbracht werden 97
13. Die in § 5 Abs. 1 Satz 2 Nr. 3 UWG aufgeführten Angaben 97
    a) Die geschäftlichen Verhältnisse 97
    b) Die Identität 99
    c) Die Eigenschaften und die Rechte des Unternehmens 99
    d) Das Vermögen des Unternehmers 99
    e) Die geistigen Eigentumsrechte des Unternehmers 99
    f) Die Befähigung des Unternehmers 100
    g) Die Auszeichnungen und Ehrungen des Unternehmers 100
14. Aussagen oder Symbole im Zusammenhang mit Sponsoring oder die sich auf eine Zulassung des Unternehmers oder der Waren oder Dienstleistungen beziehen 101
15. Irreführung über die Notwendigkeit einer Leistung, eines Ersatzteils, eines Austausches oder einer Reparatur 101
16. Irreführung über die Einhaltung eines Verhaltenskodexes 102
17. Irreführung über Rechte des Verbrauchers 102

XII. Angaben im Rahmen vergleichender Werbung sowie bildliche Darstellungen und sonstige Veranstaltungen nach § 5 Abs. 2 und 3 UWG 102

XIII. Werbung mit der Herabsetzung eines Preises 103
1. Gegenstand der Irreführung 103
2. Beweislast 104

XIV. Werbung für nicht ausreichend vorrätige Ware nach Nr. 5 des Anhangs zu § 3 III UWG 104
1. Allgemeines 104
2. Vorhaltung der Ware 105
3. Angemessene Ware zur Befriedigung der zu erwartenden Nachfrage 105

XV. Irreführung durch Unterlassen nach § 5a UWG 106
1. Die Bedeutung des Verschweigens einer Tatsache für die Entscheidung zum Vertragsschluss nach § 5 Abs. 1 UWG 106
2. Die Irreführung durch Unterlassen nach § 5a Abs. 2 UWG 107
3. Die Verletzung von Informationspflichten nach § 5a Abs. 3 und 4 UWG 107

XVI. Vergleichende Werbung 108
1. Bedeutung von § 6 UWG 108
2. Prüfung eines Anspruchs nach § 6 UWG 109
3. Die Fallgruppen des § 6 Abs. 2 UWG 110
    a) Die Regelung in § 6 Abs. 2 Nr. 1 UWG 110

b) Pflicht zur Objektivität nach § 6 Abs. 2 Nr. 2 UWG 111
c) Das Verwechslungsverbot in § 6 Abs. 2 Nr. 3 UWG 112
d) Die Ausnutzung der Wertschätzung nach § 6 Abs. 2 Nr. 4 UWG .. 112
e) Die Herabsetzung oder Verunglimpfung nach § 6 Abs. 2 Nr. 5 UWG 112

XVII. Unzumutbare Belästigungen nach § 7 UWG 113
1. Systematik 113
2. Das Verbot der unzumutbaren Belästigungen in § 7 Abs. 1 UWG ... 113
3. Die in § 7 UWG aufgeführten Fallgruppen, in denen eine unzumutbare Belästigung insbesondere anzunehmen ist 114
a) Werbung gegen den erkennbaren Willen des Umworbenen nach § 7 Abs. 1 S. 2 UWG 114
b) Die Werbung mit den in § 7 Abs. 2 Nr. 1 UWG aufgeführten Kommunikationsmitteln 114
c) Telefonwerbung gegenüber Verbrauchern und sonstigen Marktteilnehmern nach § 7 Abs. 2 Nr. 2 UWG 115
d) Werbung mit automatisierten Vorrichtungen ohne Einwilligung des Adressaten nach § 7 Abs. 2 Nr. 3 UWG 116
e) Verschleierung oder Verheimlichung des Absenders nach § 7 Abs. 2 Nr. 4 UWG 117
f) Ausnahme der unzumutbaren Belästigungen 117
g) Die Ordnungswidrigkeit der unzumutbaren Belästigung nach § 20 UWG 117

XVIII. Rechtsfolgen unzulässigen unlauteren Wettbewerbs 118
1. Zivilrechtliche Ansprüche 118
a) Berechtigung zur Geltendmachung der Ansprüche nach dem UWG 118
b) Die Ansprüche auf Beseitigung und Unterlassung nach § 8 Abs. 1 UWG 118
c) Exkurs: Schema der Prüfung eines Unterlassungsanspruches gem. § 8 UWG anhand eines konkreten Sachverhalts (Plakatwand) 119
d) Der Schadensersatzanspruch 123
e) Der Gewinnabschöpfungsanspruch in § 10 UWG 123
f) Der Anspruch auf Erstattung der Abmahnkosten nach § 12 Abs. 1 S. 2 UWG 124
g) Die Verjährung nach § 11 UWG 124
h) Gerichtliche und außergerichtliche Rechtsbehelfe 125
aa) Abmahnung 125
bb) Strafbewehrte Unterlassungserklärung 126
cc) Einstweilige Verfügung auf Unterlassung und/oder Beschlagnahme 127
dd) Hauptsacheklage 129
ee) Das wettbewerbsrechtliche Abschlussschreiben 129

i) Die Anspruchsdurchsetzung vor den Einigungsstellen 130
2. Strafvorschriften 130

F. Das System des europäischen und deutschen Markenrechts 132

I. Einleitung 132

II. Der Begriff und die Bedeutung des Kennzeichenrechts 132

III. Zur Geschichte des Markenrechts 133

IV. Grundzüge des Markenschutzes 134
1. Die nationale Marke 135
a) Als Marke schutzfähige Zeichen 135
b) Entstehung des Markenschutzes 136
aa) Die Registermarke 136
bb) Die Benutzungsmarke 138
cc) Die Notorietätsmarke 139
c) Der Schutz geschäftlicher Bezeichnungen 139
d) Der Schutz geografischer Herkunftsangaben 140
aa) Allgemeines 140
bb) Definition der geografischen Herkunftsangaben in § 126 MarkenG 140
cc) Schutzinhalt 141
dd) Ansprüche wegen Verletzung 142
ee) Schutz von geografischen Angaben und Ursprungsbezeichnungen gemäß der Verordnung (EG) Nr. 510/2006 .. 142
2. Zeichenrechtsverletzungen 143
a) Grundsätzliches 143
b) Konkurrenzen 144
c) Weitere Sanktionen 145
3. Die Gemeinschaftsmarke 145
4. Die internationale Registrierung von Marken nach dem Madrider Markenabkommen und nach dem Protokoll zum Madrider Markenabkommen 146

G. Domainrecht 147

I. Einleitung 147

II. Die Domain 147
1. Der Domain-Name 147
a) Top Level Domains 148
b) Second Level Domains 149
c) Sub Level Domains 150
2. Die Funktion der Domain 150
3. Eigentumsfähigkeit 151

III. Ansprüche aus dem Namensrecht 151
1. Schutzbereich 151
2. Schutzumfang 152
3. Recht der Gleichnamigen 155

IV. Ansprüche aus dem Markenrecht 155
1. Verwechslungsgefahr von Domainbezeichnungen 155
a) Entstehung der geschützten Marke 156
b) Verwendung des Verletzerzeichens 156
c) Verwechslungsgefahr 158
aa) Zeichenähnlichkeit 158
bb) Waren- oder Dienstleistungsähnlichkeit 160
d) Maßgeblicher Zeitpunkt 160
e) Keine eigenen Markenrechte des Domaininhabers 161
2. Verwendung einer bekannten Marke als Domain 161
3. Schutz von Werktiteln 162
4. Schutz von Domains 163

V. Ansprüche aus dem Wettbewerbsrecht 165
1. Domaingrabbing 165
2. Irreführende Angaben 165
3. Kanalisierung von Handelsströmen 167
4. Behinderungswettbewerb 167

VI. Verfahrensfragen 168
1. Richtiger Anspruchsgegner 168
2. Dispute-Eintrag (früher: Wait-Eintrag) 170
3. Unmittelbarer Herausgabeanspruch 171
4. Negative Feststellungsklage 171
5. Vollstreckbarkeit 171
6. Pfändbarkeit von Domains 172
7. ICANN-Verfahren und ADR-Verfahren 172
a) ICANN-Verfahren 172
b) ADR-Verfahren 173
c) Dispute Resolution Procedure/Trademark Post-Delegation Dispute 173
8. Strafrecht 173

H. Kartellrecht 174

Einleitung 174

I. Die Bedeutung des EU-Rechts 174
1. Der EG-Vertrag 174
a) Allgemeines 174
b) Art. 101 AEUV (ex Art. 81 EGV) 175
c) Art. 102 AEUV (ex Art. 82 EGV) 177
d) Die VO Nr. 1/2003 vom 16.12.2002 178

e) Die Freistellung vom Kartellverbot nach Art. 101 AEUV (ex Art. 81 EGV) 178
aa) Die Bedeutung von vertikalen Beschränkungen und Vertriebswegen 178
bb) Die GVO 330/2010 179
f) Europäische Fusionskontrollverfahren 180
aa) Die Umsatzschwellen in Art. 1 Abs. 2 FKVO 180
bb) Die Beurteilung von Zusammenschlüssen nach Art. 2 FKVO . 181
g) Vorrang des europäischen Kartellrechts 182
h) Grundlagen des Vergaberechts 182
2. Das GWB als „Kartellrecht in Deutschland" 183
a) Die 7. Novelle des GWB 183
b) Die 8. Novelle des GWB 184

II. Der Regelungsgehalt des GWB 185
1. Zur Funktion des Kartellrechts 185
2. Das Verbot wettbewerbsbeschränkender Vereinbarungen 186
a) Allgemeines 186
b) Das Wettbewerbsverbot als gesetzliches Verbot nach § 134 BGB 186
c) Das in § 1 GWB ungeschriebene Tatbestandsmerkmal der Spürbarkeit 186
d) Die Wettbewerbsbeschränkung 187
e) Handeln von Unternehmen 188
f) Weiter Anwendungsbereich von § 1 GWB 189
g) Die in § 1 GWB sanktionierten Verhaltensweisen 190
aa) Vereinbarungen zwischen Unternehmen 190
bb) Beschlüsse von Unternehmensvereinigungen 191
cc) Abgestimmte Verhaltensweisen 191
dd) Bewirkte oder gar bezweckte Wettbewerbsbeschränkung ... 192
ee) Relevanter Markt 193
3. Vom Verbot des § 1 GWB freigestellte Vereinbarungen nach § 2 GWB 194
4. Freistellung von Mittelstandskartellen nach § 3 GWB 195
5. Marktbeherrschung, wettbewerbsbeschränkendes Verhalten 196
a) Marktbeherrschende Stellung 196
aa) Allgemeines 196
bb) Das Verbot im § 19 Abs. 1 GWB 196
cc) Die gesetzliche Definition der Marktbeherrschung 196
dd) Beispiele des Missbrauchs 198
b) Diskriminierungsverbot, Verbot unbilliger Behinderungen 199
aa) Allgemeines Behinderungsverbot in Art. 20 Abs. 1 GWB 199
bb) Behinderungsverbot für nicht marktbeherrschende Unternehmen 200
cc) Fassung des § 20 Abs. 4 GWB a.F. ab dem 1.1.2013 bis zur 8. Novelle des GWB 201
dd) Aktuelle Fassung des § 20 Abs. 3 GWB 202
ee) Die Regelung in § 20 Abs. 4 GWB 202

ff) Aufnahmezwang nach § 20 Abs. 5 GWB 202
c) Boykottverbot, Verbot sonstigen wettbewerbsbeschränkenden Verhaltens 203
6. Wettbewerbsregeln 203
7. Sonderregeln für bestimmte Wirtschaftsbereiche 204
a) Landwirtschaft 204
b) Energiewirtschaft 204
c) Preisbindung für Zeitungen und Zeitschriften 205
d) Verträge der Wasserwirtschaft 205
8. Befugnisse der Kartellbehörden 206
9. Sanktionen 206
a) Die zivilrechtlichen Anspruchsgrundlagen in § 33 GWB 206
b) Abschöpfung des wirtschaftlichen Vorteils 207
c) Vorteilsabschöpfung durch Verbände 207
d) Bußgeldverfahren 208
10. Zusammenschlusskontrolle 208
11. Monopolkommission 210
12. Verfahren vor den Kartellbehörden 210
13. Öffentliches Vergaberecht 211
a) Bedeutung 212
b) Allgemeine Grundsätze 213
c) Verfahren unterhalb der Schwellenwerte 215
d) Verfahren oberhalb der Schwellenwerte 218
e) Beschleunigung von Investitionen durch Vereinbarung der Vergabeverfahren 221

I. Telekommunikationsrecht 222

I. Einleitung/Rückblick 222

II. Die Regulierungsbehörde 226

III. Verfahren der Marktregulierung/Marktdefinition und Marktanalyse 228
1. Allgemeines 228
2. Zugangsregulierung unabhängig von der Marktmacht der Betreiber 231
3. Zugangsregulierung gegenüber Betreibern mit beträchtlicher Marktmacht 232
4. Funktionelle Trennung vertikal integrierter Unternehmen und Netzneutralität 235

IV. Die Entgeltregulierung 236

V. Besondere Missbrauchsaufsicht 238

Stichwortverzeichnis 241

Abkürzungsverzeichnis

a.A.	andere(r) Ansicht
a.a.O	an angegebenen Ort
abgedr.	abgedruckt
Abk.	Abkommen
ABl	Amtsblatt
ABlEG	Amtsblatt der Europäischen Gemeinschaften
Abs.	Absatz
Abschn.	Abschnitt
a.E.	am Ende
ÄndG	Änderungsgesetz
a.F.	alte Fassung
AG	Amtsgericht; Aktiengesellschaft; Die Aktiengesellschaft (Zeitschrift); Ausführungsgesetz
AGB	Allgemeine Geschäftsbedingungen
allg.	allgemein
Alt.	Alternative
a.M.	andere(r) Meinung
amtl.	amtlich
Anh.	Anhang
Anm.	Anmerkung
Art.	Artikel
Aufl.	Auflage
Az.	Aktenzeichen
Bd.	Band
Bearb.	Bearbeiter, Bearbeitung
bearb.	bearbeitet
Begr.	Begründung
Beschl.	Beschluss
betr.	betreffend
BGB	Bürgerliches Gesetzbuch
BGBl	Bundesgesetzblatt
BGH	Bundesgerichtshof
BGHZ	Amtliche Sammlung der Entscheidungen des BGH in Zivilsachen
BKA	Bundeskartellamt
BKartBeh	Bundeskartellbehörde
BlPMZ	Blatt für Patente, Muster und Zeichenwesen
BMJ	Bundesministerium der Justiz
BNetzA	Bundesnetzagentur für Elektrizität, Gas, Telekommunikation, Post und Eisenbahnen
BPatG	Bundespatentgericht
BPatGE	Entscheidungen des Bundespatentgerichts
BPatGebG	Bundespatentgebührengesetz
BR-Drucks	Bundesratsdrucksache
BReg	Bundesregierung
BSG	Bundessozialgericht
BT-Drucks	Bundestagsdrucksache

Buchst.	Buchstabe
BVerfG	Bundesverfassungsgericht
BVerfGE	Entscheidungen des BVerfG
BVerwG	Bundesverwaltungsgericht
bzgl.	bezüglich
bzw.	beziehungsweise
ca.	circa
CuR/CR	Computer und Recht (Zeitschrift
DB	Der Betrieb (Zeitschrift)
DENIC	Deutsche Vergabestelle für Internet-Adressen
ders.	derselbe
d.h.	das heißt
dies.	dieselbe/n
DJ	Deutsche Justiz (Zeitschrift)
DJZ	Deutsche Juristen-Zeitung
DPMA	Deutsches Patent- und Markenamt
DRZ	Deutsche Rechts-Zeitschrift
DVO	Durchführungsverordnung
ECRL	E-Commerce-Richtlinie
EG	Einführungsgesetz; Europäische Gemeinschaften
EGG	Elektronischer Geschäftsverkehrgesetz
EGMR	Entscheidungen des Europäischen Gerichtshofs für Menschenrechte
EGV	Vertrag zur Gründung der Europäischen Gemeinschaft
EGVN	EU-Vertrag von Nizza
Einf.	Einführung
EinigungsV	Einigungsvertrag
Einl.	Einleitung
EIPR	European Intellectual Property Review
ELR	European Law Reporter
Entsch.	Entscheidung
entspr.	entsprechend
etc.	et cetera
EU	Europäische Union
EuG	Gericht 1. Instanz der Europäischen Gemeinschaften
EuGH	Gerichtshof der Europäischen Gemeinschaften
EuGHE	Sammlung der Entscheidungen des EuGH
EuGVÜ	Europäisches Übereinkommen über die gerichtliche Zuständigkeit und Vollstreckung gerichtlicher Entscheidungen in Zivil- und Handelssachen
EuGVV	Verordnung über die gerichtliche Zuständigkeit und die Anerkennung und Vollstreckung von Entscheidungen in Zivil- und Handelssachen
EuZW	Europäische Zeitschrift für Wirtschaftsrecht
e.V.	eingetragener Verein
evtl.	eventuell
EWiR	Entscheidungen zum Wirtschaftsrecht
EWS	Europäisches Wirtschafts- und Steuerrecht (Zeitschrift)
f.	folgende
ff.	fortfolgende
Fn.	Fußnote
FS	Festschrift
FVSt	Fernvermittlungsstelle

GBl	Gesetzblatt
GbR	Gesellschaft bürgerlichen Rechts
GebrMG	Gebrauchsmustergesetz
gem.	gemäß
GeschmMG	Geschmacksmustergesetz
GG	Grundgesetz
ggf.	gegebenenfalls
GGV	Verordnung über das Gemeinschaftsgeschmacksmuster
GKG	Gerichtskostengesetz
GmbH	Gesellschaft mit beschränkter Haftung
GMV	Gemeinschaftsmarkenverordnung
GoA	Geschäftsführung ohne Auftrag
grds.	grundsätzlich
GRUR	Gewerblicher Rechtsschutz und Urheberrecht (Zeitschrift)
GRURAusl	Gewerblicher Rechtsschutz und Urheberrecht, Auslands- und internationaler Teil (1952–1969)
GRURInt	Gewerblicher Rechtsschutz und Urheberrecht, Internationaler Teil (seit 1970)
GRUR-RR	Gewerblicher Rechtsschutz und Urheberrecht, Rechtsprechungs-Report
GVBl	Gesetz- und Verordnungsblatt
GVG	Gerichtsverfassungsgesetz
GWB	Gesetz gegen Wettbewerbsbeschränkungen
h.A.	herrschende Ansicht
Hdb	Handbuch
HGB	Handelsgesetzbuch
h.M.	herrschende Meinung
Hrsg.	Herausgeber
HVt	Hauptverteiler
i.d.F.	in der Fassung
i.d.R.	in der Regel
IGH	Internationaler Gerichtshof
IHK	Industrie- und Handelskammer
insb.	insbesondere
InsO	Insolvenzordnung
IPR	Internationales Privatrecht
i.R.d.	im Rahmen der/des
i.S.	im Sinne
i.S.d.	im Sinne der/des
i.S.v.	im Sinne von
i.Ü.	im Übrigen
i.V.m.	in Verbindung mit
JR	Juristische Rundschau (Zeitschrift)
Justiz	Die Justiz (Zeitschrift)
JW	Juristische Wochenschrift
JZ	Juristenzeitung
K&R	Kommunikation und Recht (Zeitschrift)
Kap.	Kapitel
KG	Kammergericht; Kommanditgesellschaft
krit.	kritisch
KVz	Kabelverzweiger

LG	Landgericht
lit.	Buchstabe
Lit.	Literatur
LS	Leitsatz
MA	Der Markenartikel (Zeitschrift)
MarkenG	Gesetz über den Schutz von Marken und sonstigen Kennzeichen
MarkenRÄndG	Markenrechtsänderungsgesetz
MarkenR	Zeitschrift für deutsches, europäisches und internationales Markenrecht: Markenrecht
MarkenV	Markenverordnung
MDR	Monatsschrift für Deutsches Recht
m.E.	meines Erachtens
Merkbl	Merkblatt
MMR	Multi Media und Recht (Zeitschrift)
m.N.	mit Nachweisen
MRL	Markenrechtsrichtlinie
MRRG	Markenrechtsreformgesetz
MSchG	Markenschutzgesetz
MuW	Markenschutz und Wettbewerb (Zeitschrift)
m.w.N.	mit weiteren Nachweisen
n.F.	neue Fassung
NJ	Neue Justiz (Zeitschrift)
NJW	Neue Juristische Wochenschrift
NJWE	NJW Entscheidungsdienst
NJW-RR	NJW-Rechtsprechungs-Report
NJW-WettbR	NJW-Wettbewerbsrecht
Nr.	Nummer
o.g.	oben genannte(n)
OLG	Oberlandesgericht
PAngV	Preisangabenverordnung
PatG	Patentgesetz
PMMA	Protokoll zum Madrider Markenabkommen
Prot	Protokoll
PVÜ	Pariser Verbandsübereinkunft zum Schutz des gewerblichen Eigentums
RegE	Regierungsentwurf
RG	Reichsgericht
RGBl	Reichsgesetzblatt
RGZ	Amtliche Sammlung der Entscheidungen des RG in Zivilsachen
RL	Richtlinie
Rn.	Randnummer
Rspr.	Rechtsprechung
RStV	Rundfunkstaatsvertrag
S.	Seite, Satz
SGB	Sozialgesetzbuch
SGG	Sozialgerichtsgesetz
s.o.	siehe oben
sog.	sogenannte(n)
str	streitig

stRspr	ständige Rechtsprechung
s.u.	siehe unten
TKG	Telekommunikationsgesetz
TVSt	Teilnehmervermittlungsstelle
u.a.	unter anderen; und andere
umstr.	umstritten
UN	Vereinte Nationen
unstr.	unstreitig
UrhG	Urhberrechtsgesetz
UrhR	Urheberrecht
Urt.	Urteil
usw.	und so weiter
u.U.	unter Umständen
UWG	Gesetz gegen den unlauteren Wettbewerb
v	von, vom
Verf.	Verfasser; Verfassung
VersR	Versicherungsrecht (Zeitschrift)
vgl.	vergleiche
VO	Verordnung
Vorb.	Vorbemerkung
WRP	Wettbewerb in Recht und Praxis (Zeitschrift)
WuW	Wirtschaft und Wettbewerb (Zeitschrift)
WZG	Warenzeichengesetz
z.B.	zum Beispiel
Ziff.	Ziffer
ZIP	Zeitschrift für Wirtschaftsrecht
zit.	zitiert
ZPO	Zivilprozessordnung
ZS	Zivilsenat
z.T.	zum Teil

Literaturverzeichnis

1. Gesamtdarstellungen, Handbücher, Lehrbücher

Bender, Europäisches Markenrecht, 2007
Berlit, Wettbewerbsrecht, 8. Aufl. 2011
Boesche, Wettbewerbsrecht, 4. Aufl. 2011 (zit. Boesche, WettbR)
Brockhaus Enzyklopädie, 21. Aufl. 2005
Emmerich, Kartellrecht, 12. Aufl. 2012
Gloy/Loschelder, Handbuch des Wettbewerbsrechts, 4. Aufl. 2010
Haberstumpf, Wettbewerbs- und Kartellrecht, 5. Aufl. 2012
Hönn, Wettbewerbs- und Kartellrecht, 5. Aufl. 2010
Kirchhoff, Gemeinwohl und Wettbewerb, Heidelberg, 2. Aufl. 2005
Lange, Handbuch zum deutschen und europäischen Kartellrecht, 2. Aufl. 2006
Lehr, Wettbewerbsrecht, 3. Aufl. 2007
Neef, Kartellrecht, 2008
Nordemann, Wettbewerbs- und Markenrecht, 11. Aufl. 2012
Rademacher/Bronny, Kartellrecht, Bonn/Essen 2006
Rittner, Wettbewerbs- und Kartellrecht, 6. Aufl. 1999
Rittner/Dreher, Europäisches und deutsches Wirtschaftsrecht, 3. Aufl. 2008
Rittner/Kulka, Wettbewerbs- und Kartellrecht, 7. Aufl. 2008
Schmidt, Wettbewerbspolitik und Kartellrecht, 9. Aufl. 2012
Sosnitza, Die Richtlinie über unlautere Geschäftspraktiken – Voll- oder Teilharmonisierung, WRP 2006
Strauch, Unternehmensrecht im 19. Jahrhundert, in Scherner/Willoweit, Vom Gewerbe zum Unternehmen: Studie zum Recht der gewerblichen Wirtschaft im 18. und 19. Jahrhundert, Darmstadt 1982
Teplitzky, Wettbewerbsrechtliche Ansprüche und Verfahren, 10. Aufl. 2011
von Dietze/Janssen, Kartellrecht in der anwaltlichen Praxis, 4. Aufl. München 2011

2. Kommentare

Baumbach/Hefermehl, Wettbewerbsrecht, bearb. v. Köhler u. Bornkamm, 30. Aufl. 2012 (zit. *Bearbeiter* in Baumbach/Hefermehl)
Baumbach/Hefermehl, Wettbewerbsrecht, 22. Aufl. 2001
Bechtold, GWB, 6. Aufl. 2010
Ekey/Klippel/Bender, Heidelberger Kommentar zum Markenrecht, Bd. 1, 2009, 2. Aufl. (zit. *Bearbeiter* in Ekey/Klippel/Bender, HK-MarkenR)
Ekey, Klippel, Kotthoff, Meckel, Plaß, Heidelberger Kommentar zum Wettbewerbsrecht, 2. Aufl. 2005 (zit. *Bearbeiter* in Ekey/Klippel, HK-WettbR)
Fezer, UWG, 2005
Fezer, Markenrecht, 4. Aufl. 2009
Großkommentar zum UWG (GK), herausgegeben von Rainer Jacobs, Walter F. Lindacher, Otto Teplitzky (zit. *Bearbeiter* in GK Jacobs/Lindacher/Teplitzky)
Immenga/Mestmäcker, GWB, 4. Aufl. 2007
Ingerl/Rohnke, Markengesetz, 2. Aufl. 2003
Piper/Ohly/Sosnitza, UWG, 5. Aufl. 2010
Loewenheim, Meessen, Riesenkampff, Kartellrecht, Europäisches und Deutsches Recht, 2. Aufl. München 2009

Lenz/Borchardt, EU Verträge Kommentar, 6. Aufl. 2012
Palandt, Bürgerliches Gesetzbuch, 72. Aufl. 2013 (zit. *Bearbeiter* in Palandt)
Ströbele/Hacker, Markengesetz, 10. Aufl. 2012
Weyand, Praxiskommentar Vergaberecht, 3. Aufl. 2011

A. Einleitung

Das deutsche Grundgesetz garantiert dem Bürger in den Art. 2, 12, 14 GG das Recht, sich frei am Markt zu betätigen, sich von anderen zu unterscheiden, Unterschiede zu anderen zu schaffen und zu mehren sowie am Markt erzielte Erfolge zu verwerten. Aus diesen von Verfassungs wegen garantierten Rechten folgt auch die Befugnis der Bürger, mit anderen Bürgern und Rechtssubjekten in wirtschaftliche Konkurrenz zu treten. 1

Der freiheitliche Wettbewerb zwischen Anbietern sowie Nachfragern von Waren und Dienstleistungen bildet dabei ein bedeutendes Element bei der Schaffung wirtschaftlichen Wohlstandes, der wiederum zwingende Voraussetzung für staatliche Finanz- und Verteilungsmacht ist.

Der Verfassungsstaat verwirklicht also ein wesentliches Stück des Gemeinwohls durch das Angebot von Freiheitsrechten und in deren Rahmen durch Wettbewerb[1].

In diesem Zusammenhang liegt es auf der Hand, dass die wirtschaftliche Freiheit des Bürgers nicht ohne Grenzen gewährleistet wird, sondern lediglich im Rahmen der geltenden Wirtschafts- und Sozialordnung, wobei die berechtigten Interessen von Konkurrenten, Verbrauchern sowie der Allgemeinheit die natürliche Grenze für die wirtschaftliche Freiheit des Wirtschaftssubjektes ziehen. 2

Nicht zuletzt die seit 2008 schmerzlich erfahrenen weltwirtschaftlichen Störungen der Finanz-, Waren- und Dienstleistungsmärkte sowie die internationalen Staatsfinanzkrisen zeigen lehrbuchhaft die existenzielle Bedeutung von auch durchzusetzenden Regeln für eine funktionierende Wirtschaft, die auf dem Prinzip des Wettbewerbs sowohl national als auch international fußt[2].

Die Finanzmarktkrise löste eine allgemeine Nachfragekrise aus. Hinzu trat die Krise von Staaten, denen der Finanzmarkt nicht mehr zutraut, ohne weiteres Schulden zurückzahlen zu können. Die Ursachen der Staatsschuldenkrisen dürften hier nicht nur in den seit 2008 schwelenden weltwirtschaftlichen Problemen sondern auch in den bereits längst vorher entstandenen Staatsdefiziten zu sehen sein.

Dabei war die Notwendigkeit, die Marktwirtschaft durch aktive Steuerungsmaßnahmen zu ergänzen, im Bereich der Währungspolitik am frühesten begriffen worden. Bereits zu Beginn des 19. Jahrhunderts bewies die currency-Theorie die Bereitschaft, selbst in der Zeit des extremen Liberalismus der Geld- und Kreditorganisation die Dinge nicht sich selbst zu überlassen. Gerade eine restriktive und höchst einschneidende Regelung in der Notenausgabe erschien als ein Mittel, die freie Gestaltung des

1 *Kirchhoff*, Gemeinwohl und Wettbewerb, Heidelberg 2005, S. 2 f.

2 Kritisch zur Verabsolutierung des Marktes und des Wettbewerbs *Stürner*, Markt und Wettbewerb über alles? Gesellschaft und Recht im Fokus neoliberaler Marktideologie, München 2007, S. V ff. m.N.

Marktes aufrecht erhalten zu können. Man war geradezu überzeugt, dass der liberalen Ordnung auf der Güterseite nicht eine freie Regelung des Geldwesens entsprechen dürfte. Als Ziel einer marktwirtschaftlichen Steuerung erschien es, die Volkswirtschaft gegen jegliche Noten- und Kreditexpansion zu schützen. Dabei siegte die richtige Einsicht, dass die Geldseite als das Gegenbild der Güterseite eine im gewissen Sinne gegenläufige Ordnung erfahren müsse, dass, wenn dort Freiheit herrschen solle, sie eine strenge Geldordnung voraussetzt[3].

Seit den 70er Jahren des letzten Jahrhunderts stieg das von Banken generierte Kreditvolumen in vielen wirtschaftlich global vernetzten Volkswirtschaften stetig an. Als Folge der sich ausbreitenden Verschuldung der Haushalte und Unternehmen bei Banken und anderen Finanzdienstleistern ergaben sich steigende Zinsvolumina. Die Gewinne im Finanzsektor wuchsen und dessen Anteil am Bruttoinlandsprodukt erhöhte sich. Auf den privaten Kreditmärkten maßen die Verantwortlichen der Kontrolle der Geldmenge hierbei nur wenig Bedeutung zu[4], weshalb die Verschuldung vieler Staaten historische Höchstwerte erreichte.

Während in Deutschland der gesamtwirtschaftliche Verschuldungsgrad in den 70er Jahren noch 100 % betrug, stieg er bis 2008 auf 250 % an[5]. Die zeitweise Nichteinhaltung der Defizitkriterien aus dem Maastrichter Vertrag selbst durch die Bundesrepublik Deutschland stellte zwar eine Ursache für die Ausuferung der Staatsschuldenkrise dar; jedoch eskalierte sie erst im öffentlichen Bewusstsein als Nachwehe der Finanzmarktkrise.

Auch wenn momentan nicht alle Interessengruppen sowie Staaten zu verantwortungsvollerem finanzpolitischem Handeln bewegt werden können, ist eine Tendenz klar erkennbar: Restriktionen als Reaktion auf die Finanzmarktkrise betreffen fortan nicht mehr nur den privaten Finanzsektor, sondern dürften sich ebenfalls auf die rechtlichen Beziehungen z.B. der sog Euroländer auswirken.

Dabei bemühen sich u.a. Deutschland und andere Staaten sowie Staatenverbände um eine Begrenzung möglicher Finanzmarktrisiken. Die Erfüllung der Aufgabe, zum Einen die Aufnahme von Krediten sowohl von öffentlichen Händen als auch von Privaten in Grenzen zu halten, und zum Anderen, dem marktwirtschaftlichen Grundsatz, wonach jeder für seine Schulden zu haften hat, wieder Geltung zu verschaffen, erscheint weiterhin ungelöst.

Dass also die Marktwirtschaft zu ihrem Gelingen rechtlicher Voraussetzungen bedarf, stellt keine neue Erkenntnis dar.

Auch das Wettbewerbs- und Kartellrecht bildet einen Teil des Rechtsrahmens, der wesentliche Belange von Verbrauchern, Konkurrenten und des allgemeinen Wohls konkretisiert.

---

3 Vgl. nur *Müller-Armack,* Wirtschaftslenkung und Marktwirtschaft, S. 146, Hamburg 1946, Sonderauflage München 1990.

4 *Adelshauser,* Deutsche Wirtschaftsgeschichte, München 2011, S. 510

5 *Schularick u. Taylor,* Credit Booms, Cambridge 2009, S. 10, 28

Der Wettbewerb zwischen den Anbietern und Nachfragern von Waren und Dienstleistungen unterliegt zahlreichen und unterschiedlich intensiven Faktoren, die selbst häufig dynamischen Änderungsprozessen unterworfen sind. Dies kann besonders auf dem Gebiet des Unlauterkeitsrechts, dem Wettbewerbsrecht im engeren Sinne, dazu führen, dass sich die Kriterien für die Beantwortung der Frage, was ist wettbewerbsrechtlich erlaubt, was soll verboten sein, ändern können.

In diesem Zusammenhang gilt es, sich der grundsätzlichen Funktion des Wettbewerbs- 3
rechts für eine freiheitliche Wirtschafts- und Sozialordnung immer wieder neu zu vergewissern und vor diesem Hintergrund angemessene Lösungen zu erarbeiten, wobei das Wettbewerbsprinzip als grundlegendes Ordnungsprinzip unserer Wirtschaft ohne Alternative sein dürfte.

B. Das Wettbewerbs- und Kartellrecht als Begriff

I. Funktionen des Wettbewerbsrechts

4 Sowohl das UWG als auch das GWB schützen jeweils auf ihre spezifische Art und Weise die Wettbewerbsordnung als Teil der sozialen Marktwirtschaft. Beide Gesetze verwenden den Terminus Wettbewerb in unterschiedlichen Zusammenhängen. Darin mag eine der Ursachen liegen, dass häufig der Begriff Wettbewerbsrecht als Oberbegriff für beide Gesetze und die hierdurch geregelten Bereiche verwendet wird[1].

Die Funktion des Wettbewerbsrechts erschließt sich wesentlich aus der Rolle des Wettbewerbs in der Gesellschaft.

In den Wirtschaftswissenschaften wird der Terminus Wettbewerb oft gebraucht, ohne dass Einigkeit über den Inhalt dieses Begriffs besteht[2]. Weder in den Wirtschaftswissenschaften noch in der Rechtswissenschaft gelang es, den Begriff Wettbewerb einerseits umfassend genug und andererseits hinreichend präzise und aussagekräftig zu bestimmen. Nach *Ohly* bedeutet Wettbewerb das Streben mehrerer nach einem Ziel, das nicht alle gleichermaßen erreichen können, so dass der Gewinn des Einen den Verlust des Anderen bedingt[3].

5 Die wichtigste Rolle des Wettbewerbs aus gesellschafts- und wirtschaftspolitischer Sicht dürfte in der sog. Steuerungs- und Ordnungsfunktion der Wirtschaft und damit auch der Gesellschaft liegen.

Wettbewerb kann zu der in der Gesellschaft gewünschten Motivation der Marktteilnehmer beitragen, für eine gewisse Chancengleichheit der Konkurrenten, aber auch für ein effektives Einsetzen von Ressourcen und eine gleichmäßigere Machtverteilung in der Wirtschaft sorgen; im Übrigen vermag Wettbewerb noch weitere Funktionen in der Wirtschaft und Gesellschaft zu erfüllen[4].

So führt die Spannung zwischen Angebot und Nachfrage im Idealfall zu einer Preisbildung, die sich an den tatsächlichen Bedürfnissen und Möglichkeiten orientiert. Die so gebildeten Preise informieren die Marktteilnehmer über vorhandene Ressourcen auf der einen Seite und die Verbraucherwünsche auf der anderen Seite. Jede Wirtschaftspolitik, die den aus dem Wettbewerb rührenden Preismechanismus ausschaltet oder auch nur beschädigt, stört den für das Gelingen des Marktes notwendigen Informationstransfer und kann so zu gravierenden Fehlallokationen am Markt führen[5].

---

1 *Klippel*, in Ekey/Klippel, HK-WettbR, E 2 Rn. 15.
2 Vgl. hierzu nur *Schmidt*, Wettbewerbspolitik und Kartellrecht, Teil 1, 8. Aufl. m.N.
3 *Ohly*, Piper/Ohly/Sosnitza, UWG, Einf A Rn 17, 5. Aufl. u. Rn. 9 ff.
4 *Lange*, Handbuch zum deutschen und europäischen Kartellrecht, Kap. 1 Rn. 1; *Rittner*, Wettbewerbs- u. Kartellrecht, § 5 Rn. 1.
5 Vgl. *Walter Eucken*, Grundsätze der Wirtschaftspolitik, S. 255, 7. Aufl. 2004.

Gäbe es keinen Wettbewerb, müssten die auf Produkte und Dienstleistungen Angewiesenen das vorhandene Angebot anstandslos akzeptieren. Die so entstehende starke Macht der Anbieter würde sowohl den Preis nach oben als auch die Qualität der in Frage kommenden Güter sich nach unten bewegen lassen. Dieser Gesichtspunkt gilt ebenso umgekehrt auch für die Abnehmer von Waren und Dienstleistungen. Schlössen sich diese zusammen z.B. in einer Einkaufsgemeinschaft für Textilien, würden sie die Bedingungen für den Bezug von Textilien förmlich diktieren können.

Ein wesentlicher Grundpfeiler einer funktionierenden, auf Wettbewerb basierenden Wirtschaft bildet das Prinzip, wonach jeder Marktteilnehmer für seine Fehler am Markt haftet. Nach Walter Eucken werden Investitionen umso sorgfältiger gemacht, je mehr der Verantwortliche für die Investitionen haftet. Diese Haftung wirkt insoweit prophylaktisch gegen eine Verschleuderung von Kapital und zwingt dazu, die Märkte vorsichtig abzutasten. Bei fehlender Haftung kommt es dagegen zu Exzessen und Zügellosigkeit[6].

Eine an der sozialen Marktwirtschaft orientierte Politik muss sich zum Ziel setzen, dem Grundsatz der Haftung für eigenes Verhalten sowohl für Subjekte der Wirtschaft als auch der Staatengemeinschaft zum Erfolg zu verhelfen. Denn andernfalls würde die sonst notwendige Übernahme von Verbindlichkeiten und immer größerer Risiken durch den Staat und die Staatengemeinschaft zum einen die Geldwertstabilität gefährden und zum anderen eine Tendenz zur Zentralverwaltungswirtschaft auslösen[7].

So könnte es naheliegen, der Exekutive z.B. durch das Kartellrecht Instrumente an die Hand zu geben, eine übermäßige Marktbedeutung insbesondere von Finanzunternehmen zu verhindern. Ziel wäre, die Existenz von sog. systemrelevanten Unternehmen zu bekämpfen, die zu groß sind, um scheitern zu können (too big zu fail).

II. Wettbewerbsrecht im weiteren Sinn

Unter Wettbewerbsrecht im weiteren Sinne versteht die Lehre zum einen das Gesetz gegen unlauteren Wettbewerb (UWG) und zum anderen das Gesetz gegen Wettbewerbsbeschränkungen (GWB)[8]. Im weiteren Sinne zählen zum Wettbewerbsrecht aber nicht nur diese, sondern alle Gesetze und Rechtsvorschriften, die dem Regelungsfeld „Wettbewerb“ zu dienen bestimmt sind[9]. Hierbei handelt es sich beispielsweise um das StabG mit seinen vier Zielen *Geldwertstabilität, Vollbeschäftigung, Wirtschaftswachstum* und *außenwirtschaftliches Gleichgewicht.* Auf der wirtschaftsrechtlichen Mikroebene zählen zu den wettbewerbsrelevanten Normen die Vorschriften des Lebensmittelrechts (LMBG), des Arzneimittelrechts (AMG) oder des Heilmittelwerberechts (HMG), aber auch die des deutschen und europäischen Markenrechts. 6

6 *Walter Eucken*, Grundsätze der Wirtschaftspolitik, S. 279 ff., 7. Aufl., 2004.
7 Vgl. nur *Philip Plickert*, FAZ 13.4.2012, m.N.
8 Statt aller *Rittner*, a.a.O., Rn. 1.
9 *Scheunemann* in GK Jacobs/Lindacher/Teplitzky, Einl. Anm. A 2.

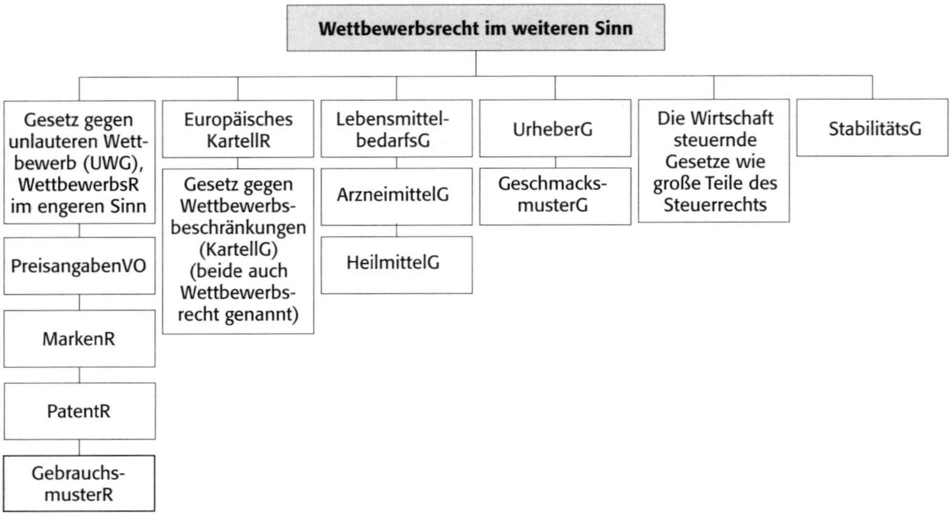

III. Wettbewerbsrecht im engeren Sinn

7 Das Wettbewerbsrecht im engeren Sinne (Unlauterkeitsrecht, Markenrecht) richtet sich gegen unlautere Handlungsweisen, das Kartellrecht gegen wettbewerbsbeschränkende Aktivitäten.

Der Gesetzgeber will mit beiden Rechtsgebieten jedenfalls auch den Wettbewerb schützen[10].

Dabei stehen beide Rechtsgebiete in einem gegenseitigen Wechselverhältnis und ergänzen sich.

Wenn das Kartellrecht zwischen per-se-Verboten und solchen Tatbeständen unterscheidet, die ein Eingreifen der Kartellbehörde ermöglichen, darf nach Auffassung des BGH dieser Regelungs- und Sanktionsmechanismus nicht mit Hilfe des UWG, welches Wettbewerbern unmittelbare Ansprüche zubilligt und das Tätigwerden einer Wettbewerbsbehörde nicht vorsieht, unterlaufen werden[11]. Denn sonst könnte in Fällen, in denen die Kartellbehörde nicht einschreitet, der Wettbewerber gleichwohl z.B. unter Hinweis auf §§ 3, 4 Nr. 11 UWG ein Unterlassen des „lediglich" kartellrechtswidrigen Verhaltens erzwingen[12]. Hiervon zu unterscheiden sind die Möglichkeiten, die auch das GWB von Kartellverstößen Betroffenen bietet, hiergegen zivilrechtlich vorzugehen.

10 S. auch *Rittner/Kulka,* Wettbewerbs- und Kartellrecht Rn. 53.

11 BGHZ 166, 154 ff. – Probeabonnement u. vgl. die Urteilsbesprechung v. *Alexander*, ZWeR 2007, 239 ff.

12 Allerdings erscheint nicht ganz ersichtlich, was an diesem Ergebnis unzumutbar wäre. Nach diesseitiger Ansicht sollten die Eingriffsnormen des GWB und des UWG im Verhältnis der Anspruchskonkurrenz stehen.

Das Ziel des GWB besteht vornehmlich in der Freiheit des Wettbewerbs. Zweck des UWG ist vor allem die Fairness des Wettbewerbs. Einmal geht es um das Ob des Wettbewerbs, das andere Mal um das Wie des Wettbewerbs. 8

Während die Durchsetzung des Wettbewerbs im engen Sinn durch klassische zivilrechtliche Mittel der Unterlassungs- und Schadensersatzansprüche, aber auch durch Straf- und Bußgeldvorschriften gewährleistet werden soll, sieht das Kartellrecht darüber hinaus viele Eingriffe besonderer Behörden, der sog. Kartellbehörden, vor. Insoweit handelt es sich beim Kartellrecht auch um Wirtschaftsverwaltungsrecht[13].

Die in Deutschland gewählte Form des Schutzes durch die Ausgestaltung des Unlauterkeitsrechts erscheint vor dem Hintergrund der Rechtsordnungen anderer Länder nicht zwingend. So überlassen es einige europäische Länder den Ordnungs- und Polizeibehörden, für einen lauteren Wettbewerb zu sorgen. Dagegen wäre es auch denkbar, gesellschaftlich unerwünschte unlautere Verhaltensweisen wie Kartelle lediglich durch Private vor ordentlichen Gerichten bekämpfen zu lassen, wie es im deutschen Recht jedoch nur zum Teil vorgesehen ist.

IV. Fehlende gesetzliche Definition des Wettbewerbs

Nach dem bis zum 31.12.2008 gültigen § 2 Nr. 1 UWG stellte eine Wettbewerbshandlung zwar jede Handlung einer Person dar, zum eigenen oder fremden Vorteil den Bezug von Waren oder die Erbringung von Dienstleistungen zu fördern. In dieser Formulierung fand sich aber keine gesetzliche Definition des Wettbewerbs. Gleichwohl geht das Gesetz von einem bestimmten Verständnis des an vielen Stellen im Gesetz verwendeten Begriffs des Wettbewerbs aus. 9

Wettbewerb kann zunächst summarisch sowohl als „Entdeckungsverfahren" als auch als „komplexes" Phänomen bezeichnet werden. Der Wettbewerb vermag jedoch nur dann seine Funktion als Entdeckungsverfahren zu entfalten, wenn die Marktteilnehmer über die notwendigen Fähigkeiten und erforderlichen Informationen verfügen, um rational nachvollziehbare Entscheidungen zu treffen (vgl. Rn. 4 ff.) 10

Im Wettbewerb soll sich darüber hinaus eine Art von Fundamentalwettbewerb der Menschen miteinander abspielen. Die Annahme, wonach der einzelne Mensch historisch als ein aus einer Mangelwirtschaft kommendes Wesen bemüht sein musste, sein Äußerstes einzusetzen, um einerseits Ressourcen für sich zu nutzen und andererseits anderen Menschen Waren oder Dienstleistungen so günstig anzubieten, dass diese Notwendiges im Gegenzug darbrachten, dürfte so oder ähnlich zutreffen[14]. Problematisch erscheint die These aber, wenn sie die ebenfalls anthropologisch bedingte 11

13 Vgl. Nachweise bei *Rittner*, Wettbewerbs- und Kartellrecht, Rn. 1.

14 *Rittner*, a.a.O., S. 2 m.N., u. *Müller-Armack*, Wirtschaftslenkung und Marktwirtschaft, S. 25, Hamburg 1946, Sonderauflage München 1990.

Gemeinschaftsbezogenheit des Menschen sowie sein Bedürfnis nach Sicherheit und Kontinuität nicht berücksichtigt[15].

Wettbewerb ist einerseits für das Funktionieren einer Wirtschaft unerlässlich, andererseits bedarf auch der Wettbewerb zu seinem eigenen und dem Schutz des Einzelnen Regeln.

15 *Stürmer,* Fn. 2, S. 137.

C. Die Entstehung des Wettbewerbs- und Kartellrechts in Deutschland

I. Zur Historie des Wettbewerbsrechts im weiteren Sinn

Wettbewerbsrecht im allgemeinen Sinn entstand erst nach Ablösung der merkantilistischen Wirtschaftsformen des ancien regime. Zuvor bestimmte die Obrigkeit, was und in welcher Art und Weise die Rechtsunterworfenen produzieren und leisten durften. **12**

Mit der Entstehung der Gewerbefreiheit im 18. und 19. Jahrhundert in Europa entstanden die Freiräume, die zunächst eine ungestüme industrielle und kommerzielle Entwicklung hervorbrachten.

Die Abschaffung der Zunftverfassung und die Einführung der Gewerbefreiheit ließen zwar die Wirtschaft aufblühen, führten aber auch zu einem immer stärkeren Wettbewerb, der häufig die Grenzen des rechtlich und sittlich Erlaubten überschritt. Es erschien deshalb bald erforderlich, anstelle der Zunftverfassung neue Gesetze zu erlassen, die die gerade errungene Gewerbefreiheit möglichst schonen, die Auswüchse eines ungezügelten Wettbewerbs aber beschneiden sollten[1]. **13**

Während in einem merkantilistisch-absolutistischen Staat Erfindungen, literarische und künstlerische Schöpfungen, Marken, Firmen und anderes rechtlich geschützt sein konnten, nämlich u.a. durch Polizeiordnungen und durch Strafrechtsbestimmungen, wie auch durch die Verleihung von ausschließlichen Privilegien, war in einem liberalen Modell für solche Eingriffe in das freie Wirtschaftsleben grundsätzlich kein Platz mehr.

Die Frage, ob und wie der Staat gewerbliche Schutzrechte zu gewährleisten hatte, wurde im Verlauf des 19. Jahrhunderts eingehend diskutiert. Insbesondere Preußen verschloss sich zunächst der Erkenntnis, dass schrankenlose Freiheit sich selbst aufheben kann und dass die selbstregulierte Kraft des freien, ungehemmten Wettbewerbs zu gering zu sein vermag, um größere Schäden vom Gemeinleben abwenden zu können[2]. **14**

Nachdem im Jahre 1861 das allgemeine deutsche Handelsgesetzbuch (ADHGB), welches noch einzelstaatlich in Kraft gesetzt werden musste und lediglich die Firma schützte, erlassen wurde, kam es erst nach der Hochindustrialisierung und Reichsgründung zu Schutzgesetzen: **15**

Am 25.5.1877 wurde das deutsche Patentgesetz, am 30.11.1884 das deutsche Markengesetz und am 11.1.1886 das Gesetz betreffend das Urheberrecht an Muster und Modellen verkündet.

Damit schienen die Bedürfnisse der Praxis zunächst erfüllt.

1 *Strauch*, Unternehmensrecht im 19. Jahrhundert, S. 77.
2 *Strauch*, a.a.O. S. 80.

16 Es zeigte sich aber, dass in der Rechtswirklichkeit zunehmend Sachverhalte zur Entscheidung anstanden, die als Auswüchse eines ungezügelten Wettbewerbs hätten beurteilt werden müssen, andererseits aber von den Schutzgesetzen nicht erfasst wurden. Es ist an Fälle zu denken, in denen ein Wettbewerber Waren falsch ankündigte, Warenbezeichnungen, Verpackungen oder Etiketten nachahmte und dergleichen[3].

Das Problem, wie die unter der Gewerbefreiheit entstandenen neu geregelten subjektiven Privatrechte dogmatisch einzuordnen waren, wurde in Deutschland im Wesentlichen durch einen Rekurs auf Persönlichkeitsrechte und Immaterialgüterrechte gelöst[4].

17 Das Reichsgericht versagte allerdings unter Hinweis auf diese Gesetze einen weiteren Schutz insbesondere gegen unlautere Konkurrenz außerhalb dieser Normen. Es wandte sich hier insbesondere gegen die französische Rechtsprechung, die seit Mitte des 19. Jahrhunderts auch ohne Verletzung einzelner geschützter Rechte aus dem in Art. 1382 code civil geregelten allgemeinen einen umfassenden Rechtsschutz gegen „concurence deloyale" entwickelte. Insoweit kann die Rechtsprechung des Reichsgerichts als ausgesprochen positivistisch angesehen werden. Es war danach Sache des Gesetzgebers und nicht der Gerichte, Gesetze gegen den unlauteren Wettbewerb zu schaffen.

18 Durch das Gesetz zur Bekämpfung des unlauteren Wettbewerbs vom 27.5.1896 entschied sich der Reichstag für das bis heute geltende Prinzip, wonach gegen unlauteren Wettbewerb Konkurrenten zivilrechtliche Ansprüche (§ 5 bei irreführender Werbung; § 6 bei Anschwärzung und geschäftlicher Verleumdung; § 8 bei unbefugter Benutzung verwechslungsfähiger Namen, Firmen, besonderer Unternehmensbezeichnungen oder Druckschriften) zustehen. Überdies enthielt dieses Gesetz verschiedene Strafbestimmungen. Eine dem § 1 a.F. UWG bis zum 8.7.2004 entsprechende Generalklausel enthielt das Gesetz noch nicht.

Die in das UWG gesetzten Hoffnungen erfüllten sich nur zum Teil. Das dürfte zum einen an handwerklichen Mängeln des Gesetzes und zum anderen an einer zurückhaltenden Auslegung durch die Gerichte gelegen haben. Nach etlichen Diskussionen im Reichstag verabschiedete dieser am 1.10.1909 ein völlig geändertes UWG, das trotz vieler Änderungen im Wesentlichen bis zum Jahr 2004 galt.

Am 8.7.2004 trat das neue Gesetz gegen den unlauteren Wettbewerb v. 3.7.2004 in Kraft und am 30.12.2008 die nicht unerhebliche Novellierung des neuen Gesetzes gegen den unlauteren Wettbewerb v. 22.12.2008. Das Bundesjustizministerium präsentiert nunmehr einen ersten „Referentenentwurf eines Gesetzes gegen unseriöse Geschäftspraktiken"[5], der u.a. den sog fliegenden Gerichtsstand abschaffen und den Streitwert herabsetzen will sowie eine Kostenregelung für rechtsmissbräuchliches Vorgehen zum Inhalt hat. Das weitere Schicksal dieses Gesetzesvorhabens bleibt abzuwarten.

3 Vgl. die N. bei *Strauch*, ebenda, Fn. 141.
4 *Klippel,* in Ekey/Klippel, HK-WettbR, E 1, Rn. 11.
5 Vgl. die N. bei *Klute* NJW 2012, 3409 ff

II. Zur Geschichte des Kartellrechts

Der Kartellbegriff stammt aus der deutschen Nationalökonomie des ausgehenden 19. Jahrhunderts. Er sollte grundsätzlich alle Absprachen umfassen, die Wettbewerber miteinander treffen, um die gegenseitige Konkurrenz zu mindern oder zu beseitigen[6]. 19

In dieser Zeit entstanden auch in Deutschland in nicht unerheblichem Umfang Kartelle.

Soweit das Kartell nicht ein tatsächliches Monopol mit der Folge der wucherischen Ausbeutung von Verbrauchern bewirkte, sah das Reichsgericht der damaligen herrschenden Lehre in Literatur und Rechtsprechung folgend hierin keinen Verstoß gegen die Gewerbefreiheit des einzelnen Unternehmens oder andere gesetzliche Vorschriften[7]. 20

Beispielsfall

Eine größere Anzahl von Firmen, die in Sachsen weißen Holzstoff fabrizierten, gründete den „Sächsischen Holzstoff-Fabrikanten-Verband" zu dem Zweck, „in Zukunft einen verderblichen Wettbewerb der Fabrikanten untereinander zu verhindern und für ihr Fabrikat einen angemessenen Preis zu erzielen". Zur Erreichung dieses Zweckes verpflichteten sich die Mitglieder bei Vermeidung einer Vertragsstrafe, ihr Fabrikat ausschließlich durch eine gemeinsame Verkaufsstelle zu verkaufen.

Das Reichsgericht erachtete im Jahre 1897 hierin kein rechtswidriges Vorgehen. Würden nämlich in einem Geschäftszweig durch Konkurrenz die Preise der Produkte allzu tief sinken, würde nach Auffassung des Gerichts der gedeihliche Betrieb des Gewerbes unmöglich gemacht oder nur gefährdet werden, so entstünde eine Krise, die auch für die Volkswirtschaft und damit für die Gesamtheit sich als nachteilig herausstellen könnte. Dementsprechend hätten die Staaten durch Einführung von Schutzzöllen reagiert. Aus diesem Grund könnte es nicht schlechthin und im Allgemeinen als dem Interesse der Gesamtheit zuwider laufend angesehen werden, wenn sich die an einem Geschäftszweig beteiligten Unternehmer zusammenschließen, um die gegenseitigen Preisunterbietungen und das dadurch herbeigeführte Sinken der Preise ihrer Produkte zu verhindern oder zu mäßigen. Wenn nämlich die Preise wirklich dauernd so niedrig seien, dass den Unternehmen der wirtschaftliche Ruin drohe, würde ihr Zusammenschluss als Kartell nicht bloß als eine berechtigte Betätigung ihres Selbsterhaltungstriebes sondern auch als eine dem Interesse der Gesamtheit dienende Maßnahme erscheinen[8].

In Deutschland gibt es ein eigentliches Kartellrecht erst seit 1923. Bis zu diesem Zeitpunkt konnte wettbewerbsbeschränkendem Verhalten nur mit dem allgemeinen zivilrechtlichen Instrumentarium begegnet werden. Insoweit boten sich als Vorschriften lediglich § 138 BGB – Verbot sittenwidrigen Verhaltens – oder die Schadensersatznorm des § 826 BGB an. In der extremen Inflationszeit zu Beginn der Weimarer Republik konnten deshalb viele Kartelle ganzer Industriezweige das Inflationsrisiko einseitig auf ihre Vertragspartner abwälzen. 21

6 *Rittner*, S. 189.
7 RGZ 38, 155 ff.; 28, 238 ff. jeweils m.N.
8 RGZ 38, 155 ff.; vgl. auch *von Dietze/Jansen*, Kartellrecht, S. 14.

Durch die Kartellverordnung vom 2.11.1923 mit dem Titel „Verordnung gegen Missbrauch wirtschaftlicher Machtstellungen“ sollten die festgestellten schädlichen Auswüchse des Kartellwesens bekämpft werden, ohne allerdings Kartelle generell zu verbieten.

Dem Grundsatz der Vertragsfreiheit wurde dabei gegenüber schädlichen Auswirkungen von wettbewerbsbeschränkenden Vereinbarungen häufig Vorrang eingeräumt.

Die Kartellverordnung war rechtstechnisch dem Missbrauchsprinzip verhaftet.

Die Kartellverordnung kann als Bestandteil des Wirtschaftsprogramms der Regierung Stresemann in einer Zeit äußerster wirtschaftlicher Schwierigkeiten begriffen werden. Sie verschlechterte die rechtliche Stellung von Kartellabsprachen dabei nicht etwa nur, sondern präzisierte sie vielmehr. Die Verordnung wirkte sich in einer gewissen Weise sogar stimulierend auf die Bildung von Kartellen aus, weil jenseits der Missbrauchsgrenze Kartelle grundsätzlich erlaubt waren[9].

Dies entsprach der internationalen Entwicklung. Kartelle wurden nämlich nicht in jedem Fall negativ eingeschätzt. Ihre Rechtmäßigkeit sollte vielmehr davon abhängen, ob die Ziele der nationalen Wirtschaftspolitik hierdurch unterstützt würden.

22 Während des Nationalsozialismus wurde die Kartellverordnung zwar im Grundsatz beibehalten, am 15. Juli 1933 aber ein Gesetz über die Errichtung von Zwangskartellen erlassen, aufgrund dessen der Reichswirtschaftminister „zum Zwecke der Marktregelung Unternehmen zu Syndikaten, Kartellen, Konventionen oder ähnlichen Abmachungen zusammenschließen“ konnte, „wenn der Zusammenschluss … unter Würdigung der Belange der Unternehmungen sowie der Gesamtwirtschaft und des Gemeinwohls geboten erscheint“[10]. Das NS-Regime unterwarf die Wirtschaft relativ schnell und konsequent[11].

Die Alliierten erließen nach 1945 Dekartellisierungsgesetze, die alle wettbewerbsbeschränkenden Abmachungen verboten. Sie ermöglichten die Auflösung von Unternehmungen wie die der IG Farben. Die Durchführung des Dekartellisierungsrechts ging im Mai 1955 auf den Bundeswirtschaftsminister über.

Nach vielen Diskussionen erließ der nunmehr wieder deutsche Gesetzgeber am 1.1. 1958 das „Gesetz gegen Wettbewerbsbeschränkungen“ vom 1.1.1958, GWB, welches häufig und u.a. mit dem Dritten MittelstandsentlastungG vom 25.3.2009 sowie dem Gesetz zur Modernisierung des Vergaberechts vom 24.4.2009 geändert wurde.

Am 7.6.2013 einigte sich der Bundesrat mit dem Bundestag auf die Verabschiedung des 8. GWB-Änderungsgesetzes.

9 Vgl. *v. Götz*, 50 Jahre GWB, WRP 2007, 741 ff. m.N.
10 Vgl. die N. bei *Bechtold*, Einf. Rn. 4.
11 Hierzu *Rittner/Dreher*, S. 5.

D. Europarechtliche Grundlagen des Wettbewerbs- und Kartellrechts

Gemeinschaftsrechtliche Vorgaben beeinflussen und gestalten zunehmend sowohl das Wettbewerbs- als auch das Kartellrecht in vielfältiger Weise. 23

Diese europäischen Vorschriften stellen für das nationale Recht unmittelbar wirkende Rechtsnormen dar; insoweit spricht man von europäischem Primärrecht.

Die europäische Gemeinschaft erließ eine ganze Reihe von unmittelbar die Bürger bindenden Verordnungen sowie in das jeweilige nationale Recht umzusetzende Richtlinien[1].

Alle nationalen Rechte sind bei ihrer Auslegung auf ihre Vereinbarkeit mit diesen tragenden Prinzipien des Europarechts hin zu überprüfen. Dies gilt sowohl für die Interpretation des Unlauterkeitsrechts als auch für die des Kartellrechts.

Europäische Verordnungen haben aus Sicht des europäischen Normgebers den Vorteil, in den europäischen Vertragsstaaten unmittelbar, sofort und ohne jede nationale Umsetzung zu gelten. Aber auch an sich ins nationale Recht umzusetzende europäische Richtlinien sind richtlinienkonform auszulegen. Dies bedeutet, dass selbst wenn der deutsche Gesetzgeber Richtlinien noch nicht oder entgegen einer Richtlinie ins deutsche Recht umgesetzt hat, die Rspr. nach den anerkannten Grundsätzen der Gesetzesauslegung und Gesetzesfortbildung zu versuchen hat, ein Ergebnis zu erreichen, dass den Vorgaben der Richtlinie wenn möglich entspricht. Eine Grenze hierfür stellt allerdings der Gesetzeswortlaut dar[2]. Darüber hinaus kommt auch die Zubilligung von Ansprüchen für Bürger gegen Staaten in Betracht, wenn jene wegen der Nichtumsetzung europäischer Richtlinien Schäden erleiden.

Angesichts der Europäisierung bei der Herstellung sowie Verteilung der Waren und Dienstleistungen in Deutschland und vor dem Hintergrund einer in seiner Liberalisierungstendenz gelegentlich als extensiv empfundenen Rspr. des EuGH erfolgte längst eine Europäisierung sowohl des deutschen Unlauterkeitsrechts als auch des Kartellrechts. Immer seltener können Sachverhalte nur noch ausschließlich nach einzelstaatlichen Vorschriften beurteilt werden; häufig müssen sie ausschließlich oder doch jedenfalls auch an europäischen rechtlichen Vorgaben gemessen werden. 24

Art. 41 AEUV (ex Art. 28 EGV) verbietet mengenmäßige Einfuhrbeschränkungen sowie alle Maßnahmen gleicher Wirkung zwischen den Vertragsstaaten. Nach Art. 67 AEUV (ex Art. 69 EGV) sind alle mengenmäßigen Ausfuhrbeschränkungen sowie alle Maßnahmen gleicher Wirkung zwischen den Mitgliedsstaaten verboten: Beide zentralen Artikel des AEUV dienen der Durchsetzung des freien Warenverkehrs im europäischen Markt der Vertragsstaaten. 25

1 Vgl. Rn. 29 ff., 580.
2 EuGH NJW 2006, 2465 Rn. 110 – Adelener ff.

26 Art. 101 AEUV (ex Art. 81 EGV) enthält ein umfassendes Kartellverbot und Art. 102 AEUV (ex Art. 82 EGV) das Verbot des Missbrauchs einer marktbeherrschenden Stellung.

Nach Art. 101 des AEUV (ex Art. 81 EGV) sind deshalb mit dem gemeinsamen Markt unvereinbar und verboten alle Vereinbarungen zwischen Unternehmen, Beschlüsse von Unternehmensvereinigungen und aufeinander abgestimmte Verhaltensweisen, welche den Handel zwischen den Mitgliedstaaten zu beeinträchtigen geeignet sind und eine Verhinderung, Einschränkung oder Verfälschung des Wettbewerbs innerhalb des gemeinsamen Marktes bezwecken oder bewirken. Insbesondere sind Handlungsweisen verboten, die auf die unmittelbare oder mittelbare Festsetzung der An- oder Verkaufspreise oder sonstiger Geschäftsbedingungen, die Einschränkung oder Kontrolle der Erzeugung, des Absatzes, der technischen Entwicklung oder der Investitionen, die Aufteilung der Märkte oder Versorgungsquellen, die Anwendung unterschiedlicher Bedingungen bei gleichwertigen Leistungen gegenüber Handelspartnern, wodurch diese im Wettbewerb benachteiligt werden, die an den Abschluss von Verträgen geknüpfte Bedingung, dass die Vertragspartner zusätzliche Leistungen annehmen, die weder sachlich noch nach Handelsbrauch in Beziehung zum Vertragsgegenstand stehen, gerichtet sind. Alle nach Art. 101 AEUV (ex Art. 81 EGV) verbotenen Vereinbarungen oder Beschlüsse sind nichtig.

27 Allerdings können Bestimmungen nach Art. 101 Abs. 1 AEUV (ex Art. 81 EGV) für nicht anwendbar erklärt werden auf Vereinbarungen oder Gruppen von Vereinbarungen zwischen Unternehmen, Beschlüsse oder Gruppen von Beschlüssen von Unternehmensvereinigungen oder aufeinander abgestimmte Verhaltensweisen oder Gruppen von solchen Verhaltensweisen, die unter angemessener Beteiligung der Verbraucher an dem entstehenden Gewinn zur Verbesserung der Warenerzeugung oder Verteilung oder zur Förderung des technischen oder wirtschaftlichen Fortschritts beitragen, ohne dass den beteiligten Unternehmen Beschränkungen auferlegt werden, die für die Verwirklichung dieser Zwecke nicht unerlässlich sind, oder Möglichkeiten eröffnet werden, für einen wesentlichen Teil der betreffenden Waren den Wettbewerb auszuschalten.

Art. 102 AEUV (ex Art. 82 EGV) enthält das Verbot des Missbrauchs einer marktbeherrschenden Stellung.

28 Nach Art. 103 AEUV (ex Art. 83 EGV) kann der Rat mit qualifizierter Mehrheit auf Vorschlag der Kommission und nach Anhörung des Europäischen Parlaments zweckdienliche Verordnungen oder Richtlinien zur Verwirklichung der in den Art. 101 und 102 AEUV (ex Art. 81 und 82 EGV) niedergelegten Grundsätze beschließen. Zur Durchsetzung des europäischen Kartellverbots können Geldbußen und Zwangsgelder verhängt werden.

Gem. der Vorrangtheorie geht das europäische Recht dem nationalen Recht grundsätzlich vor. Anders wäre seine Durchsetzung in allen nationalen Rechtsordnungen nicht zu gewährleisten.

Dabei haben die Verwaltungsbehörden und -gerichte zunächst sowohl das nationale als auch das europäische Kartellrecht anzuwenden. Nur im Konfliktfall gebührt dem europäischen Recht die vorrangige Anwendung.

Wenn nach nationalem Recht z.B. ein kartellrechtsrelevantes Verhalten als zulässig anzusehen ist, es aber gegen europäisches Kartellrecht verstößt, muss das europäische Kartellrecht vorrangig angewendet, das fragliche Verhalten also verboten werden[3].

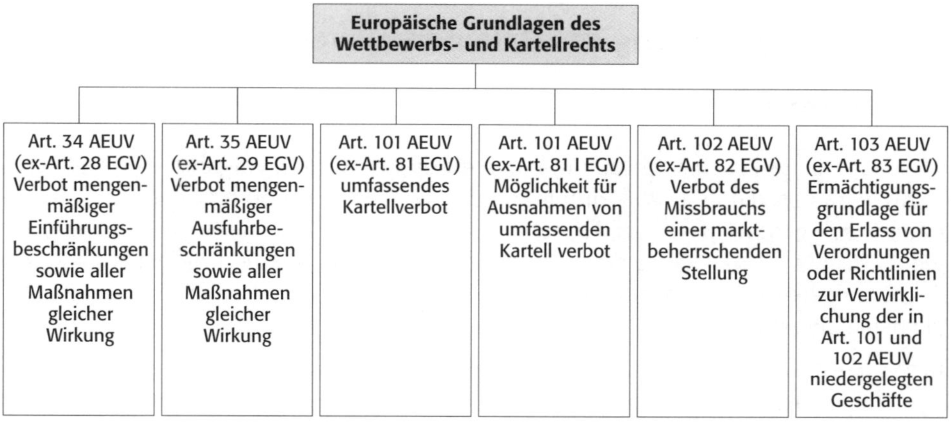

Gemäß Art. 3 EUV in der seit dem 1.12.2009 geltenden Fassung soll die Europäische Union nicht nur den europäischen Binnenmarkt realisieren. Der gemeinsame Markt soll vielmehr „auf der Grundlage" eines ausgewogenen Wirtschaftswachstums und von Preisstabilität sowie einer in hohem Maße wettbewerbsfähigen sozialen Marktwirtschaft verwirklicht werden.

Nach Art. 119 Abs. 2 AEUV hat die Wirtschafts- und Währungspolitik der EU den Grundsatz „einer offenen Marktwirtschaft mit freiem Wettbewerb" zu beachten. Hierin liegt ein klares sowie eindeutiges Bekenntnis der EU zu den Grundsätzen der sozialen Marktwirtschaft auch auf europäischer Ebene.

3 Vgl. auch die Ausführungen zum europäischen Kartellrecht unter G.

E. Das Gesetz gegen den unlauteren Wettbewerb

I. Die Europäisierung des Unlauterkeitsrechts

1. Allgemeines

29 Die das Unlauterkeitsrecht bestimmenden europarechtlichen Vorgaben besitzen keine unmittelbare Wirkung in den einzelnen Vertragsstaaten, sondern waren bzw. sind in nationales Recht umzusetzen. Ausnahmen stellen die EG-VO 2409/92 (Flugreise) sowie EG-VO Nr. 194/2006 (Health Claim) dar, die als Verordnung nicht ins nationale Recht umgesetzt werden mussten, sondern sofort und unmittelbar in allen EU-Mitgliedstaaten gelten.

In Deutschland gelten u.a. das Gesetz gegen den unlauteren Wettbewerb mit seinen Nebengesetzen, wie der Preisangabenverordnung, das Gesetz über die Werbung auf dem Gebiet des Heilwesens, das Arzneimittelgesetz oder das Lebensmittel- und Bedarfsgesetz.

Einfluss auf die Auslegung dieser Normen haben zum einen die Vorschriften des EGV, wie bereits oben dargestellt.

Zum anderen sind die Europäischen Richtlinien zu beachten, die von den Mitgliedsstaaten in innerstaatliches Recht umgesetzt werden müssen.

30 Hinzuweisen ist z.B. auf die Richtlinie (84/450/EWG) zur Angleichung der Rechts- und Verweisungsvorschriften der Mitgliedsstaaten über irreführende Werbung, die durch die Richtlinie vom 6.10.1997 (97/55/EG) wiederum geändert wurde und die Erreichung eines Mindeststandards an Regeln zur Behandlung der irreführenden Werbung in den Staaten der EU zum Ziel hat (sog. Teilharmonisierung im Gegensatz zur sog. Vollharmonisierung, vgl. Rn. 33).

Da Deutschland mit § 5 UWG über eine entwickelte Norm zur Bekämpfung irreführender Angaben über geschäftliche Verhältnisse pp. zu Zwecken des Wettbewerbs verfügte, bedurfte es insoweit keiner Umsetzung.

31 Die EU erließ weitere Richtlinien wie die über die Etikettierung und Aufmachung von für Endverbraucher bestimmte Lebensmittel sowie die Werbung hierfür (84/450/EWG), den Schutz der Verbraucher bei Angaben der Lebensmittelpreise (79/581/EWG), den Schutz der Verbraucher bei der Angabe der Preise von anderen Erzeugnissen als Lebensmitteln (88/314/EWG), die Etikettierung von Tabakerzeugnissen (89/622/EWG) sowie über die Werbung für Humanarzneimittel (92/28/EWG), den elektronischen Geschäftsverkehr (2000/31/EG), die audiovisuellen Mediendienste (89/552/EWG i.d.F. 2007/65 EG) oder die Datenschutzrichtlinie für elektronische Kommunikation (2002/58/EG).

32 Von besonderer Bedeutung ist die Richtlinie über unlautere Geschäftspraktiken 2005/29/EG, deren Anwendung sich aber auf das Verhältnis Gewerbetreibender–Verbraucher (B2C = business to consumer) beschränkt und die mit Wirkung v. 30.12.2008 ins UWG umgesetzt wurde (vgl. Rn. 71 ff.).

2. Einzelne Richtlinien

a) Die europäische Richtlinie über die vergleichende Werbung

33 Die Richtlinie EG 97/55 vom 6.10.1997 zur Änderung der Richtlinie 84/450/EWG über irreführende Werbung zwecks Einbeziehung der vergleichenden Werbung führte zu einer gravierenden Änderung zunächst der Rspr. des BGH und dann zur Novellierung des UWG, um gemäß dieser Verordnung vergleichende Werbung zu erlauben. Ziel dieser Richtlinie stellt die Vollharmonisierung des Rechts der vergleichenden Werbung in den Staaten der EU dar.

Nach dem traditionellen deutschen Wettbewerbsrecht war die kritisierende vergleichende Werbung grundsätzlich verboten[1]. Sie sollte nur dann zulässig sein, wenn für sie ein hinreichender Anlass bestand und die Angaben sich nach Art und Maß in den Grenzen des erforderlichen und der wahrheitsgemäßen sachlichen Erörterung hielten[2]. Nach der Rspr. des BGH sollte jede vergleichende Werbung dann wettbewerbswidrig sein, wenn der Werbende die eigene Ware durch Herabsetzung der Ware des Mitbewerbers besonders hervorzuheben versucht[3]. Da in der Regel jeglicher direkter Vergleich zweier Waren oder Dienstleistungen zu Werbezwecken das Ziel hat, das eigene Angebot hervorzuheben – anderenfalls würde ein solcher Vergleich keinen Sinn machen –, führte diese Rspr. praktisch zu einem vollständigen Verbot von vergleichender Werbung in Deutschland.

34 Demgegenüber gab es in anderen europäischen Ländern und darüber hinaus in den Vereinigten Staaten von Amerika eine lange Tradition vergleichender Werbung, die grundsätzlich erlaubt war und nur in Ausnahmefällen beanstandet werden konnte. Dies bedeutete, dass deutsche Unternehmen im europäischen Ausland für ihre Produkte vergleichend werben konnten, wohingegen ihre europäischen Konkurrenten in Deutschland dies nicht durften. Hierin konnte man eine Diskriminierung ausländischer Anbieter von Waren und Dienstleistungen erblicken.

In Erwägung, dass eines der Hauptziele der Europäischen Gemeinschaft die Vollendung des Binnenmarktes darstellt, wollte der europäische Gesetzgeber die einzelnen Staaten dazu bewegen, gleiche Mindestbedingungen für zulässige vergleichende Werbung zu schaffen, die die Entscheidung der Verbraucher nicht negativ beeinflussen, die Mitbewerber nicht schädigen und die den Wettbewerb nicht verzerren (Nr. 7 der Erwägungsgründe). Wesentliches Kriterium für die Zulässigkeit vergleichender Werbung sollte weiter sein, dass sie die Verbraucher nicht irreführt (Nr. 8).

1 *BGH* NJW 1961, 1916 – Betonzusatzmittel.
2 Vgl. *Köhler/Piper,* § 1 Rn. 129, 3. Aufl.
3 *BGH* NJW 1987, 437 f. – Cola-Test.

35 Damit vergleichende Werbung nicht in einer wettbewerbswidrigen und unlauteren Weise betrieben wird, sollten Vergleiche zwischen Waren und Dienstleistungen, die von Mitbewerbern angeboten werden, nur zulässig sein, wenn diese den gleichen Bedarf decken oder dieselbe Zweckbestimmung erfüllen sollen (Nr. 9).

Bei der vergleichenden Werbung stellt sich das Problem, ob es dem Werbenden erlaubt ist, das Produkt oder die Dienstleistung seines Konkurrenten unter der geschützten Marke oder dem geschützten Handelsnamen zu bezeichnen. Einerseits wollte die Richtlinie den traditionellen Kennzeichnungsschutz uneingeschränkt aufrechterhalten. Andererseits sollte eine Bezugnahme auf die einem anderen gehörende Marke oder seinen Handelsnamen dann zulässig sein, wenn sonst eine wirksame vergleichende Werbung unmöglich würde (Nr. 14). Dem nationalen Gesetzgeber wurde eine Frist eingeräumt, bis spätestens 30 Monate nach Veröffentlichung der EG-Richtlinie im Amtsblatt der europäischen Gemeinschaften der Umsetzung nachzukommen.

36 Gemäß herkömmlicher Auffassung hatte der BGH vergleichende kritisierende Werbung als gegen die guten Sitten in § 1 UWG a.F. verstoßend angesehen. Nachdem der europäische Gesetzgeber die vergleichende Werbung zukünftig im Vertragsgebiet grundsätzlich erlaubt und den Gesetzgeber gezwungen hatte, die Rechtslage zu ändern, erachtete er vergleichende Werbung in den von der EU vorgegebenen Grenzen für zulässig, noch bevor der deutsche Gesetzgeber die europäischen Vorgaben umgesetzt hatte. In der grundlegenden „Testpreis-Angebot"-Entscheidung vom 5.2.1998[4] passte der Senat seine Rspr. an diese Richtlinie an. Wenn der nationale Gesetzgeber bei der Umsetzung der EU-Richtlinie keinen relevanten Spielraum mehr besitze, könne das Verhalten eines Mitbewerbers, der zwar gegen die bisherige Rspr. verstößt, sich aber im Einklang mit der EU-Richtlinie bewegt, nicht mehr als sittenwidrig im Sinne von § 1 UWG a.F. angesehen werden.

Der Gesetzgeber schuf dann in dem neuen § 2 UWG a.F. eine abschließende Regelung über die vergleichende Werbung, wobei er sich an die neue Rspr. des BGH anlehnte, die nunmehr in § 6 UWG enthalten ist.

Die Einführung der vergleichenden Werbung in Deutschland, die ersichtlich nicht zu offenbar wettbewerbswidrigen Zuständen geführt hat, kann als ein gelungenes Beispiel für die Europäisierung des Unlauterkeitsrechts angesehen werden.

b) Die europäische Richtlinie gegen irreführende Werbung

37 Gemäß der im nationalen Recht umgesetzten Richtlinie gegen irreführende Werbung der EU verbieten nunmehr alle Rechtsordnungen der Vertragsstaaten derartige Werbung. In Deutschland stellt § 5 UWG die einschlägige Verbotsnorm dar.

Die Frage, unter welchen Voraussetzungen von der Irreführung eines Verbrauchers ausgegangen werden muss, wurde in der EU allerdings sehr unterschiedlich beantwortet[5].

---

4 *BGH* WRP 1998, 718 – Testpreis-Angebot.

5 Ausführlich hierzu unter E, VI, X, XI.

Hierbei kam dem sog. Verbraucherleitbild erhebliche Bedeutung zu. Darunter versteht man die Frage, wie aufmerksam oder flüchtig, wie informiert oder wie unwissend der Verbraucher sein darf, an den sich die Werbung wendet und was den Maßstab für die Annahme einer Irreführung einer Werbung bildet.

Nach herkömmlicher deutscher Auffassung genügte es für die Annahme einer unzulässigen Werbung, dass die Gefahr einer Irreführung bei einem nicht völlig unerheblichen Teil der von der Werbung angesprochenen Verkehrskreise eintritt. Dafür sollte im Allgemeinen eine Quote ab etwa 10 % von irregeführten und im Bereich der Gesundheits- und Umweltwerbung sogar nur zwischen 5 und 8 % von irregeführten Verbrauchern in Betracht zu ziehen sein. **38**

Die deutsche Rspr. und Rechtslehre hatten die Figur des sog. flüchtigen durchschnittlich informierten Verbrauchers geschaffen, bei dem diese Quoten in der Regel nicht überschritten werden durften.

Demgegenüber kreierte der europäische Gerichtshof den Rechtstraditionen anderer europäischer Länder folgend das Bild des aufmerksamen, verständigen und durchschnittlich informierten Verbrauchers, der mit dem ihm zur Verfügung gestellten Informationen in der Lage sein soll, seine Entscheidung auf dem Markt frei zu treffen. Die Rechtstraditionen europäischer Nachbarländer wie England oder Italien brachten der Erkenntnisfähigkeit der Verbraucher nicht jenes Misstrauen entgegen, wie es sich in Deutschland entwickelt hatte. Zwar kam und kommt dem Europäischen Gerichtshof nicht die Kompetenz zu, anstelle der nationalen Gerichte über die Zulässigkeit von Werbung in den einzelnen Vertragsstaaten zu entscheiden. Etwas anderes gilt nur, sofern nationale Werbeverbote zu Beschränkungen des grenzüberschreitenden Handels- oder Dienstleistungsverkehrs führen. Denn wenn eine Ware oder eine Dienstleistung in einem Mitgliedstaat rechtmäßig in den Verkehr gebracht wurde, dürfen dabei Beschränkungen in einem anderen Staat nicht zu dem Ergebnis führen, dass diese Güter nicht ohne Veränderungen dorthin ausgeführt werden können. **39**

Dies hatte zunächst zur Folge, dass grenzüberschreitende Werbung an einem anderen Maßstab gemessen werden musste als solche, die nur auf den deutschen Markt ausgerichtet war. Die Unzumutbarkeit dieses Ergebnisses wurde von vielen festgestellt und mit Recht wurde angemerkt, dass hier ein sog. Fall der Inländerdiskriminierung vorliege, der gegen den in Art. 3 GG festgelegten Gleichheitssatz verstößt. **40**

Nachdem zunächst die Oberlandesgerichte Frankfurt und Bremen ihre Rspr. ausdrücklich hin zu dem Verbraucherleitbild des Europäischen Gerichtshofs geändert und alle Oberlandesgerichte sowie der Bundesgerichtshof sich dieser Entwicklung angepasst hatten, geht nunmehr auch der deutsche Gesetzgeber von dem europarechtlich geprägten Verbraucherleitbild aus[6].

6 Vgl. Rn. 39.

3. Die europäische Richtlinie über unlautere Geschäftspraktiken

41 Das europäische Parlament und der Rat der europäischen Union beschlossen am 11.5.2005 die Richtlinie 2005/29/EG über unlautere Geschäftspraktiken. Sie hätte zwar bis zum 12.7.2007 bei einer Schonfrist von 6 Jahren in nationales Recht umgesetzt werden müssen[7], gleichwohl gelang dem deutschen Gesetzgeber die Umsetzung erst zum 30.12.2008[8]. Nachfolgend werden die Grundzüge der Richtlinie dargestellt; soweit der Gesetzgeber sie in das UWG umgesetzt hat, verweisen wir auf die dortige Bearbeitung.

a) Zweck der Richtlinie

42 Die Richtlinie über unlautere Geschäftspraktiken soll durch die vorzunehmende Angleichung der nationalen Rechts- und Verwaltungsvorschriften über unlautere Geschäftspraktiken, die die Interessen der Verbraucher beeinträchtigen, zu einem reibungslosen Funktionieren des Binnenmarktes und zum Erreichen eines hohen Verbraucherschutzes beitragen. Diese Richtlinie beinhaltet lediglich das Verhältnis Unternehmer/Verbraucher (business to consumer, B2C), soll also nicht die Sachverhalte harmonisieren, in denen Unternehmer sich gegenüber Unternehmern (business to business, B2B) unlauterer Geschäftspraktiken bedienen. Diese werden auch zukünftig lediglich unter die nationalen Vorschriften gegen unlauteres Handeln fallen.

43 Nach dem siebten Erwägungsgrund bezieht sich die Richtlinie nicht auf die gesetzlichen Anforderungen in Fragen der guten Sitten und des Anstands, die in den Mitgliedstaaten sehr unterschiedlich sein können. So sollen in manchen Staaten kulturell unerwünschte Geschäftspraktiken, wie beispielsweise das Ansprechen von Personen auf der Straße zu Verkaufszwecken, nach nationalem Recht verboten werden dürfen. Die Mitgliedstaaten dürfen also im Einklang mit dem Gemeinschaftsrecht in ihrem Hoheitsgebiet weiterhin Geschäftspraktiken aus Gründen der guten Sitten und des Anstands verbieten, auch wenn diese Praktiken die Wahlfreiheit des Verbrauchers nicht beeinträchtigen. Weiterhin sollen bei der Anwendung der Richtlinie die Umstände des Einzelfalls umfassend gewürdigt werden[9].

b) Einzelheiten der Richtlinie

44 **aa) Verbot unlauterer Geschäftspraktiken:** Nach Art. 5 Nr. 1 sind unlautere Geschäftspraktiken verboten. In Nr. 2 definiert die Richtlinie eine Geschäftspraxis als unlauter, wenn sie den Erfordernissen der beruflichen Sorgfaltspflicht widerspricht und sie in Bezug auf das jeweilige Produkt das wirtschaftliche Verhalten des Durchschnittsverbrauchers, den sie erreicht oder an den sie sich richtet, oder des durchschnittlichen Mitglieds einer Gruppe von Verbrauchern, wenn sich eine Geschäftspraxis an eine be-

---

7 Abl. L 149 v. 11.6.2005, S. 22; GRUR Int. 2005, 569.

8 *Erstes Gesetz zur Änderung des Gesetzes gegen unlauteren Wettbewerb*, BGBl. I S. 2949 ff., welches weitgehend den Entwurf der Bundesregierung übernimmt gem. Beschlussempfehlung und Bericht des Rechtsausschusses, BT-Drucks. 16/11070.

9 Vgl. auch *Köhler* in Hefermehl/Köhler/Bornkamm, UWG, Einl. Rn. 3.56 m.N., 27. Aufl.

stimmte Gruppe von Verbrauchern wendet, wesentlich beeinflusst oder dazu geeignet ist, es wesentlich zu beeinflussen.

Dabei werden Geschäftspraktiken, die voraussichtlich in einer für den Gewerbetreibenden vernünftigerweise vorhersehbaren Art und Weise das wirtschaftliche Verhalten nur einer eindeutig identifizierbaren Gruppe von Verbrauchern wesentlich beeinflussen, die aufgrund von geistigen oder körperlichen Gebrechen, Alter oder Leichtgläubigkeit im Hinblick auf diese Praktiken oder die ihnen zugrunde liegenden Produkte besonders schutzwürdig sind, aus der Perspektive eines durchschnittlichen Mitglieds dieser Gruppe beurteilt. **45**

Die übliche und regelmäßige Werbepraxis, übertriebene Behauptungen oder nicht wörtlich zu nehmende Behauptungen aufzustellen, bleibt davon unberührt.

In einem Anhang I werden Geschäftspraktiken aufgeführt, die unter allen Umständen als unlauter anzusehen sind. Dieser soll einheitlich in allen Mitgliedstaaten gelten und darf nur durch eine Änderung dieser Richtlinie abgeändert werden. **46**

Nach § 3 Abs. 3 UWG sind die im Anhang des UWG aufgeführten geschäftlichen Handlungen gegenüber Verbrauchern stets unzulässig.

Da der deutsche Gesetzgeber die nachfolgend aufgeführte Richtlinie nicht wörtlich in den Anhang des UWG übernommen hat sondern sie „schlank" umsetzte, damit das Gesetz verständlich bleibt, muss der Richtlinienwortlaut bei der Auslegung des UWG mit berücksichtigt werden. Denn nur so kommt es zur europarechtlich gebotenen richtlinienkonformen Auslegung des Gesetzes.

Irreführende Geschäftspraktiken

1. die Behauptung eines Gewerbetreibenden, zu den Unterzeichnern eines Verhaltenskodex zu gehören, obgleich dies nicht der Fall ist.
2. Die Verwendung von Gütezeichen, Qualitätskennzeichen oä ohne die erforderliche Genehmigung.
3. Die Behauptung, ein Verhaltenskodex sei von einer öffentlichen oder anderen Stelle gebilligt, obgleich dies nicht der Fall ist.
4. Die Behauptung, dass ein Gewerbetreibender (einschließlich seiner Geschäftspraktiken) oder ein Produkt von einer öffentlichen oder privaten Stelle bestätigt, gebilligt oder genehmigt worden sei, obwohl dies nicht der Fall ist, oder die Aufstellung einer solchen Behauptung, ohne dass den Bedingungen für die Bestätigung, Billigung oder Genehmigung entsprochen wird.
5. Aufforderung zum Kauf von Produkten zu einem bestimmten Preis, ohne dass darüber aufgeklärt wird, dass der Gewerbetreibende hinreichende Gründe für die Annahme hat, dass er nicht in der Lage sein wird, dieses oder ein gleichwertiges Produkt zu dem genannten Preis für einen Zeitraum und in einer Menge zur Lieferung bereitzustellen oder durch einen anderen Gewerbetreibenden bereitstellen zu lassen, wie es in Bezug auf das Produkt, den Umfang der für das Produkt eingesetzten Werbung und den Angebotspreis angemessen wäre (Lockangebote).
6. Aufforderung zum Kauf von Produkten zu einem bestimmten Preis und dann
   a) Weigerung, dem Verbraucher den beworbenen Artikel zu zeigen, oder
   b) Weigerung, Bestellungen dafür anzunehmen oder innerhalb einer vertretbaren Zeit zu liefern, oder
   c) Vorführung eines fehlerhaften Exemplars in der Absicht, stattdessen ein anderes Produkt abzusetzen („bait-and-switch"-Technik).
7. Falsche Behauptung, dass das Produkt nur eine sehr begrenzte Zeit oder nur eine sehr begrenzte Zeit zu bestimmten Bedingungen verfügbar sein werde, um so den Verbraucher zu einer so-

fortigen Entscheidung zu verleiten, so dass er weder Zeit noch Gelegenheit hat, eine informierte Entscheidung zu treffen.

8. Verbrauchern, mit denen der Gewerbetreibende vor Abschluss des Geschäfts in einer Sprache kommuniziert hat, bei der es sich nicht um eine Amtssprache des Mitgliedstaats handelt, in dem der Gewerbetreibende niedergelassen ist, wird eine nach Abschluss des Geschäfts zu erbringende Leistung zugesichert, diese Leistung wird anschließend aber nur in einer anderen Sprache erbracht, ohne dass der Verbraucher eindeutig hierüber aufgeklärt wird, bevor er das Geschäft tätigt.
9. Behauptung oder anderweitige Herbeiführung des Eindrucks, ein Produkt könne rechtmäßig verkauft werden, obgleich dies nicht der Fall ist.
10. Den Verbrauchern gesetzlich zugestandene Rechte werden als Besonderheit des Angebots des Gewerbetreibenden präsentiert.
11. Es werden redaktionelle Inhalte in Medien zu Zwecken der Verkaufsförderung eingesetzt und der Gewerbetreibende hat diese Verkaufsförderung bezahlt, ohne dass dies aus dem Inhalt oder aus für den Verbraucher klar erkennbaren Bildern und Tönen eindeutig hervorgehen würde (als Information getarnte Werbung). Die Richtlinie 89/552/EWG bleibt davon unberührt.
12. Aufstellen einer sachlich falschen Behauptung über die Art und das Ausmaß der Gefahr für die persönliche Sicherheit des Verbrauchers oder seiner Familie für den Fall, dass er das Produkt nicht kauft.
13. Werbung für ein Produkt, das einem Produkt eines bestimmten Herstellers ähnlich ist, in einer Weise, die den Verbraucher absichtlich dazu verleitet, zu glauben, das Produkt sei von jenem Hersteller hergestellt worden, obwohl dies nicht der Fall ist.
14. Einführung, Betrieb oder Förderung eines Schneeballsystems zur Verkaufsförderung, bei dem der Verbraucher die Möglichkeit vor Augen hat, eine Vergütung zu erzielen, die hauptsächlich durch die Einführung neuer Verbraucher in ein solches System und weniger durch den Verkauf oder Verbrauch von Produkten zu erzielen ist.
15. Behauptung, der Gewerbetreibende werde demnächst sein Geschäft aufgeben oder seine Geschäftsräume verlegen, obwohl er dies keineswegs beabsichtigt.
16. Behauptung, Produkte könnten die Gewinnchancen bei Glücksspielen erhöhen.
17. Falsche Behauptung, ein Produkt könne Krankheiten, Funktionsstörungen oder Missbildungen heilen.
18. Erteilung sachlich falscher Informationen über die Marktbedingungen oder die Möglichkeit, das Produkt zu finden, mit dem Ziel, den Verbraucher dazu zu bewegen, das Produkt zu weniger günstigen Bedingungen als den normalen Marktbedingungen zu kaufen.
19. Es werden Wettbewerbe und Preisausschreiben angeboten, ohne dass die beschriebenen Preise oder ein angemessenes Äquivalent vergeben werden.
20. Ein Produkt wird als „gratis", „umsonst", „kostenfrei" oder Ähnliches beschrieben, obwohl der Verbraucher weitere Kosten als die Kosten zu tragen hat, die im Rahmen des Eingehens auf die Geschäftspraktik und für die Abholung oder Lieferung der Ware unvermeidbar sind.
21. Werbematerialien wird eine Rechnung oder ein ähnliches Dokument mit einer Zahlungsaufforderung beigefügt, die dem Verbraucher den Eindruck vermitteln, dass er das beworbene Produkt bereits bestellt hat, obwohl dies nicht der Fall ist.
22. Fälschliche Behauptung oder Erweckung des Eindrucks, dass der Händler nicht für die Zwecke seines Handels, Geschäfts, Gewerbes oder Berufs handelt, oder fälschliches Auftreten als Verbraucher.
23. Erwecken des fälschlichen Eindrucks, dass der Kundendienst im Zusammenhang mit einem Produkt in einem anderen Mitgliedstaat verfügbar sei als demjenigen, in dem das Produkt verkauft wird.

Aggressive Geschäftspraktiken

24. Erwecken des Eindrucks, der Verbraucher könne die Räumlichkeiten ohne Vertragsabschluss nicht verlassen.
25. Nichtbeachtung der Aufforderung des Verbrauchers bei persönlichen Besuchen in dessen Wohnung, diese zu verlassen bzw. nicht zurückzukehren, außer in Fällen und in den Grenzen, in denen dies nach dem nationalen Recht gerechtfertigt ist, um eine vertragliche Verpflichtung durchzusetzen.

26. Kunden werden durch hartnäckiges und unerwünschtes Ansprechen über Telefon, Fax, E-Mail oder sonstige für den Fernabsatz geeignete Medien geworben, außer in Fällen und in den Grenzen, in denen ein solches Verhalten nach den nationalen Rechtsvorschriften gerechtfertigt ist, um eine vertragliche Verpflichtung durchzusetzen. Dies gilt unbeschadet des Art. 10 der Richtlinie 97/7/EG sowie der Richtlinien 95/46/EG und 2002/58/EG.
27. Aufforderung eines Verbrauchers, der eine Versicherungspolice in Anspruch nehmen möchte, Dokumente vorzulegen, die vernünftigerweise nicht als relevant für die Gültigkeit des Anspruchs anzusehen sind, oder systematische Nichtbeantwortung einschlägiger Schreiben, um so den Verbraucher von der Ausübung seiner vertraglichen Rechte abzuhalten.
28. Einbeziehung einer direkten Aufforderung an Kinder in eine Werbung, die beworbenen Produkte zu kaufen oder ihre Eltern oder andere Erwachsene zu überreden, die beworbenen Produkte für sie zu kaufen. Diese Bestimmung gilt unbeschadet des Art. 16 der Richtlinie 89/552/EWG über die Ausübung der Fernsehtätigkeit.
29. Aufforderung des Verbrauchers zur sofortigen oder späteren Bezahlung oder zur Rücksendung oder Verwahrung von Produkten, die der Gewerbetreibende geliefert, der Verbraucher aber nicht bestellt hat (unbestellte Waren oder Dienstleistungen); ausgenommen hiervon sind Produkte, bei denen es sich um Ersatzlieferungen gemäß Art. 7 Absatz 3 der Richtlinie 97/7/EG handelt.
30. Ausdrücklicher Hinweis gegenüber dem Verbraucher, dass Arbeitsplatz oder Lebensunterhalt des Gewerbetreibenden gefährdet sind, falls der Verbraucher das Produkt oder die Dienstleistung nicht erwirbt.
31. Erwecken des fälschlichen Eindrucks, der Verbraucher habe bereits einen Preis gewonnen, werde einen Preis gewinnen oder werde durch eine bestimmte Handlung einen Preis oder einen sonstigen Vorteil gewinnen, obwohl:
    - es in Wirklichkeit keinen Preis oder sonstigen Vorteil gibt, oder
    - die Möglichkeit des Verbrauchers, Handlungen in Bezug auf die Inanspruchnahme des Preises oder eines sonstigen Vorteils vorzunehmen, in Wirklichkeit von der Zahlung eines Betrages oder der Übernahme von Kosten durch den Verbraucher abhängig gemacht wird.

47 Eine Geschäftspraxis gilt als irreführend und somit als unlauter, wenn sie falsche Angaben enthält oder wenn sie in irgendeiner Weise, einschließlich sämtlicher Umstände ihrer Präsentation, selbst mit sachlich richtigen Angaben den Durchschnittsverbraucher in Bezug auf einen oder mehrere der nachstehend aufgeführten Punkte täuscht oder ihn zu täuschen geeignet ist und ihn in jedem Fall tatsächlich oder voraussichtlich zu einer geschäftlichen Entscheidung veranlasst, die er sonst nicht getroffen hätte:

- das Vorhandensein oder die Art des Produkts;
- die wesentlichen Merkmale des Produkts wie Verfügbarkeit, Vorteile, Risiken, Ausführung, Zusammensetzung, Zubehör, Kundendienst und Beschwerdeverfahren, Verfahren und Zeitpunkt der Herstellung oder Erbringung, Lieferung, Zwecktauglichkeit, Verwendung, Menge, Beschaffenheit, geografische oder kommerzielle Herkunft oder die von der Verwendung zu erwartenden Ergebnisse oder die Ergebnisse und wesentlichen Merkmale von Tests oder Untersuchungen, denen das Produkt unterzogen wurde;
- den Umfang der Verpflichtungen des Gewerbetreibenden, die Beweggründe für die Geschäftspraxis und die Art des Vertriebsverfahrens, die Aussagen oder Symbole jeder Art, die im Zusammenhang mit direktem oder indirektem Sponsoring stehen oder sich auf eine Zulassung des Gewerbetreibenden oder des Produkts beziehen;
- der Preis, die Art der Preisberechnung oder das Vorhandensein eines besonderen Preisvorteils;

- die Notwendigkeit einer Leistung, eines Ersatzteils, eines Austauschs oder einer Reparatur;
- die Person, die Eigenschaften oder die Rechte des Gewerbetreibenden oder seines Vertreters, wie Identität und Vermögen, seine Befähigungen, seinen Status, seine Zulassung, Mitgliedschaften oder Beziehungen sowie gewerbliche oder kommerzielle Eigentumsrechte oder Rechte an geistigem Eigentum oder seine Auszeichnungen und Ehrungen;
- die Rechte des Verbrauchers einschließlich des Rechts auf Ersatzlieferung oder Erstattung gemäß der Richtlinie 1999/44/EG des Europäischen Parlaments und des Rates vom 25. Mai 1999 zu bestimmten Aspekten des Verbrauchsgüterkaufs und der Garantien für Verbrauchsgüter oder die Risiken, denen er sich möglicherweise aussetzt.

48 Des Weiteren gilt eine Geschäftspraxis als irreführend, wenn sie im konkreten Fall unter Berücksichtigung aller tatsächlichen Umstände einen Durchschnittsverbraucher zu einer geschäftlichen Entscheidung veranlasst oder zu veranlassen geeignet ist, die er ansonsten nicht getroffen hätte, bei

- jeglicher Art der Vermarktung eines Produkts, einschließlich vergleichender Werbung, die eine Verwechslungsgefahr mit einem anderen Produkt, Warenzeichen, Warennamen oder anderen Kennzeichen eines Mitbewerbers begründet;
- der Nichteinhaltung von Verpflichtungen, die der Gewerbetreibende im Rahmen von Verhaltenskodizes, auf die er sich verpflichtet hat, eingegangen ist, sofern
- es sich nicht um eine Absichtserklärung, sondern um eine eindeutige Verpflichtung handelt, deren Einhaltung nachprüfbar ist, und
- der Gewerbetreibende im Rahmen einer Geschäftspraxis darauf hinweist, dass er durch den Kodex gebunden ist.

49 **bb) Irreführende Unterlassungen:** Weiterhin sollen irreführende Unterlassungen gemäß Art. 7 der Richtlinie in der Gemeinschaft verboten werden. Eine Geschäftspraxis gilt als irreführend, wenn sie im konkreten Fall unter Berücksichtigung aller tatsächlichen Umstände und der Beschränkungen des Kommunikationsmediums wesentliche Informationen vorenthält, die der durchschnittliche Verbraucher je nach den Umständen benötigt, um eine informierte geschäftliche Entscheidung zu treffen, und die somit einen Durchschnittsverbraucher zu einer geschäftlichen Entscheidung veranlasst oder zu veranlassen geeignet ist, die er sonst nicht getroffen hätte.

Als irreführende Unterlassung gilt es gemäß Art. 7 Abs. 2 auch, wenn ein Gewerbetreibender wesentliche Informationen gemäß Art. 7 Abs. 1 unter Berücksichtigung der darin beschriebenen Einzelheiten verheimlicht oder auf unklare, unverständliche, zweideutige Weise oder nicht rechtzeitig bereitstellt oder wenn er den kommerziellen Zweck der Geschäftspraxis nicht kenntlich macht, sofern er sich nicht unmittelbar aus den Umständen ergibt und dies einen Durchschnittsverbraucher zu einer geschäftlichen Entscheidung veranlasst oder zu veranlassen geeignet ist, die er ansonsten nicht getroffen hätte. Neben weiteren Einzelheiten verweist die Richtlinie in Art. 7 Abs. 5 auf einen Anhang II, der sich auf Bestimmungen des Gemeinschaftsrechts zur Regelung der Bereiche Werbung und kommerzielle Kommunikation bezieht.

cc) Aggressive Geschäftspraktiken: Im zweiten Abschnitt der Richtlinie werden als unlautere Handlungen aggressive Geschäftspraktiken, die die Entscheidungs- oder Verhaltensfreiheit des Durchschnittsverbrauchers in unzulässiger Weise beeinträchtigen, aufgeführt. 50

Bei der Feststellung, ob im Rahmen einer Geschäftspraxis die Mittel der Belästigung, der Nötigung, einschließlich der Anwendung körperlicher Gewalt, oder der unzulässigen Beeinflussung eingesetzt werden, muss nach Art. 9 der Richtlinie zunächst auf den Zeitpunkt, den Ort, die Art und die Dauer des Einsatzes, die Verwendung drohender oder beleidigender Formulierungen oder Verhaltensweisen abgestellt werden. Weiterhin hat die Ausnutzung durch den Gewerbetreibenden von konkreten Unglückssituationen oder Umständen von solcher Schwere zu sein, dass sie das Urteilsvermögen des Verbrauchers beeinträchtigt. Dies muss dem Gewerbetreibenden bewusst sein.

c) Ausblick

Die Richtlinie über unlautere Geschäftspraktiken hat zum Einen die Harmonisierung des Unlauterkeitsrechts in den Mitgliedstaaten der EU zum Ziel. Andererseits formuliert der siebte Erwägungsgrund hiervon nicht unerhebliche Ausnahmemöglichkeiten unter Hinweis auf die in den Mitgliedstaaten verschiedenen kulturellen Gegebenheiten, die zu sehr unterschiedlichen Verständnissen der guten Sitten führen können. 51

Es wird letztlich von der Rspr. des EuGH abhängen, ob die Richtlinie eher zu einer Vollharmonisierung oder lediglich zur Schaffung von Mindeststandards des Unlauterkeitsrechts in den Mitgliedstaaten führt[10].

II. Die Änderungen im UWG aus dem Jahr 2004

1. Allgemeine Ziele

Das traditionelle deutsche Recht gegen den unlauteren Wettbewerb war geprägt von einer großen Regulierungsdichte. Unter dem Einfluss europäischen Rechts setzten weit vor der völligen Neufassung des UWG im Jahr 2004 Reformbemühungen an. 52

Nach der Aufhebung von Zugabeverordnung und Rabattgesetz setzte die Bundesregierung beim Bundesministerium der Justiz im Jahre 2001 eine Arbeitsgruppe unter dem Titel „Unlauterer Wettbewerb" mit dem Ziel der weiteren Liberalisierung und europakonformen Modernisierung des Wettbewerbsrechts ein. Am 3.7.2004 wurde das vollkommen neu gefasste Gesetz gegen den unlauteren Wettbewerb verabschiedet, welches am 8.7.2004 in Kraft trat.

Der Gesetzgeber wollte das UWG europäisieren, Richterrecht kodifizieren und den Verbraucherschutz betonen.

10 *Sosnitza*, Die Richtlinie über unlautere Geschäftspraktiken – Voll- oder Teilharmonisierung, WRP 2006, 1 ff. m.N.

2. Widerspruch zwischen Liberalisierung und Verbraucherschutz

53 Dies führt zu einer gewissen Widersprüchlichkeit. Während zum Einen nach der Abschaffung von Zugabeverordnung und Rabattgesetz sowie der Zulassung der vergleichenden Werbung die Politik der Deregulierung des Unlauterkeitsrechts fortgesetzt wurde, sollte zum Anderen der sog. Verbraucherschutz gestärkt werden, was eine Verstärkung regulatorischer Eingriffe nahe gelegt hätte.

Soweit der Gesetzgeber die von der Rspr. und Lehre entwickelten Fallgruppen u.a. zu § 1 UWG a.F. und zur irreführenden Werbung gemäß § 3 UWG a.F. sprachlich neu gestaltete und an die europarechtliche Terminologie heranführte, sollte das vollkommen geänderte Gesetz gleichwohl keine Änderung der Rechtslage mit sich bringen.

3. Die geschützten Verbraucherinnen und Verbraucher

54 § 1 schützt nach seinem Wortlaut neben den wettbewerblichen Interessen der Allgemeinheit sowohl die Interessen der Verbraucher als auch die der Verbraucherinnen. Die Interessen der Mitbewerber und sonstigen Marktteilnehmer werden ebenfalls geschützt, ohne aber die Interessen der Mitbewerberinnen oder sonstigen Marktteilnehmerinnen zu erwähnen. Offensichtlich fiel den an dem Gesetzgebungsverfahren beteiligten Personen nicht auf, dass aus der Formulierung im Gesetz gemäß des Grundsatzes ex majore ad minus eine verfassungswidrige Diskriminierung der Mitbewerberinnen und Marktteilnehmerinnen abgeleitet werden könnte.

4. Kodifizierung der zum „alten" UWG entwickelten Fallgruppen sowie des Instituts der Abmahnung

55 Als erfreulich kann die erfolgte Kodifizierung und Ausdifferenzierung der von der Rspr. entwickelten Fallgruppen in den §§ 3 ff. UWG bewertet werden, ohne dass der Gesetzgeber auf den weiteren Einsatz von Generalklauseln verzichtet hätte.

Nach § 3 UWG sind unlautere Wettbewerbshandlungen nur dann unzulässig, wenn sie geeignet sind, den Wettbewerb nicht nur unerheblich zu beeinträchtigen.

56 Positiv zu bewerten ist auch die in § 12 Abs. 1 UWG gesetzlich formulierte Regelung über die wettbewerbsrechtliche Abmahnung. Das Gesetz normiert nunmehr erstmalig die Pflicht des wettbewerbsrechtlichen Gläubigers, den Schuldner vor der Einleitung eines gerichtlichen Verfahrens abzumahnen und ihm die Möglichkeit einzuräumen, den Streit durch Abgabe einer strafbewehrten Unterlassungsverpflichtungserklärung beizulegen. Darüber hinaus enthält § 12 Abs. 1 UWG die Anspruchsgrundlage für den Ersatz der erforderlichen Aufwendungen für die Abmahnung. Damit erübrigen sich komplizierte und dogmatisch angreifbare Erwägungen über den Charakter der Anspruchsgrundlage für die Erstattung der Abmahnkosten.

5. Abschaffung des Anspruchs auf die öffentliche Bekanntmachung bloß vorläufig vollstreckbarer Unterlassungsurteile

Zwar enthält § 12 Abs. 3 UWG weiterhin das Recht des Klägers, erstrittene Unterlassungsurteile öffentlich bekannt zu machen. Der Anspruch über die Veröffentlichungsbefugnis ist im Gegensatz zur bisherigen Rechtslage aber nicht vorläufig vollstreckbar. Dies stellt eine Erschwerung der Veröffentlichkeitsbefugnis dar, da der wettbewerbsrechtliche Störer durch das Hinauszögern der Rechtskraft des Unterlassungstitels den Kläger ohne Weiteres an der Veröffentlichung hindern kann. Angesichts der Schnelllebigkeit vieler wettbewerbsrechtlicher Sachverhalte vermag dann die Veröffentlichung des nach geraumer Zeit erst rechtskräftig gewordenen Unterlassungsurteils häufig nicht mehr die den Kläger und die Verbraucher schützende Wirkung zu entfalten. 57

6. Kein Rücktrittsrecht des Verbrauchers mehr bei strafbarer Irreführung

Vor dem Hintergrund des Bestrebens, den Schutz der Verbraucher deutlich in den Mittelpunkt des Gesetzes zu rücken, erstaunt die gesetzgeberische Entscheidung, das in § 13a UWG a.F. geregelte Rücktrittsrecht bei strafbarer irreführender Werbung ersatzlos zu streichen. 58

7. Abschaffung des Sonderveranstaltungsrechts

Positiv kann die Aufhebung des Sonderveranstaltungsrechts gemäß der §§ 7 und 8 UWG a.F. vermerkt werden. Die bürokratische Reglementierung des Rechts der Schluss-, Jubiläums- und Räumungsverkäufe ist entfallen. 59

8. Ablehnung allgemeiner Informationspflichten

Der Gesetzgeber verzichtete bei der Novellierung des Gesetzes trotz gegenteiliger Forderungen darauf, eine generelle Regelung von Informationspflichten zu Lasten von Unternehmen zu schaffen. Im Hinblick auf die Aufhebung des Rabattgesetzes und der Zugabeverordnung normierte er allerdings bei der Werbung mit Preisherabsetzung und Mengen zur Förderung des Verkaufs die in § 4 Nr. 4 und 5 UWG enthaltenen Pflichten und besonderen Beweisregeln, wonach die Beweislast denjenigen trifft, der mit einer Preisherabsetzung geworben hat, und eine gesetzliche Vermutung besteht, dass eine Irreführung vorliegt, wenn mit der Herabsetzung eines Preises geworben wird, sofern der Preis nur für eine unangemessen kurze Zeit gefordert worden ist. Wenn für eine Ware geworben wird, die unter Berücksichtigung der Art der Ware sowie der Gestaltung und Verbreitung der Werbung nicht in angemessener Menge zur Befriedigung der zu erwartenden Nachfrage vorgehalten ist, stellt dies ebenfalls eine Irreführung dar. Angemessen soll im Regelfall ein Vorrat von zwei Tagen sein, es sei denn, der Unternehmer weist Gründe nach, die eine geringere Bevorratung rechtfertigen. Dies gilt auch für die Werbung für eine Dienstleistung. 60

9. Aufhebung weiterer Verbote

61 Die Verbote der Hersteller- und Großhändlerwerbung gegenüber dem Letztverbraucher sowie des Kaufscheinhandels und des Insolvenzwarenverkaufs wurden ebenfalls aufgehoben.

III. Übersicht über die Vorschriften des UWG

62 Das UWG vom 22.12.2008 passt sich terminologisch den europäischen Unlauterkeitsrichtlinien an und definiert in § 1 UWG als Zweck des Gesetzes, es diene dem Schutz der Mitbewerber, der Verbraucherinnen und der Verbraucher sowie der sonstigen Marktteilnehmer vor unlauteren geschäftlichen Handlungen. Darüber hinaus soll es zugleich das Interesse der Allgemeinheit an einem unverfälschten Wettbewerb schützen.

§ 2 UWG enthält in Abs. 1 die Definition von geschäftlicher Handlung (§ 2 Abs. 1 Nr. 1), Marktteilnehmer (§ 2 Abs. 1 Nr. 2), Mitbewerber (§ 2 Abs. 1 Nr. 3), Nachricht (§ 2 Abs. 1 Nr. 4), Verhaltenskodex (§ 2 Abs. 1 Nr. 5), Unternehmer (§ 2 Abs. 1 Nr. 6) und fachliche Sorgfalt (§ 2 Abs. 1 Nr. 7). Der im Gesetz verwendete Verbraucherbegriff entspricht § 13 BGB (§ 2 Abs. 2).

Das Gesetz enthält in § 3 UWG eine sog. nicht abschließende Generalklausel und im Anhang zu diesem Gesetz aufgeführte geschäftliche Handlungen, die gegenüber Verbrauchern stets unzulässig sind. § 4 Nr. 1 bis 11 formuliert Beispiele unlauteren Wettbewerbs i.S.v. § 3. Der Gesetzgeber normierte in § 4 UWG nunmehr positivrechtlich die von der Rspr. unter der Herrschaft des § 1 UWG a.F. entwickelten fünf Fallgruppen, nämlich den Kundenfang, die Behinderung, die Ausbeutung, den Rechtsbruch und die Marktstörung[11].

63 § 5 UWG enthält die Vorschriften über irreführende Werbung, § 6 UWG die Voraussetzungen, unter denen die an sich erlaubte vergleichende Werbung der Unzulässigkeit anheim fällt.

Nach § 5a kommt nunmehr auch eine Irreführung durch Unterlassen in Betracht.

§ 7 UWG regelt als Beispiel unlauteren Handelns die unzumutbare Belästigung von Marktteilnehmern.

§§ 8 bis 10 UWG normieren die Anspruchsgrundlagen auf Beseitigung und Unterlassung, Schadensersatz und Gewinnabschöpfung gegen den wettbewerbsrechtlichen Störer nach § 3 und § 7.

64 Die Ansprüche in §§ 8, 9 und 10 UWG verjähren gem. § 11 in der Regel in 6 Monaten, soweit nicht die in dieser Vorschrift enthaltenen besonderen Voraussetzungen vorlie-

11 Vgl. zur alten Rechtslage nur *Plaß,* in Ekey/Klippel, HK WettbR, § 1 Rn. 3, 1. Aufl. m.N.

gen. §§ 12 bis 15 UWG formulieren Vorschriften über die Anspruchsdurchsetzung, Veröffentlichungsbefugnis, Streitwertminderung, funktionelle Zuständigkeit und örtliche Zuständigkeit der angerufenen Gerichte sowie der einzurichtenden Einigungsstellen.

§§ 16 bis 19 UWG nennen die Voraussetzungen, unter denen Wettbewerbsverstöße als strafbare Handlung, Verrat von Geschäfts- und Betriebsgeheimnissen, strafbare Verwertung von Vorlagen oder als Verleiten und Erbieten zum Verrat zu qualifizieren sind.

IV. Die durch das UWG geschützten Rechtsgüter

Gemäß § 1 UWG soll das UWG nicht nur dem Schutz der Mitbewerber, der Verbraucherinnen und Verbraucher sowie der sonstigen Marktteilnehmer, sondern auch dem Wettbewerb dienen. 65

Nach § 1 Satz 2 UWG schützt das UWG zugleich das Interesse der Allgemeinheit an einem unverfälschten Wettbewerb. Dieser Formulierung kann eine Beschränkung des Zwecks des Gesetzes auf das Interesse an einem unverfälschten Wettbewerb im Gegensatz zu anderen geschützten Interessen der Allgemeinheit, wie z.B. Jugendschutz, Umweltschutz, Tierschutz, Arbeitnehmerschutz pp., entnommen werden[12]. Die Aufgabe des Unlauterkeitsrechts besteht hiernach lediglich darin, das spezifische Marktverhalten zu reglementieren.

Insbesondere bei der Interpretation von § 4 Nr. 11 UWG – das Verbot des Zuwiderhandelns gegen eine Vorschrift, die auch dazu bestimmt ist, im Interesse der Marktteilnehmer das Marktverhalten zu regeln – kommt der in § 1 Satz 2 UWG enthaltenen Beschränkung des Zweckes des Gesetzes eine erhebliche Bedeutung zu. 66

Ziel des Gesetzes ist ein freier, nicht durch unlautere geschäftliche Handlungen beeinträchtigter Wettbewerb, also ein unverfälschter und damit funktionsfähiger Wettbewerb[13].

Das Gesetz will gem. § 1 UWG die Mitbewerber, Verbraucher und die Allgemeinheit gleichberechtigt und gleichermaßen schützen[14]. Dabei reicht es für die Annahme einer unlauteren geschäftlichen Handlung aus, wenn lediglich die Interessen der Mitbewerber oder die der Verbraucher oder der Allgemeinheit betroffen sind. 67

Besonders nach dem Wegfall des Rabattgesetzes und der Zugabeverordnung sowie der Sonderverkäufe gem. § 7 UWG a.F. erscheint es in diesem Zusammenhang unzulässig, über das geschützte Rechtsgut des Wettbewerbs der Marktteilnehmer quasi durch die gerichtliche Hintertür die Entscheidung des Gesetzgebers für eine Liberalisierung der Werbung zu konterkarieren. 68

12 BT-Drucks. 15/1487, 16.
13 BT-Drucks. 15/1487, 15.
14 BT-Drucks. 15/1487, 15.

Beispielsfall

Wenn in einem Angebot für den Fall, dass der Verbraucher sich für dieses entscheiden sollte, eine nicht nur unbedeutende Zugabe versprochen wird, kann nicht „ohne Weiteres" davon ausgegangen werden, dass ein mangelnder Funktionszusammenhang zwischen den gekoppelten Waren den Verbraucher übertrieben anlocke[15]. Die von einem insgesamt günstigen Angebot ausgehende Anlockwirkung ist nämlich wettbewerbseigen und erwünscht.

Nach Art. 1 der Richtlinie über unlautere Geschäftspraktiken soll die Richtlinie auch zum reibungslosen Funktionieren des Binnenmarktes und zum Erreichen eines hohen Verbraucherschutzniveaus beitragen. Obwohl das Ziel eines reibungslosen Funktionieren des Binnenmarktes im Wortlaut des § 1 UWG nicht aufgeführt ist, umfasst die Schutzzweckbestimmung des § 1 UWG dennoch diesen von der Richtlinie normierten Schutzzweck.

V. Kein Schutz des einzelnen Verbrauchers nach dem UWG

69 Obwohl sowohl nach europäischem als auch nach nationalem Recht dem Verbraucherschutz eine sehr große Bedeutung zugebilligt wird, soll dem einzelnen Verbraucher kein individueller Schutz zuzubilligen sein[16]. Das UWG schützt danach Verbraucherinteressen lediglich kollektiv, d.h. nur die in § 8 Abs. 3 Nr. 2–4 UWG genannten rechtsfähigen Verbände, qualifizierten Einrichtungen und Industrie- und Handelskammern sowie Handwerkskammern dürfen die im UWG vorgesehenen gerichtlichen Möglichkeiten wahrnehmen, nicht hingegen der einzelne Verbraucher.

70 Der Gesetzgeber hat gegen manche Stimmen in der Literatur die Auffassung zum Ausdruck gebracht, das erneut novellierte UWG solle lediglich dem kollektiven Schutz von Verbraucherinteressen und nicht dem des einzelnen Verbrauchers zu dienen bestimmt sein. Es trifft zwar zu, dass das Zivilrecht dem einzelnen Verbraucher eine ganze Reihe von Sanktionsmöglichkeiten z.B. bei irreführender Werbung zur Verfügung stellt. Andererseits ist nicht recht einsehbar, warum trotz des behaupteten Bedeutungszuwachses des Verbraucherschutzes der einzelne Verbraucher unlautere Praktiken seines Vertragspartners nicht über § 823 Abs. 2 BGB zur Geltung bringen darf. Die Einwände, ein individuelles Vertragsauflösungsrecht z.B. des Verbrauchers würde die Wirtschaft unzumutbar belasten, überzeugen nicht. Abgesehen davon, dass der einzelne Verbraucher i.d.R. bei sog. Bagatellschäden, die in der Summe allerdings häufig gleichwohl eine erhebliche wirtschaftliche Bedeutung haben, sich weiterhin auf Verbraucherschutzverbände verlassen dürfte, entwickelt sich die europäische Rechtsentwicklung eher in die entgegensetzte Richtung.

Im Übrigen wäre eine abschreckende Wirkung durch die Zubilligung solcher Ansprüche auf mutmaßliche wettbewerbsrechtliche Störer zu begrüßen.

---

15 *BGH* GRUR 2002, 976 ff. – Kopplungsangebot I; GRUR 2002, 979 ff. – Kopplungsangebot II.
16 *Piper/Ohly/Sosnitza,* a.a.O., § 1 Rn. 26, m.N.

VI. Wichtige Grundbegriffe gem. § 2 UWG

1. Konzeption der Vorschrift

Der neueren Gesetzestechnik folgend enthält das UWG in § 1 nicht nur Bestimmungen über den Schutzzweck des Gesetzes sondern in § 2 Definitionen von wichtigen Begriffen des Gesetzes. Auf diese Inhaltsbestimmungen kann der Rechtsanwender regelmäßig zurückgreifen, wenn es um die Ausfüllung der in den Anspruchsgrundlagen des UWG enthaltenen Tatbestandsvoraussetzungen geht. **71**

Den in § 1 UWG a.F. enthaltenen und für das Unlauterkeitsrecht überragend gewesenen Begriff des Verstoßes gegen die guten Sitten verwendet das UWG nicht mehr. An seine Stelle ist der Terminus der unlauteren geschäftlichen Handlung in §§ 1, 3 UWG getreten, der allerdings nicht definiert wird, sondern für den lediglich in §§ 4–11 UWG und mit den im Anhang dieses Gesetzes aufgeführten Handlungen Beispiele genannt werden.

2. Begriff der geschäftlichen Handlung in § 2 Abs. 1 Nr. 1 UWG

§ 2 Abs. 1 Nr. 1 UWG definiert als geschäftliche Handlung jedes Verhalten einer Person zugunsten des eigenen oder eines fremden Unternehmens, bei oder nach einem Geschäftsabschluss, welches mit der Förderung des Absatzes oder des Bezugs von Waren oder Dienstleistungen oder mit dem Abschluss oder der Durchführung eines Vertrags über Waren oder Dienstleistungen objektiv zusammenhängt. Als Waren gelten dabei auch Grundstücke, als Dienstleistungen auch Rechte und Verpflichtungen. Dem Begriff der geschäftlichen Handlung kommt gemäß der Generalklausel in § 3 UWG zentrale Bedeutung zu.

Mit dem Tatbestandsmerkmal der geschäftlichen Handlung grenzt sich das UWG einmal mehr vom allgemeinen Deliktsrecht ab.

Die geschäftliche Handlung setzt ein marktbezogenes Verhalten im geschäftlichen Verkehr voraus, und zwar grundsätzlich eine Markthandlung zu einem Absatzförderungszweck in objektiver Hinsicht[17]. Eine zielgerichtete subjektive Wettbewerbshandlung, an die die Rechtsprechung zu § 2 UWG a.F. nur geringe Anforderungen stellte, ist nicht mehr erforderlich. **72**

Nicht nur Kaufleute und Unternehmen, sondern auch Freiberufler wie Ärzte, Wirtschaftsprüfer, Steuerberater oder Rechtsanwälte können regelmäßig die Voraussetzungen geschäftlicher Handlungen erfüllen. **73**

Eine geschäftliche Handlung kann auch noch nach einem Geschäftsabschluss angenommen werden. Damit ist das unternehmerische Verhalten nicht nur bei, sondern

17 *BGH* GRUR 2003, 800 – Schachcomputerkatalog; *OLG Hamburg* GRUR-RR 2005, 385 ff. – Ladenhüter.

auch noch nach dem Vertragsabschluss dem UWG unterworfen, selbst wenn es für den Wettbewerb keine Bedeutung besitzt. Dabei werden lediglich solche Handlungen bei Abschluss und Durchführung von Verträgen erfasst, die das Ziel haben, eine geschäftliche Entscheidung herbeizuführen, also beispielsweise eine Zahlung zu leisten oder eine Ware abzunehmen oder ein Recht auszuüben. Aus diesem Grund stellt die bloße Nicht- oder Schlechterfüllung eines Vertrages keine geschäftliche Handlung i.S.d. § 2 Abs. 1 Nr. 1 UWG dar[18].

74 Bei Presseveröffentlichungen genügt es nach richtiger Auffassung nicht für die Annahme eines Handelns zum Zweck des Wettbewerbs, wenn die angegriffenen Äußerungen nur objektiv zur Wettbewerbsförderung geeignet sind. Es bedarf vielmehr des Dazutretens weiterer Umstände, die erkennen lassen, dass der Zweck der Förderung eigenen oder fremden Wettbewerbs mehr als nur eine untergeordnete Rolle spielt[19]. Dabei bedarf es auch nach der Neufassung von § 2 Nr. 1 UWG der Beachtung der vom Bundesverfassungsgericht geprägten Rspr. zu Art. 5 GG[20].

75 Zwar spricht beim geschäftlichen Handeln eines Unternehmers grundsätzlich die Vermutung für das Vorliegen einer Wettbewerbshandlung. Auch unterliegen Medien wie alle anderen Unternehmen grundsätzlich den Schranken des Wettbewerbsrechts. Die Vermutung des Handelns im geschäftlichen Verkehr greift bei ihnen aber nur ein, wenn sie typischerweise wettbewerbsfördernd tätig werden, so im Anzeigengeschäft oder bei der Abonnentenwerbung. Werden sie dagegen im Rahmen ihrer medialen Funktion tätig, also im „redaktionellen" Bereich der Meinungsbildung, Information oder Unterhaltung, so kann ein Handeln im geschäftlichen Verkehr i.S.d. UWG nicht angenommen werden, auch wenn dabei über Unternehmen berichtet wird, deren Angebote positiv oder negativ beschrieben werden. Der Umstand, dass die funktionsgerechte redaktionelle Berichterstattung zugleich die eigene Medienleistung darstellt und so auch die Marktbedeutung des Pressemediums selbst beeinflusst, kann für das Vorliegen des Handelns im geschäftlichen Verkehr nicht herangezogen werden. Dies folgt auch aus dem verfassungsrechtlichen Schutz der Meinungsäußerungsfreiheit nach Art. 5 Abs. 1 GG[21].

Beispielsfall

Die Presseäußerung des interviewten Geschäftsführers eines Online-Dienstes für Preisvergleiche stellt grundsätzlich keine geschäftliche Handlung nach § 2 Abs. 1 Nr. 1 UWG dar, auch wenn darin Sonderangebote eines namentlich genannten Elektronik-Kaufhauses kritisch bilanzierend bewertet werden. Denn der Online-Dienst ist ein Unternehmen medialer Art, in dessen redaktionellem Bereich es wie sonst auch bei der Presse wegen Art. 5 GG keine Vermutung gibt, dass solche Äußerungen als Handeln im geschäftlichen Verkehr zu bewerten sind. Dies gilt insbesondere dann, wenn der Online-Dienst die Verbraucher berät[22].

Bei allen Beispielstatbeständen in §§ 4 ff. UWG muss in jedem Fall eine geschäftliche Handlung vorliegen, um Ansprüche aus dem UWG überhaupt annehmen zu können.

---

18 *Köhler*, WRP 2009, S. 109 ff. m.N., **a.A.** *Sosnitza*, WRP 2008, 1014 ff.
19 *BGH* NJW-RR 1998, 250 f. – Restaurantführer; NJW 1995, 301 – dubiose Geschäftsgebaren, Rn. 136.
20 Vgl. Rn. 114 ff.
21 Statt aller *OLG Hamburg* GRUR-RR 2005, 385 ff. – Ladenhüter m.N.; Rn. 115.
22 *OLG Hamburg* ebenda.

§ 2 Abs. 1 Nr. 1 UWG definiert als geschäftliche Handlung jede Handlung zur Förderung eigenen oder fremden Wettbewerbs und erfasst dabei auch Handlungen eines Unternehmers mit Monopolstellung. Ein konkretes Wettbewerbsverhältnis ist für das Vorliegen einer geschäftlichen Handlung nicht erforderlich. 76

Auf ein konkretes Wettbewerbsverhältnis kommt es dagegen für die Prüfung der Eigenschaft als Mitbewerber gem. § 2 Abs. 1 Nr. 3 UWG und deren Aktivlegitimation gem. § 8 Abs. 3 Nr. 1 UWG an. Die erforderliche Handlung kann dabei von jeder natürlichen oder juristischen Person begangen werden[23].

3. Begriff der Marktteilnehmer in § 2 Abs. 1 Nr. 2 UWG

Mit der Nennung der sonstigen Marktteilnehmer in § 1 Satz 1 UWG sollen diejenigen als Anbieter oder Nachfrager von Waren oder Dienstleistungen einbezogen werden, die keine Verbraucher oder Marktmitbewerber sind. Hierunter fallen etwa Unternehmer, die für ihre Tätigkeit Waren erwerben oder Dienstleistungen in Anspruch nehmen, jedoch weder Mitbewerber noch Verbraucher sind. Mit dem Schutz der Marktteilnehmer vor unlauterem Wettbewerb erfolgt zugleich auch der Schutz des Wettbewerbs als solcher. Denn der Zweck des Gesetzes liegt darin, im Interesse der Marktteilnehmer, insbesondere der Mitbewerber und der Verbraucher und damit zugleich im Interesse der Allgemeinheit an einem unverfälschten Wettbewerb, das Marktverhalten der Unternehmen zu regeln[24]. 77

4. Begriff der Mitbewerber in § 2 Abs. 1 Nr. 3 UWG

a) Allgemeines

§ 2 Abs. 1 Nr. 3 UWG definiert als Mitbewerber jeden Unternehmer, der mit einem oder mehreren Unternehmern als Anbieter oder Nachfrager von Waren oder Dienstleistungen in einem konkreten Wettbewerbsverhältnis steht. 78

§ 4 Nr. 7–11 UWG, § 6 Abs. 1, 2 Nr. 3–5 UWG und § 7 Abs. 1 UWG enthalten Beispiele für Sachverhalte, in denen das Gesetz die wettbewerbliche Entfaltungsfreiheit des Mitbewerbers schützen will.

b) Konkretes Wettbewerbsverhältnis

Gemäß § 2 Abs. 1 Nr. 3 UWG sind Mitbewerber Unternehmer, die mit einem oder mehreren Unternehmern als Anbieter oder Nachfrager von Waren oder Dienstleistungen in einem konkreten Wettbewerbsverhältnis stehen. 79

Nur solche, in einem konkreten Wettbewerbsverhältnis stehenden Mitbewerber sind nach § 8 Abs. 3 Nr. 1 UWG berechtigt, Ansprüche nach diesem Gesetz gegen den sie beeinträchtigenden wettbewerbsrechtlichen Störer geltend zu machen

23 *Meckel,* in Ekey/Klippel, HK-WettbR, § 2 Rn. 3; vgl. Rn. 78 ff.
24 BT-Drucks. 15/1487 S. 16.

80 Ein konkretes Wettbewerbsverhältnis setzt voraus, dass sich die beteiligten Unternehmen auf demselben sachlich, räumlich und zeitlich relevanten Markt betätigen[25] oder zumindest betätigen wollen. Ausgangspunkt ist dabei die Geschäftstätigkeit des werbenden Unternehmens, wobei es unerheblich ist, ob sich der Kundenkreis und das Angebot von Waren und Dienstleistungen völlig oder nur teilweise decken[26].

Ein konkretes Wettbewerbsverhältnis vermag auch innerhalb eines sog. Nachfragewettbewerbs zu bestehen. Ein solcher liegt dann vor, wenn Marktteilnehmer knappe Waren oder Dienstleistungen am Markt nachfragen. Hierbei kann es sich auch um Arbeitskräfte handeln[27].

Aufgrund der Definition des Mitbewerbers in § 2 Abs. 1 Nr. 3 UWG setzt die Geltendmachung von Ansprüchen gegen Wettbewerbsverstöße i.S.v. §§ 3, 7 UWG voraus, dass ein konkretes Wettbewerbsverhältnis zum Verletzer besteht. Ein konkretes Wettbewerbsverhältnis besteht, wenn zwischen den Vorteilen, die jemand durch eine konkrete Maßnahme für sich oder einen Dritten zu erreichen sucht, und den Nachteilen, die ein anderer dadurch erleidet, eine Wechselbeziehung in dem Sinne besteht, dass der eigene Wettbewerb gefördert und der fremde Wettbewerb beeinträchtigt werden kann[28].

81 Im Gegensatz zur früheren Rechtslage reicht ein abstraktes Wettbewerbsverhältnis nicht mehr aus. Die nur abstrakt betroffenen Konkurrenten haben auch kein schutzwürdiges Eigeninteresse an der Geltendmachung von Abwehransprüchen, da sie zur Bekämpfung eines Wettbewerbsverstoßes eine der nach § 8 Abs. 2–4 UWG anspruchsberechtigten Organisationen einschalten können[29].

Sind durch einen Wettbewerbsverstoß allerdings nur die Interessen eines bestimmten Mitbewerbers, nicht dagegen auch die Interessen der Verbraucher, sonstigen Marktteilnehmer oder der Allgemeinheit an einem lauteren Wettbewerb betroffen, fehlt den in § 8 Abs. 3 Nr. 2–4 UWG genannten Organisationen die Anspruchsberechtigung. Dann hängt es nur von dem betroffenen Mitbewerber ab, ob gegen den Wettbewerbsverstoß vorgegangen wird[30].

5. Begriff der Nachricht in § 2 Abs. 1 Nr. 4 UWG

82 § 2 Abs. 1 Nr. 4 UWG entspricht Art. 2 lit. d der europäischen Datenschutzrichtlinie für elektronische Kommunikation[31]. Art. 13 dieser Richtlinie will gegen die Übersendung unerbetener Nachrichten (Direktwerbung unter Verwendung automatischer Anrufsysteme) schützen, wie es in § 7 Abs. 2 Nr. 2–4 UWG umgesetzt wurde.

25 *BGH* GRUR 2001, 78 – falsche Herstellerpreisempfehlung.
26 *BGH* GRUR 1990, 375, 377 – Steuersparmodell; *Köhler* in Baumbach/Hefermehl, § 2 Rn. 63 m.N.
27 Vgl. Rn. 258 f., 263.
28 *Meckel,* in Ekey/Klippel, HK-WettbR, § 2 Rn. 21 m.N.; Rn. 87.
29 Vgl. BT-Drucks. 15/1487, 22; *Klippel/Brämer,* in Ekey/Klippel, HK-WettbR, § 1 Rn. 10 f., 2. Aufl.
30 Ebenda.
31 ABlEG Nr. L 201/37.

Unter elektronischen Kommunikationsdiensten versteht die Gesetzesbegründung Sprachtelefonie, Telefaxgeräte sowie elektronische Post. Nach Art. 2 lit. h der Datenschutzrichtlinie für elektronische Kommunikation fällt unter elektronischer Post jede über ein öffentliches Kommunikationsnetz verschickte Text-, Sprach-, Ton- oder Bildnachricht, die im Netz oder im Endgerät des Empfängers gespeichert werden kann, bis sie von diesem abgerufen wird[32].

Dagegen ist eine Information, die als Teil eines Rundfunkdienstes über ein elektronisches Kommunikationsnetz an die Öffentlichkeit weitergeleitet wird und die von einem potentiell unbegrenzten Personenkreis empfangen werden kann, keine Nachricht i.S.v. § 2 Abs. 1 Nr. 4 UWG.

Bei einem Videoabruf-Dienst, dessen Nutzer identifiziert werden kann, oder anderen vergleichbaren Diensten handelt es sich in Bezug auf die weitergeleitete Information um eine Nachricht.

6. Verhaltenskodex in § 2 Abs. 1 Nr. 5 UWG

Der europäische Normgeber erhofft sich von der Vereinbarung von Verhaltenskodizes **83** für einzelne Wirtschaftszweige die Verminderung der Gefahr unlauterer Geschäftspraktiken. Wenn ein Unternehmer zu Unrecht den Eindruck erweckt, er erfülle einen solchen Verhaltenskodex, hätte er irreführende Angaben gemacht. Allerdings darf ein solcher Verhaltenskodex nicht zu einer kartellrechtswidrigen Wettbewerbsabsprache führen.

7. Begriff des Unternehmers in § 2 Abs. 1 Nr. 6 UWG

Nach der gesetzlichen Definition in § 2 Abs. 1 Nr. 1 UWG muss die geschäftliche Hand- **84** lung das Ziel haben, sich zu Gunsten eines Unternehmens auszudrücken[33].

Der Begriff des Unternehmers richtet sich nach § 2 Abs. 1 Nr. 6 UWG.

Unternehmer ist danach jede natürliche oder juristische Person, die geschäftliche Handlungen im Rahmen ihrer gewerblichen, handwerklichen oder beruflichen Tätigkeit vornimmt, und jede Person, die im Namen oder Auftrag einer Person handelt.

Während der Unternehmerbegriff in § 2 Abs. 2 UWG a.F. auf den Begriff des Unternehmers in § 14 BGB verwies, enthält nunmehr das UWG eine eigene Bestimmung des Unternehmers.

Im Ergebnis dürfte aber keine substantielle Veränderung der Reichweite des Unternehmerbegriffes damit verbunden sein.

32 *Meckel,* in Ekey/Klippel, HK-WettbR, § 2 Rn. 33.
33 Vgl. zum Begriff der Wettbewerbshandlung gemäß § 2 Abs. 1 Nr. 1 UWG Rn. 77 ff.

§ 2 Nr. 6 UWG stellt nur auf natürliche oder juristische Personen und nicht auf rechtsfähige Personengesellschaften wie OHG, KG, Partnerschaftsgesellschaft, EWIV oder die GbR ab. In gemeinschaftsrechtlicher autonomer Auslegung der Unlauterkeitsrichtlinie umfasst der Begriff des Unternehmers in § 2 Nr. 6 UWG auch rechtsfähige Personengesellschaften.[34]

85 Nach § 2 Abs. 1 Nr. 6 UWG a.E. wurde der Unternehmerbegriff im Verhältnis zu § 14 BGB nicht unerheblich ausgeweitet. Denn nunmehr erstreckt er sich auch auf Mitarbeiter und Gehilfen.

Der Begriff des Unternehmers ist in einem funktionalen Sinne und nicht in einem institutionellen Sinne auszulegen[35]. Jede Tätigkeit im geschäftlichen Verkehr kann aus diesem Grund als unternehmerisch bezeichnet werden. Dabei ist der Begriff des geschäftlichen Verkehrs, ebenso wie im Markenrecht[36], weit auszulegen[37]. Er schließt lediglich rein private und hoheitliche Tätigkeiten aus.

86 Ein geschäftliches Handeln liegt in jeder selbständigen, wirtschaftlichen Betätigung, die der Förderung eines – auch fremden, wie § 2 Abs. 1 Nr. 1 jetzt ausdrücklich regelt – Geschäftszwecks dient[38]. Wie dargelegt, können auch Selbständige, wie die Angehörigen der freien Berufe, Wissenschaftler, Künstler, geschäftlich handeln. Dabei bedarf es nicht unbedingt einer Absicht, Gewinn zu erzielen[39].

87 Selbst das Tun von Idealvereinen, die keinen Gewinn gemäß ihrer Gemeinnützigkeit erzielen dürfen, aber gleichwohl Erwerbszwecke verfolgen, kann dem Recht gegen unlauteren Wettbewerb unterliegen[40].

Beispielsfall

Ein als gemeinnützig anerkannter eingetragener Verein organisiert eine Sportveranstaltung. Er bewirbt diese mit einem Programmheft, in dem sich irreführende Angaben nach § 5 UWG befinden. Dieses Programmheft wird an Interessenten gegen Entgelt abgegeben.

Der Verein kann sich nicht damit verteidigen, er handele nicht in Gewinnerzielungsabsicht, denn der Verkauf der Programmhefte stellt aus Sicht der Verbraucher ein erwerbswirtschaftliches Geschäft dar. Damit verhält sich der Verein wie ein Unternehmer und unterliegt auch den Regeln des UWG.

88 Die öffentliche Hand handelt geschäftlich als Unternehmer, wenn eine rein erwerbswirtschaftliche Betätigung vorliegt, z.B. Ortskrankenkassen, wenn sie Heilmittel von privaten Lieferanten beziehen[41]. Die Beantwortung der Frage, ob der Rechtsweg zu den ordentlichen Gerichten oder etwa den Sozialgerichten gem. § 13 GVG eröffnet ist, richtet sich ebenfalls nach den dargelegten Grundsätzen.

---

34 *Lettl,* ebenda.
35 *BGH* NJW 1979, 2401; 1977, 2121.
36 Vgl. dazu *Ekey/Klippel,* HK-MarkenR, § 14 Rn. 51 ff.
37 BGHZ 42, 210, 218 – Gewerkschaft ÖTV.
38 *BGH* NJW 1964, 818 – Fernsehinterview; *Meckel,* in Ekey/Klippel, HK-WettbR, § 2 Rn. 5.
39 *BGH* NJW 1962, 629, 630 – Fußballprogrammheft; BGHZ 82, 375, 395 – Brillen-Selbstabgabestellen.
40 *BGH* NJW 1962, 629, 630 f. – Fußballprogrammheft.
41 *BGH* 36, 91, 101 – Gummistrümpfe.

Auch ein Verlustgeschäft kann ein unternehmerisches Handeln im geschäftlichen Verkehr darstellen, wenn es dazu dient, Kunden zu gewinnen oder größere Verluste zu vermeiden[42]. Gleiches gilt für das Verteilen von Werbegeschenken[43]. 89

Rein private Tätigkeit, insbesondere der Erwerb von Gegenständen durch den Verbraucher zum Zwecke der eigenen Verwendung, ist dagegen keine geschäftliche Handlung[44].

8. Begriff der fachlichen Sorgfalt in § 2 Abs. 1 Nr. 7 UWG

Der vom deutschen Gesetzgeber gewählte Begriff der fachlichen Sorgfalt entspricht der von den europäischen Richtlinien gewählten Bezeichnung der „beruflichen Sorgfalt". Unter dem Begriff der fachlichen Sorgfalt soll der Standard an Fachkenntnissen und Sorgfalt zu verstehen sei, von dem billigerweise angenommen werden kann, dass ein Unternehmer ihn in seinem Tätigkeitsbereich gegenüber Verbrauchern nach Treu und Glauben unter Berücksichtigung der Marktgepflogenheiten einhält. Das Tatbestandsmerkmal „gegenüber Verbrauchern" schränkt die Anwendung des Erfordernisses der fachlichen Sorgfalt auf den Tätigkeitsbereich des Unternehmers nur gegenüber Verbrauchern ein. Eine weitere Einschränkung enthält das Merkmal „billigerweise", denn es muss nicht jede fachliche Sorgfalt, sondern nur die, die vernünftigerweise angezeigt ist, aufgebracht werden. Dabei ist auf den Standpunkt des gut unterrichteten, angemessen aufmerksamen und kritischen Durchschnittsverbrauchers abzustellen. Wenn eine besonders schutzbedürftige Gruppe von Verbrauchern angesprochen wird, kommt es auf die Sichtweise eines durchschnittlichen Mitglieds dieser Gruppe an[45]. 90

9. Der Verbraucher in § 2 Abs. 2 UWG

a) Der Begriff des Verbrauchers

§ 2 Abs. 2 UWG verweist für die Definition des Verbraucherbegriffes auf § 13 BGB. Danach ist Verbraucher jede natürliche Person, die ein Rechtsgeschäft zu einem Zweck abschließt, der weder ihrer gewerblichen noch ihrer selbständigen beruflichen Tätigkeit zugerechnet werden kann. Unter den Begriff des Verbrauchers fallen ausschließlich natürliche Personen und nicht juristische Personen, Idealvereine oder gemeinnützige Stiftungen[46]. 91

Bei natürlichen Personen, die in ihrem gewerblichen oder beruflichen Tätigkeitskreis handeln, ist im Einzelfall abzugrenzen, ob es sich bei dem zu beurteilenden Geschäft um ein zu privaten Zwecken vorgenommenes Rechtsgeschäft handelt, welches nicht 92

---

42 *Baumbach/Hefermehl*, a.a.O., 22. Aufl., Einl. Rn. 208.
43 *BGH* NJW 1974, 1906, 1907 – Werbegeschenke.
44 *Meckel,* in Ekey/Klippel, HK-WettbR, § 2 Rn. 6.
45 *Piper/Ohly/Sosnitza*, a.a.O., § 2 Rn. 100.
46 *EuGH* NJW 2002, 205.

einer gewerblichen oder selbständigen beruflichen Tätigkeit zugerechnet werden kann, und ob dieses zur privaten Sphäre gehört. Hierzu zählen Urlaub, Freizeit, Sport, Gesundheitsvorsorge und ähnliche Vorsorgemaßnahmen, aber auch die Verwaltung und Anlage von Vermögen. Während nach dem Recht der EU jeder Bezug zu einer beruflichen Tätigkeit die Verbrauchereigenschaft aufhebt, sind nach dem für das UWG maßgeblichen § 13 BGB nur die Rechtsgeschäfte für selbständige berufliche Zwecke vom Verbraucherschutz ausgeschlossen[47].

93 Die Verbraucher bilden den größten Abnehmerkreis für Waren und Dienstleistungen, weshalb die sich auf sie bezogenen Wettbewerbshandlungen und hierbei vor allem die an sie gerichtete Werbung die größte Gruppe der dem UWG unterfallenden Sachverhalte darstellen dürften.

Der Verbraucherschutz ist zu einem wesentlichen Schutzprinzip des bürgerlichen Rechts geworden. Die Verbraucher werden als eine im Verhältnis zum Unternehmer typischerweise unterlegene Marktgruppe durch eine Vielzahl von unterschiedlichen Vorschriften und Maßnahmen geschützt[48].

Die im Anhang dieses Gesetzes aufgeführten geschäftlichen Handlungen sowie § 4 Nr. 1–6, § 5, § 5a und § 7 Abs. 1, 2 Nr. 1–4 UWG nennen zahlreiche Beispiele für wettbewerbsrechtlich unlautere Vorgehensweisen gegen Verbraucher.

b) Das Verbraucherleitbild

94 Die Höhe des Schutzes, den das Gesetz dem Verbraucher angedeihen lässt, hängt nicht unwesentlich von der Beantwortung der Frage ab, von welchem Begriff des Verbrauchers auszugehen ist. Es stellt sich also das Problem des maßgeblichen Leitbildes des Verbrauchers, der dem Wettbewerb der Unternehmer ausgesetzt ist.

95 Nach § 3 Abs. 2 Satz 2 UWG muss bei geschäftlichen Handlungen gegenüber Verbrauchern auf das Verständnis des durchschnittlichen Verbrauchers abgestellt werden. Wenn sich die geschäftliche Handlung an eine bestimmte Gruppe von Verbrauchern wendet, ist das Verständnis eines durchschnittlichen Mitglieds dieser Gruppe maßgeblich. Wendet sich die geschäftliche Handlung gegenüber Verbrauchern an eine sonderschutzbedürftige und eindeutig identifizierbare Gruppe von Verbrauchern, ist gemäß § 3 Abs. 2 Satz 2 UWG auf die Sicht eines durchschnittlichen Mitglieds dieser Gruppe von Verbrauchern abzustellen. Dabei muss es für den Unternehmer vorhersehbar gewesen sein, dass seine geschäftliche Handlung nur diese Gruppe betrifft. § 2 Abs. 2 UWG orientiert sich an dem von der Rspr. des EuGH geprägten sog. Europäischen Verbraucherleitbild.

96 **aa) Das Verbraucherleitbild des EuGH:** Der EuGH folgt traditionell dem Bild des aufmerksamen, verständigen und durchschnittlich informierten Verbrauchers, der mit den ihm zur Verfügung stehenden Informationen in der Lage sein soll, seine Entsch.

---

47 *Heinrichs*, in Palandt, § 13 Rn. 3 m.N.
48 Vgl. nur *Heinrichs*, in Palandt, BGB, § 13 Rn. 1, 7 m.N.

auf dem Markt frei zu treffen[49]. Hierbei knüpft der EuGH an Rechtstraditionen europäischer Nachbarländer wie etwa Großbritannien oder Italien an, in denen der Erkenntnisfähigkeit der Verbraucher nicht das Misstrauen entgegengebracht wurde, wie es sich in Deutschland entwickelt hatte.

Allerdings muss sich auch ein durchschnittlich informierter, aufmerksamer und verständiger Durchschnittsverbraucher nach der Rspr. des EuGH auf das „unvollkommene Bild verlassen", welches er von der Werbung im Gedächtnis behalten hat[50]. Der EuGH legt seiner Rspr. zum Verbraucherleitbild die mutmaßliche Erwartung eines durchschnittlich informierten, aufmerksamen und verständigen Durchschnittsverbrauchers zugrunde, der Produktinformationen des Herstellers nachgeht und sich deshalb über verkehrswesentliche Eigenschaften der Waren ausreichend informiert[51]. Die in der Formulierung vom verständigen und aufmerksamen Verbraucher zum Ausdruck kommenden Kriterien hatten sich i.Ü. schon zuvor in einer Reihe von Entscheidungen angekündigt[52]. 97

Der EuGH stellt jeweils darauf ab, ob dem Verbraucherschutz durch genügende Informationen, die dem Verbraucher zugegangen sein müssen, entsprochen worden ist, wobei dies allerdings voraussetzt, dass der Verbraucher überhaupt die Bereitschaft und die Fähigkeit zeigt, die Verbraucherschutzinformationen zur Kenntnis zu nehmen und seine Entscheidung danach auszurichten[53]. Insb. in der Entsch. „Sektkellerei Kessler" spricht der EuGH ausdrücklich von dem aufmerksamen Verbraucher und setzt sich damit eindeutig von der Figur des flüchtigen Verbrauchers ab. 98

Die maßgebliche Aufmerksamkeit der angesprochenen relevanten Verkehrskreise wird nach allg. Erfahrungssätzen bei höherwertigen Waren angestrengter als bei einfachen Produkten des täglichen Lebens ausfallen[54].

bb) Das Verbraucherleitbild des BGH

(1) Bis zur Orientteppichmusterentscheidung: Nach herkömmlicher deutscher Auffassung sollte es für die Verwirklichung des Tatbestandes der wettbewerbsrechtlichen Unlauterkeit genügen, dass eine Irreführungsgefahr bei einem nicht völlig unerheblichen Teil der von der Werbung angesprochenen Verkehrskreise eintritt. Dafür kamen im Allgemeinen eine Irreführungsquote ab etwa 10 %, im Bereich der Gesundheits- und Umweltwerbung sogar nur zwischen 5 und 8 % in Betracht[55]. Die deutsche Rspr. und Rechtslehre schufen die Figur des sog. flüchtigen Durchschnittsbeschauers, 99

49 *EuGH* WRP 2000, 289 ff. – Lifting-Creme; WRP 1999, 307 ff. – Sektkellerei Kessler; WRP 1995, 677 f. – Mars.
50 *EuGH* GRUR Int 1999, 734 ff – Lloyd.
51 *EuGH* WRP 1999, 307, 311 – Sektkellerei Kessler, WRP 1991, 562 – Pall-Dahlhausen: WRP 1995, 678 f.
52 *EuGH* NJW 1984, 1291 – Bocksbeutel; WRP 1985, 141 – R & R: EuZW 1990, 222 – GB-Inno-BM; EuZW 1993, 420 – Yves Rocher.
53 *Steinbeck, EWS 1996,* 234 f. m.N.
54 *EuGH* GRUR Int 1999, 734 ff. – Lloyd.
55 *Baumbach/Hefermehl,* 22. Aufl., Einl. Rn. 648, m.N.

bei dem diese Quoten i.d.R. nicht überschritten werden durften, um nicht den Tatbestand der irreführenden Werbung zu verwirklichen.

100 Nach der st. Rspr. des BGH und der h.M. in der Lit. bis zum Jahr 2000 musste bei der Prüfung des Aussagegehalts einer Werbung, die sich an das breite Publikum richtete, grds. von dem sich darbietenden Eindruck eines flüchtigen Durchschnittsbeschauers oder Durchschnittshörers, der eine Werbebehauptung ungezwungen und unkritisch wahrnehme, ausgegangen werden[56]. Für die allg. Publikumserwartung galt angeblich der Erfahrungssatz, dass werbliche Ankündigungen nicht genau studiert und mit scharfer Überlegung zur Kenntnis genommen würden. Die Rezeption und Prüfung erfolgten vielmehr lediglich flüchtig, oberflächlich und unkritisch. Bei bes. irreführungsgefährdeten Verbraucherkreisen wie Kindern, Jugendlichen, älteren Menschen, Ausländern und Touristen, wurden noch geringere Anforderungen an das Verbraucherleitbild gestellt, wenn diese Personengruppen Adressat von Werbeaussagen waren[57].

101 Werbung, die sich dagegen an Fachkreise richtet, die den Inhalt der Werbeaussagen ohne Weiteres erfassen könnten, musste sich nicht an dem sehr strengen Verbraucherleitbild messen lassen, das für die allg. Publikumswerbung galt.

Beispielsfall: Johannisbeerkonzentrat, das der Fruchtsaftverordnung entsprechend als „schwarzes Johannisbeerkonzentrat" bezeichnet wurde, führte danach die angesprochenen Verkehrskreise nicht in die Irre darüber, dass das Produkt etwa zuckerfrei sei[58].

102 **(2) Das neue Verbraucherleitbild:** Nach längerem Zögern wandte sich der BGH von der tradierten Figur des flüchtigen Durchschnittsbeschauers ab und geht seit 2002 ähnlich wie der EuGH vom Leitbild des durchschnittlich informierten, aufmerksamen und verständigen Verbrauchers aus, dessen Aufmerksamkeit von der Art der Werbung und dem Wert der beworbenen Objekte abhängig ist[59].

Der nach Meinung des BGH zu konstatierende Aufmerksamkeitsgrad des Durchschnittsverbrauchers ist nicht stets der gleiche, sondern hängt vom Gegenstand der Betrachtung ab. Maßgeblich soll nach der nun st. Rspr. des BGH das Verständnis eines situationsadäquat aufmerksamen Durchschnittsverbrauchers sein[60]. Das wettbewerbsrechtliche Irreführungsverbot schütze nämlich auch den flüchtigen Verbraucher, wenn es sich um eine Werbung handelt, die der durchschnittlich informierte, aufmerksame und verständige Verbraucher üblicherweise mit diesem Grad der Aufmerksamkeit wahrnimmt[61]. Geschützt werden kann somit erneut auch der bloß flüchtige Verbraucher. Dem UWG liegt nach dem Willen des Gesetzgebers das Verbraucherleitbild des EuGH in der Prägung durch den BGH zugrunde.

56 Statt aller *BGH* WRP 1998, 294 – GS-Zeichen; *Jacobs/Lindacher/Teplitzky,* § 3 Rn. 150, jeweils m.N.
57 *Jacobs/Lindacher/Teplitzky,* § 3 Rn. 150 m.N.
58 *BGH* GRUR 1984, 376 f. – Johannisbeerkonzentrat.
59 *BGH WRP* 2000, 517 ff. – Orient-Teppichmuster; WRP 2002, 74 – Das Beste jeden morgen; WRP 2001, 1450, 1453 – Warsteiner III m.N.
60 *BGH* NJW 2004, 1163 f. – Marktführerschaft; NJW 2003, 2096 – Umgekehrte Versteigerung 11; NJW-RR 2003, 1039 – Sparvorwahl, jeweils m.N.
61 *BGH* NJW-RR 2002, 1122 ff. – Scanner-Werbung.

cc) Stellungnahme: Aus der Gebundenheit des Verbrauchers in die konkrete Situation, welche das Verbraucherleitbild der Auffassung des BGH mit prägt, wird auf eine Differenz zwischen der Rspr. des EuGH und der des BGH geschlossen. Während der EuGH von einem eher normativen Maßstab ausgeht, wird die Verkehrsauffassung des BGH von dem tatsächlichen Verständnis des Werbeadressaten geprägt[62]. **103**

Dem kann in dieser Allgemeinheit nicht gefolgt werden. Nach Auffassung des EuGH muss nämlich auch ein durchschnittlich informierter, aufmerksamer und verständiger Durchschnittsverbraucher sich auf das „unvollkommene Bild verlassen ..., das er im Gedächtnis behalten hat“[63]. I.Ü. stellt auch der BGH nicht nur auf die konkrete einzelne Situation der Werbung ab, sondern beurteilt auch den Grad der Aufmerksamkeit, der „üblicherweise“ von einem Durchschnittsverbraucher aufgebracht werde[64]. **104**

VII. Das UWG und die Grundrechte

1. Allgemeine Grundsätze

Die im UWG vorgesehenen gesetzlichen Beschränkungen werblicher Äußerungen von Marktteilnehmern können in eine Reihe von grundgesetzlich verbürgten Freiheitsrechten eingreifen und sind deshalb am Maßstab der Verfassung zu prüfen[65]. **105**

Nach klassischer Sichtweise waren die Grundrechte ausschließlich gegen den Staat gerichtet. Dagegen entwickelte sich sehr früh die Auffassung, dass die grundrechtlichen Bestimmungen des Grundgesetzes auch eine objektive Wertordnung repräsentieren, die als verfassungsrechtliche Grundentscheidung für alle Bereiche des Rechts gilt[66].

Das Wettbewerbsrecht wird von dem in Art. 2 Abs. 1 GG verfassungsrechtlich gewährleisteten Grundsatz der gewerblichen Handlungsfreiheit beherrscht[67]. **106**

Die aus dem UWG folgenden Einschränkungen sind als Berufsausübungsregelungen zu qualifizieren, die vom Gesetzgeber getroffen werden dürfen, wenn sie durch vernünftige Gründe des Gemeinwohls gerechtfertigt, die gewählten Mittel zur Erreichung der verfolgten Zwecke geeignet und erforderlich sind und die durch sie bewirkte Beschränkung für den Betroffenen zumutbar ist[68].

Eine erhebliche Bedeutung kommt der in Art. 5 GG garantierten Meinungs- und Kunstfreiheit für die Beurteilung der Zulässigkeit von Verboten und Sanktionen nach dem **107**

62 *Plaß,* in Ekey/Klippel, HK-WettbR, § 3 Rn. 16.
63 *EuGH* GRUR Int 1999, 734 ff. – Lloyd.
64 *BGH* NJW-RR 2002, 1, 122 ff. – Scannerwerbung.
65 *Lindacher*, in GK Jacobs/Lindacher/Teplitzky, § 3 Rn. 10.
66 *BVerfG* NJW 1958, 257 – Lüth m.N.; 1980, 795, 763.
67 *OLG Karlsruhe* GRUR-RR 2001, 272 f. – Fiat Punto; *OLG Stuttgart* NJW 1977, 682.
68 *BVerfG* NJW 1993, 1969 f.; 1985, 1385, 1388 – Preisregelung für Zahntechniker.

UWG zu. Komplementär dürfte in diesem Zusammenhang auch noch Art. 10 EMRK rechtliche Wirkungen entfalten.

Unter die Meinungsfreiheit nach Art. 5 GG fallen auch Behauptungen von Tatsachen, sofern sie nur Voraussetzung für die Bildung von Meinungen sein können. Art. 10 Abs. 1 EMRK privilegiert folgerichtig ebenfalls die Mitteilung von Tatsachen. Aus diesen Gründen kann eine Tatsachenwidergabe lediglich unter äußerst engen Voraussetzungen nicht als Teilelement einer Meinungsäußerung und insoweit nicht als vom Schutzzweck des Art. 5 Abs. 1 GG erfasst werden, wie z.B. Angaben rein statistischer Art[69].

Weiterhin kommt noch im Bereich des Unlauterkeitsrechts die Anwendung von Art. 3 Abs. 1 GG in Betracht als Gebot, „weder wesentlich gleiches willkürlich ungleich, noch wesentlich ungleiches willkürlich gleich" zu behandeln[70]. Gegen den Gleichheitsgrundsatz verstieße z.B. die sog. Inländerdiskriminierung bei der Anwendung verschiedener Verbraucherleitbilder auf Werbung in Deutschland.

2. Die Benetton-Judikatur des Bundesverfassungsgerichts

108 Exemplarische Bedeutung für das Verhältnis zwischen den Grundrechten und den Vorschriften des UWG kommt der Benetton-Entscheidung des Bundesverfassungsgerichts vom 12. Dezember 2000 zu[71].

Beispielsfall

Ein Presseunternehmen, welches die Zeitschrift „Stern" herausgibt, veröffentlichte drei Anzeigen der Firma Benetton, die weltweit Textilien vertreibt. Eine Anzeige zeigt eine auf einem Ölteppich schwimmende ölverschmutzte Ente. Auf einer weiteren sind schwer arbeitende Kinder verschiedener Altersstufen in der dritten Welt abgebildet. Die dritte besteht aus dem Foto eines nackten menschlichen Gesäßes, auf das die Worte „H.I.V. POSITIVE" aufgestempelt sind. Am Bildrand befindet sich jeweils auf grünem Feld der Schriftzug „United Colours of Benetton". Die Zentrale zur Bekämpfung unlauteren Wettbewerbs e.V. verlangte von dem Unternehmen, die Veröffentlichung dieser Anzeigen zu unterlassen. Das Presseunternehmen rügte eine Verletzung von Art. 5 Abs. 1 (1) und Art. 2 GG. Nach Ausführungen des Zentralverbandes der Deutschen Werbewirtschaft ZAW e.V. waren beim Deutschen Werberat mit Abstand die höchste Zahl von Beschwerden, die den Deutschen Werberat seit seiner Gründung im Jahre 1972 in Bezug auf eine einzelne Werbemaßnahme erreicht hatten, eingegangen. Auch der Deutsche Werberat sah in der Werbung ein unzulässiges Ausbeuten von menschlichem Elend und Leid für kommerzielle Zwecke. Ähnlich argumentierte die Arbeitsgemeinschaft der Verbraucherverbände e.V. Der Deutsche Industrie- und Handelstag schloss sich dieser Argumentation an.

Die Zentrale erwirkte entsprechende Unterlassungstitel. Die Sprungrevision des Zeitschriftenverlegers beim BGH blieb ohne Erfolg.

Die nachfolgend dargestellten Entscheidungen des BGH sowie des BVerfG bringen lehrbuchhaft die verfassungsrechtlichen Grundsätze zum Ausdruck, die für die Lösung unlauterkeitsrechtlicher Fälle im Bereich werblicher Äußerung maßgeblich sind.

---

69 *BVerfGE* 65, 1, 40.; *Dreier*, Grundgesetz, Art. 5 Rn. 46.
70 *BVerfGE* 71, 255, 271; 42, 64, 72; 18, 38, 46.
71 WRP 2001, 129 ff.

a) Die erste Benetton-Entscheidung des BGH

Der BGH begründet die Rechtmäßigkeit der angegriffenen Entscheidungen mit folgenden Argumenten: 109

Die Verwendung der ölverschmutzten Ente und des Themas Kinderarbeit verstoße aufgrund ihrer Bekanntheit steigernden Werbewirkung gegen die guten Sitten gem. § 1 UWG a.F. Der Vorwurf der Sittenwidrigkeit liege darin, dass das werbende Unternehmen mit der auf sich selbst hinweisenden Darstellung von Elend bei einem nicht unerheblichen Teil der Verbraucher Gefühle des Mitleids und der Ohnmacht wecke, sich dabei als gleichermaßen betroffen darstelle und somit eine Solidarisierung der Einstellung solchermaßen berührter Verbraucher mit dem Namen und zugleich mit der Geschäftstätigkeit ihres Unternehmens herbeiführe. Wer im geschäftlichen Verkehr mit der Darstellung schweren Leids von Menschen oder Tieren Gefühle des Mitleids ohne sachliche Veranlassung zu Wettbewerbszwecken ausnutze, verletze, auch bei produktunabhängigen Werbemaßnahmen, die guten Sitten des Wettbewerbs.

Die Frage nach den Grenzen einer zulässigen Imagewerbung könne nicht allein mit dem Hinweis darauf beantwortet werden, die Grundsätze des Leistungswettbewerbs seien verletzt. Ein Unternehmen, das mit seiner Werbung lediglich seine Bekanntheit steigern wolle, dürfe sich dabei auch solcher Werbemaßnahmen bedienen, die keinerlei Bezug zum Gegenstand des Unternehmens oder dessen Leistungsfähigkeit hätten. Ebenso wenig sei die Geschmacklosigkeit oder Schockwerbung einer Werbemaßnahme für sich genommen entscheidend, da damit lediglich in gesteigerter Form auf das Unternehmen aufmerksam gemacht werde. Es sei nicht Aufgabe des Wettbewerbsrichters, die Werbung einer Geschmackszensur zu unterziehen. 110

Einem Gewerbetreibenden stehe wie jedermann das Recht zu, sich zum Elend der Welt frei zu äußern und darüber zu informieren. Die hierbei zu beachtenden Gesetze zum Schutz des lauteren Wettbewerbs seien im Lichte der Grundrechte auszulegen. Die Meinungsäußerung eines Gewerbetreibenden liege nicht schon deshalb außerhalb des Schutzbereiches von Art. 5 Abs. 1 S. 1 GG, weil sie Wettbewerbszwecken diene. Habe sie wirtschaftliche, politische, soziale und kulturelle Probleme zum Gegenstand, denen in der öffentlichen Auseinandersetzung ein nicht unerheblicher Stellenwert zugemessen werde, so sei im Rahmen der Anwendung des § 1 UWG a.F. in eine Abwägung der wechselseitigen Rechtsgüter – Lauterkeit des Wettbewerbs einerseits, Meinungsäußerungsfreiheit andererseits – einzutreten. 111

Zwar dürften Gewerbetreibende auch in ihrer Werbung zu gesellschaftlich bedeutenden Ereignissen Stellung nehmen. Das Verhalten könne aber dann beanstandet werden, wenn die öffentliche Äußerung zur Auseinandersetzung über das aufgezeigte Thema nichts Wesentliches beitrage, sondern nur darauf abziele, beim Verbraucher eine mit dem werbenden Unternehmen solidarisierende Gefühlslage zu schaffen, die der Steigerung des Ansehens des Unternehmens diene und damit letztlich zu kommerziellen Zwecken eingesetzt werde. Die Anzeigenaktion der Firma Benetton erschöpfe sich in einem Anprangern des Elends der Welt und werde dazu benutzt, beim Verbraucher auch über dessen Gefühle des Mitleids und der Ohnmacht eine Solidarisierung mit dem Namen des werbenden Unternehmens herbeizuführen. 112

113 Hinsichtlich der dritten Anzeige („H.I.V. POSITIVE") führt der BGH ergänzend aus, diese Werbeanzeige nutze nicht nur die Mitleidsgefühle aus, sondern verstoße in grober Weise gegen die Grundsätze der Wahrung der Menschenwürde, indem sie den Aids-Kranken als „abgestempelt" und ausgegrenzt darstelle. Solches lasse sich nicht mehr als eine nur geschmacklose Werbung klassifizieren, die hinzunehmen sei. Sie müsse mindestens von aidskranken Personen als grob anstößig und ihre Menschenwürde verletzend angesehen werden. Dieser Wirkung könne sich auch ein mit der Aidskrankheit oder Aidskranken nicht konfrontierter Betrachter nicht entziehen. Einer Abstumpfung gegen die Diskriminierung Leid geplagter Menschen und einer aufkeimenden Mentalität des „Abstempelns" müsse auch im wettbewerbsrechtlichen Bereich entgegengewirkt werden.

b) Die erste Benetton-Entscheidung des BVerfG

114 Das Bundesverfassungsgericht erachtete die von dem verurteilten Presseunternehmen eingelegte Verfassungsbeschwerde als begründet, da die Entscheidung des BGH das Presseunternehmen in seiner durch Art. 5 Abs. 1 (2) 1. Alt. GG gewährten Pressefreiheit verletzt habe.

115-116 Der in den Schutz der Pressefreiheit eingebettete Schutz des Art. 5 Abs. 1 (1) GG erstrecke sich auch auf kommerzielle Meinungsäußerungen sowie reine Wirtschaftswerbung, die einen wertenden, meinungsbildenden Inhalt hat. Soweit eine Meinungsäußerung – eine Ansicht, ein Werturteil oder eine bestimmte Anschauung – in einem Bild zum Ausdruck kommt, fällt auch dieses in den Schutzbereich von Art. 5 Abs. 1 (1) GG[72].

117 Nach Auffassung des Bundesverfassungsgerichts entsprechen alle drei streitigen Werbefotos diesen Voraussetzungen. Sie veranschaulichten allgemeine Missstände und enthielten damit zugleich ein (Un-) Werturteil zu gesellschaftlich und politisch relevanten Fragen. Es seien entsprechende Bilder mit meinungsbildendem Inhalt.

118 Daran ändere es nichts, dass die Firma Benetton die genannten Themen im Rahmen einer reinen Imagewerbung aufgreife, auf jeden Kommentar verzichte und sich nur durch das Firmenlogo zu erkennen gebe. Damit könne zwar der Eindruck entstehen, es gehe dem Unternehmen nicht um einen Beitrag zur Meinungsbildung sondern lediglich darum, sich ins Gespräch zu bringen. Eine solche Deutung, durch die eine subjektive Beziehung des sich Äußernden zum Inhalt der Aussage in Frage gestellt wird, sei jedoch nicht die einzig mögliche, ja nicht einmal besonders nahe liegende. So vertrete der Fotograf Oliviero Toscani die Auffassung, Benetton benutze die Anzeigen als Vehikel, um eine antirassistische kosmopolitische und tabulose Geisteshaltung zu verbreiten.

119 § 1 UWG a.F. rechtfertige das vom BGH bestätigte Verbot der Bilder nicht. Diese Vorschrift sei ein allgemeines Gesetz i.S. des Art. 5 Abs. 2 GG und diene dem Schutz der Konkurrenten, der Verbraucher und sonstigen Marktberechtigten sowie der Allgemeinheit. Die Freiheit der wirtschaftlichen Betätigung dürfe nicht dazu führen, dass Einzel-

72 Vgl. auch *BVerfG* WRP 2001, 1160 ff. – Therapeutische Äquivalenz.

ne sich durch unzulässige Praktiken Vorteile im Wettbewerb verschafften. Diese Ziele stünden mit der Wertordnung des Grundgesetzes in Einklang.

Dem Einwand des Presseunternehmens, § 1 UWG a.F. sei unter rechtsstaatlichen Gesichtspunkten zu unbestimmt, folgte das Bundesverfassungsgericht nicht. Um im geschäftlichen Wettbewerb zu missbilligende Wettbewerbshandlungen zu verbieten, dürfe der Gesetzgeber auch mit unbestimmten Rechtsbegriffen und Generalklauseln arbeiten. Dadurch könnten neuartige Fallgestaltungen unter die Generalklausel subsumiert werden. Wäre dies ausgeschlossen, könnten sie der Vielgestaltigkeit der Lebenssachverhalte, die der Normzweck erfassen will, nicht gerecht werden. **120**

Allerdings habe der BGH in den mit der Verfassungsbeschwerde angegriffenen Entscheidungen die Bedeutung und Tragweite der Meinungsäußerung verkannt. Der BGH habe zwar auch die Grundrechte in seine Wertung bei der Abwägung mit einbezogen. Einschränkungen des für eine freiheitliche demokratische Staatsordnung schlechthin konstituierenden Rechts der freien Meinungsäußerung bedürften aber grundsätzlich einer Rechtfertigung durch hinreichend gewichtige Gemeinwohlbelange oder schutzwürdige Rechte oder Interessen Dritter. Dies gelte für kritische Meinungsäußerungen zu gesellschaftlichen oder politischen Fragen in besonderem Maße. **121**

So könnten Ekel erregende, Furcht einflößende oder Jugend gefährdende Bilder auch im Lichte der Grundrechte gem. § 1 UWG a.F. sittenwidrig sein.

Soweit der Verein, der die Klage bei dem Tatsachengericht einreichte, die Anzeigen als zudringlich und belästigend einstufte, weil sie mit suggestiver Kraft an Gefühle der Verbraucher appellierten, die mit den Produkten des werbenden Unternehmens oder seiner Geschäftstätigkeit in keinem Zusammenhang stünden, könne dem nicht gefolgt werden. Ein Großteil der heutigen Werbung sei nämlich durch das Bestreben gekennzeichnet, durch gefühlsbetonte Motive Aufmerksamkeit zu erregen und Sympathie zu gewinnen. **122**

Dass von den Anzeigen eine nennenswerte Belästigung des Publikums ausgehen könnte, habe der BGH jedenfalls nicht angenommen. Im Übrigen seien Verletzungen des guten Geschmacks oder eine schockierende Gestaltung von Anzeigen auch nach Auffassung des BGH nicht sittenwidrig i.S. von § 1 UWG a.F. **123**

Dass kommerzielle Werbung, die inhumane Zustände anprangert (Kinderarbeit, Abstemplung von HIV-Infizierten), Verrohungs- oder Abstumpfungstendenzen unserer Gesellschaft fördert und einer Kultur der Mitmenschlichkeit im Umgang mit Leid abträglich sein könnte, lässt sich nach Meinung des Verfassungsgerichts jedenfalls mit Bezug auf die streitigen Anzeigen nicht feststellen. **124**

Insgesamt rechtfertige allein das vom BGH als Bestandteil der guten kaufmännischen Sitte bezeichnete Prinzip, dass Mitgefühl mit schwerem Leid nicht zu Wettbewerbszwecken erweckt und ausgenutzt werden dürfe, den Unterlassungsanspruch wegen des Grundrechts aus Art. 5 Abs. 1 (1) GG nicht.

Andererseits habe der BGH die Meinungsfreiheit durch seine Urteile erheblich beeinträchtigt. Auch das bloße Anprangern eines Missstandes kann ein wesentlicher Beitrag **125** zur freien geistigen Auseinandersetzung sein. Ob eine Äußerung weiterführend ist oder ob sie sich eines Lösungsvorschlags enthält, beeinflusst den Grundrechtsschutz im Prinzip nicht. Dieser besteht nämlich unabhängig davon, ob eine Äußerung rational oder emotional, begründet oder grundlos ist und ob sie von anderen für nützlich oder schädlich, wertvoll oder wertlos gehalten wird. Die anprangernde gesellschaftskritische Wirkung der Anzeigen werde auch durch den Werbekontext nicht in Frage gestellt. Zwar sei eine Thematisierung gesellschaftlicher Probleme in Werbeanzeigen eher unüblich und könne durchaus auch als befremdlich angesehen werden. Doch für den unbefangenen Betrachter sei an der Ernsthaftigkeit der Botschaft nicht zu zweifeln. Sonst könne die Werbung im Übrigen auch kein Mitleid hervorrufen.

126 Die Ausführungen des BGH zur Werbung „H.I.V. POSITIVE" hielten ebenfalls nicht einer verfassungsrechtlichen Überprüfung stand. Die vom BGH vorgenommene Bewertung der Anzeigen sei nicht eindeutig. Denn die Anzeige, die kommentarlos einen Menschen zeigt, der als HIV-positiv abgestempelt erscheine, könne auch als Anklage gegen die Ausgrenzung HIV-Infizierter bewertet werden. Zwar sei die Bildsprache reißerisch und in einem konventionellen Sinne ungehörig. Von dem abgebildeten Menschen sehe man nichts als die obere Hälfte des nackten Gesäßes, auf dem in schwarzen Großbuchstaben die Abkürzung *H.I.V.* und darunter schräg versetzt das Wort *POSITIVE* wie aufgestempelt erscheinen. Allein daraus lasse sich aber weder Zynismus noch eine affirmative Tendenz ablesen. Eine Deutung der Anzeige im Sinne eines kritischen Aufrufs werde auch durch den Werbekontext nicht in Frage gestellt. Auch hierdurch werde nicht der Eindruck der Stigmatisierung und Ausgrenzung von HIV-Infizierten hervorgerufen. Im Übrigen verweist das Bundesverfassungsgericht erneut auf die Aussage des Fotografen Toscani, wonach dieser mit dem Plakat signalisieren wollte, dass Benetton an seiner Bereitschaft zur Einmischung festhalte, indem man sich gegen die Ausgrenzung von Aidskranken mit der gleichen Kraft wie gegen den Rassismus einsetze.

c) Das Benetton-Urteil des BGH vom 6.12.2001

127 Trotz der vom Bundesverfassungsgericht erteilten Vorgaben bestätigte der BGH erneut seine Judikatur[73]. Der BGH begründet seine Entscheidung damit, dass der Schutz des lauteren Wettbewerbs nach § 1 UWG a.F. als allgemeinem Gesetz i.S.d. Art. 5 Abs. 2 GG Einschränkungen der Freiheit, im Wettbewerb die eigene Meinung zu äußern, notwendig mache, selbst wenn diese gesetzliche Regel außerhalb des Bereiches des Wettbewerbs nicht oder nicht in diesem Umfang gelte. Die unlautere Behinderung von Mitbewerbern oder andere unmittelbare Beeinträchtigungen des Leistungswettbewerbs seien dazu keine Voraussetzung[74]. Der BGH vertritt die Auffassung, § 1 UWG a.F. greife trotz der gebotenen wettbewerbsbezogenen Auslegung des Begriffs der Sittenwidrigkeit nicht nur dann ein, wenn es um den unmittelbaren Schutz der Wettbewerber gehe. Auf der Grundlage von § 1 UWG a.F. könnten auch Ansprüche auf Unterlassung von grob anstößigen Werbemethoden gegeben sein, die geeignet seien, die

73 *BGH* NJW 2002, 1200 ff. – H.I.V.-Positive II.
74 *BGH* ebenda.

Verhältnisse, unter denen der Wettbewerb stattfindet, zum Schaden eines an der Leistung orientierten Wettbewerbs nicht unerheblich zu belasten[75].

d) Der zweite Benetton-Beschluss des BVerfG

Auch diese BGH-Entscheidung hatte keinen verfassungsgerichtlichen Bestand. 128

Das BVerfG hob mit Beschluss vom 11.3.2003 das Urteil des BGH erneut wegen Verstoßes gegen die in Art. 5 Abs. 1 S. 2 GG gewährleistete Pressefreiheit auf. Der BGH habe wieder die Reichweite der Menschenwürde als Schranke der Meinungsfreiheit im Wettbewerbsrecht verkannt. Es bezieht sich hierbei im Wesentlichen auf eine in der Ausgangsentscheidung vorgebrachte Argumentation[76].

Nach einer Kammerentscheidung des BVerfG vom 6.2.2002 haben die Fachgerichte bei der Prüfung, ob von den von der Rechtsprechung zu § 1 UWG a.F. entwickelten Fallgruppen eine aus praktischer Erfahrung gewonnene Indizwirkung für die Sittenwidrigkeit und die Gefährdung des Leistungswettbewerbs ausgehe, auch die Rechtsfolge, nämlich die Einschränkung der Meinungsfreiheit, zu überprüfen. Die angegriffene Meinungsäußerung muss demnach so gravierend sein, dass eine Gefährdung des Leistungswettbewerbs besteht[77]. Eine solche Gefährdung des Leistungswettbewerbs konnte das BVerfG in den angesprochenen Schockwerbungsfällen von Benetton nicht erkennen.

e) Ausblick

aa) Zu den Differenzen zwischen dem BVerfG und dem BGH: Zwischen dem BGH und dem BVerfG bestehen offensichtlich erhebliche Meinungsunterschiede über die Frage, ob als Grundlage der Einschränkung der Meinungsfreiheit eine Gefährdung des Leistungswettbewerbs an sich notwendig ist[78] oder ob es ausreicht, dass nach traditioneller Sichtweise ein Gericht Werbemethoden als grob anstößig ansieht[79]. 129

Nach der Neufassung des § 1 UWG dient das Wettbewerbsrecht (nur) dem Schutz der Mitbewerber, der Verbraucher und der sonstigen Marktteilnehmer vor unlauterem Wettbewerb und zugleich dem Interesse der Allgemeinheit an einem unverfälschten Wettbewerb. Damit wird klar gestellt, dass der Schutz des Allgemeininteresses auf das Interesse der Allgemeinheit an einem unverfälschten Wettbewerb beschränkt ist. Der Schutz sonstiger Allgemeininteressen, z.B. Arbeitnehmerschutz, Umweltschutz, Tierschutz, Schutz vor Diskriminierung, kann nicht Aufgabe des Wettbewerbs sein und dieses Rechtsgebiet darf auch nicht für solche Zwecke instrumentalisiert werden[80]. 130

Damit bestätigt der Gesetzgeber die Rechtsprechung des BVerfG gegen die Position des BGH.

75 *BGH* ebenda.
76 *BVerfG* WRP 2003, 633 ff. – Benetton-Werbung II.
77 *BVerfG* NJW 2002, 1187 ff. – Tier- und Artenschutz.
78 So das *BVerfG* ebenda.
79 *BGH* ebenda.
80 *Köhler*, NJW 2004, 2121 m.N.

Entsprechend der Kompetenzverteilung des GG dürfte sich das BVerfG mit seiner Auslegung von Art. 5 GG im Zusammenhang mit §§ 3 ff. UWG gegenüber der insoweit entgegenstehenden Auffassung des BGH durchsetzen.

131 **bb) Die Verletzung der Menschenwürde durch Werbung:** Einvernehmen dürfte darin bestehen, dass Werbung auch gegen die Menschenwürde und damit gegen Art. 1 Abs. 1 GG verstoßen kann.

Dabei wird Unlauterkeit wegen der Verletzung der Menschenwürde nicht schon in Fällen der sog. Schockwerbung vorliegen; gleiches gilt bei der Verwendung von schockierenden Bildern, die plakativ bestimmte Missstände kritisieren, um auf das werbende Unternehmen aufmerksam zu machen.

132 Nach § 4 Nr. 1, 2. Alt. UWG können allerdings Wettbewerbshandlungen unlauter sein, die geeignet sind, die Entscheidungsfreiheit der Verbraucher oder sonstiger Marktteilnehmer in Menschen verachtender Weise zu beeinträchtigen. Dies setzt voraus, dass die Entscheidungsfreiheit der Verbraucher bzw. sonstiger Marktteilnehmer gerade wegen der in Menschen verachtender Weise vorgenommenen Wettbewerbshandlungen beeinträchtigt wird.

133 Es sind nur wenige Fälle denkbar, die diese hohen Voraussetzungen erfüllen. So wird in der Literatur das Beispiel der Werbung mittels der psychischen Einwirkung auf die Umworbenen dargestellt, die die Umworbenen etwa als „Untermenschen" aufgrund einer Behinderung, ihrer ethnischen, nationalen, religiösen, regionalen Zugehörigkeit, einer Krankheit oder Abhängigkeit darstellt und ihnen suggeriert, dass sie sich nur durch den Erwerb des beworbenen Produktes von ihrer „Minderwertigkeit" befreien könnten, etwa einen Sprachkurs zu absolvieren, um als „gleichwertige Menschen" zu gelten[81].

134 Die anderen Fälle der Verletzung der Menschenwürde durch Werbung, die nicht von strengen Vorgaben in § 4 Nr. 1, 2. Alt. UWG erfasst sind, können den Tatbestand der Generalklausel des § 3 Abs. 1 UWG erfüllen. Gewalt verherrlichende, Menschen herabsetzende Werbung muss dann nach der aufgrund der zu Art. 1 Abs. 1 GG entwickelten „Objektformel" die Menschenwürde anderer Personen in der Weise verletzen, dass entweder die Werbung eine Aufforderung zur Gewalttätigkeit gegen andere Menschen enthält oder bei diskriminierender Werbung die Menschenwürde der angesprochenen Personen ohne sachlichen Hintergrund verächtlich gemacht und abqualifiziert wird[82].

Die Entscheidungsfreiheit der Verbraucher bzw. sonstiger Marktteilnehmer muss dann entgegen den in § 4 Nr. 1 2. Alt. UWG enthaltenen Voraussetzungen durch die in menschenverachtender Weise vorgenommenen Wettbewerbshandlungen nicht beeinträchtigt sein[83].

---

81 *Plaß* in HK, § 4 Rn. 30, 2. Aufl.; *Scherer,* WRP 2007, 594 ff.
82 Vgl. nur *Scherer,* a.a.O., m.N.
83 Vgl. den Beispielsfall Rn. 164.

3. Die Entscheidung des BGH „Gastro-Kritiker"

Bereits vor den Leitentscheidungen „Benetton" des BVerfG hatte der BGH entscheidende Grundlagen für die in Äußerungsfällen zutreffenderweise vorzunehmende Abwägung zwischen den verfassungsrechtlich betroffenen Rechtsgütern geschaffen. 135

Beispielsfall

Der Kläger betrieb als Gastwirt ein Weinlokal. Er warb damit, „exquisite französische Küche" und „badischen Wein" anzubieten. Der Beklagte betätigt sich als Gastro-Kritiker. Er berichtete in verschiedenen Zeitschriften über seine Eindrücke und Erfahrungen im Bereich der Gastronomie. Im Rahmen einer Artikelserie in einer Tageszeitung befasste er sich auch mit dem vom Kläger betriebenen Lokal. Er wiederholte diese Veröffentlichung unter der Überschrift „Ein totaler Reinfall" in einer anderen Zeitschrift. Der Beklagte war bis zum Jahre 1979 Geschäftsführer einer Weinkellerei, die auch Weinhandel betreibt. Er beteiligte sich später an dem Unternehmen noch weiter wirtschaftlich. Er veranstaltete zu der Zeit, als seine Berichte erschienen, Weinproben und vermittelte der Kellerei Weinbestellungen.

Allein die Tatsache, dass der Beklagte den beanstandeten Artikel in seiner Eigenschaft als Journalist geschrieben hatte, schließt nicht ohne Weiteres eine Beurteilung des Sachverhalts nach den Maßstäben des Wettbewerbsrechts aus. Zwar kann nach Auffassung des BGH eine Presseberichterstattung im Fall einer Beurteilung eines gewerblichen Angebots durch das Grundrecht der freien Meinungsäußerung gedeckt sein, wenn die ihr zugrunde liegende Meinungskundgabe das Mittel zum geistigen Meinungskampf in einer die Öffentlichkeit wesentlich berührenden Frage sei, wenn es also dem Handelnden um eine argumentative Auseinandersetzung z.B. über politische, soziale, kulturelle oder – was hier im Blickpunkt liege – wirtschaftliche Belange der Öffentlichkeit gehe. Anders sei der Fall aber zu beurteilen, wenn solche Äußerungen über eine bloße Meinungskundgabe hinaus dazu dienten, in den individuellen Bereich des wirtschaftlichen Wettbewerbs bestimmter Marktkonkurrenten einzugreifen, wenn das Recht auf freie Meinungsäußerung und das Informationsinteresse der Allgemeinheit lediglich als Mittel zum Zweck der Förderung privater Wirtschaftsinteressen eingesetzt würden. Derartige Äußerungen seien durch die Meinungsäußerungsfreiheit des Art. 5 GG, die ihre Schranken in den Vorschriften der allgemeinen Gesetze und damit auch des UWG findet, nicht gedeckt[84]. Entscheidende Bedeutung kam der Antwort auf die Frage zu, ob der Beklagte zu Zwecken des Wettbewerbs gehandelt hatte, wenn, wie vorliegend, sein Verhalten objektiv geeignet war, den Absatz oder den Bezug einer Person zum Nachteil einer anderen zu begünstigen. Die Beurteilung hing somit davon ab, ob der Handelnde in subjektiver Hinsicht zusätzlich noch in der Absicht vorgegangen war, den eigenen oder fremden Wettbewerb zum Nachteil eines anderen zu fördern, sofern diese Absicht nicht völlig hinter anderen Beweggründen zurückgetreten ist. Wenn wie hier starke Indizien für ein Handeln zum Zwecke des Wettbewerbs sprechen, oblag es nach alter Rechtslage dem Beklagten die Wirkung dieser Indizien auszuräumen[85]. 136

84 *BGH* NJW 1987, 1082 ff. – Gastro-Kritiker.
85 Vgl. hierzu aber nach neuer Rechtslage Rn. 72 ff.

4. Die Bedeutung der Berufsfreiheit

137 Häufig stehen sich wettbewerbsrechtliche Interessen eines Unternehmens mit denen ihrer (vormaligen) Arbeitnehmer, die erworbenen Kenntnisse und Fähigkeiten weiter nutzen zu wollen, gegenüber. Dabei entfaltet insbesondere die in Art. 12 Abs. 1 GG garantierte Berufsfreiheit auch im Unlauterkeitsrecht ihre besondere Wirkung.

Beispielsfall

Ein gewerbliches Unternehmen benötigt für die Produktion besonderer Rohrbeschläge bestimmte Spritzgießmaschinen, deren auswechselbare Einsätze von dem Unternehmen selbst entwickelt wurden, ohne dass allerdings Patentschutz bestand oder besteht. Seit 1988 lässt das Unternehmen diese Werkzeuge extern fertigen. Mitarbeiter dieses Partnerunternehmens schlossen sich mit eigenen Mitarbeitern des Produktionsunternehmens zusammen, gründeten eine neue Firma, wobei streitig ist, ob, wie von der Klägerin vorgetragen, diese sich die zur Herstellung der Werkzeuge notwendigen spezifizierten Stammformen und Werkzeugeinsätze des gewerblichen Unternehmens unerlaubt angeeignet haben. Das Landgericht wies die von dem Unternehmen erhobene Klage auf Unterlassung der Benutzung der bestimmten Werkzeuge ab. Das Berufungsgericht gab der Klage statt. Es sah in der Übernahme der Werkzeugtechnik durch die ehemaligen Mitarbeiter einen Wettbewerbsverstoß. Nach dem eingeholten Gutachten eines Sachverständigen stehe nämlich fest, dass die Werkzeugtechnik der Klägerin nicht lediglich dem Stand der Technik entspreche, sondern über diesen hinaus gehe. Die ehemaligen Mitarbeiter hätten die Spezifika dieser klägerischen Technologie schon nach ihrem eigenen Vortrag, aber auch nach den Feststellungen des Gutachtens in ihre Werkzeugtechnik übernommen.

138 Jeder Arbeitnehmer ist nach dem Ausscheiden aus einem Beschäftigungsverhältnis in der Weitergabe und Verwertung der dort redlich erlangten Betriebsgeheimnisse grundsätzlich frei. Lediglich besondere Umstände lassen eine Weitergabe oder Verwertung redlich erlangter Betriebsgeheimnisse als unlauter erscheinen. Für diese Auslegung spricht der Umstand, dass eine sichere Abgrenzung von Geheimnis- und Erfahrungswissen nur schwer möglich ist[86]. Hieran soll auch die Rspr. des BAG nichts ändern, wonach der ausgeschiedene Arbeitnehmer auch ohne besondere Vereinbarung aufgrund nachwirkender Treuepflicht arbeitsrechtlich zur Verschwiegenheit über Geschäfts- und Betriebsgeheimnisse verpflichtet und ihm lediglich die Verwertung des erworbenen beruflichen Erfahrungswissens gestattet sein soll[87].

139 Die Beurteilung der Unlauterkeit eines Wettbewerbsverhaltens erfordert nämlich regelmäßig die Prüfung des Gesamtverhaltens des Wettbewerbers nach seinem konkreten Anlass, Zweck und Mittel, seinen Begleitumständen und Auswirkungen. Im zu entscheidenden Fall standen sich mit Verfassungsrang ausgestattete Interessen der Parteien – das Recht der ehemaligen Mitarbeiter an einem beruflichen Fortkommen (Art. 12 Abs. 1 GG) einerseits und der Anspruch der Klägerin an einer Geheimhaltung ihrer im Herstellungsprozess verwendeten technischen Verfahren (Art. 2 Abs. 1, Art. 14 GG) andererseits – gegenüber.

140 Von Bedeutung bei dem vorzunehmenden Abwägungsprozess ist, ob die Mitarbeiter das Know How rechtmäßig oder unrechtmäßig erworben hatten, ob sie es weiterverwenden wollten zum Zwecke des beruflichen Fortkommens und es nicht anderweitig gewerblich verwerteten, ob in den Dienstverträgen wirksame Verpflichtungen enthal-

86 *BGH* WRP 2001, 1174, 1176 – Spritzgießwerkzeuge.
87 *BAG* NJW 1988, 1686 f.

ten waren, auch nach Vertragsbeendigung Stillschweigen über die erlangten Kenntnisse über technische Entwicklungen zu bewahren, und wie lange das Beschäftigungsverhältnis bestanden hatte. Denn bei einem besonders kurzen Beschäftigungsverhältnis kann es nahe liegen, dass der Arbeitnehmer mit direktem Vorsatz seinen Arbeitgeber ausspioniert hat. Darüber hinaus ist von Bedeutung, ob die vormaligen Mitarbeiter selbst das technische Know How erarbeitet oder jedenfalls beeinflusst hatten. Wenn bei Bejahung dieser Fragen eine Unterlassungspflicht grundsätzlich begründet sein könnte, kommt noch in Betracht, dass eine zeitliche Begrenzung des nachvertraglichen Geheimnisschutzes geboten sein mag[88]. Darüber hinaus wird ein etwa bestehender Unterlassungsanspruch sich auf die als rechtsverletzend anzusehenden Vorrichtungen der ehemaligen Mitarbeiter der Beklagten zu beschränken haben[89].

VIII. Verbot unlauterer geschäftlicher Handlungen nach § 3 UWG

1. Die Funktion von § 3 UWG

a) Allgemeines

§ 3 Abs. 1 UWG enthält einen eigenständigen Verbotstatbestand. Danach sind alle unlauteren geschäftlichen Handlungen bei Vorliegen gewisser Voraussetzungen unzulässig. 141

§ 3 Abs. 2 UWG erweitert das Verbot unlauterer geschäftlicher Handlungen von Unternehmern gegenüber Verbrauchern auf die Fälle, in denen die Unternehmer die gebotene fachliche Sorgfalt außer Acht lassen.

Gemäß § 3 Abs. 3 UWG sind die im Anhang des UWG aufgeführten Handlungen gegenüber Verbrauchern stets unzulässig[90].

§ 4 UWG formuliert 11 Beispiele unlauteren Wettbewerbs und konkretisiert insoweit das in § 3 UWG ausgesprochene allgemeine Verbot. Nach der Rspr. des EuGH ist § 4 Nr. 6 UWG nicht mit der Richtlinie über unlautere Geschäftspraktiken vereinbar und damit nicht anzuwenden[91].

§ 5 UWG konkretisiert § 3 im Hinblick auf irreführende Werbung und gibt Anhaltspunkte bei der Beantwortung der Frage, wann eine Werbung irreführend ist.

Der neu ins Gesetz eingefügte § 5a UWG erfasst die Fälle, in denen eine Irreführung durch Unterlassen vorliegt.

§ 6 UWG definiert, nach welchen Gesichtspunkten vergleichende Werbung unlauter i.S.v. § 3 UWG ist.

88 *BGH* a.a.O., 1179.
89 *BGH* WRP 2001, 1174 ff. – Spritzgießwerkzeuge.
90 S. hierzu auch E, VIII, 4. u. 7.
91 *EuGH* NJW 2010, 1867 – Plus Warenhandelsgesellschaft auf Vorabentscheidungsersuchen des BGH GRUR 2008, 807 - Millionenchance

§ 7 Abs. 1 UWG verbietet unzumutbare Belästigungen, insbesondere erkennbare unerwünschte Werbung. § 7 Abs. 2 UWG führt Beispiele für bestimmte unzumutbare Belästigungen i.S.v. § 7 Abs. 1 UWG auf.

b) Aufbauhinweise

142 Die in §§ 4, 5 und 6 UWG enthaltenen Beispiele entfalten ihre Wirksamkeit lediglich i.V.m. § 3 UWG. Dies bedeutet, dass die in § 3 UWG enthaltenen Tatbestandsvoraussetzungen immer vorliegen müssen, wenn ein in §§ 4–6 UWG aufgeführtes Beispiel verwirklicht ist, um eine unlautere geschäftliche Handlung annehmen zu können.

Wenn etwa ein Sachverhalt die Voraussetzungen eines in § 4 UWG aufgeführten Beispiels erfüllt, jedoch keine geschäftliche Handlung nach § 3 UWG darstellt oder den Wettbewerb nicht spürbar beeinträchtigt, kann dies nicht zu den in § 8 ff. UWG normierten Rechtsfolgen führen.

143 § 3 UWG enthält darüber hinaus aber auch eine eigenständige Anspruchsgrundlage, die, ohne dass ein Beispiel der §§ 4 ff. UWG vorliegt, erfüllt sein kann. Der Gesetzgeber hat mit § 3 UWG bewusst eine offene Generalklausel geschaffen, die außerhalb der Beispiele für etwa neuartige unlautere geschäftliche Handlungen eine flexible Verbotsnorm zur Verfügung stellt. Dies wird an der Formulierung *insbesondere* in § 4 UWG deutlich. Insoweit ähnelt § 3 UWG der früheren Generalklausel des § 1 UWG a.F. So kann die Verletzung der Menschenwürde durch Werbung unter die Generalklausel von § 3 fallen.

Beispielsfall

Ein Ladeninhaber verwendet ein Ladenschild: „Für Hunde und z.B. Christen, Muslime, Juden etc. verboten". Die Äußerung verstößt gegen die Menschenwürde der bezeichneten Personen nach Art. 1 Abs. 1 GG, weil sie darauf abzielt, sie als vergleichbar mit Hunden, also Tieren, darzustellen und damit gegen § 3 UWG, ohne dass die weiteren Tatbestandsvoraussetzungen des § 4 Nr. 1 2. Alt. UWG vorliegen müssen[92].

144 Angesichts der umfassend in den §§ 4-7 aufgeführten Beispiele unlauteren Wettbewerbs wird vertreten, es seien derzeit kaum Fälle denkbar, die nicht durch die §§ 4–7 UWG erfasst würden[93]. Es bleibt abzuwarten, wie Rspr. und Literatur die Generalklausel auf neuartige Wettbewerbshandlungen anwenden werden, die nicht unter die Beispielstatbestände fallen.

145 Die Funktion der in § 3 UWG enthaltenen selbständigen Anspruchsgrundlage kann zum Einen darin erblickt werden, den in den §§ 4–7 UWG aufgeführten Beispielen unlauterer Handlungen nicht erfassten Fall der wettbewerbswidrigen Marktstörung zu reglementieren, zum Anderen darin, die Möglichkeit zu eröffnen, neu auftretende Problemfälle im Wege der richterlichen Rechtsfortbildung zu lösen[94].

---

92 *Scherer,* ebenda; vgl. auch Rn. 164.
93 So *Lettl*, UWG, Rn. 137.
94 BT-Drucks. 15/1487, S. 13.

2. Der Vorwurf der Unlauterkeit

Das UWG definiert nicht, was es unter Unlauterkeit versteht. Nach der Begründung des Gesetzgebers und in Anlehnung an Art. 10bis PVÜ sollen alle Handlungen unlauter sein, die den anständigen Gepflogenheiten in Handel, Gewerbe, Handwerk oder selbstständiger beruflicher Tätigkeit zuwider laufen. 146

Der in § 2 Abs. 1 Nr. 7 UWG definierte Begriff der fachlichen Sorgfalt stellt den Maßstab gegenüber Verbrauchern dar, ob eine geschäftliche Handlung als unlauter zu qualifizieren ist, sofern im Gesetz nicht speziellere Verhaltensanforderungen aufgestellt sind[95].

3. Kein Subjektiver Tatbestand mehr erforderlich

Nach früher h.M. beinhaltete der objektive Begriff der Unlauterkeit ein subjektives Element. Danach war ungeschriebenes Tatbestandsmerkmal der Unlauterkeit die Kenntnis des Handelnden von den die Unlauterkeit begründenden Tatumständen[96]. Die Feststellung der Unlauterkeit hatte unter Beachtung von objektiven und subjektiven Momenten unter Berücksichtigung aller Umstände des Einzelfalls zu erfolgen. Wer keine Kenntnis besaß, handelte nicht unlauter, so dass nicht nur kein Schadensersatz, sondern auch kein Unterlassungsanspruch bestand[97]. 147

Dabei waren allerdings auch nach alter Rechtslage keine allzu strengen Anforderungen an die Kenntnis der die Unlauterkeit begründenden Tatsachen zu stellen.

Nunmehr soll es auf den subjektiven Kenntnisstand des Handelnden nicht mehr ankommen. Wenn eine geschäftliche Handlung als unlauter zu qualifizieren ist, weil sie bei objektiver Betrachtung nachteilige Auswirkungen auf das Wettbewerbsgeschehen hat, die so erheblich sind, dass sie unter Berücksichtigung des Schutzzwecks des Gesetzes von dem Marktteilnehmer nicht hingenommen werden müssen, kommt es auf die Kenntnis des wettbewerbsrechtlichen Störers nicht mehr an[98].

Dem entspricht es auch, dass nach § 3 Abs. 3 UWG ein Verstoß gegen die im Anhang dieses Gesetzes aufgeführten geschäftlichen Handlungen gegenüber Verbrauchern stets unzulässig ist, es also auf die subjektiven Voraussetzungen des Handelnden nicht ankommen kann.

4. Die Eignung zur spürbaren Beeinträchtigung der Interessen von Mitbewerbern, Verbrauchern oder sonstigen Marktteilnehmern

Nach § 3 Abs. 1 UWG sind unlautere geschäftliche Handlungen nur unzulässig, wenn sie geeignet sind, den Wettbewerb zum Nachteil der Mitbewerber, der Verbraucher oder sonstiger Marktteilnehmer spürbar zu beeinträchtigen. Es handelt sich hier um 148

95 *Köhler*, a.a.O., § 2 Rn. 130.
96 *Plaß,* in Ekey/Klippel, HK-WettbR, § 3 Rn. 49.
97 *BGH* GRUR 2002, 269 f. – Sportwetten-Genehmigung.
98 *BGH,* WRP 2007, 951 ff. – Außendienstmitarbeiter; *Piper/Ohly/Sosnitza,* a.a.O., § 3 Rn. 37.

eine sog. Relevanzgrenze oder auch Bagatellklausel. Diese gilt jedoch nicht für alle wettbewerbsrechtlichen Sachverhalte.

Die im Anhang zum UWG aufgeführten geschäftlichen Handlungen von Unternehmern gegenüber Verbrauchern sind stets unzulässig, also auch dann, wenn keine spürbare Beeinträchtigung der Interessen der Verbraucher droht.

149 Maßstab für die Beurteilung der Beeinträchtigung des Wettbewerbs ist die Wirkung unlauterer geschäftlicher Handlungen auf das Marktgeschehen[99]. Der bloße Verstoß gegen ein Gesetz, welches eine Mitbewerber schützende oder Verbraucher schützende Funktion hat, genügt hiernach für die Annahme eines Verstoßes gegen § 3 Abs. 1 UWG nicht.

Auf der anderen Seite bedarf es jedoch nicht etwa eines eingetretenen Schadens bei einer der durch § 1 UWG geschützten Personen oder Personengruppen. Nach § 3 Abs. 1 UWG genügt die bloße Eignung, dass ein Verhalten zum Nachteil der durch das UWG geschützten Marktteilnehmer führen kann.

So enthält nicht jede unvollständige oder schlecht erkennbare Endpreisangabe das Irreführungspotential, den Verbraucher in seiner Entscheidung beeinflussen zu können. Solche Sachverhalte beeinträchtigen nicht den jeweils relevanten Markt.

150 Die Verfolgung von bloßen Bagatellfällen, die sich nicht nennenswert auf Marktteilnehmer auswirken, will das Gesetz ausschließen[100]. Als Beurteilungskriterien für die Relevanz eines Wettbewerbsverstoßes kommen die Art und Schwere des Verstoßes, Umstände in der Person des Verletzers wie Verschuldensgrad oder Marktstärke, Umstände in der Person des Verletzten wie besondere Schutzwürdigkeit bestimmter Personen, etwa von Kindern und Jugendlichen (§ 4 Nr. 2 UWG), Intensität, Häufigkeit, Planmäßigkeit oder Dauer des Wettbewerbsverstoßes, Anzahl der Betroffenen, geschütztes Rechtsgut wie Gesundheit, Umwelt oder zuverlässige Rechtspflege, in Betracht[101].

151 Auch die zu erwartenden Auswirkungen auf den Wettbewerb, die sich aus der Betroffenheit, der Größe eines erzielten Wettbewerbsvorsprungs, einer besonderen Nachahmungsgefahr, etwa wegen einer besonders hohen Werbewirksamkeit, ergeben, sind zu berücksichtigen[102].

Beispielsfall

Die unzureichende Lesbarkeit wegen der Konturenarmut der konkreten farblichen Gestaltung einer Werbeanzeige, wodurch nach § 1 PAngV notwendige Preisbestandteile für das beworbene Handy in den Hintergrund treten, wurde als eine relevante Unlauterkeit nach § 3 UWG angesehen.

Die Beurteilung, ob ein Wettbewerbsverstoß als Bagatellfall einzustufen ist, erfordert eine Gesamtschau. Dabei kommt auch dem Gesichtspunkt einer Nachahmungsgefahr durch Mitbewerber eine nicht unbedeutende Funktion zu. Die Gefahr der Nachah-

---

99 BT-Drucks. 15/1487, S. 17.
100 BT-Drucks. 15/1487, S. 17.
101 Vgl *Lettl*, UWG, Rn. 148 f.
102 *Lettl*, a.a.O., Rn. 149.

mung ist erheblich, wenn der Rechtsverstoß in hohem Maße geeignet ist, den Eindruck eines besonders günstigen Angebots zu erwecken[103].

Letztlich ist eine Einzelfallbetrachtung notwendig, die alle in Betracht kommenden Faktoren einbezieht und sich vor dem Hintergrund der gesetzgeberischen Vorgaben bemüht, diese umzusetzen.

5. Die wettbewerbswidrige Marktstörung

Die wettbewerbswidrige Marktstörung oder auch allgemeine Marktbehinderung stellte eine zu § 1 UWG a.F. entwickelte Fallgruppe dar. Das novellierte UWG wollte an den von der Rechtsprechung und Literatur entwickelten Unlauterkeitstatbeständen grundsätzlich festhalten, unterließ es aber, die Fallgruppe allgemeine Marktstörung in die in § 4 UWG aufgenommenen Beispiele unlauteren Verhaltens aufzunehmen. Somit kommt die in § 3 enthaltene unlauterkeitsrechtliche Generalklausel zum Tragen, um diese Fallgruppe abzudecken. **152**

Eine wettbewerbswidrige Marktstörung muss angenommen werden, wenn ein zwar nicht von vornherein unlauteres, aber doch wettbewerblich bedenkliches Wettbewerbsverhalten für sich allein oder in Verbindung mit den zu erwartenden gleichartigen Maßnahmen von Mitbewerbern die ernste Gefahr begründet, dass der Wettbewerb hinsichtlich der fraglichen Warenart in nicht unerheblichem Maß eingeschränkt wird[104]. **153**

Beispielsfall

Ein norwegischer Medienkonzern ließ in Köln eine für die Leser unentgeltliche Tageszeitung mit dem Titel „20 Minuten Köln" verteilen. Diese Zeitung verfügte über einen redaktionellen Teil, der etwa zwei Drittel ihres Inhalts ausmachte mit Nachrichten aus Politik, Kultur und Sport. Sie wurde flächendeckend in Köln verteilt. Die in Köln ansässigen Tageszeitungen erlitten hierdurch Absatzrückgänge zwischen 6 und 20 %. Als Gegenmaßnahme verteilten sie ebenfalls unentgeltliche Tageszeitungen „Kölner Morgen" und „Köln extra".

Nachdem zunächst der unentgeltliche Vertrieb durch eine einstweilige Verfügung eines Landgerichts, die dann durch das Berufungsgericht aufgehoben wurde[105], unterbrochen wurde, befanden die Gerichte in Köln, dass keine unzulässige Wertreklame unter dem Gesichtspunkt eines übertriebenen Anlockens und auch kein Wettbewerbsverstoß unter dem Gesichtspunkt einer allgemeinen Marktbehinderung gemäß § 1 UWG a.F. vorlag. Diese Rechtsprechung bestätigte der BGH.

Das Verschenken von Ware kann zwar wettbewerbswidrig sein, wenn es eine allgemeine Marktbehinderung oder Marktstörung zur Folge hat. Ein solcher Fall liegt nach der Rechtsprechung des BGH aber nur vor, wenn das Wettbewerbsverhalten allein oder in Verbindung mit zu erwartenden gleichartigen Maßnahmen von Mitbewerbern die ernstliche Gefahr begründet, der auf der unternehmerischen Leistung beruhende Wettbewerb werde in erheblichen Maße eingeschränkt[106].

Ersichtlich wurde durch das unentgeltliche Verteilen der Zeitungen in Köln die Existenz von Tageszeitungen nicht einer ernsten Gefahr ausgesetzt, sondern der eher monopolistisch organisierte Zeitungsmarkt in Köln sogar belebt. Neu hinzutretende Wettbewerber können in den

---

103 *OLG Stuttgart* MMR 2005, 852 ff. – Handy für 1 Euro.
104 *Köhler,* in Baumbach/Hefermehl, § 4 12.3, 22. Aufl. m. Rspr. N.
105 *KG* GRUR 2000, 624.
106 *BGH* GRUR 2004, 62 ff. – 20 Minuten Köln.

auf diese Weise strukturierten Märkten nur schwer Fuß fassen. Die Marktzutrittsschranken sind extrem hoch. Möchte sich ein neuer Anbieter etablieren, bleibt ihm offensichtlich kaum eine andere Wahl als die der ausschließlich anzeigenfinanzierten Tageszeitung. Diesen aufkeimenden Wettbewerb mithilfe des Lauterkeitsrechts zu verbieten und sich zur Rechtfertigung auf den Schutz des Wettbewerbs zu berufen, hieße, die Dinge auf den Kopf zu stellen, wie der BGH zutreffend bemerkt[107].

154 Eine Marktverhaltenskontrolle über die Fallgruppe der wettbewerbswidrigen Marktstörung läuft – ähnlich wie bei den die Kontrolle von Marktmacht betreffenden Bestimmungen der §§ 19 und 20 GWB, die den Wettbewerb als Institution zu schützen bestimmt sind – gleichzeitig auch auf eine Marktstrukturkontrolle hinaus. Deshalb muss bei der lauterkeitsrechtlichen Beurteilung stets die Zielsetzung des GWB berücksichtigt werden. Insbesondere ist zu beachten, dass dem lauterkeitsrechtlichen Verbot nicht die Wirkung zukommen darf, ohnehin bestehende Marktzutrittsschranken zu erhöhen und damit zu einer Marktabschottung beizutragen[108].

6. Die fachliche Sorgfalt nach § 3 Abs. 2 UWG

155 Nach § 3 Abs. 2 UWG sind geschäftliche Handlungen von Unternehmern gegenüber Verbrauchern (B2C) jedenfalls dann unzulässig, wenn sie nicht der für den Unternehmer geltenden fachlichen Sorgfalt entsprechen und dazu geeignet sind, die Fähigkeit des Verbrauchers, sich aufgrund von Informationen zu entscheiden, spürbar beeinträchtigen und ihn damit zu einer geschäftlichen Entscheidung zu veranlassen, die er andernfalls nicht getroffen hätte.

156 Der Begriff der fachlichen Sorgfalt ist in Anlehnung an Art. 2 lit. h Richtlinie 2005/29/EG definiert als der Standard an Fachkenntnissen und Sorgfalt, von dem billigerweise angenommen werden kann, dass ein Unternehmer ihn in seinem Tätigkeitsbereich gegenüber Verbrauchern nach Treu und Glauben unter Berücksichtigung der Marktgepflogenheiten einhält.

Dies dürfte keine Änderung zur bisherigen Sach- und Rechtslage bedeuten, sondern allein zur Klarstellung erfolgt sein, wobei ungeklärt ist, was unter dem „Standard an Fachkenntnissen und Sorgfalt" zu verstehen ist[109].

157 Nach § 3 Abs. 2 Satz 2 UWG ist auf das vom EuGH entwickelte und vom BGH übernommene Verbraucherleitbild eines durchschnittlich informierten, verständigen und aufmerksamen Durchschnittsverbrauchers auch unter Berücksichtigung des Horizonts eventuell bestehender Verbrauchergruppen abzustellen.

Gemäß § 3 Abs. 2 Satz 3 UWG kommt es auf die Sicht eines durchschnittlichen Mitglieds einer aufgrund von geistigen oder körperlichen Gebrechen, Alter oder Leichtgläubigkeit besonders schutzbedürftigen und eindeutig identifizierbaren Gruppe von

107 *BGH* ebenda.
108 *BGH* ebenda.
109 *Lettl* a.a.O., S. 42.

Verbrauchern an, wenn für den Unternehmer vorhersehbar ist, dass seine geschäftliche Handlung nur diese Gruppe betrifft.

7. Unzulässigkeit der im Anhang dieses Gesetzes aufgeführten geschäftlichen Handlungen gegenüber Verbrauchern

Dem UWG angehängt ist eine Liste von aufgeführten geschäftlichen Handlungen von Unternehmern gegenüber Verbrauchern. Die Verwirklichung dieser Handlungen ist stets unzulässig, ohne dass die ansonsten notwendige Voraussetzung gemäß § 3 Abs. 1 UWG vorliegen muss: Nämlich die Interessen von Mitbewerbern, Verbrauchern oder sonstigen Marktteilnehmern spürbar zu beeinträchtigen. Regelmäßig sind danach auch Bagatellhandlungen verboten. 158

Die im Anhang dieses Gesetzes aufgeführten geschäftlichen Handlungen gegenüber Verbrauchern entsprechen im Wesentlichen dem Anhang I der Richtlinie gegen unlauteren Geschäftsverkehr, in dem die zu bekämpfenden irreführenden und aggressiven Geschäftspraktiken aufgeführt werden (Rn. 44 ff.). Soweit der Deutsche Gesetzgeber sprachliche Veränderungen vorgenommen hat, führen diese zu keiner inhaltlichen Änderung. Der Gesetzgeber wollte und konnte inhaltlich nicht von der Irreführungsrichtlinie abweichen.

Die im Anhang zum UWG aufgeführten Geschäftspraktiken müssen zwischen Unternehmen und Verbrauchern aufgetreten sein. 159

Eine Geschäftspraxis ist nach Art. 2 lit. d) der Richtlinie gegen unlautere Geschäftspraktiken jede Handlung, Unterlassung, Verhaltensweise oder Erklärung, kommerzielle Mitteilung einschließlich Werbung und Marketing eines Gewerbetreibenden, die unmittelbar mit der Absatzförderung, dem Verkauf oder der Lieferung eines Produktes an Verbraucher zusammenhängt.

Bei dieser sog. schwarzen Liste handelt es sich um Per-se-Verbote. Danach sind sie immer unzulässig.

Die unzulässigen geschäftlichen Handlungen gemäß des Anhangs dürften regelmäßig bei Überschreiten der Erheblichkeitsschwelle dann auch unter die in den §§ 3 ff. UWG aufgeführten Beispiele fallen.

IX. Die in § 4 UWG genannten Beispiele unlauterer geschäftlicher Handlungen

1. Einführung

Die in § 4 Nr. 1–11 UWG genannten Fälle unlauterer geschäftlicher Handlungen präzisieren die Generalklausel des § 3 Abs. 1 UWG und sollen eine möglichst große Transparenz dessen vermitteln, was das Gesetz unter Unlauterkeitshandlungen versteht. 160

§ 4 UWG lehnt sich dabei an die zum alten UWG von der Rechtsprechung und Literatur entwickelten fünf Fallgruppen gem. § 1 UWG a.F. an, nämlich:

Kundenfang, Behinderung, Ausbeutung, Rechtsbruch, Marktstörung.

§ 4 Nr. 1–6 UWG beziehen sich auf die alte Fallgruppe Kundenfang, § 4 Nr. 7, 8, 10 UWG auf die der Behinderung, § 4 Nr. 9 UWG auf die der Ausbeutung und § 4 Nr. 11 UWG auf die des Rechtsbruchs.

Die „Marktstörung“ wird im UWG nicht ausdrücklich in den Fallgruppen aufgeführt. Nach der Intention des Gesetzgebers sollen allerdings wettbewerbswidrige Fälle von Marktstörung von der Generalklausel des § 3 Abs. 1 UWG umfasst sein[110].

Die Feststellung der Unlauterkeit gem. § 4 UWG allein vermag nicht Ansprüche aus diesem Gesetz auszulösen. Hinzukommen muss noch, dass die Voraussetzungen des § 3 UWG zusätzlich erfüllt sind.

2. Die Unlauterkeit gem. § 4 Nr. 1 UWG

161 Nach § 4 Nr. 1 UWG handelt unlauter, wer geschäftliche Handlungen vornimmt, die geeignet sind, die Entscheidungsfreiheit der Verbraucher oder sonstiger Marktteilnehmer durch Ausübung von Druck in Menschen verachtender Weise oder durch sonstigen unangemessenen unsachlichen Einfluss zu beeinträchtigen.

Zum Einen muss der Rechtsverkehr hinnehmen, dass nicht nur mit der eigentlichen Ware oder Dienstleistung in keinem sachlichen Zusammenhang stehende Umstände für die Entscheidung von Kunden häufig maßgeblich sind. Zum Anderen besteht die Gefahr, dass im Kampf um die Erreichung von wirtschaftlichen Vorteilen von allen Marktteilnehmern zu akzeptierende Grenzen überschritten werden. § 4 Nr. 1 UWG formuliert in einer Art Generalklausel Beispiele unzulässigen Nichtleistungswettbewerbs.

Dabei kann sich die Unlauterkeit auch aus dem Zusammenwirken mehrerer in § 4 Ziff. 1 UWG oder anderer im Gesetz genannter Beispiele ergeben.

Überdies können Sachverhalte mehreren im Gesetz genannten Beispielen unterfallen.

a) Ausübung von Druck

162 Nach Nr. 25 des Anhangs zu § 3 UWG ist eine geschäftliche Handlung von Unternehmen gegenüber Verbrauchern stets unzulässig, die den Eindruck erweckt, der Verbraucher könne bestimmte Räumlichkeiten nicht ohne vorherigen Vertragsabschluss verlassen.

163 Unter das Tatbestandsmerkmal Druck in § 4 Nr. 1 UWG fällt die Ausübung physischen oder psychischen Zwanges. Druck ist jeder Zwang gegen den Verbraucher, d.h. jede Einflussnahme, die seinen wahren Willen ganz oder teilweise ausschaltet.

110 BT-Drucks. 15/1487, S. 19; Rn. 152.

So handelt unlauter, wer sein Marktgegenüber durch körperliche Gewalt, sei sie auch sanft, etwa gegenüber alten Menschen, zum Geschäftsabschluss nötigt. Hierunter fällt auch das Beispiel des Vertreters, der den Geschäftsabschluss dadurch erzwingt, dass er den Fuß in die geöffnete Tür stellt, oder der Marktschreier, der den Umstehenden Waren in die Taschen räumt, um ihre Bezahlung zu erzwingen[111].

Psychischer Druck bedarf einer Intensität, in der er geeignet ist, die Entscheidungsfreiheit der Verbraucher oder sonstiger Marktteilnehmer zu beeinträchtigen, wobei es auf die Frage, ob die angedrohte Verhaltensweise als solche rechtmäßig ist, nicht ankommt.

Beispielsfall

Ein Versandhandelsunternehmen kündigt bestimmten Kunden schriftlich an, einen Verkauf von bestellten Waren und eine Belieferung dann abzulehnen, wenn keine Veränderung im Bestellverhalten der Kunden erfolgt, die zuvor häufig bestellte Waren zurückgesandt hatten.

Die mit diesem Schreiben einhergehende „Zwangswirkung" ist wettbewerbsrechtlich nicht unlauter, stellt keinen Druck i.S.v. § 4 Nr. 1 1. Alt. UWG dar, sondern muss als lediglich „milder Zwang" hingenommen werden[112].

Die Annahme psychischen Drucks setzt voraus, dass der Durchschnittsumworbene hierin eine Nötigung und damit verbunden ein angedrohtes empfindliches Übel sieht.

b) In menschenverachtender Weise

An die Annahme eines Eingriffs in die Menschenwürde sind strenge Anforderungen zu stellen, da die Menschenwürde als Fundament aller Grundrechte mit keinem Einzelgrundrecht abwägungsfähig ist[113]. Menschenverachtende Werbung wird vorliegen, wenn durch die Werbung dem Umworbenen jegliche Selbstbestimmung genommen und er zum manipulierten Objekt des Werbenden gemacht würde. Dabei muss die Art und Weise der Werbung menschenverachtend sein, ein menschenverachtender Inhalt oder Kontext würde nicht ausreichen. Zu denken ist hier an eine Werbung, die Behinderte, Ausländer, Kranke oder Abhängige als „Untermenschen" darstellt, die diesen „Markt" erst mithilfe des umworbenen Produkts (Medikament, Prothese, Sprachkurs, Hilfsmittel, Ersatzdroge o.Ä.) erschließen können. Dabei wird eine Werbung noch nicht menschenverachtend dadurch, dass sie geschmacklos ist oder schwierige Themen aufgreift. Unlautere menschenverachtende Werbung ist selten[114]. Dabei wird eine gegen Art. 1 Abs. 1 GG verstoßende Werbung den Tatbestand der Generalklausel in § 3 UWG erfüllen[115]. 164

c) Sonstiger unangemessener unsachlicher Einfluss

Wenn der Werbende übermäßige oder übertriebene Vorteile für den Fall der Kontaktaufnahme in Aussicht stellt und seine potentiellen Kunden dadurch von der sachlichen Prüfung der Angebote abhält und so die Entscheidungsfreiheit der Verbraucher 165

111 *Plaß,* in Ekey/Klippel, HK-WettbR, § 4 Rn. 32.
112 *OLG Hamburg* WRP 2005, 1033 – Hochretournierer.
113 *BVerfG* WRP 2003, 633, 636 – Benetton-Werbung II; *Plaß,* in Ekey/Klippel, HK-WettbR, § 4 Rn. 30.
114 *Plaß*, ebenda.
115 Rn. 143.

und sonstiger Marktteilnehmer beeinträchtigt werden kann, kommt eine Unlauterkeit nach § 4 Nr. 1 UWG in Betracht. Zu der Fallgruppe des übertriebenen Anlockens können auch Maßnahmen der Wertreklame gehören, wenn sie bezwecken, die Rationalität der Verbraucherentscheidung auszuschalten. Durch das Kriterium der Unangemessenheit soll der Tatsache Rechnung getragen werden, dass der Versuch einer gewissen unsachlichen Beeinflussung der Werbung nicht fremd und auch nicht per se unlauter ist. Erfasst werden sollen darüber hinaus auch Handlungen im Verhältnis zweier Unternehmer auf verschiedenen Wirtschaftsstufen[116].

166 Zu berücksichtigen ist in diesem Zusammenhang die gesetzgeberische Entscheidung, die Zugabeverordnung und das Rabattgesetz im Jahre 2001 aufzuheben und damit Rabatte sowie Zugaben grundsätzlich für zulässig zu erachten. Besondere Bedeutung kommt in diesem Zusammenhang ebenfalls der Entscheidung des Gesetzgebers für die Annahme des mündigen Verbrauchers zu (vgl. Rn. 94 ff.). Diese Gesichtspunkte führen zusammen genommen zu einer Liberalisierung der Voraussetzungen, bei denen von einer wettbewerbswidrigen Unlauterkeit ausgegangen werden muss.

167 So sind Koppelungsangebote verschiedener Waren oder Dienstleistungen nicht unzulässig. Die Werbung mit einer unentgeltlichen Überlassung von fünf Büchern für den Fall einer zweijährigen Mitgliedschaft in einem Buchclub stellt somit nicht ein übertriebenes Anlocken dar[117]. Das Angebot elektrischer Geräte für 1,00 DM bei gleichzeitigem Abschluss eines Stromversorgungsvertrages, das Angebot von Handys für 0,00 Euro i.V.m. dem Abschluss eines zweijährigen Netzkartenvertrages und ähnliche Angebote können, sofern der Beworbene durch das konkrete Angebot nicht irregeführt wird, nicht mehr als wettbewerbswidrig angesehen werden[118].

Beispielsfall

B ist Herausgeberin der Zeitschrift „1“, die sich an weibliche Teenager richtet. Der gebundene Verlagspreis beträgt 3 Euro, die Auflage im Jahr ca. 360 000 Exemplare. B bietet ihre Zeitschrift verbunden mit einer Sonnenbrille, für die regulär etwa 15 Euro verlangt werden, zu dem üblichen Preis einer Zeitschrift an. Ein Wettbewerber sieht hierin eine unangemessen unsachliche Beeinflussung der Entscheidungsfreiheit von Verbrauchern und verlangt Unterlassung.

Eine Tatbestandsmäßigkeit nach § 4 Nr. 1 UWG – Beeinträchtigung der Entscheidungsfreiheit von Verbrauchern durch sonstigen unangemessenen unsachlichen Einfluss – vermag regelmäßig nicht allein deshalb vorzuliegen, nur weil einem Verkaufsprodukt eine im Verhältnis zum Verkaufspreis wertvolle Zugabe ohne zusätzliches Entgelt beigefügt wird. Die Annahme einer unangemessen unsachlichen Beeinflussung wird bei Kopplungsangeboten auf solche Fälle beschränkt sein, in denen die Anlockwirkung so groß ist, dass auch bei einem verständigen Verbraucher ausnahmsweise die Rationalität der Nachfrageentscheidung vollständig in den Hintergrund tritt. Selbst wertvolle Zugaben brauchen nicht zu einer irrationalen Nachfrageentscheidung zu führen[119].

168 Ebenfalls zulässig ist die Bewerbung einer Pauschalreise für Skifahrer mit Unterbringung in einem Ferienclub sowie Ski der Marke „F“ zu einem Gesamtpreis[120].

---

116 BT-Drucks. 15/1487, S. 17.
117 *BGH* WRP 2003, 1217 – Buchclub-Koppelungsangebot.
118 *Boesche*, WettbR, S. 246, Rn. 323 m.N.
119 *BGH* WRP 2006, 69 ff. – Zeitschrift mit Sonnenbrille.
120 *BGH* GRUR 2003, 538 ff. – Gesamtpreisangebot.

Unter Nr. 1 fällt die unzutreffende Eigenherausstellung, d.h. das Sichschmücken mit Auszeichnungen oder Marken, Titeln, Berufs- oder Geschäftsbezeichnungen, die dem Werbenden nicht zustehen. Neben der Gefahr einer Täuschung eines nicht unerheblichen Teils der angesprochenen Verkehrskreise muss dieses Verhalten allerdings eine Anlockgefahr auslösen. Die Täuschung muss also geeignet sein, dass sich die Adressaten der Werbung gerade wegen der Täuschung für das Angebot interessieren[121].

Soweit die unzutreffende Eigenherausstellung eine unwahre Angabe darstellt, dass ein Unternehmer von einer öffentlichen oder privaten Stelle bestätigt worden sei, liegt ein Verstoß gegen Nr. 4 des Anhangs zu § 3 vor und ist gegenüber Verbrauchern stets eine unzulässige geschäftliche Handlung.

Auch der Verstoß gegen gesetzlich vorgeschriebene Belehrungspflichten kann zu einer **169**
Unlauterkeit führen, wenn er geeignet ist, den Kaufentschluss des Publikums zu beeinflussen. Eine falsche oder gar fehlende Belehrung der Verbraucher über die ihnen zustehenden Widerrufsrechte kann somit auch gegen Nr. 1 verstoßen und nunmehr auch ein Irreführen durch Unterlassen gemäß § 5a UWG darstellen[122].

Unlauter auch nach § 5a UWG ist die Werbung für ein Angebot, dass aus einem Strom- **170**
lieferungsvertrag mit einer Laufzeit von mindestens zwei Jahren und einem Fernsehgerät für 1,00 DM besteht, wenn die Bedingungen, unter denen die Vergünstigung gewährt wird, nicht hinreichend deutlich werden[123].

Das Inaussichtstellen von Gewinnen im Falle der Aufnahme eines Geschäftskontaktes **171**
ist grundsätzlich nicht unlauter i.S.v. Nr. 1, kann aber gegen § 4 Nr. 6 UWG verstoßen. Der Einsatz solch spielerischer (aleatorischer) Reize vermag im Einzelfall dann zu einer Unzulässigkeit führen, wenn die Entscheidungsfreiheit der angesprochenen Verbraucher in einem Maß beeinträchtigt wird, dass zu befürchten steht, nur noch das Streben nach der in Aussicht gestellten Gewinnchance beeinflusse das Verbraucherverhalten[124].

Eine Werbemaßnahme ist eine unangemessene unsachliche Einflussnahme auf Markt- **172**
teilnehmer i.S.v. § 4 Nr. 1 UWG, wenn sie mit der Lauterkeit des Wettbewerbs unvereinbar erscheint. Die Beurteilung, ob ein solcher Fall vorliegt, erfordert eine Abwägung der Umstände des Einzelfalls im Hinblick auf die Schutzzwecke des UWG, bei der auch die Grundrechte der Beteiligten zu berücksichtigen sind. So kann eine Werbeaussage nicht schon dann als unlauter angesehen werden, wenn das Kaufinteresse durch Ansprechen des sozialen Verantwortungsgefühls, der Hilfsbereitschaft, des Mitleids oder des Umweltbewusstseins geweckt werden soll, ohne dass ein sachlicher Zusammenhang zwischen dem in der Werbung angesprochenen Engagement und der beworbenen Ware besteht[125].

121 *Plaß,* in Ekey/Klippel, HK-WettbR, § 4 Rn. 72, 75.
122 *BGH* WRP 2002, 1263, 1266 – Belehrungszusatz.
123 *BGH* GRUR 2002, 979 ff. – Koppelungsangebot II.
124 *BGH* GRUR 2004, 249 f. – umgekehrte Versteigerung im Internet; 2003, 626 f. – umgekehrte Versteigerung II.
125 *BGH* WRP 2006, 67 ff. – Artenschutz.

Weitere Beispielsfälle

Ein Baumarkt wirbt für seine Brandschutzartikel mit dem Hinweis auf eine stattfindende Informationsveranstaltung der ortsansässigen Feuerwehr in seinen Räumlichkeiten.

Dieses Verhalten soll geeignet sein, die Entscheidungsfreiheit der potentiellen Käufer unsachlich zu beeinflussen gem. § 4 Nr. 1 3. Alt. UWG. Die Verbraucher würden nämlich veranlasst werden, nach der gegebenenfalls auch produktneutralen Beratung durch die anwesenden Mitglieder der Feuerwehr über die Notwendigkeit der Brandvorsorge die vor Ort angebotenen Brandschutzartikel auch gleich zu kaufen. Hierin liegt ein wettbewerbsrechtlich unzulässiges Einspannen einer öffentlichen Autorität, der die Verbraucher besonderes Vertrauen entgegenbringen und damit eine unsachliche unangemessene Beeinflussung[126].

Aus einem Einkaufsviertel in der Innenstadt bietet ein Einkaufszentrum am Stadtrand einen unentgeltlichen Shuttleservice mit mehreren Insassen fassenden Kleinbussen zu dem Einkaufszentrum an. Dabei können die Kunden während der Fahrt anonym bleiben.

Unlauterer psychologischer Kaufzwang, also eine unangemessene unsachliche Beeinflussung des Verbrauchers i.S.v. § 4 Nr. 1 3. Alt. UWG, ist in diesem Verhalten nicht zu sehen. Etwas anderes würde nur gelten, wenn der Kunde während der Fahrt derart beeinflusst oder sich als derart begünstigt ansehen würde, dass er wegen der unentgeltlichen Beförderung glaubt, auch beim Werbenden einkaufen zu müssen[127].

Der Verleger einer Frauenzeitschrift (Preis pro Zeitschrift 2,20 €), auf deren Titelseite ein Warengutschein aufgeklebt ist, der in Filialen eines großen Warenhauses gegen ein Körperpflegemittel mit einem Gegenwert von 9,95 € eingelöst werden kann, beeinträchtigt nicht die Entscheidungsfreiheit der Verbraucher gem. § 4 Nr. 1 3. Alt. UWG in unlauterer Weise[128].

Eine Supermarktkette veranstaltet ein Gewinnspiel, bei dem wöchentlich bis zu 10 000 € und bei einer Monatsziehung bis zu 100 000 € in bar ausgelobt sind. Die zur Teilnahme erforderlichen ausgegebenen „Haushaltskarten" müssen je nach Art der Verlosung mindestens einmal in der Woche an hierfür außerhalb des Verkaufs- und Kassenbereiches aufgestellten Geräten gescannt werden.

Dies wurde weder unter dem Gesichtspunkt des psychischen Kaufzwangs noch des übertriebenen Anlockens als wettbewerbswidrig i.S.v. § 4 Nr. 1 3. Alt. UWG angesehen. Da sich die Scanner außerhalb des Verkaufs- und Kassenbereiches befinden, kommt nämlich ein psychischer Kaufzwang nicht in Betracht. Die Attraktivität der ausgelobten Preise begründet noch kein übertriebenes Anlocken, da der Kunde angesichts der Abschaffung des RabattG und der ZugabeVO nunmehr an derartige Sonderaktionen gewöhnt ist und nicht angenommen werden kann, dass die Lotterie einen stetigen Besuchszwang auslöst[129].

Eine Verkaufsaktion, während derer eine begrenzte Anzahl einer bestimmten Ware zu einem weit unter dem regulären Kaufpreis liegenden Sonderpreis mit der Maßgabe angeboten wird, dass die potentiellen Käufer unter den Bestellern ausgelost werden, muss, um der Unlauterkeitsgefahr zu begegnen, deutlich auf den Verlosungscharakter hinweisen. Eine „Verkaufsverlosung", deren Verlosungscharakter der Verbraucher deutlich erkennt, ist nicht unter dem Gesichtspunkt der Beeinträchtigung der Entscheidungsfreiheit der Verbraucher unlauter gem. § 4 Nr. 1 3. Alt. UWG[130].

126 *OLG Saarland* WRP 2005, 759 – Beratung durch Feuerwehr.

127 Vgl. hierzu BGH NJW 1972, 291 ff. – Mehrwegfahrten; 1275 – Kundeneinzelbeförderung; 1970, 2245 f. – Lichdi-Center.

128 *OLG Köln* GRUR-RR 2005, 169.

129 Vgl. *OLG Köln* GRUR-RR 2005, 194 – REWE-Haushaltskarte.

130 *OLG Frankfurt* WRP 2005, 635 – Verkaufsverlosung.

3. Ausnutzen der geistigen oder körperlichen Gebrechen von Verbrauchern, des Alters, der geschäftlichen Unerfahrenheit, der Leichtgläubigkeit, der Angst oder der Zwangslage von Verbrauchern gem. § 4 Nr. 2 UWG

a) Nr. 28 der Anlage zu § 3 UWG

Zunächst wird zu prüfen sein, ob es sich bei der geschäftlichen Handlung gegenüber Verbrauchern um eine unmittelbare Aufforderung an Kinder handelt, selbst die beworbene Ware zu erwerben oder die beworbene Dienstleistung in Anspruch zu nehmen oder ihre Eltern oder andere Erwachsene dazu zu veranlassen. Bei einem weiten Verständnis des Wortlautes der Nr. 28 der Anlage zu § 3 UWG wäre ein solches Verhalten von Unternehmern gegenüber Verbrauchern stets unzulässig. Es wird nun die Aufgabe sein, die Interpretation dieser Klausel auf das erforderliche und gebotene Maß gemäß der nachfolgend dargestellten Rspr. zu § 4 Nr. 2 UWG zurückzuführen. Sonst könnte jede Werbung von Unternehmen in Bezug auf Kinder mit dem Argument angegriffen werden, die Werbung enthalte eine direkte Aufforderung an Kinder, die beworbenen Produkte zu kaufen oder jedenfalls ihre Eltern zu einem solchen Kauf zu überreden. Dieses Ergebnis dürfte auch vom europäischen Normgeber so nicht gewollt sein. 173

b) Einzelheiten zum Tatbestand des § 4 Nr. 2 UWG

Der Tatbestand des § 4 Nr. 2 UWG will zum Einen Verbraucher schützen, die sich in Ausnahmesituationen wie Angst oder einer sonstigen Zwangslage befinden. Außerdem sollen besonders Schutz bedürftige Verbraucherkreise, wie insbesondere Kinder und Jugendliche und ältere Menschen, aber auch sprach- und geschäftsungewandte Mitbürger vor der Ausnutzung ihrer Unerfahrenheit geschützt werden. Erfasst werden sollen auch Fälle im Vorfeld von konkreten Verkaufsförderungsmaßnahmen, so etwa, wenn Daten von Kindern oder Jugendlichen zu Werbezwecken erhoben werden[131]. 174

Während jedenfalls geschäftliche Grundkenntnisse von erwachsenen Verbrauchern erwartet werden können, ist dies bei Kindern und Jugendlichen nicht der Fall. Ebenso bei älteren Menschen, bei Behinderten oder mit den geschäftlichen Gegebenheiten in Deutschland nicht vertrauten Ausländern kommt eine zu schützende geschäftliche Unerfahrenheit in Betracht. 175

Nicht jede an Kinder gerichtete Reklame ist generell wettbewerbswidrig. Zwar muss bei Kindern und Jugendlichen von geschäftlicher Unerfahrenheit stets auszugehen sein, da sie typischerweise noch nicht in ausreichendem Maße in der Lage sind, Warenangebote kritisch zu beurteilen. Kinder und Jugendliche neigen dazu, gefühlsmäßig und spontan zu entscheiden, wobei allerdings der alterstypischen Entwicklung entsprechend graduell zu differenzieren ist. 176

Mit der Feststellung der geschäftlichen Unerfahrenheit ist nicht zugleich gesagt, dass jede Werbung, die sich gezielt an Kinder und Jugendliche als Verbrauchergruppe wen- 177

131 BT-Drucks. 15/1487, S. 17.

det und deren Kaufentscheidung – dem Wesen der Werbung entsprechend – beeinflussen soll, damit zugleich auch geeignet ist, die geschäftliche Unerfahrenheit auszunutzen[132]. Es kommt vielmehr darauf an, ob die vorgenommene Wettbewerbshandlung Merkmale der Ausnutzung der geschäftlichen Unerfahrenheit besitzt.

178 Nach Meinung der Rechtsprechung folgt aus der Formulierung des Gesetzes ebenfalls nicht, dass schon eine eher fern liegende, nur unter besonderen Umständen in Betracht kommende Möglichkeit der Ausnutzung geschäftlicher Unerfahrenheit ausreichen würde. Entscheidend sei vielmehr, ob die Ausnutzung der geschäftlichen Unerfahrenheit eines durchschnittlich aufmerksamen und verständigen Mitglieds der angesprochenen Altersgruppe durch die beanstandete Werbung objektiv wahrscheinlich ist.

Beispielsfälle

Eine Werbeaktion, bei der für den Kauf von 25 Schokoladenriegeln während eines längeren Zeitraums ein bei Amazon.de einzulösender Gutschein über 5 Euro als Prämie versprochen wird, ist, auch wenn sich die Aktion (auch) gezielt an Kinder und Jugendliche richtet, nicht geeignet, deren geschäftliche Unerfahrenheit auszunutzen[133].

Das gemeinsame Abgeben einer Jugendzeitschrift zusammen mit einer hochwertigen Sonnenbrille zu dem Preis für die Zeitschrift vermag die geschäftliche Unerfahrenheit von Kindern und Jugendlichen i.S.v. § 4 Nr. 2 UWG nicht auszunutzen, soweit es sich bei den angesprochenen Verkehrskreisen um Jugendliche und junge Erwachsene im Alter zwischen 12 und 20 Jahren handelt. Denn der Preis für eine Jugendzeitschrift bewegt sich nach der Lebenserfahrung im Rahmen des Taschengeldes. Selbst wenn die Zeitschrift nur deshalb erworben würde, um in den Besitz der Sonnenbrille zu gelangen, wäre mit dem Kauf keine nennenswerte Wirtschaftsleistung verbunden[134].

In einer Jugendzeitschrift wird für das Herunterladen von Handy-Klingeltönen über Mehrwertdienst-Rufnummern ohne weitere Informationen geworben.

In diesem Verhalten kann eine Unlauterkeit gem. § 4 Nr. 2 UWG erblickt werden, denn die Werbung enthält keine klare, eindeutige und für den angesprochenen Minderjährigen verständliche Aufklärung über die aus dem Kauf resultierenden Kosten, so dass er die ihm entstehenden tatsächlichen Kosten nicht abschätzen kann. Unlauterkeit muss des Weiteren angenommen werden, wenn die Angabe des Minutenpreises für das Herunterladen kaum lesbar ist und die durchschnittliche Dauer des Ladevorgangs nicht bzw. unzutreffend kurz angegeben wird[135].

Eine zu Werbezwecken erfolgte Datenerhebung bei Kindern, die, ohne Einschaltung der Eltern, über das Internet zu einer von einem Kfz-Hersteller angebotenen Club-Mitgliedschaft veranlasst werden sollen, stellt ebenfalls ein unlauteres Ausnutzen der geschäftlichen Unerfahrenheit der Kinder dar gem. § 4 Nr. 2 UWG. Zu berücksichtigen ist nämlich, dass für Kinder im Vorschul- und Grundschulalter die mit der Preisgabe persönlicher Daten verbundenen möglichen Nachteile und der Zusammenhang zwischen Datenerhebung und Werbestrategie kaum erkennbar sind[136].

Die Bewerbung eines Topfsets zu einem Gesamtpreis von 2000,00 Euro in einem Übergangswohnheim für Aussiedler kann möglicherweise gegen § 4 Nr. 2 UWG verstoßen[137], wenn die Angesprochenen noch über keine geschäftlichen Grundkenntnisse in Deutschland verfügen und das Angebot gerade diesen Umstand ausnutzte. Die Unlauterkeit kann sich hier überdies aus § 3 Abs. 2 Satz 3 UWG ergeben.

---

132 *Köhler*, in Baumbach/Hefermehl, § 4 Rn. 2.27.

133 *OLG Frankfurt* NJW-RR 2005, 1398 ff. – Lion-Sammelaktion, nicht rechtskräftig.

134 *BGH* WRP 2006, 69 ff. – Zeitschrift mit Sonnenbrille, in dem zu entscheidenden Fall hatte der BGH zunächst auch das Vorliegen einer unsachlichen Beeinflussung nach § 4 Nr. 1 UWG geprüft und verneint, vgl. Rn. 167.

135 *OLG Hamm* ZUM-RD 2004, 589; *KG* AfP 2005, 400 – Klingeltöne in Jugendzeitschriften.

136 *OLG Frankfurt* WRP 2005, 1029 – Skoda-Autokids-Club.

137 Vgl. hierzu *BGH* GRUR 1998, 1041 – Verkaufsveranstaltung in Aussiedlerwohnheimen.

Auch die so genannte Angst- und Schockwerbung – es handelt sich hierbei um den Versuch, durch Ausnutzen oder Schüren von Ängsten oder durch das Schockieren des Verbrauchers ihn zur Befassung mit dem beworbenen Angebot an Waren oder Dienstleistungen zu bewegen[138] – vermag nach Nr. 2 unlauter zu sein. 179

Bloße geschmacklose Werbung oder Imagewerbung wird hierunter jedoch nicht fallen.

Das Ausnutzen einer Angstsituation könnte aber darin gesehen werden, dass z.B. ein Kreditinstitut seinen Kunden konkret darauf anspricht, dass vor dem Hintergrund allgemeiner wirtschaftlicher Schwierigkeiten die wirtschaftliche Existenz gerade auch im Alter nicht mehr zu gewährleisten sei, wenn nicht jetzt und sofort eine bestimmte Anlage gezeichnet würde. Dabei müsste das werbliche Auftreten in einer Weise stattfinden, dass tatsächlich Angst und Schrecken beim Kunden verbreitet würde[139]. 180

Der Unterschied zwischen § 4 Nr. 2 UWG und Nr. 1 UWG liegt darin, dass im Fall des § 4 Nr. 2 UWG ein bereits zuvor selbst oder durch einen Dritten geschaffener Zustand der Angst oder eine zuvor herbeigeführte Zwangslage ausgenutzt wird, um eine Beeinflussung in eine bestimmte Richtung zu erzielen. Dagegen will § 4 Nr. 1 UWG bereits die Schaffung einer Druck- und Beeinflussungssituation verbieten. 181

Im Einzelfall kann ein Verhalten dabei sowohl gegen Nr. 1 als auch gegen Nr. 2 verstoßen.

4. Getarnte Werbung gem. § 4 Nr. 3 UWG

Nach Nr. 11 des Anhangs zu § 3 UWG ist als Information getarnte Werbung eines Unternehmers gegenüber Verbrauchern stets unzulässig; der vom Unternehmer finanzierte Einsatz redaktioneller Inhalte zu Zwecken der Verkaufsförderung fällt hierunter, ohne dass sich dieser Zusammenhang aus dem Inhalt oder aus der Art der optischen oder akustischen Darstellung eindeutig ergeben muss. 182

Der Tatbestand von § 4 Nr. 3 UWG enthält das Verbot der verdeckten Werbung. Die getarnte Werbung – auch Schleichwerbung genannt – ist im Recht der elektronischen Medien verboten, so für den Bereich des Rundfunks (§ 7 Abs. 6 des Staatsvertrages über den Rundfunk) sowie für den Bereich der Mediendienste in § 6 Nr. 1 des Telemediengesetzes. 183

Durch die Regelung im UWG wird das medienrechtliche Schleichwerbungsverbot auf alle Formen der Werbung ausgedehnt. Daneben erfasst § 4 Nr. 3 UWG die Tarnung sonstiger geschäftlicher Handlungen, wozu beispielsweise die Gewinnung von Adressen unter Verschweigung einer kommerziellen Absicht gezählt werden kann[140]. 184

138 Vgl. Rn. 110.
139 *Boesche*, WettbR, S. 251, Rn. 327.
140 Amtl. Begr. BT-Drucks. 15/1487 S. 17.

Beispielsfall

Beispielsfall: Der Inhalt eines Artikels in einer Zeitschrift, die sich überwiegend mit Schönheitsoperationen befasst, kann eine getarnte Werbung i.S.v. § 4 Nr. 3 UWG darstellen, wenn nach der kurzen Vorstellung eines die Allgemeinheit interessierenden Themas ohne sachlich gerechtfertigten Grund ausführlich und einseitig nur die Vorzüge eines bestimmten Dienstleisters herausgestellt werden[141].

185 Während bei TV-Gameshows, bei denen wesentlicher Bestandteil des Programms das Gewinnen von Preisen ist, sich eine Trennung zwischen Programm und Werbung als unmöglich darstellt, weshalb sie auch als solche nach § 7 VI RStV bezeichnet werden müssen, kann die Beurteilung, ob eine unzulässige Schleichwerbung vorliegt, in anderen Fällen häufig nur schwierig erfolgen. Wenn die Nennung einer Marke oder das Einblenden eines bestimmten Produktes erfolgt, muss ermittelt werden, ob der Werbezweck bei der Verwendung von Produkten oder der Nennung von Unternehmen oder Marken im Vordergrund steht und als eigentlicher gewollter Zweck anzusehen ist oder ob es auch durch die Kunstfreiheit geschütztes schöpferisches Tun darstellt. Indizien hierfür dürften die Zahlung eines Entgelts, z.B. eines Produktionskostenzuschusses oder die Zuwendung von Geld- oder Sachleistungen oder die Intensität oder Häufigkeit der Nennung der Marke oder des Unternehmens sein[142].

5. Nicht klare und nicht eindeutige Bedingungen bei Verkaufsförderungsmaßnahmen gem. § 4 Nr. 4 UWG

186 Die Regelung in § 4 Nr. 4 UWG trägt dem speziellen Informationsbedarf der Abnehmer bei Verkaufsförderungsmaßnahmen Rechnung. Verkaufsförderungsmaßnahmen wie Preisnachlässe, Zugaben und Werbegeschenke entfalten offenbar eine hohe Attraktivität für viele Verbraucher. Hieraus resultiert eine nicht unerhebliche Missbrauchsgefahr, und zwar dergestalt, dass durch eine Werbung mit solchen Maßnahmen die Kaufentscheidung beeinflusst wird, oft jedoch, z.B. bei Kundenbindungssystemen, hohe Hürden für die Inanspruchnahme des Vorteils aufgestellt werden.

187 Solche Handlungen können darüber hinaus auch unter § 5a UWG fallen.

188 § 4 Nr. 4 UWG entspricht der für Telemedien geltenden Bestimmungen des § 6 Nr. 3 des Telemediengesetzes. Da eine unterschiedliche Behandlung des elektronischen Geschäftsverkehrs in diesen Fällen nicht sachgerecht erschien, wurde die Regelung in das allgemeine Lauterkeitsrecht übertragen[143]. Während nach § 1 Abs. 1 PreisangabenVO die Preise für Waren oder Dienstleistungen, die dem Verbraucher regelmäßig angeboten werden, als Endpreise ausgewiesen werden müssen, nach § 2 Abs. 1 Satz 1 PreisangabenVO im konkreten Fall die Preise auch je Mengeneinheit als Endpreis ausgewiesen werden müssen und für sichtbar ausgestellte Ware gemäß § 4 Abs. 1 PreisangabenVO eine Preisangabepflicht besteht, bedürfen Gratisleistungen klar erkennbarer Angaben, ob diese tatsächlich unentgeltlich sind oder sonstige Gegenleistungen abgegeben werden oder ob Begleit- oder Folgekosten entstehen.

141 *LG Mannheim* WRP 2004, 1522.
142 Vgl. hierzu im Einzelnen *Lehr*, Wettbewerbsrecht, Rn. 207 ff.
143 Amtl. Begr., ebenda.

Beispielsfälle

Die Werbung für ein Kraftfahrzeug mit der Aussage „Beim Kauf eines Peugeot 307 CC gibt es bei Zulassung bis zum 31. 5. 2005 bis zu 4265 € Urlaubsgeld" ist wettbewerbswidrig, wenn in der konkreten Werbung nicht klar und eindeutig angegeben wird, unter welchen Bedingungen der Käufer den genannten Höchstbetrag erhalten kann[144].

Ein Möbeleinzelhändler wirbt in der Anzeige einer Tageszeitung u.a. mit einem Rabatt von 500 € beim Kauf einer Küche. Der angebotene Preisnachlass wird über einen Sternchenhinweis näher erläutert. Danach sind Werbe- und bereits reduzierte Ware von dem Rabatt ausgeschlossen. Eine solche Werbung verstößt gegen § 4 Nr. 4 UWG.

Zu den Voraussetzungen der lauteren Verkaufsförderungsmaßnahmen gehört grundsätzlich, dass angegeben werden muss, auf welche Waren bzw. Warengruppen sich der Preisnachlass bezieht. Eine solche Angabe ist nur „klar und eindeutig", wenn sie den Angesprochenen nicht im Zweifel lässt, welche Bedingungen für den Preisnachlass im Einzelnen gelten. Der von dem Händler zur Bestimmung der von dem angekündigten Preisnachlass nicht erfassten Waren verwendete Begriff „Werbeware" ist ungeeignet, die Angesprochenen zweifelsfrei über die Bedingungen einer Inanspruchnahme des Rabatts aufzuklären. Der Begriff „Werbeware" ist umgangssprachlich nicht gebräuchlich und damit einer Vielzahl von Deutungen zugänglich. Zudem kann der Verbraucher i.d.R. nicht sämtliche Werbemaßnahmen kennen und somit nicht wissen, ob die ihn interessierenden Waren vom Preisnachlass erfasst werden[145]. 189

6. Gebot der Transparenz bei Preisausschreiben und Gewinnspielen gem. § 4 Nr. 5 UWG

Gemäß Nr. 17 des Anhangs zu § 3 Abs. 3 UWG ist bereits das Erwecken des unzutreffenden Eindrucks unzulässig, der Verbraucher habe einen Preis gewonnen, werde durch eine bestimmte Handlung einen Preis gewinnen oder einen sonstigen Vorteil erlangen oder wenn die Möglichkeit, einen Preis oder sonstigen Vorteil zu erlangen, von der Zahlung eines Geldbetrages oder der Übernahme von Kosten abhängig gemacht wird. 190

Nr. 19 des Anhangs zu § 3 Abs. 3 UWG qualifiziert eine Geschäftspraxis stets als unlauter, bei der eine unwahre Angabe über die Marktbedingungen oder Bezugsquellen gemacht wird, um den Verbraucher dazu zu bewegen, eine Ware oder Dienstleistung zu weniger günstigen Bedingungen als den allgemeinen Marktbedingungen abzunehmen oder in Anspruch zu nehmen.

§ 4 Nr. 5 UWG normiert das Transparenzgebot bei Preisausschreiben und Gewinnspielen mit Werbecharakter entsprechend den Verkaufsförderungsmaßnahmen in § 4 Nr. 4 UWG, da nach Auffassung des Gesetzgebers insoweit ein vergleichbares Missbrauchspotential besteht. Die Regelung entspricht den für den Bereich der elektronischen Medien geltenden Bestimmungen, so für Telemedien § 6 Nr. 4 des Telemediengesetzes. Nicht vom Transparenzgebot erfasst sind die tatsächlichen Gewinnchancen, da die Ungewissheit hierüber zum Charakter eines Preisausschreibens bzw. eines Ge- 191

144 *LG Dresden*, nicht rechtskräftig, WRP 2005, 1194 – Urlaubsgeld.
145 *LG Köln* WRP 2005, 1423 – Werbeware.

winnspiels gehören kann. Zudem ist es einem Unternehmen häufig nicht möglich, die Gewinnchancen anzugeben, da diese i.d.R. von der im Vorfeld ungewissen Anzahl der Mitspieler abhängen werden. Im Hinblick auf das in Nr. 6 geregelte Kopplungsverbot fehlt es insoweit meist an einer soliden Berechnungsgrundlage[146].

Beispielsfall

Ein Händler fordert Endverbraucher unaufgefordert in Schreiben auf, wegen einer zu gewinnenden Vier-Tages-Busreise nach Paris einen so bezeichneten „Organisationsbeitrag" zu entrichten. Diese Busreise sollte nur nach einer weiteren Zuzahlung von 30,00 bis 75,00 € angetreten werden können. Die Anschreiben erfolgten unter der Überschrift „unwiderrufliche Gewinn-Anforderung".

Die Aufforderung, einen Kostenbeitrag zu einem Gewinnspiel zu leisten, rechnet zu dessen Teilnahmebedingungen. Dieser Teilnahmebedingung fehlt die gebotene Eindeutigkeit, weil nicht klar wird, für welche Leistungen der Organisationsbeitrag zu entrichten ist.

7. Kopplung von Geschäften bei Preisausschreiben oder Gewinnspielen gem. § 4 Nr. 6 UWG: Europarechtswidrigkeit von § 4 Nr. 6 UWG

Gemäß der Rspr. des EuGH verstößt § 4 Nr. 6 UWG gegen Nr. 6a der Richtlinie über unlautere Geschäftspraktiken[147].

Beispielsfall

Die Plus Warenhandelsgesellschaft betrieb in der Zeit vom 16.09. bis zum 13.11.2004 die Werbekampagne „Ihre Millionenchance", in deren Rahmen die Öffentlichkeit aufgefordert wurde, in den Läden von Plus verkaufte Waren zu erwerben, um Punkte zu sammeln. Mit der Ansammlung von 20 Punkten eröffnete Plus die Möglichkeit, kostenlos an den Ziehungen des Deutschen Lottoblocks am 6.11.2004 oder am 27.11.2004 teilzunehmen. Auf Antrag der Wettbewerbszentrale untersagten die zuständigen Tatsachengerichte der Plus Warenhausgesellschaft diese Geschäftspraxis als unlauter iSv § 3 UWG iVm § 4 Nr. 6 UWG.

Der BGH legte die Sache im Wege eines Vorabentscheidungsersuchens dem EuGH wegen Zweifeln hinsichtlich der Vereinbarkeit von § 4 Nr. 6 UWG mit Nr. 6a der Richtlinie über unlautere Geschäftspraktiken (RL 2005/29/EG) vor. Der EuGH bejahte den Widerspruch von § 4 Nr. 6 UWG mit der Richtlinie über unlautere Geschäftspraktiken, weil § 4 Nr. 6a UWG Geschäftspraktiken als unlauter deklariert, bei denen die Teilnahme von Verbrauchern an einem Preisausschreiben oder Gewinnspiel vom Erwerb einer Ware oder von der Inanspruchnahme einer Dienstleistung abhängig gemacht wird, ohne Berücksichtigung der besonderen Umstände des Einzelfalles.

192 Nach § 4 Nr. 6 UWG war es wettbewerbswidrig, wenn die Teilnahme an einem Preisausschreiben oder Gewinnspiel in irgendeiner Form mit dem Warenabsatz oder der Inanspruchnahme einer Dienstleistung verkoppelt wird[148]. Die Wettbewerbswidrigkeit wurde dadurch begründet, dass die Maßnahme darauf abzielt, die Spiellust auszunutzen und das Urteil des Verbrauchers hierdurch zu trüben. Keine Dienstleistung i.S. dieser Vorschrift war dagegen die Übermittlung der Erklärung, mit der am Gewinnspiel oder am Preisausschreiben teilgenommen wird. Indes lag nach Auffassung des Gesetzgebers eine Kopplung mit der Inanspruchnahme einer Dienstleistung grundsätzlich auch dann vor, wenn der Verbraucher, will er am Preisausschreiben oder am Gewinnspiel teilnehmen, eine Mehrwertdiensterufnummer anrufen musste, da in die-

146 Amtl. Begr. BT-Drucks. 15/1487 S. 18.
147 *EuGH* NJW 2010, 1867 ff – Plus Warenhandelsgesellschaft.
148 Vgl. zur alten Rechtslage *BGH* GRUR 2002, 976 ff.

sem Fall eine über den Basistarif für die Übermittlung hinausgehende Zahlung erforderlich würde.

Eine andere Beurteilung sollte nach dem Sinn und Zweck der Vorschrift dann denkbar sein, wenn die Kosten für die Mehrwertdienstenummer die üblichen Übermittlungskosten nicht übersteigen. Darüber hinaus wurde eine unzulässige Verkopplung regelmäßig dann nicht anzunehmen sein, wenn es alternativ die Möglichkeit der Teilnahme gebe, ohne dass eine Ware gekauft oder eine Dienstleistung in Anspruch genommen werden muss. Weil die sonstigen Marktteilnehmer mit Blick auf deren Erfahrung im Geschäftsverkehr als weniger schutzbedürftig anzusehen seien, war diese Fallgruppe auf die Teilnahme von Verbrauchern beschränkt. 193

Nicht erfasst werden vom Tatbestand des § 4 Nr. 6 UWG Fälle, in denen man ein Gewinnspiel oder ein Preisausschreiben gar nicht veranstalten kann, ohne dass der Kauf der Ware oder die Inanspruchnahme der Dienstleistung erforderlich ist. Das gilt etwa im Falle eines in einer Zeitschrift abgedruckten Preisrätsels. Gerade bei Printmedien wurde diese Form der Wertreklame seit längerem im Markt eingeführt und kann schon deshalb nicht generell als unlauter angesehen werden. Dies schließt indes eine Bewertung als unlauter im Einzelfall nicht aus, so etwa, wenn die Kaufentscheidung durch unangemessen hohe Gewinne unsachgemäß beeinflusst wird[149]. 194

Beispielsfälle

Das bundesweit tätige Versandhaus V kündigt in seinem Katalog die Verlosung eines „Traumcabrios" an. Zusätzlich erfolgt der Hinweis, dass weder Teilnahme noch Gewinnchance von einer Bestellung abhängig seien. Der Katalogseite ist eine Bestellkarte beigefügt, deren unterer Teil als „Glücks-Coupon" bezeichnet ist und die Teilnahme an der Verlosung ermöglicht. Dieser ist grafisch durch eine gestrichelte Linie vom Bestellschein abgegrenzt und mit einem Scherensymbol gekennzeichnet. Des Weiteren ist ein Aufdruck zu finden, dass der Glücks-Coupon auch separat eingesandt werden könne Hierin liegt auch keine Verwirklichung des Tatbestandes des § 4 Nr. 6 UWG. Durch den Hinweis auf die Unabhängigkeit der Warenbestellung von der Gewinnspielteilnahme sowie die optische Abgrenzung zwischen Bestellschein und Coupon entfällt der Eindruck einer Kopplung. Zwar kann eine einheitliche Gestaltung eines Bestellscheins mit einem Teilnahmecoupon für ein Gewinnspiel bei den angesprochenen Verbrauchern regelmäßig den Eindruck der Abhängigkeit der Gewinnspielteilnahme oder Gewinnchance von zuvor zu tätigender Warenbestellung hervorrufen. Dieser Eindruck vermag jedoch durch die jeweilige konkrete Ausgestaltung und den Inhalt des Bestellscheins zu entfallen[150].

8. Geschäftsehrverletzungen gem. § 4 Nr. 7 UWG

Dem Wettbewerb immanent soll es sein, dass Unternehmer sachliche Kritik an Mitbewerbern und den von ihnen angebotenen Waren und Dienstleistungen üben. Denn gerade auch Verbraucher haben ein Interesse an den so gewonnenen Informationen. Nach § 4 Nr. 7 UWG handelt dagegen unlauter, wer die Kennzeichen, Waren, Dienstleistungen, Tätigkeiten oder persönlichen oder geschäftlichen Verhältnisse eines Mitbewerbers herabsetzt oder verunglimpft. Die Herabsetzung eines Mitbewerbers stellt i.d.R. auch eine gezielte Behinderung nach § 4 Nr. 10 dar[151].

149 Amtl. Begr., ebenda.
150 *BGH* WRP 2005, 376 – Traumcabrio.
151 *BGH* GRUR 2010, 349 Rn 38 – EKW-Steuerberater.

195 § 4 Nr. 7 UWG erfasst die Fälle der Geschäftsehrverletzungen. Sie betreffen in Abgrenzung zu § 4 Nr. 8 UWG Meinungsäußerungen, so dass bei der Beurteilung einer kritischen Äußerung das Grundrecht der Meinungsfreiheit gemäß Art. 5 Abs. 1 GG beachtet werden muss.

196 Vom Anwendungsbereich erfasst werden sollen auch und vor allem die Fälle der Schmähkritik, in denen der Mitbewerber pauschal und ohne erkennbaren sachlichen Bezug abgewertet wird[152]. § 4 Nr. 7 UWG will vor einer Verringerung der Wertschätzung eines Mitbewerbers oder seiner Produkte in den Augen der angesprochenen Verkehrskreise schützen. Unter Verunglimpfung versteht das Gesetz eine gesteigerte Herabsetzung, in der Mitbewerber durch abträgliche Werturteile ohne sachliche Grundlage verächtlich gemacht werden. Dabei reicht es entgegen dem Wortlaut, der von einem Mitbewerber spricht, aus, wenn generell alle anderen Mitbewerber bzw. ihre Waren und Dienstleistungen herabgesetzt werden, da ansonsten eine Abgrenzung zur vergleichenden Werbung nach § 6 UWG nicht möglich wäre[153].

Beispielsfall

Eine Werbeagentur bietet im Auftrag einer Telefongesellschaft ihren Kunden eine auf Kosteneinsparung gerichtete Beratung an. Dabei spricht sie die Umworbenen an, die angeblich „sich schlecht, einseitig oder gar nicht beraten fühlen".

Eine solche Ansprache stellt keine unlautere Herabsetzung von Kundenberatern der in diesem Kundensegment auch tätigen Telefonbuchverlage gem. § 4 Nr. 7 UWG dar. Für einen verständigen Adressaten der Werbung wird nur deutlich, dass die Werbeagentur mit ihrer Aussage den strukturellen Unterschied zwischen ihrer Beratung und derjenigen der Kundenberater der Telefonbuchverlage hervorheben will. Ein solcher Hinweis auf die unterschiedliche Zielrichtung der Beratung ist nicht unlauter gem. § 4 Nr. 7 UWG[154]. Etwas anderes würde gelten, wenn sich die Kritik gegen die Berater richtete.

9. Unwahre Tatsachenbehauptungen gem. § 4 Nr. 8 UWG

197 Die unwahre Angabe oder das Erwecken des unzutreffenden Eindrucks, der Unternehmer sei Verbraucher oder nicht für Zwecke seines Geschäfts, Handels, Gewerbes oder Berufs tätig, fällt als unwahre Tatsachenbehauptung sowohl unter Nr. 23 der Anlage zu § 3 UWG als auch unter § 4 Nr. 8 UWG.

§ 4 Nr. 8 schützt Mitbewerber vor unwahren geschäftsschädigenden Tatsachenbehauptungen.

198 In Abgrenzung zum Tatbestand von § 4 Nr. 7 UWG betrifft die in Nr. 8 geregelte Fallgruppe unwahre Tatsachenbehauptungen zum Nachteil von Mitbewerbern[155]. Tatsachen sind als Gegenbegriff zu reinen Werturteilen Vorgänge in der Außenwelt, deren Wahrheitsgehalt sich durch eine Beweisaufnahme klären lässt. Dabei genügt es, wenn die Äußerung jedenfalls einen Tatsachenkern enthält. Der Unterschied zwischen Behaupten und Verbreiten von Tatsachen liegt im Wesentlichen darin, dass bei der Be-

152 Amtl. Begr., ebenda.
153 *Boesche*, WettbR, S. 280, Rn. 363.
154 *BGH* WRP 2005, 747, 749 – Sparberaterin II.
155 Amtl. Begr., ebenda.

hauptung Tatsachen als eigene Mitteilung aufgestellt, während bei dem Verbreiten fremde Mitteilungen wiedergegeben werden[156].

Nach § 4 Nr. 8 1. Halbsatz UWG handelt grundsätzlich unlauter, wer Tatsachen über Waren, Dienstleistungen, das Unternehmen des Mitbewerbers, den Unternehmer, ein Mitglied der Unternehmensleitung behauptet oder verbreitet, die geeignet sind, zur Schädigung des Unternehmensbetriebes oder des Unternehmerkredits beizutragen. **199**

Die § 4 Nr. 8 UWG unterfallenden Sachverhalte können darüber hinaus auch die Tatbestandsmerkmale der Beispiele in § 5 u. § 5a UWG erfüllen.

Sollten diese Tatsachen allerdings ersichtlich wahr sein, führt dies zur Lauterkeit. **200**

Aus dem Wortlaut von § 4 Nr. 8 „sofern die Tatsachen nicht erweislich wahr sind" folgt, dass der Äußernde die Richtigkeit seiner Behauptung darzulegen und zu beweisen hat.

Beispielsfall

Firma A schreibt auf ihrer Homepage, die Produkte ihres Wettbewerbers B erfüllten nicht die Voraussetzungen der entsprechenden DIN-Normen. Diese Behauptung stützt A auf die Untersuchung einer Einzelpackung. Die DIN-Norm stellt jedoch nicht auf eine Einzelpackung, sondern auf eine bestimmte Menge von Packungen ab, bei denen auch Ausnahmen möglich sein können.

A kann seine B beeinträchtigende Behauptung nicht beweisen und handelt nach § 4 Nr. 8 UWG somit unlauter.

Gem. § 4 Nr. 8 2. Halbsatz UWG verhält sich lauter, wer vertrauliche Mitteilungen als Tatsacheninhalt behauptet oder verbreitet, sofern ein berechtigtes Interesse des Mitteilenden oder des Empfängers an der Mitteilung besteht, es sei denn, dass die Tatsachen der Wahrheit zuwider behauptet oder verbreitet werden.

10. Anbieten einer Nachahmung der Waren oder Dienstleistungen eines Mitbewerbers gem. § 4 Nr. 9 UWG

Nach Nr. 13 des Anhangs zu § 3 UWG stellt die Werbung gegenüber Verbrauchern für eine Ware oder Dienstleistung, die der Ware oder Dienstleistung eines Mitbewerbers ähnlich ist, eine unzulässige geschäftliche Handlung dar, wenn dies in der Absicht geschieht, über die betriebliche Herkunft der beworbenen Ware oder Dienstleistung zu täuschen, und ist stets unlauter. **201**

§ 4 Nr. 9 UWG enthält die Fallgruppe des wettbewerbsrechtlichen Leistungsschutzes. Unlauter handelt danach, wer Waren oder Dienstleistungen anbietet, die eine Nachahmung der Waren oder Dienstleistungen eines Mitbewerbers darstellen und wenn zusätzlich eine der in § 4 Nr. 9a UWG aufgeführten Voraussetzungen vorliegen. **202**

156 *Boesche*, WettbR, S. 285, Rn. 370.

a) Allgemeine Grundsätze

203 Jeder Anbieter von Waren und Dienstleistungen ist grundsätzlich frei, darüber zu entscheiden, welcher Art seine Angebote sind. Ausgenommen hiervon sind Leistungen, für die andere einen sog. Sonderrechtschutz genießen. Hierunter fällt etwa das Patentgesetz und Gebrauchsmustergesetz, welches Schutz für den Erfinder technischer Neuerungen, oder das Urhebergesetz, welches Schutz für den Urheber von geistigen Werken gewährt. Zu denken ist in diesem Zusammenhang auch an das Markengesetz und Geschmacksmustergesetz[157].

204 Aus der gesetzlichen Anerkennung besonderer ausschließlicher Rechte für technische und nichttechnische geistige Schöpfungen folgt zwingend, dass die wirtschaftliche Betätigung des Einzelnen außerhalb der geschützten Sonderbereiche frei sein soll. Durch die in § 4 Nr. 9 UWG enthaltene Regelung des wettbewerbsrechtlichen Leistungsschutzes soll die grundsätzliche Nachahmungsfreiheit nicht in Frage gestellt werden. Das bloße Nachahmen eines nicht unter Sonderrechtschutz stehenden Arbeitsergebnisses ist grundsätzlich nicht unlauter. Die Nachahmung einer fremden Leistung ist nur unter besonderen, die Wettbewerbswidrigkeit begründenden Umständen unlauter. In den Fallgruppen unter b) bis d) werden die wichtigsten Fälle genannt, wobei diese Aufzählung – entsprechend der allgemeinen Regelungsstruktur der Beispieltatbestände – nicht abschließend sein kann[158]. Angesichts des Umstandes, dass die durch den Sonderrechtschutz gewährten Ansprüche sämtlich zeitlich begrenzt, die nach § 4 Nr. 9 UWG gewährten Rechte jedoch zeitlich unbegrenzt gewährt werden, und der oben dargestellten grundsätzlichen Vermutung für die Zulässigkeit auch der Übernahme fremder Arbeitsergebnisse, bedarf die Anerkennung eines sog wettbewerbsrechtlichen Leistungsschutzes besonderer Zurückhaltung. Denn sonst würde über die Hintertür von § 4 Nr. 9 UWG ein Rechtschutz geschaffen, der im Ergebnis den Sonderrechtschutz überragen und die gesetzgeberische Entscheidung konterkarieren würde.

Es bedarf also einer besonderen, im Einzelfall festzustellenden Unlauterkeit, um einen Anspruch aus § 4 Nr. 9 UWG anzuerkennen.

Die in § 4 Nr. 9a) bis c) UWG genannten Handlungen vermögen jede für sich die wettbewerbsrechtliche Unlauterkeit zu begründen.

b) Vermeidbare Herkunftstäuschung nach § 4 Nr. 9a UWG

205 Durch § 4 Nr. 9a UWG sollen die Sachverhalte erfasst werden, bei denen ein fremdes Erzeugnis wegen der Übernahme von Merkmalen, mit denen der Verkehr eine betriebliche Herkunftsvorstellung verbindet, nachgeahmt und ein Erzeugnis in den Verkehr gebracht wird, wenn nicht im Rahmen des Möglichen und Zumutbaren alles Erforderliche getan wurde, um eine Irreführung des Verkehrs möglichst auszuschließen. Dies setzt zum Einen eine gewisse wettbewerbliche Eigenart des Vorbilds, das nachgeahmt

157 Vgl. *Ekey*, Grundlagen gewerblicher Schutzrechte, 2011 m.N.
158 Amtl. Begr., ebenda.

worden ist, voraus, da der Verkehr sonst nicht auf die Herkunft achten würde[159]. Zum Anderen bedarf es auch einer Bekanntheit des Vorbildes bei den angesprochenen Verkehrskreisen[160].

Beispielsfälle

A vertreibt Handtuchhalter, die nach ihrer Gestalt den verkehrsbekannten Handtuchhaltern ihres Wettbewerbers B sehr ähneln, wobei dessen Halter eine eigenwillige und formschöne Gestaltung besitzen.

Zur Annahme der Voraussetzungen einer unlauteren Nachahmung gem. § 4 Nr. 9a, b UWG muss neben der wettbewerblichen Eigenart das „nachgeahmte" Produkt auch begrifflich eine gewisse Bekanntheit als Original erreicht haben[161], was eine tatsächliche Frage darstellt.

Der Barbie-Hersteller Mattel (82 % Marktanteil) wehrt sich gegen ein Konkurrenzunternehmen, welches neuerdings genauso wie Mattel Puppen in typischen Spielsituationen darstellt und verkauft (z.B. Friseurbesuch, Trendy-Wohnen etc.), und nimmt den Konkurrenten wegen vermeidbarer Täuschung über die betriebliche Herkunft gem. § 4 Nr. 9a UWG auf Unterlassung in Anspruch.

Der Gedanke, einer Puppe für bestimmte Spielsituationen nahe liegendes Zubehör beizugeben, kann nicht schon die nach § 4 Nr. 9a UWG notwendige wettbewerbliche Eigenart begründen. Im Interesse des freien Wettbewerbs dürfen derart nahe liegende Motive nicht für einen einzigen Wettbewerber monopolisiert werden. Dass sich das Konkurrenzunternehmen systematisch an Barbie-Produkte „anhängt", spielt keine Rolle, denn das Aufgreifen von guten Ideen für neue Produkte steht grundsätzlich jedermann frei[162].

Die Verpackung eines Teeprodukts (Rotbuschtee) durch einen Lebensmitteldiscounter ähnelt in ihrer Farbgebung und Bildelementen einem „Markenprodukt". Auf der Verpackung befindet sich ein andersfarbiges auffälliges Etikett mit einer jedenfalls nach Art einer Marke angebrachten Bezeichnung „Lord Nelson".

Auch hierin liegt kein Verstoß gegen § 4 Nr. 9 UWG. Der Verpackung eines bekannten Teeherstellers, deren Farbgebung und afrikanisierende Bildelemente sich auch bei verschiedenen Wettbewerbsprodukten befinden, kommt von Haus aus nur eine geringe wettbewerbsrechtliche Eigenart zu. Es wurde somit weder eine vermeidbare Herkunftstäuschung nach § 4 Nr. 9a UWG noch eine Rufausbeutung oder Rufbeeinträchtigung gem. § 4 Nr. 9b UWG festgestellt[163].

Dabei darf grundsätzlich auch der jeweilige technische Entwicklungsstand übernommen werden oder sich an aktuelle Moden angepasst werden. Denn es wäre nicht zumutbar, den erreichten technischen Fortschritt oder Entwicklung in der Mode für das eigene Produkt auszublenden, nur weil schon zuvor ein Unternehmen damit auf dem Markt war. Sonst käme es zu einer Monopolisierung, die mit dem Nachahmungsschutz nicht bezweckt wird. Bei der Übernahme technischer Neuheiten oder dem Befolgen des aktuellen modischen Geschmacks liegt daher i.d.R. keine Herkunftstäuschung vor. Hierfür würde es stärkerer Indizien bedürfen[164]. **206**

Wenn allerdings darüber hinaus der unzutreffende Eindruck erweckt wird, bei der Nachahmung handele es sich um etwas Höherwertiges, oder wenn die ästhetische Gestaltung in vermeidbarer Weise übernommen wird, kommt eine Unlauterkeit gem. § 4 Nr. 9 lit. a) UWG in Betracht. **207**

159 Amtl. Begr., ebenda.
160 Vgl. *BGH* GRUR 2002, 820, 822 – Bremszangen.
161 So *BGH* WRP 2005, 876 – Handtuchklemmen.
162 *BGH* WRP 2005, 88 – Puppenausstattungen.
163 *OLG Hamburg* WRP 2005, 1033 – Rooibos Caramell.
164 *Boesche*, WettbR, S. 288, Rn. 380.

208 Ansprüche aus ergänzendem wettbewerbsrechtlichen Leistungsschutz wegen vermeidbarer Herkunftstäuschung werden nicht bereits dadurch ausgeschlossen, dass für das Erzeugnis auch Schutz etwa nach dem Geschmacksmustergesetz besteht oder bestanden hat. Während nach dem Geschmacksmustergesetz ein bestimmtes Leistungsergebnis geschützt werden soll, wendet sich § 4 Nr. 9 UWG gegen ein unlauteres Wettbewerbsverhalten, das in der vermeidbaren Täuschung der Abnehmer über die betriebliche Herkunft der Produkte liegt[165]. Wie dargelegt setzt diese eine nicht unerhebliche Bekanntheit des nachgeahmten Produkts voraus, weil ansonsten die Gefahr einer Herkunftstäuschung nicht bestehen kann. Einer Verkehrsgeltung bedarf es allerdings nicht. Es reicht vielmehr aus, dass das wettbewerbsrechtlich eigenartige Erzeugnis bei nicht unerheblichen Teilen der angesprochenen Verkehrskreise eine solche Bekanntheit erreicht hat, dass sich in relevantem Umfang die Gefahr der Herkunftstäuschung ergeben kann, wenn Nachahmungen vertrieben werden[166].

c) Unangemessene Ausnutzung oder Beeinträchtigung der Wertschätzung der nachgeahmten Ware oder Dienstleistung nach § 4 Nr. 9b UWG

209 Diese Fallgruppe betrifft Fälle der Rufausbeutung und der Rufbeeinträchtigung. Hiervon wird insbesondere dann auszugehen sein, wenn der Verkehr mit einer Ware bestimmte Herkunfts- und Gütevorstellungen verbindet und so durch die Nachahmung der gute Ruf der fremden Ware ausgenutzt wird[167].

210 Voraussetzungen eines solchen Anspruchs sind, dass die angebotenen Waren oder Dienstleistungen im Verkehr bekannt sind, die Nachahmung sich gerade auf die Merkmale bezieht, mit denen der Verkehr besondere Güte- und Wertvorstellungen verbindet, und schließlich der Nachahmer nicht alle ihm zumutbaren Maßnahmen ergriffen hat, um der Verwechslungsgefahr zu begegnen[168].

Beispielsfälle

Ein Zigarettenhersteller wirbt für seine Produkte mit einer Anzeigenwerbung, in der mithilfe von Zigarettenschachteln die Form einer Flasche nachgebildet und mit der Überschrift „Absolut Luckies" versehen wird. Ein Spirituosenhersteller („Absolut Vodka") verfügt über die Wortmarke „Absolut" für bestimmte Waren- und Dienstleistungsklassen und wehrt sich gegen die Werbung.

In Betracht kommt ein Verstoß gegen § 4 Nr. 9a UWG, wenn hierin eine Verwässerung oder Rufausbeutung der Werbekonzeption des Spirituosenherstellers läge. Festgestellt werden muss dabei zunächst, dass die u.a. für Spirituosen und Getränke eingetragene Wortmarke „Absolut" i.d.R. nicht markenmäßig benutzt wird, wenn in der Werbung für eine bekannte Zigarette der Name mit dem Begriff „Absolut" verbunden wird. Der Verkehr sieht die Verwendung des Begriffs „Absolut" nicht als Herkunftshinweis auf den Spirituosenhersteller. Für die Ausnutzung oder Verletzung einer bekannten Marke fehlt es in diesem Zusammenhang am Nachweis des erforderlichen Bekanntheitsgrades. Für einen ergänzenden wettbewerbsrechtlichen Schutz bleibt vorliegend kein Raum, da der Schutz der Marke bereits durch § 14 Abs. 2 Nr. 3 MarkenG erfasst wird. Liegt aber keine markenrechtliche Verletzung vor, so können dieselben Ansprüche nicht mehr über §§ 3, 4 Nr. 9 UWG geltend gemacht werden[169].

---

165 *BGH* WRP 2006, 75 ff. – Jeans.
166 *BGH* ebenda.
167 Amtl. Begr., ebenda.
168 *Boesche*, WettbR, S. 292, Rn. 389.
169 *OLG Köln* GRUR-RR 2005, 12 – Absolut Luckies.

Eine nach § 4 Nr. 9b UWG unlautere Rufausbeute liegt auch dann nicht vor, wenn ein Originalhersteller mit seinem Produkt einen neuen Markt erschlossen hat und der Nachahmer beim Eindringen in diesen Markt die angesprochenen Verkehrskreise in geeigneter Weise darüber informiert, dass sein eigenes sich von dem nachgeahmten Produkt unterscheidet, obwohl der Nachahmer damit an die vom Originalhersteller aufgebaute Bekanntheit anknüpft.

d) Unredliche Erlangung der Kenntnisse oder Unterlagen nach § 4 Nr. 9c UWG

Diese Gruppe betrifft die Fälle der unredlichen Kenntniserlangung, in denen sich der Nachahmer die erforderlichen Kenntnisse durch Erschleichung eines fremden Betriebsgeheimnisses oder durch Vertrauensbruch verschafft hat[170]. Hierunter fallen Fälle von Betriebsspionage, Ausnutzen des rechtswidrigen Verhaltens Dritter und ähnliche Sachverhalte. 211

11. Gezielte Behinderung von Mitbewerbern gem. § 4 Nr. 10 UWG

§ 4 Nr. 10 UWG verbietet die sog individuelle Mitbewerberbehinderung. Die weite, generalklauselartige Fassung soll sicherstellen, dass alle Erscheinungsformen des Behinderungswettbewerbs einbezogen werden, einschließlich des Boykotts, des Vernichtungswettbewerbs, aber auch z.B. des Missbrauchs von Nachfragemacht zur Ausschaltung von Mitbewerbern. Erfasst sollen somit auch Handlungen im Verhältnis zweier Unternehmer auf verschiedenen Wirtschaftsstufen sein. Durch das Tatbestandsmerkmal des gezielten Handelns stellt das Gesetz klar, dass eine Behinderung von Mitbewerbern als bloße Folge des Wettbewerbs nicht ausreicht, um den Tatbestand zu verwirklichen. Fälle, die unter Nr. 10 zu subsumieren sind, können auch bei Vorliegen entsprechender Marktmacht gegen kartellrechtliche Vorschriften verstoßen[171]. Durch das Tatbestandsmerkmal „gezielt" ist zum Ausdruck gebracht, dass die Behinderung vorsätzlich in Verdrängungsabsicht erfolgen muss. 212

Beispielsfälle

Das Unternehmen A stellt in der Nähe des Eingangs seines Wettbewerbers B eine Plakatwand mit Werbung auf, um die Kunden des B für sich zu gewinnen.

Das Anbringen von Werbung gerade am Geschäft des Mitbewerbers, in dessen Räumen oder im engsten örtlichen Bereich des Konkurrenzgeschäfts, um deren Kunden abzufangen, stellt eine gezielte Behinderung nach § 4 Nr. 10 UWG dar, denn der Werbende schiebt sich gewissermaßen zwischen den Kaufinteressenten und den Mitbewerber, um ihm eine Änderung seines Kaufentschlusses aufzudrängen[172].

Wird ein Interpret bzw. der entsprechende Tonträgerhersteller aufgrund eines Manipulationsverdachtes (Stützkäufe, um die Verkaufszahlen und damit die Chart-Ermittlung zu manipulieren) für einen Zeitraum von 3 Monaten von der Aufnahme in die Musik-Hitlisten ausgeschlossen, so liegt darin keine Behinderung i.S.v. § 4 Nr. 10 UWG, sondern stellt ein Instrument dar, um die Verkaufszahlen wahrheitsgetreu abzubilden und die Seriosität der Einstufung zu gewährleisten. Dies stellt eine zur Erhaltung des freien Wettbewerbs notwendige und daher gerechtfertigte Maßnahme dar[173].

Ein Einrichtungshaus wirbt in einer Zeitungsanzeige damit, die Küchenplanung eines Konkurrenten gegen Vorlage des Angebotes jeweils um 13 % zu unterbieten. Hierin liegt eine unlau-

---

170 Amtl. Begr., ebenda.

171 Amtl. Begr. BT-Drucks. 15/1487, S. 19.

172 *BGH* WRP 2001, 1286, 1288; GRUR 1987, 532, 533.

173 *LG Berlin* GRUR-RR 2005, 325 – Manipulation von Musik-Hitlisten.

tere Maßnahme i.S.v. § 4 Nr. 10 UWG. Denn der Werbende macht sich in unlauterer Weise die regelmäßig notwendige erhebliche Vorarbeit des Mitbewerbers bei der Planung der Küche zu Nutze und behindert diesen damit zugleich unlauter[174].

12. Vorsprung durch Rechtsbruch gem. § 4 Nr. 11 UWG

213 § 4 Nr. 11 UWG betrifft die Fälle des Wettbewerbsverstoßes durch Rechtsbruch. Es soll allerdings mit Blick auf den Schutzzweck des UWG nicht Aufgabe des Wettbewerbsrechts sein, Gesetzesverstöße wettbewerbsrechtlich generell zu sanktionieren. Daher ist die Vorschrift so gefasst, dass nicht jede Wettbewerbshandlung, die auf dem Verstoß gegen eine gesetzliche Vorschrift beruht, eine unlautere geschäftliche Handlung darstellt. Vielmehr wurde eine Beschränkung danach vorgenommen, dass der verletzten Norm zumindest eine sekundäre Schutzfunktion zu Gunsten des Wettbewerbs zukommen muss. Dementsprechend wird nur ein Verstoß gegen solche Normen erfasst, die zumindest auch das Marktverhalten im Interesse der Marktbeteiligten regeln[175].

214 Die vorgenommene Einschränkung schließt nicht aus, dass auch Verstöße gegen Marktzutrittsregelungen vom Tatbestand des § 4 Nr. 11 UWG erfasst sein können. Dies gilt jedenfalls dann, wenn die Marktzutrittsregelung eine auf die Lauterkeit des Wettbewerbs bezogene Schutzfunktion hat und somit auch zugleich das Marktverhalten regelt. Hiervon ist insbesondere bei Vorschriften auszugehen, die als Voraussetzung für die Ausübung bestimmter Tätigkeiten den Nachweis besonderer Fähigkeiten fordern[176].

215 Ein Marktbezug wird von der Rspr. verneint für Vorschriften des Steuerrechts, um eine Überprüfung durch die Konkurrenten zu verhindern, sowie anderer finanzgerichtlicher Vorschriften, durch die einzelne Unternehmen bevorzugt werden, wie z.B. bei Subventionen, bei Vorschriften zur Regelung des Umweltschutzes oder bei Normen des SGB V über die Beteiligung an der Versorgung der gesetzlichen Krankenversicherten, da dieser Bereich einschließlich des Drittschutzes dem öffentlichen Recht zuzuweisen sei[177].

216 Die PAngV stellt dagegen Verhaltensnormen auf, die auch dem Interesse der Marktteilnehmer, das Marktverhalten zu regulieren, bestimmt sind. Denn Zweck dieser Rechtsmaterie ist es, durch optimale Preisvergleichsmöglichkeiten den Wettbewerb zu fördern. Verstöße gegen die PAngV sind danach grundsätzlich unlauter nach § 4 Nr. 11 UWG[178].

Beispielsfälle

Ein Arzt gibt in seiner Praxis an die Patienten Diabetesteststreifen ab und nimmt im Zusammenhang damit Rezepte für die Teststreifen entgegen und verwendet sie zur Einlösung. Sofern weder ein Schulungsbedarf besteht noch ein Notfall vorliegt, verstößt der Arzt gegen das gem. § 4 Nr. 11 UWG wettbewerbsrechtlich relevante berufsrechtliche Verbot, Waren im Zusammenhang mit der Ausübung ärztlicher Tätigkeiten abzugeben[179].

---

174 *LG Saarbrücken* WRP 2005, 1185 – Küchen-Tiefpreis-Garantie.
175 Amtl. Begr., ebenda unter Hinweis auf *BGH* GRUR 2002, 825.
176 Amtl. Begr. ebenda.
177 Vgl. die N. bei *Boesche*, WettbR, S. 333 ff.
178 *OLG Stuttgart* MMR 2005, 852 ff. – Handy für 1 Euro m.N.
179 *BGH* WRP 2005, 1240 – Diabetesteststreifen.

Ein Reiseveranstalter verstößt gem. § 4 Nr. 11 UWG gegen das wettbewerbsrechtlich relevante Verbot, wenn er den Reisepreis in seinen Katalogen nicht angibt und damit seiner Informationspflicht gem. § 4 BGB-InfoV nicht nachkommt[180].

Die Zulassungsregelungen der Handwerksordnung (so § 1 Abs. 1 HandwO) stellen ebenfalls Marktverhaltensregeln i.S.v. § 4 Nr. 11 UWG dar[181]. Deshalb können Verstöße gegen die HandwO auch nach Maßgabe des UWG geahndet werden.

Dagegen begründet eine Werbeaktion eines „Fitness-Studios", bei der Plakate an Verkehrszeichen und -ampeln installiert werden, keinen Verstoß gegen eine marktverhaltensregelnde Norm nach § 4 Nr. 11 UWG i.V.m. § 33 Abs. 2 S. 2 StVO.

Bei den straßenverkehrsrechtlichen Normen, die das Anbringen von Werbung an Verkehrszeichen und Ampeln regeln, handelt es sich nicht um Vorschriften, die auch dazu bestimmt sind, das Marktgeschehen zu regeln, sondern lediglich um solche, die die Sicherheit im Straßenverkehr gewährleisten sollen[182].

Die Vorschriften der Landesbauordnungen, nach denen Bauprodukte, für die eine allgemeine bauaufsichtsrechtliche Zulassung erteilt ist, nur verwendet werden dürfen, wenn sie mit der Zulassung überein stimmen und einen Übereinstimmungsnachweis durch Kennzeichnung mit einem Übereinstimmungszeichen tragen, regeln das Marktverhalten im Interesse der Marktteilnehmer nach § 4 Nr. 11 UWG[183].

Auch ein Verstoß gegen die gesetzlichen Vorgaben des Vergaberechts (vgl. Rn. 666 ff.) kann den Tatbestand des § 4 Nr. 11 UWG verwirklichen. Das GWB enthält für das Vergaberecht nämlich kein in sich geschlossenes Rechtssystem, welches eine Verfolgung von Rechtsverstößen nach § 4 Nr. 11 UWG ausschließt. Gemäß § 104 Abs. 2 Satz 1 GWB können wegen Vergabeverstößen neben § 97 Abs. 7 GWB auch andere („sonstige") Ansprüche auf Beseitigung und Unterlassung gegen öffentliche Auftraggeber bestehen. § 104 Abs. 2 GWB begründet als Spezialregelung für den Bereich des Kartellvergaberechts lediglich eine ausschließliche Zuständigkeit der Vergabekammern für den Primärrechtsschutz gegen den Auftraggeber. Hieraus folgt aber nicht, dass vergaberechtliche Verstöße unter dem Gesichtspunkt des Rechtsbruchs lauterkeitsrechtlich gegenüber Mitbewerbern vor den ordentlichen Gerichten nicht geltend gemacht werden dürfen. Weil gegen Mitbewerber die Vergabekammer gemäß § 104 Abs. 2 GWB nicht angerufen werden kann, bedarf es nach Auffassung der Rspr. der Anwendung von § 4 Nr. 11 UWG bei Verstößen gegen Vergabebestimmungen. Andernfalls würde eine mit dem Gebot effektiven Rechtsschutzes (Art. 19 Abs. 4 GG) nicht zu vereinbarende Rechtsschutzlücke entstehen[184]. **217**

Ansprüche nach §§ 3, 4 Nr. 11 UWG des Bieters gegen die Vergabestelle im Rahmen von laufenden Vergabeverfahren setzen voraus, dass die Vergabestelle eine geschäftliche Handlung i.S. des § 2 Nr. 1 UWG vorgenommen hat. Danach muss ein Wettbewerbsverhältnis bestehen, das dann vorliegt, wenn die Handlung dazu geeignet ist, den Wettbewerb des eigenen oder eines fremden Unternehmens zu fördern. Dafür reicht es aus, wenn die Handlung mit dem Ziel erfolgt, zugunsten eines fremden Unternehmens die Erbringung oder den Bezug von Dienstleistungen zu fördern. **218**

180 *LG Hannover* WRP 2005, 1303 – Dynamische Pauschalreise.
181 *OLG Frankfurt* GRUR 2005, S. 695.
182 *LG Kiel* GRUR 2005, 446 – Frühstücksaktion.
183 *BGH* WRP 2006, 79 ff. – Betonstahl.
184 *BGH* Urteil v. 3. 7. 2007, I ZR 145/05 – Kommunalversicherer m.N.

219 Bei der Auftragsvergabe der öffentlichen Hand soll eine Wettbewerbshandlung nur vorliegen, wenn die öffentliche Hand versucht, Einfluss auf das Wettbewerbsgeschehen zu nehmen, um so eine Änderung der gegebenen Wettbewerbsbedingungen zu bewirken und hierdurch bestimmte Anbieter gezielt zu begünstigen. Hierbei handelte es sich in jeder Hinsicht um einen Ausnahmefall, da üblicherweise die öffentliche Hand bei Vergabeverfahren keine Wettbewerbshandlung begeht[185].

Wenn im Einzelfall die Vergabestelle sich wettbewerbswidrig gemäß § 2 Nr. 11 UWG verhält, kommt neben der wettbewerbsrechtlichen Haftung der Vergabestelle auch die Haftung des Wettbewerbers wegen Teilnahme am Rechtsbruch der Vergabestelle in Betracht, und zwar durch Anstiftung oder Beihilfe.

220 **Beispielsfall** Stiftet ein konkurrierender Bieter die Vergabestelle zu einem vergaberechtswidrigen, den Wettbewerb beeinflussenden Verhalten an oder nutzt er derartige Verstöße in Kenntnis der Vergaberechtswidrigkeit aus, so kommen auch wettbewerbsrechtliche Ansprüche gegen den Bieter unter dem Gesichtspunkt der Ausnutzung eines durch Rechtsbruch erlangten Vorteils in Betracht[186].

X. Die irreführenden geschäftlichen Handlungen nach § 5 UWG

Nach § 5 I S. 1 UWG handelt unlauter, wer eine irreführende geschäftliche Handlung vornimmt. Die irreführende geschäftliche Handlung stellt eines von mehreren Beispielen für eine unlautere Wettbewerbshandlung nach § 3 UWG dar. Aus diesem Grund bedarf es immer auch der Verwirklichung der weiteren Tatbestandsmerkmale des § 3 UWG. § 5 I S. 2 UWG formuliert Beispiele, bei denen der Gesetzgeber von irreführenden geschäftlichen Handlungen ausgeht.

1. Irreführende geschäftliche Handlungen gegenüber Verbrauchern gemäß der Anlage zu § 3 Abs. 3 UWG

221 Das gleiche gilt für die in Nr. 24 zum Anhang zu § 3 UWG formulierte unzulässige geschäftliche Handlung, nämlich die unwahre Angabe oder das Erwecken des unzutreffenden Eindrucks, es sei im Zusammenhang mit Waren oder Dienstleistungen in einem anderen Mitgliedstaat der Europäischen Union als dem des Warenverkaufs oder der Dienstleistung ein Kundendienst verfügbar, sowie das in Nr. 19 des Anhangs zu § 3 UWG enthaltene Beispiel einer unwahren Angabe über die Marktbedingungen oder Bezugsquellen, um den Verbraucher dazu zu bewegen, eine Ware oder Dienstleistung zu weniger günstigen Bedingungen als den allgemeinen Marktbedingungen abzunehmen oder in Anspruch zu nehmen, sowie das in Nr. 18 der Anlage zu § 3 UWG enthaltene Beispiel einer unwahren Angabe, eine Ware oder Dienstleistung kön-

185 Vgl. nur *Boyk/Dissman/Müller-Kabisz,* Wettbewerbsrechtliche Rechtsschutzmöglichkeiten des Bieters bei Auftragsvergaben der öffentlichen Hand, WuW 2009, 269 ff.
186 Ebenda.

ne Krankheiten, Funktionsstörungen oder Missbildungen heilen. Die Ziff. 9 u. 10 des Anhangs zu § 3 UWG enthalten weitere Beispiele für unwahre Angaben, wie Erwecken des unzutreffenden Eindrucks, eine Ware oder Dienstleistung sei verkehrsfähig, und das Erwecken des unzutreffenden Eindrucks, gesetzlich bestehende Rechte stellten eine Besonderheit des Angebots dar.

Schließlich ist noch auf die Nr. 12, 16 u. 17 der Anlage zu § 3 UWG hinzuweisen. Nr. 12 formuliert als Beispiel unwahre Angaben über Art und Ausmaß einer Gefahr für die persönliche Sicherheit des Verbrauchers oder seiner Familie für den Fall, dass er die angebotene Ware nicht erwirbt oder die angebotene Dienstleistung nicht in Anspruch nimmt, Nr. 15 die unwahre Angabe, der Unternehmer werde demnächst sein Geschäft aufgeben oder seine Geschäftsräume verlegen, und Nr. 17 die unwahre Angabe oder das Erwecken des unzutreffenden Eindrucks, der Verbraucher habe bereits einen Preis gewonnen oder werde ihn gewinnen oder werde durch eine bestimmte Handlung einen Preis gewinnen oder seinen sonstigen Vorteil erlangen, wenn es einen solchen Preis oder Vorteil tatsächlich nicht gibt, oder wenn jedenfalls die Möglichkeit, einen Preis oder sonstigen Vorteil zu erlangen, von der Zahlung eines Geldbetrages oder der Übernahme von Kosten abhängig gemacht wird.

Weiterhin fallen hierunter noch unwahre Angaben eines Unternehmers, zu den Unter- **222**
zeichnern eines Verhaltenskodex zu gehören (Nr. 1), ein Verhaltenskodex sei von einer öffentlichen oder anderen Stelle gebilligt (Nr. 3), ein Unternehmer, eine von ihm vorgenommene geschäftliche Handlung oder eine Ware oder Dienstleistung sei von einer öffentlichen oder privaten Stelle bestätigt, gebilligt oder genehmigt worden oder den Bedingungen für die Bestätigung, Billigung oder Genehmigung werde entsprochen.

2. Struktur von § 5 UWG, Prüfungsreihenfolge

Die irreführende geschäftliche Handlung i.S.v. § 5 UWG stellt eine Fallgruppe des nach **223**
§ 3 UWG verbotenen unlauteren Wettbewerbs dar. Während § 5 Abs. 1 Satz 1 UWG diesen Umstand zum Ausdruck bringt, enthalten § 5 Abs. 1 Satz 2 Nr. 1 bis 7 sowie die Absätze 2 und 4 einzelne Beispiele irreführender und damit unlauterer geschäftlicher Handlungen.

§ 5 UWG kommt i.V.m. § 3 UWG die Aufgabe zu, Irreführung durch geschäftliche Handlungen zu bekämpfen. Unter das Irreführungsverbot fallen alle Angaben, die nicht nur vor, sondern auch bei oder nach dem Geschäftsabschluss gemacht werden[187].

§§ 3 Abs. 1, 5 Abs. 1 Satz 1 UWG verbietet die geschäftliche Handlung mit irreführen- **224**
den Angaben, die geeignet sind, den Wettbewerb zum Nachteil der Mitbewerber, der Verbraucher oder der sonstigen Marktteilnehmer spürbar zu beeinträchtigen. § 5 Abs. 1 Satz 2 Nr. 1 bis 7, Abs. 2 bis 4 UWG konkretisieren mit ihren Beispielen das Verbot der irreführenden geschäftlichen Handlung. Das Wahrheitsgebot des § 5 UWG untersagt

---

187 *Bornkamm* in Hefermehl/Köhler/Bornkamm, UWG, § 5 Rn. 2.26 m.N.

es dem Unternehmer, im Wettbewerb um die Kundenentscheidung die Angesprochenen in marktentscheidungsrelevanter Art und Weise irrezuführen[188].

225 Der Tatbestand der irreführenden geschäftlichen Handlung erfordert zunächst das Vorliegen der in § 5 UWG normierten speziellen Voraussetzungen. Erst wenn diese erfüllt sind, bedarf es der Prüfung der weiteren, allgemeinen Anforderungen, die sich aus § 3 UWG ergeben. Denn die Voraussetzungen des § 5 UWG werden eingebettet in die Prüfung des objektiven Tatbestandes der unlauteren geschäftlichen Handlung nach § 3 UWG.

3. Irreführende geschäftliche Handlung, Begriff der Werbung

226 Irreführende geschäftliche Handlungen umfassen alle Formen der irreführenden Werbung. Unter Werbung ist jede Darbietung von Botschaften mit dem Ziel zu verstehen, Einstellungen und Handlungen der Adressaten zum Vorteil des Werbetreibenden zu steuern.

227 Die Betriebswirtschaft definiert Werbung i.d.R. als Marketing und damit als ein Instrument der Kommunikationspolitik neben der Verkaufsförderung, der Öffentlichkeitsarbeit und dem persönlichen Verkauf. Als Bestandteil dieser Kommunikationsinstrumente hat die Werbung die Aufgabe, die Sach- und Dienstleistung eines Unternehmens bekannt zu machen, die Einstellungen zu betrieblichen Angeboten zu beeinflussen, die Beschaffung zu unterstützen und diese Maßnahmen aufeinander abzustimmen[189].

228 Nach Art. 2 der EU-Richtlinie über irreführende und vergleichende Werbung soll unter „Werbung" jede Äußerung bei der Ausübung eines Handels, Gewerbes, Handwerks oder freien Berufes mit dem Ziel verstanden werden, den Absatz von Waren oder die Erbringung von Dienstleistungen, einschließlich unbeweglicher Sachen, Rechte und Verpflichtungen zu fördern.

Dabei gehört zur Werbung nicht nur die öffentliche, sondern auch das individuelle Umwerben eines potentiellen Kunden.

229 Die Werbung verwendet i.d.R. erkennbare Techniken, um das maßgebliche Publikum nachhaltig zu überzeugen, die Dienstleistung oder das Produkt zu erwerben. Hierbei kann es sich um die ständige Wiederholung der Werbung handeln. Damit wird dann ein erinnerungsfähiger Name oder Slogan gebildet, ein sog. Siegeszug („bandwagon"), indem die Werbung andeutet, dass das Produkt oder die Dienstleistung allgemein Verwendung findet. Der Werbende hofft regelmäßig, mögliche Kunden zum „Einstieg in den Siegeszug" zu bewegen. Er hofft auf Zeugenaussagen von Normalverbrauchern, von Experten oder beiden („drei von vier Zahnärzten empfehlen ..."). Der Werbende bemüht sich, Druck aufzubauen, der dadurch entsteht, dass versucht wird, den Konsumenten schnell, ohne lange Überlegung wählen zu lassen und so zum schnellen Kauf zu ermuntern („Ausverkauf, schlagen Sie jetzt zu"). Es geht der Werbung um Assozia-

188 Vgl. *Jacobs/Lindacher/Teplitzky*, § 3 Rn. 1.
189 Brockhaus Enzyklopädie, 24. Bd., S 66 f.

tionen, die die beworbenen Waren mit wünschenswerten und positiven Bildern verbinden, oder um Personifikationen von abstrakteren Begriffen, wie z.B. bei Verunreinigungen „Fleckenzwerge", „Fehlerteufel" usw. Auch das werbliche Inverbindungbringen von Waren oder Dienstleistungen mit sehr prominenten Personen kann ein wichtiges Instrument von Werbung bilden[190].

4. Werbung gegenüber Verbrauchern

Bei Werbung gegenüber Verbrauchern ist zunächst zu prüfen, ob nach § 3 Abs. 3 UWG 230
ein im Anhang zu § 3 UWG aufgeführter Beispielsfall einer unzulässigen geschäftlichen Handlung vorliegt. Hier kommen die Nr. 1 bis 7 und 3 bis 24 in Betracht. Dann liegt ohne weiteres eine unzulässige und damit unlautere geschäftliche Handlung vor. Darüber hinaus bedarf es dann noch der Prüfung, ob eine irreführende geschäftliche Handlung gem § 5 UWG vorliegt.

XI. Die in § 5 Abs. 1 Satz 1 UWG enthaltenen Kriterien

1. Irreführende geschäftliche Handlungen

Nach § 5 Abs. 1 Satz 1 UWG verboten sind irreführende geschäftliche Handlungen, die 231
geeignet sind, einen nicht unerheblichen Teil der betroffenen Verkehrskreise über das Angebot irrezuführen und Fehlvorstellungen von maßgeblicher Bedeutung für den Kaufentschluss hervorzurufen.

Die Reichweite eines Irreführungsverbots hängt in erster Linie von dem seiner Interpretation zugrunde gelegten Verbraucherleitbild ab[191]. Weil für den Bereich der irreführenden Werbung die EG-Richtlinie über irreführende Werbung vom 10.9.1984 (84/450/EWG) erlassen wurde, kommt der Rspr. des EuGH zur Frage des Vorliegens der Tatbestandsmerkmale einer Irreführung die entscheidende Bedeutung zu.

a) Die deutsche Rechtsprechung zur Irreführung im Spannungsfeld der Rechtsprechung des EuGH

Eine Angabe führt in die Irre, wenn sie aus der Sicht des durchschnittlich informierten 232
und verständigen Verbrauchers bei den angesprochenen Verkehrskreisen zu einem Irrtum führt. Unter Bezugnahme auf die noch zu § 3 a.F. ergangene Rspr. genügte es, wenn die Gefahr einer Täuschung nur möglich ist[192].

In einigen Entscheidungen bezeichnete der EuGH eine Werbung dagegen nur dann als irreführend, „wenn nachweislich bei einer erheblichen Anzahl von Verbrauchern, an

190 Vgl. www.net-lexikon.de/werbung.
191 Ebenda.
192 *BGH* NJW-RR 1991, 1392 f. – 40 % weniger Fett.

die sich die Werbung wendet, die Kaufentscheidung" unter Einfluss der irreführenden Werbung zustande kam[193]. In einer anderen Entscheidung ließ der EuGH es allerdings genügen, dass „eine Werbung möglicherweise irreführend ist"[194]. Da insoweit nicht von einer eindeutigen Rspr. des EuGH ausgegangen werden kann, genügt die Eignung zur Irreführung einer Angabe.

b) Objektiv zutreffende Werbeangaben

233 Sogar die Werbung mit Aussagen, die der Wahrheit entsprechen, kann nach herkömmlichem Verständnis zu einer Irreführung i.S.v. § 5 UWG führen[195].

Beispielsfall

Die Klägerin stellt Nähseide her. Die Beklagte erzeugt einen Kunstseidenfaden nach dem Kupferoxydammoniak-Verfahren. Sie bewirbt diesen als „Kupferseide", „Cupresa-Kupferseide" oder „Cupresa-Kupferseide, die edle Chemiefaser". Die Klägerin verlangt von der Beklagten, ihr Erzeugnis nicht ohne Zusatz „Kunst"-Seide zu gebrauchen oder das Wort Seide i.V.m. Cupresa nicht zu verwenden. Zur Begründung weist die Klägerin darauf hin, dass ein nicht unerheblicher Teil der angesprochenen Verkehrskreise durch die angegriffene Werbung darüber in die Irre geführt werden kann, dass es sich vorliegend nicht um Naturseide handelt.

Der BGH folgte im Jahr 1954 der Argumentation der klagenden Partei. Auch eine objektiv richtige Angabe könne unrichtig werden, wenn sie auf die angesprochenen Verkehrskreise die Wirkung einer unrichtigen Angabe ausübt[196]. Ob heute die Entscheidung genauso getroffen würde, mag bezweifelt werden. Sie stellt jedoch ein gutes Beispiel für die Möglichkeit dar, auch mit zutreffenden Angaben irreführende Vorstellungen bei den angesprochenen Verkehrskreisen auszulösen.

Gemäß der uneinheitlichen Rspr. des EuGH soll zwar nach einigen Entscheidungen die Werbung mit objektiv zutreffenden Angaben erlaubt sein, wohingegen in anderen Entscheidungen der EuGH unter bestimmten Voraussetzungen die Gegenposition vertritt[197].

234 Allerdings reicht auch nach der Rspr. des BGH bei einer Werbung mit zutreffenden Angaben eine relativ geringe Irreführungsquote des maßgeblichen Publikums, z.B. in Höhe von über 12 %, nicht aus[198]. Zu den Aufgaben des Lauterkeitsrechts gehört es nämlich nicht, den Verkehr vor jedweder Fehlvorstellung zu bewahren[199].

c) Irreführende geschäftliche Handlungen

235 Nach § 5 Abs. 1 Satz 1 UWG handelt unlauter i.S.v. § 3 UWG, wer eine irreführende geschäftliche Handlung vornimmt. Eine geschäftliche Handlung verstößt gegen das Irreführungsverbot, wenn sie die Unwahrheit zum Ausdruck bringt.

193 *EuGH* WRP 1992, 233 f. – Nissan; WRP 1998, 848, 850 – „6-Korn-Eier".
194 *EuGH* WRP 1999, 307, 310 f. – Sektkellerei Kessler m.N.
195 *BGH* NJW 1991, 1512 f. – Aquavit m.N.; NJW 1954, 1566, 1568 – Cupresa Kunstseide.
196 *BGH* NJW 1954, 1566 ff. – Cupresa-Kunstseide.
197 Vgl. nur die Nachweise bei *Sack*, GRUR 1998, 871 ff.; *Wuttke*, WRP 2004, 820 ff.
198 *BGH* NJW 1996, 2380 ff. – Großimporteur m.N.
199 *BGH* WRP 1999, 1145 ff. – Tierheilpraktiker.

Beispielsfall

Wird im Zusammenhang mit der Mitteilung, der angeschriebene Verbraucher habe einen der abgebildeten Gewinne auf jeden Fall gewonnen, auf eine „Gewinn-Auskunft" unter Angabe einer 0190-Telefonnummer hingewiesen, ist dies irreführend, wenn dem Verbraucher unter der entgeltpflichtigen Telefonnummer nicht die erwartete Auskunft über seinen Gewinn erteilt wird, sondern die Gewinne nur allgemein beschrieben werden[200].

Dabei macht es keinen Unterschied, ob es sich um eine dreiste Lüge oder lediglich **236**
um eine irrtümliche Falschangabe handelt[201].

Beispielsfall

Die Werbung für Gemüse aus Holland, welches zum großen Teil auf Nährstoffmatten gezogen wird, ist irreführend, wenn sie – unter bildlicher Wiedergabe von Frischprodukten – mit Aussagen wie „Ackern für Deutschland" oder „umweltfreundlicher Anbau" einher geht und im Werbetext weiter davon die Rede ist, dass in „Holland der Obst- und Gemüseanbau zum größten Teil Handarbeit" sei, „der von Gärtnerfamilien noch höchstpersönlich erledigt" werde, die „bei der Schädlingsbekämpfung zu Nützlingen" greifen würden.

Wenn eine solche Werbung im Inland gegen § 5 Abs. 1 Satz 1 UWG verstößt, steht einem gerichtlichen Verbot nicht die Vorschrift von Art. 36 AEUV (ex Art. 30 EGV.) entgegen, weil diese Werbung sich lediglich auf den deutschen Markt bezieht und insoweit keine Anhaltspunkte dafür vorliegen, dass grenzüberschreitende Wirkungen entfaltet werden können[202].

So stellt auch die Ankündigung von Erstausstrahlungen oder Deutschlandpremieren **237**
im Fernsehen für Filme, die nicht tatsächlich erstmals in Deutschland dem interessierten Publikum gezeigt werden sollen, eine Irreführung des Publikums dar.

Bei der Werbung mit Umweltargumenten ist ein strenger Maßstab anzulegen. Wegen der allgemeinen Anerkennung der Umwelt als ein wertvolles und schutzbedürftiges Gut bevorzugt das Publikum vielfach Waren und Leistungen, auf deren besondere Umweltverträglichkeit hingewiesen wird. Aus diesem Grund müssen die mit dem Gesichtspunkt der Umweltverträglichkeit versehenen Werbeaussagen den wirklichen Gegebenheiten entsprechen[203]. Lebensmittel dürfen nicht mit Behauptungen oder Meinungen beworben werden, die sich auf die Beseitigung, Linderung oder Verhütung von Krankheiten beziehen; sie sind generell verboten (§ 12 Abs. 1 Nr. 1 LFGB, Art. 10 EG-VO Nr. 1924/06).

Wegen der besonderen Gefährlichkeit irreführender Angaben im Bereich der Lebens- **238**
mittelwerbung muss diese besonders strenge Anforderungen an die Richtigkeit, Eindeutigkeit und Klarheit der Aussagen erfüllen. Dies rechtfertigt sich in erster Linie daraus, dass die eigene Gesundheit in der Wertschätzung des Verbrauchers einen hohen Stellenwert hat und sich deshalb an die Gesundheit anknüpfende Werbemaßnahmen erfahrungsgemäß als besonders wirksam erweisen. Ferner liegt dies darin begründet, dass mit irreführenden gesundheitsbezogenen Werbeangaben erhebliche Gefahren für das hohe Schutzgut des Einzelnen sowie der Bevölkerung verbunden sein können[204].

Nach der HealthclaimVO (EG-VO Nr. 1924/2006 über Nährwert und gesundheitsbezogene Angaben über Lebensmittel) sind gesundheitsbezogene Angaben auf Lebens-

---

200 *BGH* NJW 2005, 3716 ff. – telefonische Gewinnauskunft.
201 *BGH* NJW-RR 2002, 1122 ff. – Scanner-Werbung.
202 *OLG Köln* NJW-RR 1997, 1473 f. – Ackern für Deutschland.
203 *BGH* NJW 1991, 1229 f. – Zaunlasur m.N.
204 *BGH* GRUR 2002, 182 ff. – Das Beste jeden Morgen.

mitteln grds. verboten, es sei denn, die behauptete Wirkung ist wissenschaftlich erwiesen. Für Alkohol darf nach der VO mit gesundheitsbezogenen Aussagen überhaupt nicht mehr geworben werden.

Beispielsfall: Ein Winzer bewirbt seinen Wein mit dem Attribut „bekömmlich". Hier soll ein klarer Verstoß gegen Art. 4 Abs. 3a) der EG-VO Nr. 1924/2006 vorliegen.

d) Wegfall eines Irreführungsbesitzstandes durch die Änderung wesentlicher Bedingungen

239 Der BGH billigt in gewissen Fällen Werbetreibenden einen Besitzstand an zur Irreführung geeigneter Bezeichnungen zu, wenn hierfür ein schützenswertes Interesse vorliegt[205]. Gleiches gilt für das nachträgliche Unrichtigwerden einer ursprünglich richtigen Angabe, wenn sich die hierfür entscheidenden Bedingungen zwischenzeitlich geändert haben[206].

e) Missverständliche, verunsichernde, übertriebene Werbeaussagen

240 § 5 Abs. 1 Satz 1 UWG verbietet die Irreführung der angesprochenen Verkehrskreise in Bezug auf Behauptungen, über deren Richtigkeit zwar keine festen Vorstellungen bestehen, die aber gleichwohl unrichtig sind.

Bloße Assoziationen, die durch Werbung ausgelöst werden und auf Begriffe wie Wohlfühlen oder ruhiges Befinden hindeuten, führen jedoch nicht zu einer Irreführung, es sei denn, durch sie würden falsche Tatsachenvorstellungen hervorgerufen[207].

f) Getarnte Werbung

241 Getarnte Werbung verstößt nicht nur gegen § 4 UWG sondern auch gegen § 5 Abs. 1 Satz 1 UWG. Denn es handelt sich um einen Fall der Irreführung durch Verschweigen wesentlicher Umstände im Rahmen von Werbemaßnahmen, denen der Verkehr eine relevante Bedeutung für seine Kaufentscheidung beimisst, ohne dabei durch aufklärende Hinweise, dass es sich um Werbung handelt, zutreffend und vollständig unterrichtet zu werden[208]. Darüber hinaus kann die getarnte Werbung auch gegen § 5a UWG verstoßen. Im Übrigen enthält Nr. 11 des Anhangs zu § 3 UWG ebenfalls das Verbot der als Information getarnten Werbung.

242 Auch das BVerfG beanstandet es nicht, wenn dem Grundsatz der Lauterkeit des Wettbewerbs das Gebot entnommen wird, Werbung und redaktionellen Teil zu trennen. Darüber hinaus widerspricht es nicht dem Grundrechtsschutz aus Art. 5 Abs. 1 GG, dass getarnte Werbung grundsätzlich wettbewerbswidrig ist. Mit dem Gebot, redaktionelle Beiträge und Werbung in Zeitungen zu trennen, darf jedoch keine übermäßige

205 *BGH* NJW 1994, 2030 f. – Grand Marnier.
206 *OLG Köln* NZG 1998, 377 ff. m. Anm. *Ekey.*
207 *BGH* GRUR 2002, 182 ff. – Das Beste jeden Morgen.
208 *BGH* NJW 1987, 3196 f. – Getarnte Werbung II.

Beschränkung der Meinungs- und Pressefreiheit einher gehen[209]. Der Presse muss es möglich bleiben, in ihrem redaktionellen Teil über bestimmte Unternehmen sowie über ihre Produkte und Erzeugnisse zu berichten, dabei stellt nicht schon jede positive Erwähnung eines Firmennamens oder Vertriebsweges eine rechtlich zu beanstandende getarnte Werbung dar[210].

Beispielsfall

Ein Unternehmen, dass zum Zwecke der Werbung für sein Erzeugnis Beiträge in Printmedien anfertigen lässt, die den Anschein einer objektiven Unterrichtung des Lesers erwecken, dabei jedoch als Werbung nicht erkennbare absatzfördernde Hinweise auf das Erzeugnis des Unternehmens enthalten, handelt wettbewerbswidrig, wenn es diese Beiträge zum Zweck ihrer Veröffentlichung im redaktionellen Teil einer Zeitschrift an Zeitschriftenverlage versendet, denen auch Insertionsaufträge des Unternehmens erteilt werden[211].

g) Die Feststellung des Vorliegens irreführender Angaben nach Maßgabe der Verkehrsauffassung

Die Frage, ob eine irreführende Angabe vorliegt, ist vom Standpunkt der maßgebli- **243**
chen Verkehrskreise aus zu beantworten. Dies setzt zunächst die Ermittlung der Bedeutung der Werbeangabe und in einem zweiten Schritt den Vergleich der Werbebehauptung mit den tatsächlichen Eigenschaften des beworbenen Angebots voraus. Richtet sich die Werbung an Verbraucher, sind ihre Vorstellungen maßgeblich, bewirbt das Unternehmen seine Waren oder Dienstleistungen gegenüber Wiederverkäufern oder einem Fachpublikum, kommt es auf deren Verständnis der Werbung an[212].

h) Die Einholung eines Meinungsumfragegutachtens

Fehlt dem Tatsachengericht die für die Beurteilung der vorgetragenen prozessentschei- **244**
denden Tatsachen notwendige Sachkunde und können die anderen in Betracht kommenden Beweismittel nicht zum Erfolg führen, etwa weil es sich um Waren oder gewerbliche Leistungen des täglichen Bedarfs handelt oder sich die Verkehrsauffassung im Wandel befindet und sie deshalb schwer feststellbar ist, kommt nach der in Deutschland üblichen Praxis auch die Einholung von Umfragegutachten von Meinungsforschungsinstituten in Betracht. Sie werden häufig ebenfalls zur Feststellung der Verkehrsbekanntheit von Marken und Ausstattungen sowie im engeren Wettbewerbsrecht namentlich auf dem Gebiet der geografischen Herkunftsangaben eingeholt[213].

2. Angaben

Eine geschäftliche Handlung ist nach § 5 Abs. 1 S. 2 UWG irreführend, wenn sie unwahre Angaben oder sonstige zur Täuschung geeignete Angaben über in Nr. 1–7 aufgeführten Umstände enthält.

---

209 Vgl. Rn. 75.
210 *BVerfG* 1. Kammer NJW 2005, 3201 f. – Trennung von redaktionellen Beiträgen und Werbung in Zeitungen.
211 *BGH* NJW 1981, 2573 f. – Getarnte Werbung I.
212 *OLG Celle*, NJWE-WettbR 1998, 1 f. – rebuilt-remanufactured.
213 *Ekey*, HK-WettbR, § 5, Rn. 193 ff.

a) Weiter Begriff

245 Unter den Begriff der Angaben fallen zunächst Tatsachenbehauptungen. Dabei können alle Äußerungen geschäftlicher Art Angaben gem. § 5 UWG sein. Nach § 5 Abs. 3 UWG sind Angaben i.S.v. Abs. 2 auch Angaben im Rahmen vergleichender Werbung sowie bildliche Darstellungen und sonstige Veranstaltungen, die darauf zielen und geeignet sind, solche Angaben zu ersetzen. Allerdings müssen sie inhaltlich nachprüfbare Aussagen über geschäftliche Verhältnisse enthalten.

246 Der Begriff der Angabe gem. § 5 Abs. 1 Satz 2 UWG ist weit auszulegen. Äußerungen, die nach der Verkehrsauffassung für den Kaufentschluss des potentiellen Kunden wesentlich sind, werden hierdurch grundsätzlich erfasst, nicht aber Aussagen, die dem Verbraucher keine für seinen Kaufentschluss erhebliche Informationen mitteilen, wie bloße Kaufappelle, nichtssagende Fantasieangaben, Anpreisungen oder reklamehafte Übertreibungen[214].

Beispielsfall

„Der Grüne Punkt – Duales System Deutschland AG" hat es sich zur Aufgabe gemacht, diejenigen Produkte, deren Verpackung über das Duale System eingesammelt wird, mit einem „Grünen Punkt" zu kennzeichnen und die eingetragene Kollektivmarke „Der Grüne Punkt" zu bewerben. Die Verbraucher sind aufgerufen, entsprechend gekennzeichnete Verkaufspackungen in gesonderte Müllbehälter zu werfen. Es herrscht Streit über die Voraussetzungen, unter denen das Kennzeichen „Der Grüne Punkt" für Verkaufsverpackungen für plastische chemische Massen in Form von Schlauchbeuteln verwendet werden darf.

In diesem Zusammenhang führt der BGH aus, dass die verwendete Farbe Grün und die beiden Pfeile in dem Zeichen die Zielrichtung des dualen Systems signalisieren, Wertstoffe wiederzuverwerten. Der angesprochene Verkehr verbinde mit dem „Grünen Punkt" das System, das auf die Wiederverwertung der gesammelten Abfälle angelegt ist. In diesem Sinne handelt es sich um Angaben nach § 5 Abs. 1 Satz 2 UWG[215].

b) Angaben als mitgeteilter Sachverhalt oder Meinungsäußerung

247 Reine Werturteile enthalten keine Angaben i.S.v. § 5 Abs. 1 Satz 2 UWG.

Beispielsfall

Die Klägerin stellt Brotaufstriche einschließlich Konfitüren und Müsliriegel her und vertreibt diese.

Die Beklagte produziert und vertreibt Frühstückscerealien und Müsliriegel. Für diese wirbt sie mit dem Slogan „Kellogg's – Das Beste jeden Morgen". Die Klägerin meint, der verwendete Slogan stelle eine unzulässige Behauptung einer Alleinstellung dar. Diese sei unrichtig, denn der Verzehr der Produkte der Beklagten, die extrem gezuckert seien, stelle keine bessere oder gesündere Ernährung dar als ein übliches Frühstück.

Der BGH geht zunächst vom Wortsinn der angegriffenen Werbeaussage aus und formuliert begründete Zweifel an einer Alleinstellungsberühmung, denn es lasse sich der Werbeaussage nicht entnehmen, dass es sich bei den so beworbenen Frühstückscerealien gerade im Vergleich zu anderen Erzeugnissen um das Beste handele, was auf dem Markt angeboten werde. Hierfür fehlt es an einer ausreichend deutlichen Bezugnahme auf Produkte der Mitbewerber. Da offen bleibt, worauf sich der Superlativ „Das Beste" in der Werbung bezieht, versteht der Verkehr die Werbeaussage mangels Konkretisierung nicht als Behauptung einer alle anderen Konkurrenzerzeugnisse deutlich überragenden Spitzenposition. Vielmehr wird er den Slogan als eine

214 *BGH* GRUR 2002, 182 ff. – Das Beste jeden Morgen.
215 *BGH* WRP 2004, 904 ff. – Schlauchbeutel.

allgemeine suggestive Anpreisung mit erkennbar subjektivem Gepräge auffassen, weil jeder Einzelne nur für sich beantworten kann, was für ihn „Das Beste jeden Morgen" oder das beste Frühstück jeden Morgen darstellt[216].

Von einer i.S.v. § 5 Abs. 1 Satz 2 UWG nachprüfbaren Tatsachenbehauptung ist dagegen auszugehen, wenn der Gehalt der Äußerungen entsprechend dem Verständnis des Durchschnittsempfängers der objektiven Klärung zugänglich ist und als etwas Geschehenes grundsätzlich dem Beweis offen steht[217]. **248**

c) Bloße Kaufappelle, nichtssagende Anpreisungen

Bloße Kaufappelle und nichtssagende Anpreisungen erfüllen nicht die Voraussetzungen einer Angabe i.S.v. § 5 Abs. 1 Satz 2 UWG, denn ihnen fehlt ein nachprüfbarer Tatsachenkern. **249**

Beispielsfall: Kaufappelle wie „AEG Lavamat, den und keinen anderen" oder „Das beste Bier" werden in der Werbung häufig verwendet und enthalten weder eine Angabe über eine behauptete Alleinstellung noch vergleichende Werbung[218].

Sobald in Werbeanpreisungen allerdings eine nachprüfbare Tatsachenbehauptung nach dem Verständnis der Verkehrsauffassung enthalten ist, kommt eine Irreführung in Betracht. **250**

Beispielsfall: Z.B. die Werbeangabe „unschlagbar" für ein technisches Produkt, für welches es verifizierbare Leistungskriterien gibt: Diese müssen dann auch nachweislich vorliegen[219].

d) Verwendung von Symbolen und Zeichen

Die Verwendung von Symbolen und Zeichen kann eine Angabe i.S.v. § 5 Abs. 1 Satz 2 UWG sein, wenn das relevante Publikum hierin eine Aussage mit einem gewissen Informationsgehalt erblickt[220]. **251**

Beispielsfall: Die Verwendung des ärztlichen Schlangensymbols für die Bewerbung kosmetischer Waren oder die Werbung mit dem Blauen Engel im Zusammenhang mit Umweltwerbung enthält entsprechende Angaben nach § 5 Abs. 2 UWG[221].

e) Äußerungen Dritter, anlehnende Werbung

Die Wiedergabe von Äußerungen Dritter, wie z.B. die Verbreitung von Sachverständigengutachten in der Werbung, kann die Kundgabe einer Äußerung der hierin enthaltenen Behauptungen und damit eine anlehnende Werbung darstellen[222] **252**

---

216 *BGH* WRP 2002, 74 ff. – Das Beste jeden Morgen.
217 *BGH* NJW 1992, 1314, 1316 – Rechtsschutzbedürfnis für Ehrenklagen.
218 *BGH* NJW 1965, 967 f. – Lavamat II; *OLG Köln* WRP 1983, 174 f. – „Das beste Bier" und Rn. 310.
219 *BGH* NJW 1975, 207 – unschlagbar.
220 *OLG Hamburg* NJWE-WettbR 1999, 172 – Europaflagge.
221 Vgl. *BGH* GRUR 1989, 711 f. – Umweltengel; GRUR 1981, 656 ff. – Schlangenzeichen.
222 *BGH* NJW 1992, 2969 f. – therapeutische Äquivalenz.

Weil der Schutz der Meinungsfreiheit[223] sich auch auf kommerzielle Meinungsäußerungen sowie reine Wirtschaftswerbung erstreckt, die einen wertenden meinungsbildenden Inhalt hat, darf eine Werbung mit Aussagen über Tatschen oder Meinungen nicht verboten werden, nur weil sie in den Kontext von Werbung gestellt wird[224].

f) Firmierungen und markenrechtliche Bezeichnungen

253 In dem Gebrauch von Firmennamen und markenrechtlichen Bezeichnungen kann ebenfalls eine Angabe i.S.v. § 5 Abs. 1 Satz 2 UWG liegen, wenn diese eine Information geschäftlicher Art zu Werbezwecken im geschäftlichen Verkehr enthält[225]. In diesem Zusammenhang ist auch auf Nr. 2 des Anhangs zu § 3 UWG hinzuweisen, wonach die Verwendung von Gütezeichen, Qualitätskennzeichen o.ä. ohne die erforderliche Genehmigung stets eine unzulässige geschäftliche Handlung i.S. des Abs. 3 ist.

3. Die in § 5 Abs. 1 Satz 2 UWG enthaltene allgemeine Regelung

254 Die Formulierung in § 5 Abs. 1 Satz 2 UWG „oder sonstige zur Täuschung geeignete Angaben" bringt zum Ausdruck, dass bei der Beantwortung der Frage, ob eine werbliche Aussage in die Irre führt, nicht auf einzelne Aspekte, Gesichtspunkte, durch sie ausgelöste Eindrücke oder Assoziationen abgestellt werden darf. Vielmehr muss die werbliche Aussage als Ganze, wie sie sich den angesprochenen Verkehrskreisen präsentiert, beurteilt werden.

255 Bei den in § 5 Abs. 1 Satz 2 Nr. 1–7 UWG aufgeführten Kriterien handelt es sich lediglich um Beispiele und keine enumerative, abschließende Aufzählung von Tatbestandsmerkmalen. Überdies kann es auch zu Überschneidungen bei der Anwendung der §§ 4, 5 sowie des Anhangs zum UWG kommen, d.h., dass ein Verhalten sowohl gem. § 4 UWG als auch gem. § 5 UWG oder des Anhangs zum UWG als unlauter beurteilt werden muss.

4. Irreführende Angaben über die in § 5 Abs. 1 Satz 2 Nr. 1 UWG aufgeführten Umstände

256 Bei der Beurteilung der Frage, ob eine geschäftliche Handlung irreführend ist, sind nach § 5 Abs. 1 Nr. 1 UWG die wesentlichen Merkmale der Waren oder Dienstleistungen wie Verfügbarkeit, Art, Ausführung, Vorteile, Risiken, Zusammensetzung, Zubehör, Verfahren oder Zeitpunkt der Herstellung, Lieferung oder Erbringung, Zwecktauglichkeit, Verwendungsmöglichkeit, Menge, Beschaffenheit, Kundendienst und Beschwerdeverfahren, geografische oder betriebliche Herkunft, von der Verwendung zu erwartende Ergebnisse oder die Ergebnisse oder wesentliche Bestandteile von Tests der Waren oder Dienstleistungen zu berücksichtigen.

---

223 Vgl. Rn. 107 ff.
224 *BVerfG* WRP 2001, 1160 ff. – therapeutische Äquivalenz.
225 *BGH* NJW 1991, 752 f. – Dr. S.-Arzneimittel.

Beispielsfall

Die Parteien stehen sich als Herausgeber von Lebensmittelfachzeitschriften gegenüber. K beanstandet die Werbeaussage der B, „seit Jahrzehnten das führende deutsche Fachmagazin für den Lebensmittelhandel" zu sein, weil sie die unrichtige Behauptung einer Alleinstellung enthalte. Das OLG Köln sah hierin eine irreführende Spitzenstellungsbehauptung der Fachzeitschrift, da B keinen deutlichen Vorsprung vor seinen Mitbewerbern dartun konnte, wobei der Vorsprung die Aussicht auf eine gewisse Stetigkeit hätte bieten müssen. Nach Maßgabe dieser Kriterien stellt sich die behauptete Marktführerschaft als unzulässige, weil nach dem Verständnis der angesprochenen Verkehrskreise unwahre Behauptung der Merkmale der Lebensmittelfachzeitschrift von B dar[226].

Im Einzelfall können die Angaben nach § 5 Abs. 1 Satz 2 Nr. 1 UWG auch das Verhältnis zwischen Waren oder Dienstleistungen und Herstellern betreffen, wie insbesondere bei der geografischen oder betrieblichen Herkunft.

a) Merkmale der Waren oder Dienstleistungen

Der Begriff „Merkmale der Waren oder Dienstleistungen" gem. § 5 Abs. 1 Satz 2 UWG **257**
ist weit auszulegen.

Unter dem Tatbestand dieser Merkmale wird alles verstanden, was die Stellung des Werbenden bzw. dessen, für den geworben wird, im Wettbewerb um die Kundenentscheidung in Bezug auf die Waren oder Dienstleistungen fördert. Aus diesem Grund wird von § 5 UWG umfasst, was sich auf das beworbene Angebot bezieht, wie z.B. allgemeine Behauptungen über die Gattung, der das beworbene Angebot angehört.

Beispielsfälle

Die Werbung mit einem Slogan „Fahrzeuge wie neu, Preise wie gebraucht. Tageszulassungen von H" impliziert die irreführende Behauptung, die aktuellen Modelle würden angeboten, und stellt aus diesem Grund eine irreführende Angabe über die Merkmale der angebotenen Waren dar[227].

Die Bewerbung einer auf Stellenanzeigen spezialisierten Zeitschrift als „Europas unbegrenzter Karrieremarkt aus dem Internet" erfüllt ebenfalls dieses Tatbestandsmerkmal, wenn in der Zeitschrift nicht eine erhebliche Anzahl von Stellenanzeigen europäischer Unternehmen außerhalb Deutschlands enthalten ist[228].

b) Verfügbarkeit

Die beworbenen Waren oder Dienstleistungen müssen verfügbar sein. Das für die **258**
Annahme einer Irreführung notwendige negative Tatbestandsmerkmal der fehlenden ausreichenden Verfügbarkeit der beworbenen Ware gleicht dem des ebenfalls in § 5 Abs. 1 Satz 2 Nr. 1 UWG enthaltenen Kriteriums der Menge. Wenn der Unternehmer den Verbraucher über das Nichtvorhandensein der Verfügbarkeit der angebotenen Waren täuscht, führt er ihn i.d.R. ebenfalls über das Nichtvorhandensein der notwendigen Menge in die Irre. Auch kommt ein Verstoß gegen § 5a UWG in Betracht.

Aus dem auch die Werbung treffenden allgemeinen Wahrheitsgrundsatz folgt, dass **259**
ein Unternehmer nicht den unzutreffenden Eindruck erwecken darf, er verfüge über

226 *OLG Köln* GRUR-RR 2005, 324 f. – führendes deutsches Fachmagazin.
227 *OLG Köln* NJWE, WettbR 1998, 221 f. – Ford Mondeo.
228 *OLG Hamburg* MMR 2002, 480 ff.

die beworbenen Waren in ausreichendem Vorrat mit den beworbenen Preisen zu dem Zeitpunkt, zu dem der Verkehr von der Lieferbarkeit der Waren ausgehen darf[229].

Beispielsfall

Werden in einem Lebensmittelmarkt lagerfähige Produkte mit dem Begriff „Dauertiefpreise" beworben, rechnen die angesprochenen Verbraucher nicht nur damit, dass die Preise unter den sonst üblichen Marktpreisen liegen; sie erwarten auch, dass die entsprechenden Waren für eine gewisse Zeitspanne – der BGH empfand einen Monat als angemessen – zu diesem Preis angeboten werden[230].

c) Einzelne in § 5 Abs. 1 Satz 2 Nr. 1 UWG aufgeführte Merkmale

260 **Art, Ausführung, Zusammensetzung, Verfahren und Zeitpunkt der Herstellung, Lieferung oder Erbringung:** Hierunter fällt auch das Vortäuschen einer amtlichen Kontrolle der Herstellung oder Zertifizierung oder anderer auch nur die Umstände der Herstellungsart betreffenden unzutreffenden Aussagen.

Dabei kann die Werbung mit einer bestimmten Herstellungsart auch die Angabe über eine bestimmte Beschaffenheit enthalten und umgekehrt.

Beispielsfälle

Die Bewerbung von Teppichen mit der Angabe „Orientteppich" kann die Angabe enthalten, die Teppiche seien handgeknüpft und nicht mechanisch gewebt[231].

Mit den Begriffen „Klosterbräu" und „Klosterbrauerei" verbindet der Verbraucher zwar eine mönchische Brautradition, es wäre jedoch mit dem Grundsatz der Verhältnismäßigkeit nicht zu vereinbaren, die Verwendung einer solchen unzutreffenden Bezeichnung als Irreführung zu untersagen, wenn die Bezeichnung seit über 150 Jahren unbeanstandet benutzt wird und sich der Absatz des so bezeichneten Bieres auch heute im Wesentlichen auf das lokale und regionale Verbreitungsgebiet beschränkt, für welches ein Besitzstand aufgrund unbeanstandeter Verwendung entstanden ist[232].

Dagegen wurde die Werbung für Senf auf einer Produktverpackung mit dem Hinweis „mit echter Terra Leone Saatmischung" als eine irreführende Werbung untersagt, wenn es eine Saatgutmischung mit diesem Namen nicht gibt[233].

Andererseits sollte die Werbung für Speisen unter der Bezeichnung „Pizza Scampi" und „Scampi-Cocktail" nicht gegen das Verbot irreführender Werbung verstoßen, wenn zur Herstellung der so bezeichneten Speisen keine 18–24 cm großen Scampi, sondern nur bis zu 4 cm große und erheblich billigere Shrimps verwendet werden, weil die maßgeblichen Verkehrskreise den Begriff „Scampi" nicht nach den biologischen Definitionen sondern nur danach beurteilen würden, dass Fleisch von nicht näher definierten Krebsen verwendet wird[234].

5. Zwecktauglichkeit

261 Das werbliche Vorspiegeln einer in Wahrheit nicht vorhandenen Tauglichkeit, einem bestimmten Zweck zu dienen, verstößt ebenfalls gegen § 5 Abs. 1 Satz 2 Nr. 1 UWG. Solche Aussagen können sich auf die Wirkungsweise einer Ware oder Dienstleistung

229 *BGH* NJW 2000, 3001 ff. – Computerwerbung.
230 *BGH* WRP 2004, 735 – „Dauertiefpreise".
231 *BGH* WRP 2000, 517 ff. – Orient-Teppichmuster.
232 *BGH* WRP 2003, 747 ff. – Klosterbrauerei; **a.A.** *OLG Nürnberg* GRUR-RR 2001, 61 ff.
233 *OLG Düsseldorf* WRP 2003, 1260 ff.
234 *OLG Koblenz* GRUR-RR 2001, 23 ff.

dann beziehen, wenn die von der Werbung angesprochenen maßgeblichen Verbraucher diese Angaben in einen Zusammenhang mit der Zwecktauglichkeit bringen. Waren, die nicht den vom Verwender beabsichtigten Zweck erfüllen, sind in ihrer Verwendungsmöglichkeit eingeschränkt, so dass eine Täuschung über die Zwecktauglichkeit gleichzeitig eine Täuschung über die Verwendungsmöglichkeit darstellt. In beiden Fällen kann es sich auch um Angaben zur Beschaffenheit handeln[235].

6. Verwendungsmöglichkeit

Wenn der Werbende nicht nur ein i.d.R. unbeachtliches Motiv suggeriert, welches den von der Werbung Angesprochenen zum Erwerb der Ware oder Dienstleistung bewegen könnte, sondern eine nicht gegebene Eigenschaft, bestimmte Voraussetzungen zu erfüllen, verwirklicht er das Regelbeispiel des § 5 Abs. 1 Satz 2 Nr. 1 UWG „Verwendungsmöglichkeit". **262**

Beispielsfall

Die Werbung für ein noch nicht staatlich zertifiziertes Anlageprodukt mit der Aussage „Sie können schon jetzt zugreifen. Als erster Versicherer bietet Ihnen die Mannheimer die neue Rentenversicherung. Sie heißt PRIMOS und garantiert alle Vorteile der neuen Riesterrente" ist irreführend, wenn ein beachtlicher Teil des angesprochenen Verkehrs die Aussage – unzutreffend – so versteht, dass das beworbene Produkt den gesetzlichen Vorgaben in vollem Umfang entspricht[236].

7. Menge

Die Ausführungen zu dem ebenfalls in § 5 Abs. 1 Satz 2 Nr. 1 UWG enthaltenen negativen Tatbestandsmerkmal der Verfügbarkeit gelten auch für das in dieser Norm enthaltene Kriterium der Menge[237]. Erweckt der Unternehmer den unzutreffenden Eindruck, er verfüge über die beworbenen Waren in ausreichendem Vorrat mit den beworbenen Preisen zu dem Zeitpunkt, zu dem der Verkehr von der Lieferbarkeit der Waren ausgehen darf, täuscht er die angesprochenen Verbraucher auch über das Merkmal der Menge[238]. **263**

Nach § 5 Abs. 4 wird vermutet, dass es irreführend ist, mit der Herabsetzung eines Preises zu werben, sofern der höhere Preis nur für eine unangemessen kurze Zeit gefordert wurde.

8. Beschaffenheit

Unter dem Begriff der Beschaffenheit der Ware oder Dienstleistung sind alle für einen möglichen Kaufentschluss des Verbrauchers maßgeblichen Umstände zu verstehen. Diese umfassen nicht nur die Eigenschaften, die aus der stofflichen Substanz der angebotenen Ware herrühren, sondern auch alle rechtlichen oder tatsächlichen Verhält- **264**

235 Vgl. Rn. 264 ff.
236 *LG Mannheim* GRUR-RR 2001, 275 ff.
237 Vgl. Rn. 258 f.
238 *BGH* WRP 2004, 735 – „Dauertiefpreise".

nisse, die für das maßgebliche Publikum bedeutend für die Wertschätzung der Sache oder der gewerblichen Leistung sind[239].

Beispielsfall: Die Angabe der Taktfrequenz eines Computerprozessors stellt die Angabe einer Beschaffenheit des Rechners dar. Das werbliche Vorspiegeln einer nicht vorhandenen Leistungsfähigkeit bedeutet somit eine Irreführung über die Beschaffenheit[240].

265 Aus der Bewerbung von Teppichen mit der Angabe „Orient-Teppich" kann sich die Behauptung ergeben, es handele sich um original Orient-Teppiche[241], wodurch sie über eine besondere Beschaffenheit verfügen würden. Kunstseide darf nicht als Seide bezeichnet werden, weil sonst über eine Beschaffenheit getäuscht würde[242].

Beispielsfall: Die Behauptung in der Werbung der Betreiber des Zugverkehrs im Tunnel zwischen Frankreich und England, bei der Zugverbindung gebe es keinen Zeitraum des Eincheckens, wurde als irreführend verboten, weil tatsächlich 30 oder 40 Minuten Wartezeit regelmäßig für die Bahnkunden anfallen[243].

266 Verstöße gegen Gesetze aus dem Bereich des Lebensmittelrechts können auch Verstöße gegen § 5 Abs. 1 Satz 2 Nr. 1 UWG sein. Denn der Werbeadressat meint mit Recht, dass die Bezeichnung von Stoffen gemäß den lebensmittelrechtlichen Vorschriften regelmäßig den geltenden Normen entspricht, ohne dass er Kenntnisse oder auch nur Vorstellungen über die Zusammensetzung der Produkte besitzen würde[244].

9. Die geografische Herkunft

267 § 5 Abs. 1 Satz 2 Nr. 1 UWG gewährt neben den markenrechtlichen Vorschriften in §§ 126 ff. MarkenG auch einen Schutz geografischer Herkunftsangaben gegen die Verwendung von Angaben, die geeignet sind, das Publikum über die geografische Herkunft der beworbenen Waren oder Leistungen irrezuführen. Die Werbung mit geografischen Herkunftsangaben, die nicht den Tatsachen entspricht, ist in aller Regel irreführend, wenn in der Verwendung einer Herkunftsbezeichnung jedenfalls auch ein Hinweis auf die Herkunft der Ware zu sehen ist[245]. Darüber hinaus werden Ursprungsangaben noch durch eine Reihe von Rechtsvorschriften der europäischen Gemeinschaft sowie nationale und multinationale Abkommen und Verträge geregelt[246].

10. Die von der Verwendung zu erwartenden Ergebnisse

268 Fälle, die unter das Regelbeispiel von Angaben über die von der Verwendung zu erwartenden Ergebnisse einzustufen sind, dürften ebenfalls unter Zwecktauglichkeit

239 *BGH* NJW 1999, 2193 ff. – Auslaufmodelle II; NJW 1999, 2190 ff. – Auslaufmodelle I.
240 *OLG Köln* NJW-WettbR 1998, 207 ff. – Taktfrequenz eines Computerprozessors.
241 *BGH* WRP 2000, 517 ff. – Orient-Teppichmuster, im zu entscheidenden Fall erkannte der BGH jedoch nicht auf eine Irreführung; Rn. 270.
242 *BGHZ* 13, 244 – Cupresa-Kunstseide; Rn. 252.
243 *OLG Düsseldorf* NJWE-WettbR 1998, 268 f. – Kein Einchecken.
244 *Ekey*, HK-WettbR, Rn. 246.
245 *OLG München* NJWE-WettbR 1998, 16 f. – Original Chiemsee III.
246 Vgl. Rn 439.

und/oder Verwendungsmöglichkeit zu subsumieren sein, weshalb auf die dortigen Ausführungen verwiesen wird[247].

11. Ergebnisse und wesentliche Bestandteile von Tests der Waren oder Dienstleistungen

Der Werbende darf nach § 5 Abs. 1 Satz 2 Nr. 1 UWG nicht über Ergebnisse und wesentliche Bestandteile von Tests der Waren oder Dienstleistungen täuschen. 269

Beispielsfall

Werden von der „Stiftung Warentest" verschiedene Lohnsteuerhilfevereine getestet und beziehen sich die Untersuchungen nur auf einzelne Beratungsstellen der Lohnsteuerhilfevereine, so ist die Werbung eines am Test beteiligten Vereins, die den Eindruck erweckt, die vergebene Testnote beziehe sich auf seine gesamte Organisation, irreführend, wenn dem Test nur eine auf die jeweils getesteten Beratungsstellen beschränkte Aussagekraft zukommt. Die beanstandete Werbung ist deshalb irreführend, weil die angesprochenen Verkehrskreise hier einen Schluss auf die Qualität des gesamten Angebots des Lohnsteuerhilfevereins entnehmen, obwohl dem in Bezug genommenen Testbericht keine auf die gesamte Organisation des Lohnsteuerhilfevereins bezogen zukommt, sondern wegen der Beschränkung der Untersuchung auf einige wenige lediglich eine begrenzte Aussagekraft zugemessen werden kann[248].

Die Werbung mit dem Hinweis, dass die beworbenen Gegenstände den Anforderungen in sämtlichen angeführten nationalen und internationalen Normen entsprechen, erfordert deshalb, dass die angebotenen Waren tatsächlich alle in Betracht kommenden Anforderungen hiernach erfüllen[249]. Der angesprochene Verkehr erwartet nämlich regelmäßig, dass die beworbenen Waren den angeführten Normen sämtlich und in jeder Hinsicht entsprechen. 270

Grundsätzlich gilt, dass die Werbung mit Prüfzeichen den Eindruck suggeriert, als hätten neutrale Prüfstellen die beworbenen Produkte oder Dienstleistungen nach wissenschaftlichen Kriterien geprüft und für gut befunden. Um eine Irreführung zu vermeiden, müssen diese behaupteten Tatsachen der Wahrheit entsprechen[250]. 271

Die Anforderungen an die Werbung mit Qualitätszeichen dürfen aber auch nicht überspannt werden. Es muss genügen, wenn der Unternehmer bei der Benutzung von Güte- oder Prüfzeichen sich im Rahmen der gesetzlich und technisch notwendigen Erfordernisse bewegt. 272

Beispielsfall

Die Werbung mit dem Zeichen „Der Grüne Punkt", bei der die Entsorgung von Wertstoffen lediglich nach bestimmten Quoten im reinen Abfallverwertungssystem und nicht generell erfolgt und sich damit in Übereinstimmung mit den gesetzlichen Vorschriften im Rahmen des technisch Möglichen und des wirtschaftlich Zumutbaren bewegt, verstößt selbst dann nicht gegen das Irreführungsverbot, wenn bei den Verbrauchern durch das Zeichen die Vorstellung ausgelöst wird, die mit dem „Grünen Punkt" gekennzeichneten Artikel würden, von Ausnahmen abgesehen, generell und tatsächlich einer Wiederverwertung zugeführt. Nach der anzustellenden Interessenabwägung sei maßgeblich auf die Zielsetzung der europäischen und nationalen Regelung abzustellen, den Aufbau eines flächendeckenden privat finanzierten Systems zur Ab-

247 Vgl. Rn. 261 f.
248 *BGH* NJW 2005, 3287 ff. – Werbung mit Testergebnis.
249 *BGH* NJW 1992, 369 ff. – ICE-Publikation; WRP 1985, 546 f. – DIN 2093.
250 *OLG München* WRP 1999, 965 ff. – Qualitätsmanagement.

holung und Wiederverwertung von Verkaufsverpackungen zum Schutz der Umwelt zu ermöglichen. Dahinter habe eine – unterstellte – Irreführung der Verbraucher zurückzutreten[251].

12. Die in § 5 Abs. 1 Satz 2 Nr. 2 UWG aufgeführten Angaben

273 In § 5 Abs. 1 Satz 2 Nr. 2 UWG benennt das Gesetz Angaben in der Werbung, die den Leistungsaustausch betreffen und geeignet sind, die Entscheidung des Verbrauchers unmittelbar zu beeinflussen. Dabei handelt es sich um Aussagen über den Anlass des Verkaufs, das Vorhandensein eines besonderen Preisvorteils, den Preis oder die Art und Weise der Preisberechnung und über die Bedingungen, unter denen die Waren geliefert oder Dienstleistungen erbracht werden.

a) Der Anlass des Verkaufs

274 Aussagen in der Werbung für Waren oder Dienstleistungen über den Grund oder den Anlass des Verkaufs müssen den Tatsachen entsprechen. Deshalb verstoßen werbliche Äußerungen gegen § 5 Abs. 1 Satz 2 Nr. 2 UWG, in denen wahrheitswidrig suggeriert wird, eine Versteigerung zum Zweck des Warenabsatzes oder besondere Umstände zwängen zum Verkauf oder es handele sich um den Verkauf von Waren aus Versicherungsschäden, wenn tatsächlich planmäßig zugekauft wurde.

Beispielsfall: Unzulässig ist es somit, einen Insolvenzverkauf zu bewerben und durchzuführen, wenn nicht lückenlos nachgewiesen werden kann, dass alle angebotenen Waren zur Insolvenzmasse gehören[252].

b) Die Werbung mit dem Preis und dem Preisvorteil

275 Verstöße gegen die Vorschriften der PAngV können auch den Tatbestand des § 5 Abs. 1 Satz 2 Nr. 2 UWG verwirklichen, wenn sie geeignet sind, den Verbraucher dazu zu bewegen, sich überhaupt oder jedenfalls näher mit der Preisbewerbung zu beschäftigen und das beworbene Angebot u.U. anzunehmen. Darüber hinaus kann in einem solchen Verhalten auch ein Verstoß gegen § 4 UWG liegen.

276 Gemäß § 1 Abs. 1 und 4 PAngV hat der Unternehmer bei seiner Werbung gegenüber Letztverbrauchern die Endpreise und bei Krediten den effektiven Jahreszins anzugeben, wobei ein Verstoß gegen die PAngV nicht ohne Weiteres eine Irreführung i.S.v. § 5 Abs. 1 Satz 2 Nr. 2 UWG darstellt, da es sich bei diesen Vorschriften um wertneutrale Ordnungsnormen handelt[253]. Hinzu kommen muss die Eignung zur Irreführung.

277 Außerhalb der PAngV gibt es keinen allgemeinen Grundsatz, wonach der Werbende seine Preise anzugeben hat. So lehnte das OLG Köln eine Preisangabepflicht bei der Werbung für eine Telefonauskunft ab, da ein durchschnittlich aufmerksamer und ver-

251 *BGH* WRP 2004, 904 ff. – Schlauchbeutel.
252 *LG Frankfurt* WRP 2001, 324 ff.
253 *BGH* NJW-RR 1994, 302 f. – Finanzkaufpreis „ohne Mehrkosten".

ständiger Verbraucher darüber informiert ist, dass die Inanspruchnahme von Auskunftsdiensten regelmäßig nur gegen Entgelt erfolgt[254].

Dagegen führt nach Auffassung des OLG Koblenz die Angabe einer 0190er Nummer auf dem geschäftlichen Briefkopf ohne deutlich sichtbaren Hinweis auf die Höhe des zu zahlenden Tarifs in die Irre[255]. **278**

Ein Unternehmen, dass in der Werbung eine gebührenpflichtige Sondertelefonnummer herausstellt, unter der Interessenten anrufen sollen, muss auf die Gebührenpflicht und auf die besondere Höhe der Gebühren bei dieser Sondernummer hinweisen[256]. **279**

Die in der Werbung verwendeten Preise müssen nach § 1 Abs. 6 1 PAngV nicht nur wahr, sondern auch klar sein. Man spricht hier von den einzuhaltenden Geboten der Preisklarheit und Preiswahrheit[257]. Dabei kommt es nicht darauf an, was der Werbende sagen will, sondern wie die angesprochenen Verkehrskreise die Angaben verstehen. Diesem Gebot kommt für den lauteren Wettbewerb konstitutive Bedeutung zu, da Preisangaben häufig das zentrale Motiv für die Entscheidung des Verbrauchers bilden.

Beispielsfälle

Bei der Werbung mit Flugreisen wurde es als irreführend angesehen, weitere neben den Flugpreisen zu zahlende Abgaben aufzuführen, die in dieser Höhe nicht anfallen, vom Werbenden aber vereinnahmt werden[258].

Wenn im Internet für Flugreisen mit dem Hinweis „zuzüglich Steuern und Gebühren" geworben wird, erwartet der Verbraucher lediglich die spätere Berechnung tatsächlich anfallender Flughafensteuern, Luftsicherheitsgebühren und Luftverkehrssteuern, nicht jedoch eine separate Berechnung der üblicherweise eingeschlossenen Mehrwertsteuer[259].

Die Bezugnahme auf eine unverbindliche Preisempfehlung des Herstellers stellt eine irreführende Preisangabe dar, wenn diese im Zeitpunkt der Werbung nicht mehr gilt oder sie keinen Bestand mehr hat und der Unternehmer auf diesen Umstand nicht hinweist[260]. Die Werbung mit „Superpreisen" oder Formulierungen wie „Irre Preise", „Die Sparvorwahl" und dergl. vermag einen Tatsachenkern der werblichen Aussage zu enthalten, der, sofern er vom angesprochenen Verkehr nicht als schiere Übertreibung identifiziert wird, zur Vermeidung einer Irreführung der Wahrheit entsprechen muss[261]. **280**

Der Unternehmer darf auch nicht über die Art und Weise, in der der beworbene Preis berechnet oder zustande gekommen ist, in die Irre führen.

254 *OLG Köln* MMR 2001, 826 ff.
255 *OLG Koblenz* CR 2004, 32 ff.; ähnlich *LG Stuttgart* MMR 2001, 383 ff.
256 *OLG Frankfurt* NJWE-WettbR 1997, 217 f.
257 *OLG Köln* MMR 2003, 670 ff.
258 *OLG Hamburg* NJW-WettbR 1997, 52 f. – Flugreise zuzüglich 55,00 DM DAX.
259 *LG Köln* WRP 2004, 1073 ff. – Zzgl. Steuern und Gebühren.
260 *BGH* NJW-RR 2004, 980 f. – Fortfall einer Herstellerpreisempfehlung.
261 *Ekey*, in Ekey/Klippel, HK-WettbR, § 5 Rn. 328.

Beispielsfälle

Wer eine aus einzelnen Bestandteilen zusammen gesetzte Gesamtleistung anbietet, darf, wenn sich hierfür ein Gesamtpreis bilden lässt, nicht den besonders günstigen Preis einzelner Leistungsbestandteile herausstellen, sondern muss nach § 1 Abs. 1 PAngV den Gesamtpreis angeben[262].

Die Werbung mit einer Preissenkung in einem „Setpreis" ist grundsätzlich nicht schon deshalb irreführend, weil einer der angegebenen Einzelpreise über dem „Setpreis" liegt. Eine Irreführung kommt aber in Betracht, wenn der höhere Einzelpreis vorher entweder überhaupt nicht oder nicht ernsthaft gefordert worden ist[263].

Wirbt ein Internetanbieter mit einem Festpreis, obwohl, wie in der Fußnote angegeben, weitere nutzungsabhängige Gebühren hinzukommen, soll darin eine Irreführung liegen, wenn dies nicht ohne Weiteres für den Verbraucher erkennbar ist[264]. Ergibt sich allerdings aus dem unmittelbaren Zusammenhang, wie der Tarif beschaffen ist, so ist die Werbeaussage „Null Pfennig/ Min." für einen Internettarif bei einer monatlichen Grundgebühr von 19,90 DM zuzüglich Telefonkosten selbst dann nicht irreführend, wenn die „Null" hervorgehoben wird[265].

Die Werbung mit der Kostenlosigkeit eines Produkts oder einer Leistung führt dann irre, wenn gleichwohl Kosten z.B. für den Versand oder die Verpackung oder Zuschläge bei anderen Waren berechnet werden[266].

281 Bei der Werbung von Wiederverkäufern ist zunächst zu beachten, dass diese grundsätzlich das Recht besitzen, auch den Verbraucher mit Waren und Leistungen zu beliefern. Dabei dürfen sie aber nicht den irreführenden Eindruck erwecken, sie würden zum Hersteller- oder Großhandelspreis unter Einsparung der Einzelhandelsspannen liefern, wenn dies nicht der Wirklichkeit entspricht[267]. Aussagen wie „Preise ab Fabrik" oder „Fabrikpreise" interpretiert dabei das Publikum in dem Sinne, dass das werbende Unternehmen Hersteller der umworbenen Waren ist und daher zu einem Preis ohne Handelsspanne anbietet. Ähnlich wird die Werbung von „Factory-Outlet-Store-Preisen" beim Publikum den Eindruck erwecken, es handele sich um besonders günstige und niedrige Preise.

282 Wenn der Unternehmer mit einer Preisliste wirbt, gleich ob mit seiner oder die seines Lieferanten, darf diese Werbung bei den angesprochenen Verkehrskreisen ebenfalls keine unzutreffenden Vorstellungen hervorrufen. Unzulässig wäre die Bezugnahme auf einen Listenpreis, der nie oder zum Zeitpunkt der Werbung nicht mehr in relevant nachwirkender Weise bestand.

Beispielsfall

Die Gegenüberstellung eines verlangten mit einem (durchgestrichenen) „ehemaligen Marktpreis" in der Werbung eines Anbieters von Havarieware ist relevant irreführend, wenn die angegebenen durchgestrichenen Preise nicht diejenigen sind, die der Havarist bei regulärem Vertrieb erlangt hätte[268].

262 *BGH* WRP 2001, 392 ff. – Endpreisangabe bei Gesamtpreisangebot.
263 *BGH* NJW 1996, 1194 ff. – Werbung mit einem Gesamtpreis-Setpreis.
264 *KG* NJW-RR 2001, 1265 ff.
265 *OLG Hamburg* GRUR-RR 2001, 111 ff.
266 *BGH* NJW 1999, 214 ff. – Handy für 0 DM.
267 *BGH* NJW 1996, 3280 ff. – Großimporteur.
268 *OLG Köln* GRUR-RR 2003, 86 ff.

c) Die Bedingungen, unter denen die Waren geliefert oder die Dienstleistungen erbracht werden

Ein Unternehmer täuscht über die Bedingungen, unter denen die Waren geliefert oder die Dienstleistungen erbracht werden, wenn er zwar mit dem Slogan „Null Prozent Sonderfinanzierung – das kann sich jeder leisten" wirbt, ohne aber darauf hinzuweisen, dass ganze Verbrauchergruppen von der Möglichkeit des Bezuges (hier der Krediterlangung) ausgeschlossen sind[269]. 283

13. Die in § 5 Abs. 1 Satz 2 Nr. 3 UWG aufgeführten Angaben

In § 5 Abs. 1 Satz 2 Nr. 3 UWG sind die Regelbeispiele zusammengefasst, die den Unternehmer selbst betreffen und über die er nicht irreführend werben darf. Es handelt sich hierbei um seine geschäftlichen Verhältnisse, wie seine Identität, sein Vermögen, seine geistigen Eigentumsrechte, seine Verpflichtungen, Befähigung, Status, Zulassung, Mitgliedschaften oder Beziehungen, Auszeichnungen oder Ehrungen sowie der Beweggründe für die geschäftliche Handlung oder die Art des Vertriebs. 284

a) Die geschäftlichen Verhältnisse

Die weiteren Beispiele in § 5 Abs. 1 Satz 2 Nr. 3 UWG stellen sich als Unterfälle der geschäftlichen Verhältnisse dar. Überschneidungen der Fallgruppen sind dabei denkbar und unproblematisch. 285

Alleinstellungs- und Spitzengruppenwerbung: Insbesondere die sog. Alleinstellungs- und Spitzengruppenwerbung enthält Aussagen über die geschäftlichen Verhältnisse des werbenden Unternehmers i.S.v. § 5 Abs. 1 Satz 2 Nr. 3 UWG. Sie wird von den Werbeadressaten nicht nur als Kundgabe bloßer Werturteile ohne Tatsachenkern verstanden. 286

Die Alleinstellungsbehauptung bringt zum Ausdruck, dass das beworbene Produkt und damit der Mitbewerber einen Vorsprung vor dem der Mitbewerber hat.

Die Spitzengruppenwerbung will deutlich machen, der Werbende liege mit anderen Konkurrenten an der Spitze[270].

Im Einzelfall kann die Werbung mit einer Spitzenqualität auch als Alleinstellungswerbung aufgefasst werden, wie z.B. die Formulierung, „das Spitzenkochbuch unserer Zeit"[271].

Die mit der Werbung verbundenen Vorstellungen des Publikums über die tatsächlich dahinter stehenden Verhältnisse müssen der Wahrheit entsprechen, was von dem Werbenden im Zweifel zu beweisen ist. 287

---

269 *OLG Düsseldorf* WRP 2004, 1075 – „Das kann sich jeder leisten".
270 *OLG Saarbrücken* NJWE-WettbR 1996, 268 f. – Ihr Makler an der Saar.
271 *BGH* GRUR 1977, 110 ff. – Kochbuch.

Beispielsfälle

Alleinstellungswerbungen liegen i.d.R. bei Verwendung von Superlativen wie „Der größte Kosakenchor in Europa"[272], „Europas größter Elektrofachmarkt"[273] oder „Der größte Biermarkt der Welt"[274] vor.

Fehlt der Artikel vor dem Superlativ, entfällt u.U. eine Alleinstellung. Andererseits kann durch das Vorhandensein weiterer Aussagen innerhalb desselben Werbemittels gleichwohl eine Alleinstellungsbehauptung gesehen werden.

288 Im Jahr 1996 bestätigte der BGH eine Entscheidung des OLG Frankfurt, wonach die Werbung mit der Behauptung „die meistverkaufte Rasiermarke Europas" grundsätzlich nicht irreführt, wenn die Spitzenstellung nur auf dem europäischen und nicht zugleich auch auf dem deutschen Markt besteht, der inländische Marktanteil aber nicht unbedeutend ist[275].

25 Jahre zuvor hatte der BGH noch in einem ähnlichen Fall judiziert, dass eine Spitzenstellung lediglich auf dem Weltmarkt, aber nicht in Deutschland eine Irreführung begründete, weil die maßgeblichen Werbeadressaten in der Darlegung einer internationalen zugleich auch eine nationale Spitzenstellung sehen würden[276].

289 Werbung mit Superlativen, denen nach der Auffassung der angesprochenen Verkehrskreise nur ein geringer oder gar kein Tatsachengehalt entnommen werden kann, stellt keine Alleinstellungs- oder Spitzengruppenwerbung dar. Dies gilt für Begriffe wie „unerreichter Anzeigenteil", „führend", „unschlagbar", „die beste Zigarette der Welt", „Klasse statt Masse", „das beste Bier" oder „in unübertroffener Qualität"[277].

290 Die werbliche Verwendung der Aussage „einfach billiger telefonieren" durch einen Anbieter für Dienstleistungen auf dem Gebiet der Telekommunikation stellt sich hingegen als irreführend dar, wenn dessen Tarife nicht durchweg billiger sind als diejenigen sämtlicher konkurrierender Wettbewerber[278]. Dagegen wurde die Angabe „beim Telefonieren groß sparen" nicht als Alleinstellungswerbung interpretiert, da der Begriff „Sparen" vom Verkehr lediglich als „wenig Geld bezahlen" verstanden werden kann, ohne dass darüber hinaus eine preisliche Alleinstellung behauptet wird[279].

291 Die Selbstanpreisung als „Europas Größter" führt wiederum das maßgebliche Publikum in die Irre, wenn ein Konkurrenzunternehmen noch größer ist[280].

Beispielsfall: Die Werbeaussage, T-Online sei der „zweitgrößte Onlinedienst der Welt überhaupt" bzw. „der größte Europas", wurde als irreführend beanstandet, wenn dieser, trotz größter Kundenzahl in Europa, nicht auch den zweitgrößten Nutzungsumfang aufweisen und außerdem weltweit den zweitgrößten Onlinedienst unterhalten würde[281].

---

272 *OLG Köln* NJWE-WettbR 1998, 272 f. – Jubiläumswerbung eines Kosakenchors trotz Neugründung.
273 *OLG Stuttgart* NJWE-WettbR 1996, 83.
274 *BGH* GRUR 1981, 910 f. – Der größte Biermarkt der Welt.
275 *BGH* NJW 1996, 2161 ff. – Der Meistverkaufte Europas.
276 *BGH* NJW 1972, 104 – Der Meistgekaufte der Welt.
277 Vgl. die Nachweise bei *Ekey*, in Ekey/Klippel, HK WettbR, Rn. 366 ff.
278 *OLG Köln* WRP 1999, 222 ff. – einfach billiger telefonieren.
279 *OLG Düsseldorf* MMR 2003, 118 ff.
280 *OLG Stuttgart* NJWE-WettbR 1996, 83 f. – Europas Größter.
281 *OLG Hamburg* AfP 2001, 234 ff. und GRUR-RR 2002, 73 ff.

Als irreführend bewertete der BGH die Werbung mit dem Begriff „Marktführerschaft" für ein Nachrichtenmagazin, wenn es die Konkurrenz zwar in der Reichweite leicht übertrifft, die verkaufte Auflage des Konkurrenzblattes jedoch bei Weitem nicht erreicht[282]. 292

b) Die Identität

Der Werbende darf nicht über seine Identität als Unternehmen täuschen. Über die Identität täuschen z.B. konzerneingebundene Unternehmen, wenn aus der Werbung nicht deutlich wird, mit welchen Unternehmen der Kunde einen Vertrag schließen soll. Dies gilt insbesondere für Tochterunternehmen, die suggerieren, der Vertrag komme mit der Konzernmutter zustande. In diese Fallgruppe sind zudem Sachverhalte einzustufen, in denen sich ein Unternehmen auf den Firmennamen oder einer Marke eines anderen Unternehmens – ggf. sogar mit dessen Duldung – bezieht. 293

Überschneidungen des Regelbeispiels Irreführung über die Identität mit der Täuschung über die betriebliche Herkunft[283] oder die Eigenschaften des Werbenden[284] können vorkommen.

c) Die Eigenschaften und die Rechte des Unternehmens

Nach § 5 Abs. 1 Satz 2 Nr. 3 UWG darf nicht über die Eigenschaften und die Rechte des Unternehmers getäuscht werden. So darf nicht der werbliche Eindruck erweckt werden, ein Unternehmer betreibe eine autorisierte Vertragswerkstatt z.B. eines Kraftfahrzeugherstellers, wenn dies nicht der Wahrheit entspricht[285]. 294

d) Das Vermögen des Unternehmers

Der Verkehr kann zudem über das Vermögen des Unternehmers getäuscht werden. Diesem kommt dann eine erhebliche Bedeutung zu, wenn gerade die Bonität des werbenden Unternehmens für die Entscheidung des Werbeadressaten, einen Vertrag abzuschließen, von maßgeblicher Wichtigkeit ist. Es kann sich hierbei um Finanzgeschäfte aller Art, aber auch um Dauerschuldverhältnisse mit längerer vertraglicher Bindung handeln. Eine mittelbare Bedeutung der Vermögensverhältnisse kann dann vorliegen, wenn der Verkehr aufgrund der Annahme, der Werbende sei besonders leistungsstark, entsprechend herausgehobene Waren oder Dienstleistungen erwartet. 295

e) Die geistigen Eigentumsrechte des Unternehmers

Eine wettbewerbswidrige Täuschung i.S.v. § 5 Abs. 1 Satz 2 Nr. 3 UWG liegt des Weiteren vor, wenn der Unternehmer mit nicht bestehenden geistigen Eigentumsrechten wirbt. Unter geistigen Eigentumsrechten sind gewerbliche Schutzrechte wie Patentschutz und Gebrauchsmusterschutz zu verstehen. 296

282 *BGH* WRP 2004, 239 ff. – Marktführerschaft.
283 Vgl. Rn. 264.
284 Vgl. Rn. 315.
285 *OLG Celle* WRP 2001, 1248 ff.

Beispielsfälle

Die werbliche Aussage über ein Gerät, es sei patentamtlich oder patentrechtlich geschützt, führt in die Irre, wenn lediglich ein Gebrauchsmusterschutz besteht. Zwar ist auch das Patentamt für die Eintragung von Gebrauchsmustern zuständig, dieser Sachverhalt ist allerdings weiten Bevölkerungskreisen unbekannt[286]. Hier ist zu beachten, dass die Erlangung von Patentschutz erheblich höhere Anforderungen an den Anmelder als die bloße Eintragung als Gebrauchsmuster stellt, so dass von einer irreführenden Patentberühmung auszugehen ist.

Die Bezeichnung „gesetzlich geschützt" kann als irreführend untersagt werden, wenn nur ein Markenrechtsschutz besteht[287]. Andererseits ist es erlaubt und auch üblich, zur Verdeutlichung des Markenschutzes ein „R" in einem Kreis zu benutzen; es handelt sich hier um eine Abkürzung für das Wort „registered"[288].

f) Die Befähigung des Unternehmers

297 Die Befähigung des Unternehmers wird dann angesprochen, wenn mit besonderen fachspezifischen Kenntnissen und/oder Qualitäten geworben wird. Es vermag sich hierbei um berufs- und zulassungsspezifische Voraussetzungen zu handeln, wie sie u.a. für Rechtsanwälte, Wirtschaftsprüfer, Steuerberater, Architekten, Ärzte oder Sachverständige gelten.

Beispielsfälle

Personen, die nur im Rahmen von § 6 Nr. 3 und 4 StBerG zur Hilfeleistung in Steuersachen befugt sind, werben danach irreführend, wenn sie ihre Dienstleistungen mit den Begriffen „Finanzbuchführung", „Lohnabrechnung" und „Einrichtung der Buchführung" anbieten[289], da sie die gesetzlichen Zulassungsvoraussetzungen nicht erfüllen.

Allerdings verstößt die Verwendung der (gesetzlich nicht geschützten) Berufsbezeichnung „Tierheilpraktiker" durch Personen, die – ohne Tierarzt zu sein – bei der Behandlung von Tieren Naturheilverfahren anwenden und eine entsprechende Ausbildung abgeleistet haben, nicht gegen § 5 Abs. 2 Nr. 3 UWG[290].

g) Die Auszeichnungen und Ehrungen des Unternehmers

298 § 5 Abs. 1 Satz 2 Nr. 3 UWG verbietet in der Werbung, über den Besitz von Auszeichnungen und Ehrungen irreführende Angaben zu machen.

Unter Auszeichnungen wird alles verstanden, was einen Unternehmer aus der Menge seiner Konkurrenten in objektiver Weise herausstellt. Hierunter können Titel, Aussagen über Qualifikationen oder Qualitätsstandards oder Behauptungen, die auf einen bestimmten auszeichnenden Abnehmerkreis des Unternehmens deuten, fallen.

299 Auszeichnungen und Ehrungen dürfen in der Werbung nur verwendet werden, wenn sie tatsächlich verliehen wurden und damit den Tatsachen entsprechen. So haben die gesetzlichen, behördlichen oder sich im Verkehr durchgesetzten Voraussetzungen für das Führen von akademischen Graden oder Zeichen vorzuliegen.

---

286 *OLG München* NJWE-WettbR 1997, 31 f. – „Patentamtlich/patentrechtlich geschützt".
287 *BGH* GRUR 1957, 358 ff. – Kölnisch Eis.
288 *Ekey*, in Ekey/Klippel, HK WettbR, Rn. 388.
289 *BGH* WRP 2002, 85 ff.
290 *BGH* WRP 1999, 1145 ff. – Tierheilpraktiker.

Beispielsfälle

Die Verwendung eines ausländischen Doktortitels führt nicht nur in die Irre, wenn die Promotionsurkunde gefälscht war, sondern auch dann, wenn die notwendige Genehmigung des Kultusministers nicht vorliegt.

Als nicht irreführend wurde die Werbung in den ersten Tagen eines neuen Kalenderjahres mit einer im Vorjahr verliehenen Auszeichnung – „europäischer Webhoster des Jahres" – angesehen, auch wenn sich der Titel nicht auf das laufende Kalenderjahr bezieht[291].

14. Aussagen oder Symbole im Zusammenhang mit Sponsoring oder die sich auf eine Zulassung des Unternehmers oder der Waren oder Dienstleistungen beziehen

a) Der Hinweis auf die Förderung des Umweltschutzes, des sozialen Engagements oder anderer selbstloser Zwecke ist grundsätzlich lauter und begegnet keinen Bedenken. Allerdings müssen solche Aussagen oder Symbole, die im Zusammenhang mit direktem oder indirektem Sponsoring stehen, nach § 5 Abs. 1 Satz 2 Nr. 4 UWG zutreffen. **300**

Die Werbung darf dabei nicht für die Kaufentscheidung des Verbrauchers unzutreffende Vorstellungen hervorrufen[292]. **301**

b) Eine irreführende geschäftliche Handlung stellen nach § 5 Abs. 1 Satz 2 Nr. 4 UWG auch unzutreffende Aussagen über eine Zulassung des Unternehmers oder der Waren oder Dienstleistungen dar.

Beispielsfall

V vertreibt Produkte für den Arzt- und Krankenhausbedarf und ist zertifiziert nach DIN EN ISO 9002 und DIN EN 46002. Dabei handelt es sich um Qualitätsmanagementsysteme. Zertifiziert sind keine Produkte sondern nur das Unternehmen als solches. V bewirbt die von ihr angebotenen Produkte mit dem Zusatz „zertifiziert nach DIN EN ISO 9002 und DIN EN 46002". Die Wettbewerbszentrale verlangt Unterlassung dieser Bewerbung.

V könnte gegen § 5 Abs. 1 Satz 2 Nr. 4 UWG verstoßen haben, wenn der Hinweis auf die Zertifizierung eine irreführende geschäftliche Handlung darstellt. Dies ist zu bejahen, weil V lediglich ein Qualitätsmanagementsystem zertifiziert erhalten hat, jedoch auf ihrer Preisliste für Produkte den unzutreffenden Eindruck erweckt, die Zertifizierung beziehe sich auch auf die Produkte selbst[293].

15. Irreführung über die Notwendigkeit einer Leistung, eines Ersatzteils, eines Austausches oder einer Reparatur

Nach § 5 Abs. 1 Satz 2 Nr. 5 UWG zählen zu den irreführenden geschäftlichen Handlungen auch die Fälle, in denen über die Notwendigkeit der Erbringung einer Leistung, eines Ersatzteils, eines Austausches oder einer Reparatur getäuscht wird **302**

Beispielsfall: Obwohl ein Fahrzeug wegen einer entladenen Batterie nicht mehr anspringt, ersetzt die Autowerkstatt den Anlasser anstatt lediglich die Batterie wieder aufzuladen.

291 *OLG Hamburg* MMR 2003, 271 ff.
292 *BGH* GRUR 2007, 247 – Regenwaldprojekt I.
293 *OLG München* WRP 1997, 965 ff. – Qualitätsmanagementsystem.

16. Irreführung über die Einhaltung eines Verhaltenskodexes

303 Gemäß § 5 Abs. 1 Satz 2 Nr. 6 UWG stellt eine irreführende geschäftliche Handlung auch die Täuschung über die Einhaltung eines Verhaltenskodexes dar, auf den sich der Unternehmer verbindlich verpflichtet hat, wenn er auf diese Bindung hinweist. Nach § 24 Abs. 1 GWB können Wirtschafts- und Berufsvereinigungen für ihren Bereich Wettbewerbsregeln aufstellen.

Bei der Bestimmung des Inhalts eines Verhaltenskodexes nach § 24 Abs. 2 GWB handelt es sich um „Bestimmungen, die das Verhalten von Unternehmen im Wettbewerb regeln zu dem Zweck, einem den Grundsätzen des lauteren oder der Wirksamkeit eines leistungsgerechten Wettbewerbs zuwider laufenden Verhalten im Wettbewerb entgegenzuwirken und ein diesen Grundsätzen entsprechendes Verhalten im Wettbewerb anzuregen“[294].

17. Irreführung über Rechte des Verbrauchers

304 Gemäß § 5 Abs. 1 Satz 2 Nr. 7 UWG stellt eine irreführende geschäftliche Handlung auch die Täuschung über die Rechte des Verbrauchers, insbesondere solche aufgrund von Garantieversprechen oder Gewährleistungsrechte bei Leistungsstörungen dar. Alle unzutreffenden, den Verbraucher über seine Rechte täuschenden geschäftlichen Handlungen sind danach unlauter.

XII. Angaben im Rahmen vergleichender Werbung sowie bildliche Darstellungen und sonstige Veranstaltungen nach § 5 Abs. 2 und 3 UWG

305 Nach § 5 Abs. 3 UWG sind Angaben im Sinne von § 5 Abs. 2 UWG auch solche im Rahmen vergleichender Werbung sowie bildliche Darstellungen und sonstige Veranstaltungen, die darauf zielen und geeignet sind, solche Angaben zu ersetzen. Das Irreführungsverbot gemäß § 5 Abs. 2 UWG gilt sowohl für Angaben über die geschäftlichen Verhältnisse des Werbenden als auch für Angaben über die geschäftlichen Verhältnisse des Mitbewerbers und über das Ergebnis des Werbevergleichs. Entscheidend ist der Gesamteindruck, den die Angabe nach der Auffassung der umworbenen Kreise macht. Der Vergleich zutreffender Tatsachen kann überdies nach § 5a Abs. 1 UWG irreführen, wenn den angesprochenen Verkehrskreisen für den Kaufentschluss relevante Umstände verschwiegen werden[295].

---

294 Vgl. zur kartellrechtlichen Problematik von Verhaltenskodizes *Bornkamm* in Hefermehl/Köhler/Bornkamm, UWG, § 5 Rn 5165 f.

295 Vgl. nur *Ekey,* in Ekey/Klippel, HK WettbR, § 5 Rn. 14 m.N.; Rn. 315 ff.

XIII. Werbung mit der Herabsetzung eines Preises

Nach § 5 Abs. 4 Satz 1 UWG wird eine Irreführung für den Fall vermutet, dass mit der Herabsetzung eines Preises geworben wird, sofern der Preis nur für eine unangemessen kurze Zeit gefordert worden ist. Ist streitig, ob und in welchem Zeitrahmen der Preis gefordert worden ist, so trifft nach § 5 Abs. 4 Satz 2 UWG die Beweislast denjenigen, der mit der Preisherabsetzung geworben hat. **306**

1. Gegenstand der Irreführung

Grundsätzlich steht es dem Unternehmer frei, mit Preisherabsetzungen, sei es in Form der Gegenüberstellungen der eigenen Alt- und Neupreise oder in sonstiger Weise, zu werben. Ob die Werbung überhaupt einen Hinweis auf eine Preisherabsetzung enthält, entscheidet sich aus der Sicht der angesprochenen Verkehrskreise. So mag das Bewerben eines Preises mit den Worten „jetzt nur" so verstanden werden, dass der Anbieter seinen Preis gesenkt hat[296]. **307**

Unzulässig wird nach § 5 Abs. 4 Satz 1 UWG die Werbung mit einem herabgesetzten Preis, wenn der Verkehr über die herausgestellte Sparwirkung und besondere Preisgünstigkeit, die ihn zum Verkauf veranlassen soll, irregeführt wird[297]. Eine Irreführungsgefahr ist regelmäßig anzunehmen, wenn der frühere Altpreis überhaupt nicht oder nicht ernsthaft oder nicht über einen längeren Zeitraum verlangt worden war[298]. **308**

Sofern der angeblich gesenkte Preis bereits vor der Werbung gegolten hat und daher eine Preissenkung nicht vorliegt, dürfte dieser Fall eher unter das in § 5 Abs. 1 UWG geregelte allgemeine Irreführungsverbot zu subsumieren sein. Gleiches gilt für eine Werbung unter Bezugnahme auf einen anderen Preis, dessen Bezeichnung mehrdeutig ist. Ein solcher Fall wird gegeben sein, wenn sich die Werbung auf einen Preis, der in der Vergangenheit z.B. vom Hersteller empfohlen worden war, bezieht, der Hersteller jedoch seinen eigenen Preis aufgehoben hatte und der Werbende hierauf nicht hinweist[299]. **309**

Die Frage, über welchen Zeitraum der Werbende den Altpreis gefordert haben muss, ist unter Berücksichtigung aller Umstände des Einzelfalles, insbesondere der Warenart, der Verhältnisse des Betriebs und der Wettbewerbssituation zu beantworten. **310**

Beispielsfälle

Für langlebige Wirtschaftsgüter wie Möbel oder Teppiche gilt etwas anderes als für Waren des täglichen Bedarfs und insbesondere leicht verderbliche Lebensmittel[300].

Bezieht sich die Preisherabsetzung auf Möbel, muss der Altpreis nach Auffassung des OLG Stuttgart mindestens einen Monat lang verlangt werden, sofern der Anbieter nicht besondere Gründe für eine kurzfristige Preisherabsetzung nachweist[301]. Bei Parfumwaren wäre dagegen nur eine Zeitspanne von nur einer Woche unangemessen kurz[302].

---

296 *BGH* WRP 2000, 386 ff. – Preisknaller.
297 *BGH* ebenda.
298 *BGH* ebenda.
299 *BGH* WRP 1980, 330 – Preisgegenüberstellung III; WRP 1981, 454 – Testpreis-Werbung.
300 *BGH* WRP 2000, 386 – Preisknaller.
301 *OLG Stuttgart* WRP 1996, 469.
302 *OLG Stuttgart* WRP 1996, 791.

2. Beweislast

311 Der Wettbewerber, der einen Wettbewerbsverstoß nach § 5 Abs. 4 UWG verfolgen will, steht vor dem Problem, dass er in der Vergangenheit forschen muss, über welchen Zeitraum der Verletzer den höheren Preis gefordert hat. Das ist in der Regel schwierig, weil der Verletzer erst mit der Werbung für den herabgesetzten Preis auf sich aufmerksam macht. Normalerweise kann es sich kein Unternehmer leisten, die Preisgestaltung für das gesamte Sortiment seines Konkurrenten zu beobachten. Entsprechendes gilt erst recht für die nach § 8 Abs. 3 Nr. 2–4 UWG klagebefugten Verbände und Einrichtungen. Findet daher der Kläger keinen Zeugen, der die Preisgestaltung für das beworbene Produkt beobachtet hat, wäre die Durchsetzung der Ansprüche aus § 5 Abs. 4 UWG häufig unmöglich.

§ 5 Abs. 4 Satz 2 UWG sieht daher vor, dass die Beweislast für den Fall, dass streitig wird, ob und in welchem Zeitraum der höhere Preis gefordert worden ist, bei demjenigen liegt, der mit der Preisherabsetzung geworben hat.

XIV. Werbung für nicht ausreichend vorrätige Ware nach Nr. 5 des Anhangs zu § 3 III UWG

1. Allgemeines

312 Nach § 5 Abs. 5 Satz 1 UWG a.F. stellte es eine Irreführung dar, für eine Ware zu werben, die unter Berücksichtigung der Art der Ware sowie der Gestaltung und Verbreitung der Werbung nicht in angemessener Menge zur Befriedigung der zu erwartenden Nachfrage vorgehalten ist.

Wird im Handel für den Verkauf bestimmter Waren öffentlich geworben, so erwartet der Verbraucher, dass die angebotenen Waren zu dem angekündigten oder nach den Umständen zu erwartenden Zeitpunkt in einer solchen Menge vorhanden sind, dass die zu erwartende Nachfrage gedeckt ist. Besteht kein angemessener Warenvorrat, so wird der Verbraucher irre geführt und ggf. veranlasst, andere Waren zu kaufen[303].

313 Gem. § 5 Abs. 5 Satz 2 UWG a.F. war im Regelfall ein Vorrat für zwei Tage angemessen, es sei denn, der Unternehmer weist Gründe nach, die eine geringere Bevorratung rechtfertigen. § 5 Abs. 5 Satz 3 UWG stelle die Selbstverständlichkeit heraus, dass dies auch für die Werbung für eine Dienstleistung gilt.

314 Die Regelung der Werbung für nicht ausreichend vorrätige Ware wurde durch Nr. 5 des Anhangs zu § 3 Abs. 3 UWG ersetzt. Danach sind unzulässige geschäftliche Handlungen stets Waren- oder Dienstleistungsangebote zu einem bestimmten Preis, wenn der Unternehmer nicht darüber aufklärt, dass er hinreichende Gründe für die Annahme hat, er werde nicht in der Lage sein, diese oder gleichartige Waren oder Dienst-

303 Amtl. Begr. BT-Drucks. 15/1487 S. 20.

leistungen für einen angemessenen Zeitraum in angemessener Menge zum genannten Preis bereitzustellen oder bereitstellen zu lassen (Lockangebote). Ist die Bevorratung kürzer als zwei Tage, obliegt es dem Unternehmer, die Angemessenheit nachzuweisen.

2. Vorhaltung der Ware

Die vorgehaltene Ware muss auch nach neuer Rechtslage somit in angemessener Menge vorgehalten werden. Wird beispielsweise ein Gerät der Unterhaltungselektronik in einer ganz bestimmten Ausstattung beworben, muss es mit dieser Ausstattung vorrätig sein; die Werbung ist unlauter, wenn ein bestimmtes Zubehör bzw. eine bestimmte Verwendungsmöglichkeit nicht vorhanden ist[304]. 315

Die Ware hat, wenn sich aus der Werbung keine Einschränkung ergibt, in der Form vorgehalten zu werden, dass der Käufer die Ware sofort mitnehmen kann. 316

Beispielsfälle

In einem als Beilage zu einer Zeitung verteilten Prospekt bot die Beklagte auf der ersten Seite unter anderem eine aus Rechner, Tastatur und Bildschirm bestehende Personalcomputeranlage zu einem Preis von 1000,00 € zum Kauf an. Die Beklagte war am Tag des Erscheinens der Werbung nicht in der Lage die Computeranlage zu verkaufen, weil sie den dazugehörigen Bildschirm nicht vorrätig hatte. Allerdings enthielt die Fußzeile der Werbeanzeige den Hinweis „Keine Mitnahmegarantie. Sofern nicht vorhanden, gleich bestellen. Wir liefern umgehend."

Allein fraglich ist, ob der Hinweis in der Fußzeile der Werbeanzeige geeignet ist, die beim Verbraucher durch die herausgestellte Bewerbung erweckte Erwartung, den beworbenen Artikel sofort mitnehmen zu können, zu zerstören. Nach Auffassung des BGH kommt es zur Beurteilung dieser Frage darauf an, ob der Hinweis deutlich prägnant gefasst ist, so dass er dem durchschnittlich informierten Verbraucher in der Weise ins Auge fällt, dass er keiner Irreführung über die sofortige Mitnahmemöglichkeit der beworbenen Sache unterliegt[305]. Dieser Fall stellt ebenfalls ein anschauliches Beispiel für die Auswirkungen des geänderten Verbraucherleitbildes dar[306].

3. Angemessene Ware zur Befriedigung der zu erwartenden Nachfrage

Die Dauer der Zeit, in der das beworbene Produkt vorrätig sein muss, richtet sich nach den Erwartungen, die die Werbung bei dem Verbraucher weckt. 317

Die Frage, über welchen Zeitraum hinweg das beworbene Produkt vorrätig sein muss, lässt sich nicht schematisch beantworten[307]. Maßgebend dürfte die Verkehrserwartung aufgrund der jeweiligen Umstände sein. Hierzu kann die Art der Ware und der Inhalt der Werbung zählen. Einer Werbung in Werbebeilagen wird grundsätzlich eine längere Gültigkeit unterstellt als einer Werbung mit einer Anzeige in der Tagespresse. 318

---

304 *BGH* WRP 1999, 924 ff. – Werbebeilage.
305 *BGH* WRP 2003, 273 ff. – Computerwerbung II.
306 Vgl. Rn. 97 f.
307 BT-Drucksache 15/1487, 20.

Beispielsfälle

Wird eine Werbebeilage mit Angaben wie „Sommer 1995" überschrieben, geht der Verkehr davon aus, dass der Vorrat die Nachfrage für länger als eine Woche deckt[308].

Die Werbeaussage „da lohnt sich jeder Vorratskauf!" weckt die Erwartung einer besonders großen Vorratsmenge[309], im Gegensatz zu einer Werbeaussage „Abgabe nur in haushaltsüblichen Mengen, solange der Vorrat reicht"[310].

319 Nr. 5 S. 2 des Anhangs zu § 3 UWG enthält die widerlegliche Vermutung, nach der ein angemessener Warenvorrat im Regelfall dann gegeben ist, wenn der Vorrat die Nachfrage von zwei Tagen deckt.

Der Unternehmer hat die Möglichkeit nachzuweisen, dass eine Bevorratung, die die Nachfrage von zwei Tagen nicht deckt, im Einzelfall nicht unangemessen bzw. nicht irreführend ist. Dies ist denkbar bei einer unerwarteten, außergewöhnlich hohen Nachfrage[311].

XV. Irreführung durch Unterlassen nach § 5a UWG

1. Die Bedeutung des Verschweigens einer Tatsache für die Entscheidung zum Vertragsschluss nach § 5 Abs. 1 UWG

320 Während § 5a Abs. 1 UWG auch im geschäftlichen Verkehr mit Unternehmen Anwendung findet, gelten die Vorschriften in § 5a IIIV lediglich im geschäftlichen Verkehr zwischen Unternehmern und Verbrauchern.

321 Nach § 5a Abs. 1 UWG sind bei der Beurteilung, ob das Verschweigen einer Tatsache irreführend ist, insbesondere deren Bedeutung für die Entscheidung zum Vertragsschluss nach der Verkehrsauffassung sowie die Eignung des Verschweigens zur Beeinflussung der Entscheidung zu berücksichtigen.

Beispielsfall: Wird ein Produkt üblicherweise in einer bestimmten Ausstattung geliefert, wird der Verbraucher irregeführt, wenn das angebotene Produkt eines dieser üblichen Merkmale nicht aufweist[312].

322 Das Gesetz formuliert hier eher Unproblematisches. Allerdings gilt grundsätzlich, dass den Werbenden keine allgemeine Pflicht trifft, über alle maßgeblichen Entscheidungen des umworbenen Produkts oder die weniger vorteilhaften Eigenschaften der umworbenen Ware oder Leistungen umfassend aufzuklären[313].

---

308 *BGH* WRP 1999, 924 f. – Werbebeilage.
309 *BGH* GRUR 1984, 596 – Vorratskauf.
310 *BGH* WRP 2004, 483 f. – PlayStation.
311 BT-Drucksache 15/1487, 20.
312 *Bornkamm,* a.a.O., § 5a Rn. 4.
313 *BGH* WRP 1999, 512 ff. – Aktivierungskosten.

Beispielsfälle

So muss ein Händler, der in Zeitungsanzeigen für fabrikneue Fahrzeuge wirbt, die aus dem EU-Ausland importiert worden sind und deren Serienausstattung in für die Kaufentscheidung wesentlichen Merkmalen hinter der Serienausstattung der für den deutschen Markt bestimmten Fahrzeuge zurückbleibt, nicht schon im Zeitungsinserat auf die geringwertigere Ausstattung hinweisen, wenn er die Fahrzeuge hinreichend deutlich als „EU-Neuwagen" bezeichnet[314].

Eine Krankenkasse teilt in einer Presseerklärung mit, sie senke allgemein ihren Beitragssatz auf 13,1 %. Sie weist nicht gleichzeitig darauf hin, dass für Angestellte in den alten Bundesländern weiterhin ein höherer Beitragssatz von 14,5 % gelten soll, weil letztere im Bereich der stationären Betreuung umfassendere Leistungen beanspruchen können. In den unterlassenen Hinweisen, die erst über die wahre Sachlage aufgeklärt hätten, liegt ein relevantes Verschweigen von Tatsachen für die Entscheidung zum Vertragsschluss nach § 5 Abs. 2 Satz 2 UWG[315].

2. Die Irreführung durch Unterlassen nach § 5a Abs. 2 UWG

Das Vorenthalten von Informationen, die die Entscheidungsfähigkeit von Verbrauchern beeinflusst, führt zur Unlauterkeit, wenn diese Information im konkreten Fall unter Berücksichtigung aller Umstände einschließlich der Beschränkung des Kommunikationsmittels wesentlich ist. Die durch das Gesetz erfassten Fälle dürften ebenfalls unter die in § 5a Abs. 1 UWG erfassten Sachverhalte fallen. 323

3. Die Verletzung von Informationspflichten nach § 5a Abs. 3 und 4 UWG

Gemäß § 5a Abs. 3 UWG treffen den Anbieter von Waren oder Dienstleistungen unter Hinweis auf deren Merkmale und Preis eine Reihe von Informationspflichten. Der Unternehmer hat dafür Sorge zu tragen, dass ein durchschnittlicher Verbraucher alle wesentlichen Merkmale der Ware oder Dienstleistung durch das verwendete Kommunikationsmittel angemessen erfahren kann. Gleiches gilt für die Identität und Anschrift des Unternehmers oder die Identität und Anschrift des Unternehmers, für den der Unternehmer handelt. Weiterhin ist der Endpreis oder in Fällen, in denen ein solcher Preis aufgrund der Beschaffenheit der Ware oder Dienstleistung nicht im Voraus berechnet werden kann, die Art der Preisberechnung sowie ggf. alle zusätzlichen Fracht-, Liefer- und Zustellkosten oder in Fällen, in denen diese Kosten nicht im Voraus berechnet werden können, die Tatsache, dass solche zusätzlichen Kosten anfallen können, ordnungsgemäß mitzuteilen (§ 5a Abs. 3 Ziff. 3 UWG). 324

Als wesentlich i.S.d. § 5a Abs. 2 UWG gelten Informationen, die dem Verbraucher aufgrund gemeinschaftsrechtlicher Verordnungen oder nach Rechtsvorschriften zur Umsetzung gemeinschaftsrechtlicher Richtlinien für kommerzielle Kommunikation einschließlich Werbung und Marketing nicht vorenthalten werden dürfen (§ 5a Abs. 4 UWG). 325

Gleiches gilt für die Zahlungs-, Liefer- und Leistungsbedingungen sowie Verfahren zum Umgang mit Beschwerden, soweit sie vom Erfordernis der fachlichen Sorgfalt abweichen (§ 5a Abs. 3 Nr. 4 UWG) und das Bestehen eines Rechts zum Rücktritt oder Widerruf (§ 5a Abs. 3 Nr. 5 UWG). 326

314 *BGH* WRP 1999, 1155 ff. – EG-Neuwagen II.
315 Vgl. *OLG Hamm*, WRP 2002, 592.

XVI. Vergleichende Werbung

1. Bedeutung von § 6 UWG

327 § 6 Abs. 1 UWG definiert vergleichende Werbung als Werbung, die unmittelbar oder mittelbar einen Mitbewerber oder die von einem Mitbewerber angebotenen Waren oder Dienstleistungen erkennbar macht. Vergleichende Werbung ist grundsätzlich zulässig.

328 Der Vergleich der eigenen Waren, Leistungen oder der eigenen Person mit den Waren, Leistungen oder der Person der Mitbewerber vermag häufig der Verbraucherinformation zu dienen. Auch die Werbung mit Testergebnissen, die eine Gegenüberstellung der Vorzüge und Nachteile der Produkte oder Dienstleistungen verschiedener Wettbewerber enthalten, informiert den Verbraucher über die Vorzüge und Nachteile der Angebote[316]. Vergleichende Werbung ist sowohl am Maßstab des § 6 UWG als auch dem des § 5 UWG zu messen.

329 In § 6 Abs. 2 UWG werden in den Nr. 1-6 Beispiele für unlautere vergleichende Werbung genannt. Nach diesen Beispielen darf der Vergleich

1. sich nicht auf Waren oder Dienstleistungen für den gleichen Bedarf oder dieselbe Zweckbestimmung beziehen,
2. nicht objektiv auf eine oder mehrere wesentliche, relevante, nachprüfbare und typische Eigenschaften oder den Preis dieser Waren oder Dienstleistungen bezogen sein,
3. im geschäftlichen Verkehr nicht zu Verwechslungen zwischen dem Werbenden und einem Mitbewerber oder zwischen den von diesen angebotenen Waren oder Dienstleistungen oder den von ihnen verwendeten Kennzeichen führen,
4. die Wertschätzung des von einem Mitbewerber verwendeten Kennzeichens nicht in unlauterer Weise ausnutzen oder beeinträchtigen,
5. die Waren, Dienstleistungen, Tätigkeiten oder persönlichen oder geschäftlichen Verhältnisse eines Mitbewerbers nicht herabsetzen oder verunglimpfen oder
6. eine Ware oder Dienstleistung nicht als Imitation oder Nachahmung einer unter einem geschützten Kennzeichen vertriebenen Ware oder Dienstleistung darstellen.

330 Wenn sich der Vergleich auf ein Angebot mit einem besonderen Preis oder anderen besonderen Bedingungen bezieht, so sind nach § 6 Abs. 3 Satz 1 UWG der Zeitpunkt des Endes des Angebots und, wenn dieses noch nicht gilt, der Zeitpunkt des Beginns der Angebots eindeutig anzugeben. Gilt das Angebot nur so lange, wie die Waren oder Dienstleistungen verfügbar sind, so ist gemäß § 6 Abs. 3 Satz 2 UWG darauf hinzuweisen.

331 Der Gesetzgeber hatte die Richtlinie 84, 450 EWG vom 10.9.1984 über irreführende und vergleichende Werbung wie zuvor bereits in §§ 2, 3 UWG a.F. umgesetzt und diese Regelung ist nun in § 6 UWG übernommen. Aus der richtlinienkonformen Ausle-

---

316 *Plaß,* in Ekey/Klippel, HK-WettbR, § 6 Rn. 1.

gung von § 6 UWG ergibt sich, dass die Wettbewerbswidrigkeit der nicht irreführenden vergleichenden Werbung abschließend in § 6 UWG geregelt ist, wohingegen die irreführende vergleichende Werbung sich auch nach § 5 richtet[317].

Für die Annahme einer unlauteren vergleichenden Werbung nach § 6 Abs. 2 UWG bedarf es nicht als Voraussetzung der Irreführung der Beworbenen.

2. Prüfung eines Anspruchs nach § 6 UWG

Zunächst ist zu untersuchen, ob überhaupt eine vergleichende Werbung i.S.v. § 6 Abs. 1 UWG vorliegt. Dabei verwendet § 6 Abs. 1 UWG die Begriffe Werbung, Mitbewerber, Waren oder Dienstleistungen in gleicher Weise wie in §§ 2 ff. UWG und definiert den Begriff der vergleichenden Werbung. **332**

Wenn keine vergleichende Werbung nach § 6 Abs. 1 UWG vorliegt, scheidet eine Unlauterkeit gemäß § 6 Abs. 2 UWG aus. Unabhängig davon kann eine solche nicht vergleichende Werbung allerdings unlauter nach §§ 3 ff. UWG und insbesondere irreführend gem. § 5 UWG sein. **333**

Weil nach § 6 Abs. 1 UWG in Umsetzung der europäischen Richtlinie[318] vergleichende Werbung grundsätzlich als zulässig angesehen wird, ist von einem weiten Begriffsverständnis auszugehen. **334**

Vergleichend ist eine Werbung dann, wenn sie eine Gegenüberstellung von zwei Unternehmen bzw. deren Produkten mit dem Ziel der Aufzeichnung von Alternativen enthält. Die einander gegenübergestellten Mitbewerber oder ihre Produkte oder Dienstleistungen sind nur gegenüberstellend i.S.v. § 6 Abs. 1 UWG, wenn sie aufeinander bezogen sind[319]. **335**

Beispielsfall

K stellt Gelenkwellen für Landmaschinen her und hat in diesem Bereich in Deutschland auch im Vertrieb einen Marktanteil von 70 %. B vertreibt ebenfalls Gelenkwellen und Ersatzteile von Gelenkwellen. B verwendet zur Bestimmung der Gelenkwellen das Kennzeichnungssystem von K mit einzelnen Baugrößenbezeichnungen. Dabei benutzt sie auch eigenständige Bestellnummern und gibt an, dass ihr Ersatzteil das jeweilige Teil von K, welches mit seiner Baugröße oder Ersatzteilnummer bezeichnet wird, ersetzt.

Hierin sieht K eine unzulässige Ausnutzung des guten Rufs ihrer Produkte und unzulässige vergleichende Werbung.

Zwar partizipiert B mit der Nennung des Nummernsystems und der Bezeichnung „Ersetzt" an dem guten Ruf von K. Weiterhin liegt auch eine Bezugnahme und damit eine vergleichende Werbung nach § 6 Abs. 1 UWG vor. Vergleichende Werbung soll nämlich dazu beitragen, die Vorteile der verschiedenen vergleichbaren Erzeugnisse objektiv herauszustellen und so den Wettbewerb zwischen den Anbietern von Waren und Dienstleistungen im Interesse der Verbraucher zu fördern[320]. Die Angabe der Baugrößenbezeichnungen von K neben den Bestellnummern von B unter der Angabe „Ersetzt" ermöglicht dem Verkehr, die Erzeugnisse von B,

317 *Plaß*, in Ekey/Klippel, HK-WettbR, Rn. 16.
318 Vgl. Rn. 331.
319 *Boesche*, WettbR, S. 116, 117, Rn. 194.
320 Vgl. *EuGH* GRUR 2002, 354 f. – Toshiba/Katun.

die den Erzeugnissen von K entsprechen, eindeutig zu identifizieren. Eine solche Angabe stellt die Behauptung einer Gleichwertigkeit hinsichtlich der technischen Eigenschaften der beiden Erzeugnisse dar, d.h. ein Vergleich wesentlicher, relevanter, nachprüfbarer und typischer Eigenschaften der Erzeugnisse. Die bloße Verwendung der Bezeichnungen in Verbindung mit der Angabe „Ersetzt" begründet dabei keinen Umstand der Unlauterkeit[321].

336 Die bloße Bezugnahme auf die Waren eines Mitbewerbers allein reicht für die Annahme vergleichende Werbung nicht aus, wenn keine Kauf- oder Erwerbsalternativen gegenübergestellt werden.

Beispielsfall

H, eine Herstellerin von Aluminiumrädern, bildet in einer Werbeanzeige ein Porschefahrzeug ab, welches mit Aluminiumrädern von H ausgerüstet ist. P, die Porsche AG, sieht hierin neben einer Markenrechtsverletzung eine unzulässige vergleichende Werbung.

Die Markenrechtsverletzung nach § 14 Abs. 2 MarkenG scheidet nach Auffassung des BGH aus, weil H die Marke nicht in der Weise verwendet hat, das Produkt in seiner bestimmungsgemäßen Verwendung zu zeigen, sondern lediglich, um für Zubehör zu werben[322].

Das Vorliegen einer unlauteren vergleichenden Werbung kommt zwar grundsätzlich in Betracht. Das Einsetzen eines fremden Produkts in der Werbung für ein eigenes Produkt stellt jedoch bereits keine vergleichende Werbung dar, wenn sich die Produkte wie hier nicht als Kaufalternative gegenüber stehen, auch wenn mit der Bezugnahme auf das fremde Produkt eine Anlehnung an dessen guten Ruf verbunden ist[323].

Liegt vergleichende Werbung vor, stellt § 6 Abs. 2 UWG für die Prüfung ihrer möglichen Unzulässigkeit verschiedene Kriterien auf. Genügt sie diesen in § 6 Abs. 2 aufgeführten Anforderungen nicht, handelt der Werbende unlauter.

337 Wie sonst auch im Unlautbarkeitsrecht kommt es bei der Beurteilung der Wirkung der vergleichenden Werbung auf die Sicht des durchschnittlich informierten und verständigen und nach der Rspr. des BGH situationsangemessen aufmerksamen Umworbenen an[324].

3. Die Fallgruppen des § 6 Abs. 2 UWG

a) Die Regelung in § 6 Abs. 2 Nr. 1 UWG

338 Die vergleichende Werbung muss sich auf Waren oder Dienstleistungen für den gleichen Bedarf oder dieselbe Zweckbestimmung beziehen. § 6 Abs. 2 Nr. 1 UWG soll sicherstellen, dass der Vergleich ein reiner Waren- bzw. Dienstleistungsvergleich ist, die Person des Unternehmers, die mit dessen Angeboten mittelbar zu tun hat, also außen vor bleibt. Gleichzeitig beschränkt sie die zulässige Bezugnahme auf einen Vergleich zwischen substituierbaren Produkten, bei denen die Information über die Unterschiede zwischen den Waren bzw. Dienstleistungen für den Verbraucher von Nutzen sein kann[325].

321 *BGH* WRP 2003, 637 ff. – Ersetzt.
322 Vgl. Rn. 432 ff.
323 *BGH* GRUR 2005, 163 ff. – Aluminiumräder
324 *BGH* WRP 2002, 1138 ff. – Die „Steinzeit" ist vorbei.
325 *Plaß*, in Ekey/Klippel, HK-WettbR, Rn. 61.

Beispielsfall

Die Parteien sind Wettbewerber bei dem Angebot der Telekommunikation. Der Kläger bietet mit „T-ISDN" einen digitalen Universalzugang zum Telefonnetz an. Die Beklagte bietet unter Bezeichnung „Speedaw@y" ebenfalls Zugänge zum Telefonnetz an und bewirbt diese Dienstleistung mit dem Hinweis, „35 mal schneller als ISDN". Dabei unterlässt die Beklagte den Hinweis, dass ihre Dienstleistung nur einen kleinen Ausschnitt des Leistungsspektrums des zuvor von der Klägerin angebotenen Produkts abdeckt.

Zunächst erfüllt die angegriffene Werbung die Voraussetzungen für das Vorliegen vergleichender Werbung i.S.v. § 6 Abs. 1 UWG. Auch liegt die im § 6 Abs. 2 Nr. 1 UWG vorausgesetzte Funktionsidentität der Dienstleistungen jedenfalls zum Teil vor. Andererseits unterscheiden sich die beworbenen Dienstleistungen z.T. erheblich, so dass die im § 6 Abs. 2 Nr. 1 UWG geforderte umfassende Funktions- bzw. Bedarfsidentität der Vergleichsobjekte ausscheidet. Hieraus folgt unmittelbar die Unlauterkeit der vergleichenden Werbung nach § 6 Abs. 1, Abs 2 Nr. 1 UWG[326].

b) Pflicht zur Objektivität nach § 6 Abs. 2 Nr. 2 UWG

Gemäß § 6 Abs. 2 Nr. 2 UWG handelt unlauter, wer vergleichend wirbt und sich nicht 339 objektiv auf eine oder mehrere, relevante, nachprüfbare und typische Eigenschaften oder den Preis dieser Waren oder Dienstleistungen bezieht.

§ 6 Abs. 2 Ziff. 2 UWG enthält das Verbot einer pauschalen vergleichenden Werbung.

Bei Eigenschaften nach § 6 Abs. 2 Nr. 2 UWG handelt es sich um alle physischen Be- 340 schaffenheitsmerkmale sowie ihre tatsächlichen, wirtschaftlichen, sozialen oder rechtlichen Beziehungen zur Umwelt, soweit sie für die Brauchbarkeit und den Wert der angebotenen Waren oder Dienstleistungen von Bedeutung sind. Dabei dürfen stets nur bestimmte Eigenschaften verglichen werden. Bei dem Eigenschaftsvergleich muss das Bemühen um Sachlichkeit und Richtigkeit sowie die Geeignetheit für die mögliche Information der Verbraucher im Vordergrund stehen; Wertungen sind in diesem Zusammenhang zulässig[327].

Beispielsfall

Die Parteien sind Hersteller von Handzahnbürsten. Die Klägerin erschien mit ihrer neuen Zahnbürste „Dr. Best X-Aktiv" Anfang Mai auf dem Markt. Die Beklagte warb für ihre Neuentwicklung „ORAL-B Cross-Action" im Juni mit der von ihr im Prozess nicht beweisbaren Aussage,

„Cross-Action – entfernt signifikant mehr Plaque als jede andere führende Handzahnbürste!"

Zunächst liegen die Voraussetzungen eines zulässigen Werbevergleichs nach § 6 Abs. 2 Nr. 2 UWG vor, da sich der Vergleich der Beklagten mit der Handzahnbürste der Klägerin erkennbar auf eine wesentliche, relevante und typische Eigenschaft einer Handzahnbürste bezieht. Diese ist auch objektiv im Sinne der Norm. Der Vergleich hat darüber hinaus „nachprüfbare" Angaben im Sinne dieser Vorschrift zum Gegenstand, denn es handelt sich nicht um ein bloßes Werturteil in der Aussage, dass mehr Plaque entfernt werden kann. Somit ist die Werbung gemäß § 6 Abs. 2 Nr. 2 UWG zulässig. Weil die Beklagte die Richtigkeit ihrer Behauptung, die von ihr vertriebenen Handzahnbürste entferne mehr Plaque, nicht beweisen konnte, verbot das OLG Hamburg gleichwohl die Werbung wegen einer unzutreffenden Allein- bzw. Spitzenberühmung nach § 5 UWG[328].

---

326 Vgl. *OLG Hamburg* GRUR-RR 2002, 169 ff. – Speedaw@y.
327 *Boesche*, WettbR, S. 123, Rn. 212.
328 *OLG Hamburg* GRUR–RR 2001, 84 ff. – Handzahnbürste.

c) Das Verwechslungsverbot in § 6 Abs. 2 Nr. 3 UWG

341 Die vergleichende Werbung darf gem. § 6 Abs. 2 Nr. 3 UWG nicht im geschäftlichen Verkehr zu Verwechslungen zwischen dem Werbenden und einem Mitbewerber oder zwischen den von diesen angebotenen Waren oder Dienstleistungen oder den von ihnen verwendeten Kennzeichen führen.

Unter Kennzeichen sind Marken, Handelsnamen und andere Unterscheidungszeichen zu verstehen. Das Tatbestandsmerkmal Verwechslungen setzt eine konkrete Verwechslungsgefahr voraus: es müssen zumindest einzelne Angehörige der angesprochenen Verkehrskreise irregeführt worden sein[329].

d) Die Ausnutzung der Wertschätzung nach § 6 Abs. 2 Nr. 4 UWG

342 Eine unzulässige vergleichende Werbung liegt nach § 6 Abs. 2 Nr. 4 UWG vor, wenn die Wertschätzung des von einem Mitbewerber verwendeten Kennzeichens in unlauterer Weise ausgenutzt oder beeinträchtigt wird.

Die Partizipation an dem guten Ruf des Mitbewerbers oder seiner Waren und Dienstleistungen allein führt nicht zur Unlauterkeit nach § 6 Abs. 2 Nr. 4 UWG[330].

343 Eine unzulässige Rufausbeutung im Rahmen von Vergleichswerbung kann nur dann tatbestandsmäßig erfolgen, wenn das ausgebeutete Zeichen einen entsprechend ausnutzbaren Ruf besitzt. Die bloße Nennung oder Bezugnahme der Kennzeichnung alleine würde nicht ausreichen. Eine Unlauterkeit der vergleichenden Werbung könnte sich aber dadurch ergeben, dass beim Verkehr die Unterscheidungskraft oder Wertschätzung des Zeichens in der Weise ausgenutzt wird, dass ein falscher Eindruck über die Beziehungen zwischen den Werbenden und dem Zeicheninhaber erweckt wird. Da jeder Vergleich zwischen einer bekannten mit einer eher unbekannten Ware eine Rufausbeutung darstellt, bedarf es zur Eingrenzung des Tatbestandsmerkmals einer Interessenabwägung und damit besonderer die Unlauterkeit begründender Merkmale. Dies könnte etwa darin gesehen werden, dass die eigene Ware als besser oder als Ersatz für die Konkurrenzware bezeichnet wird oder eine unzulässige Nachahmung eines fremden Produkts vorliegt.

e) Die Herabsetzung oder Verunglimpfung nach § 6 Abs. 2 Nr. 5 UWG

344 Nach § 6 Abs. 2 Nr. 5 UWG darf sich die vergleichende Werbung nicht auf eine Ware oder Dienstleistung als Imitation oder Nachahmung einer unter einem geschützten Kennzeichen vertriebenen Ware oder Dienstleistung beziehen. Gemeint ist hier der besondere Fall der Rufausbeutung[331]. Es geht insbesondere um die Fälle, in denen ein berühmtes Produkt billig nachgeahmt und unter Hinweis auf die Nachahmung in den Verkehr gebracht wird. Zu denken wird an die sog. Parfümfälle sein, bei denen ein

329 BT-Drucksache 14/2959, S. 11.
330 *BGH* WRP 2003, 637 ff. – Ersetzt.
331 *Plaß*, in Ekey/Klippel, HK WettbR, Rn. 132.

Hersteller den Duft eines berühmten Mitbewerbers billig nachahmt und unter Hinweis auf die Nachahmung in den Verkehr bringt[332].

XVII. Unzumutbare Belästigungen nach § 7 UWG

1. Systematik

§ 7 UWG will Marktteilnehmer vor unzumutbarer Belästigung schützen. § 7 bezweckt nicht nur den Schutz der Verbraucher, sondern auch den aller anderen Marktteilnehmer wie Mitbewerber. **345**

§ 7 enthält in Abs. 1 eine Generalklausel, wonach unzumutbare Belästigungen von Marktteilnehmern verboten sind, und führt in § 7 Abs. 2 UWG auf, in welchen Fällen insbesondere eine unzumutbare Belästigung anzunehmen ist.

Das generalklauselartige Verbot gem. § 7 Abs. 1 S. 1 UWG dürfte alle Arten unzumutbarer Belästigungen von Marktteilnehmern abdecken. **346**

In § 7 Abs. 3 UWG werden Voraussetzungen formuliert, unter denen trotz Vorliegens einer der Beispielsfälle in § 7 Abs. 2 UWG gleichwohl nicht von einer unzumutbaren Belästigung auszugehen ist.

2. Das Verbot der unzumutbaren Belästigungen in § 7 Abs. 1 UWG

Nicht alle, sondern nur unzumutbare Belästigungen sind nach § 7 Abs. 1 S. 1 UWG unlauter. Gemeint sind die Fälle, in denen sich die Belästigung zu einer solchen Intensität verdichtet hat, dass sie von einem großen Teil der Marktteilnehmer als unerträglich empfunden wird[333]. **347**

So werden die Grenzen zulässiger Werbung überschritten, wenn die Werbung einen Grad der Aufdringlichkeit annimmt, der dem Verbraucher eine sachliche Prüfung der Ware unmöglich macht. Wirbt das Unternehmen so aufdringlich, dass der Verbraucher den Vertrag abschließt, um der Belästigung der Werbung zu entgehen (sog. Anreißen), ist die Werbung nach § 7 Abs. 1 UWG unlauter, weil sie dem Verbraucher die Entscheidungsfreiheit nimmt oder in unangemessener und nicht mehr zumutbarer Art und Weise in seine Privatsphäre eindringt. Das grundsätzlich zu berücksichtigende Interesse des Unternehmers an wirtschaftlichem Gewinnstreben muss dann zurückstehen[334].

Wenn ein Verstoß nach § 7 UWG vorliegt, führt dies zur unmittelbaren Unlauterkeit. **348**

---

332 Ebenda.
333 Amtl. Begr. BT-Drucks. 15/1487, 20.
334 *Plaß,* in Ekey/Klippel, HK-WettbR, § 7 Rn. 7.

Beispielsfälle

Das Aufstellen von mit Werbung versehenen Containern neben Gräbern auf einem Friedhof zwingt die Trauergemeinden, sich mit den werblichen Aussagen auseinander zu setzen. Hierin sieht das OLG München eine unzumutbare Belästigung, die unter § 7 Abs. 1 UWG fallen würde[335].

Auf einem Marktplatz sprechen mit dem Logo einer Telefongesellschaft bekleidete Werber Verbraucher an, um ihnen einen Telefonvertrag anzubieten.

Da kein Fall des § 7 Abs. 2 Nr. 1–4 UWG angenommen werden kann, richtet sich die Prüfung nur nach § 7 Abs. 1 UWG. Das gezielte Ansprechen in der Öffentlichkeit durch nach ihrem äußeren Erscheinungsbild erkennbar Werbende löst zwar möglicherweise eine gewisse Beeinträchtigung der Verbraucher aus. Diese können sich aber unschwer abwenden und die Beeinträchtigung somit äußerst gering halten. Danach verstößt dieses dargestellte Ansprechen in der Öffentlichkeit nicht gegen § 7 Abs. 1 UWG. Etwas anderes würde gelten, wenn der Verbraucher sich dem Ansprechen nicht ohne Weiteres durch Abwenden entziehen kann, etwa weil in einer sehr engen Straße angesprochen wird. Dann führt schon das einmalige Ansprechen zu einer unzumutbaren Belästigung i.S.v. § 7 Abs. 1 UWG. Es könnte darüber hinaus auch ein Fall des § 7 Abs. 2 Nr. 1 UWG vorliegen, wenn die in der engen Straße Angesprochenen nach erkennbarer Ablehnung ein zweites Mal angesprochen würden, die Werbenden ihre Entscheidung sozusagen nicht akzeptiert hätten[336].

Die unverlangte Zusendung einer SMS stellt eine unzumutbare Belästigung i.S.v. § 7 Abs. 1 UWG dar[337].

Die Anwahl von Mobiltelefonnummern, wobei die Verbindung nach einmaligem Klingeln unterbrochen wird, mit der Absicht, den Empfänger zum Rückruf der auf dem Handy-Display hinterlassenen unbekannten, kostenpflichtigen Mehrdienste-Rufnummer zu bewegen (sog. Lock- und Pinganruf), ist eine wettbewerbswidrige Belästigung der Verbraucher i.S.v. § 7 Abs. 1 UWG[338].

3. Die in § 7 UWG aufgeführten Fallgruppen, in denen eine unzumutbare Belästigung insbesondere anzunehmen ist

a) Werbung gegen den erkennbaren Willen des Umworbenen nach § 7 Abs. 1 S. 2 UWG

349 Eine Werbung, die sich an einen Empfänger richtet, der diese Werbung nicht wünscht, stellt eine unzumutbare Belästigung nach § 7 Abs. 1 S. 2 UWG dar. Hierunter fallen Sachverhalte, bei denen der Empfänger seinen Unwillen ausdrücklich oder auch nur konkludent zum Ausdruck bringt.

b) Die Werbung mit den in § 7 Abs. 2 Nr. 1 UWG aufgeführten Kommunikationsmitteln

350 Wenn ein Verbraucher angesprochen wird, obwohl er dies erkennbar nicht wünscht, unter Verwendung der nicht in den Nr. 2 und 3 aufgeführten, für den Absatz geeigneten Mittel der kommerziellen Kommunikation, stellt dies stets eine unzumutbare Belästigung dar. Es handelt sich hierbei um Briefe, Prospekte oder Kataloge.

335 *OLG München* GRUR-RR 2003, 117 ff.
336 *BGH* WRP 2005, 485 ff.; GRUR 2004, 699 ff. – Ansprechen in der Öffentlichkeit.
337 *LG Berlin* MMR 2005, 714 – SMS-Chat.
338 *VG Köln* K&R 2005, 285 – Lock- und Pinganrufe.

Beispielsfall: Macht der Umworbene z.B. auf seinem Briefkasten deutlich, er wünscht von Werbung verschont zu bleiben, würde das Einwerfen einer Werbewurfsendung gegen § 7 Abs. 1 S. 2 UWG verstoßen.

Auch das Ansprechen in der Öffentlichkeit[339] und das Zusenden unbestellter Ware kann gegen § 7 Abs. 1 S. 2 UWG verstoßen, wenn sich aus den Umständen ergibt, dass der Adressat diese Handlungen nicht wünscht[340]. **351**

c) Telefonwerbung gegenüber Verbrauchern und sonstigen Marktteilnehmern nach § 7 Abs. 2 Nr. 2 UWG

Gem. § 7 Abs. 2 Nr. 2 UWG belästigt eine Werbung mit Telefonanrufen bei Verbrauchern ohne deren vorherige ausdrückliche Einwilligung oder bei sonstigen Marktteilnehmern ohne deren zumindest mutmaßliche Einwilligung diese unzumutbar. **352**

Während bei einem Verbraucher die Einwilligung, per Telefon umworben zu werden, ausdrücklich dem Werbenden vorzuliegen hat, genügt bei Telefonwerbung gegenüber sonstigen Marktteilnehmern die nur mutmaßliche Einwilligung.

Beispielsfall

Die telefonische Kontaktaufnahme zu Gewerbetreibenden, um sie nach dem Einverständnis für die Zusendung einer werblichen Unterlage mittels Telefax zu befragen, ist wettbewerbswidrig nach § 7 Abs. 2 Nr. 2 UWG, sofern die Angerufenen nicht ihrerseits um die telefonische Kontaktaufnahme gebeten haben oder deren Einverständnis nicht vermutet werden kann[341]. Dabei stellt die nachträgliche Billigung eines Telefonanrufes keine Einwilligung i.S. dieser Vorschrift dar[342].

Die gesetzliche Regelung ist in Bezug auf Telefonwerbung gegenüber Verbrauchern eindeutig. Die vorherige Einverständniserklärung mit der Telefonwerbung hat der Werbende im Streitfall darzulegen und zu beweisen. **353**

Lediglich über die Bagatellklausel gemäß § 3 UWG kann im Einzelfall eine unter Verstoß gegen § 7 Abs. 2 Nr. 1 UWG vorgenommene Telefonwerbung nicht als unlauter i.S.v. § 3 UWG gewertet werden, etwa weil es sich um einen einmaligen Anruf handelt.

Problematischer stellt sich die Bestimmung der mutmaßlichen Einwilligung sonstiger Marktteilnehmer gegenüber einer Werbung mit Telefonanrufen dar. Hier kommt es i.d.R. auf eine Wertung im Einzelfall an. Der Umstand, dass ein Unternehmer selbst werbend mit seinem Telefonanschluss in der Öffentlichkeit auftritt, vermag allerdings allein noch nicht eine mutmaßliche Einwilligung zu begründen, selbst telefonisch beworben zu werden. **354**

Beispielsfall

Die Beklagte gibt ein Branchenfernsprechbuch heraus. In dieses werden Kunden verschiedener Telefongesellschaften mit ihrer Telefonnummer aufgenommen. Dabei haben sie ihrer Telefongesellschaft den Auftrag zur Aufnahme eines Eintrages in Telefonverzeichnisse erteilt. Für die Telefonkunden besteht die Möglichkeit, den kostenlosen Grund- bzw. Standardeintrag um entgeltpflichtige Zusätze, Ergänzungen oder Anzeigen zu erweitern. Die Beklagte nimmt zu die-

339 Vgl. Rn. 348.
340 BT-Drucks. 15/1487, S. 21.
341 *LG Leipzig* WRP 2005, 1194.
342 *OLG Köln* MD 2005, 829.

sem Zweck telefonischen Kontakt mit gewerblichen Kunden der Telefongesellschaften auf und bietet ihnen kostenpflichtige Erweiterungen des Eintrags an. Die Klägerin befasst sich mit der Herausgabe eines auf den Kölner Raum bezogenen Branchenfernsprechverzeichnisses und hält das Vorgehen der Beklagten für unlauter.

Der BGH sah die beanstandete Werbemaßnahme in zweifacher Hinsicht mit der den Standardeintrag betreffenden Geschäftsbeziehung in einem engen sachlichen Zusammenhang: Zum Einen beziehe sich die Werbemaßnahme nicht auf eine gegenüber der bereits bestehenden Geschäftsbeziehung verschiedene Leistung. Sie ziele darauf ab, den Telefonkunden zu einer Erweiterung oder zu einer andersartigen Gestaltung des Eintrags zu veranlassen. Zum Anderen erfolgte die Werbung für eine entgeltliche Änderung des Eintrages im Zusammenhang mit einem Telefonanruf, mit dem der Inhalt des bisherigen Standardeintrags für eine Neuauflage des Telefonverzeichnisses überprüft werden sollte. Ein mutmaßliches Einverständnis des anzurufenden Gewerbetreibenden kann dann bereits anzunehmen sein, wenn die telefonische Werbemaßnahme zwar gegenüber einer schriftlichen Werbung keine Vorzüge aufweisen oder ihr sogar einzelne Vorteile fehlen würde, sie aber gleichwohl seinen Interessen noch in einem solchen Maße entspricht, dass die damit verbundenen Belästigungen als hinnehmbar erscheinen lässt. Vorliegend kann die telefonische Werbung auch zur Überprüfung der Daten des Standardeintrages und für einen möglichen Neudruck des Teilnehmerverzeichnisses sowie eine häufig werblich genutzte Ergänzung des Standardeintrages angesehen werden. Weiterhin wird bei der anzunehmenden Abwägung der Umstände auch zu berücksichtigen sein, dass es sich bei dem Anruf nur um eine relativ geringfügige Belästigung handelt, die überdies zeitlich begrenzt ist[343].

d) Werbung mit automatisierten Vorrichtungen ohne Einwilligung des Adressaten nach § 7 Abs. 2 Nr. 3 UWG

355 Eine unzumutbare Belästigung liegt nach § 7 Abs. 2 Nr. 3 UWG bei einer Werbung unter Verwendung von automatischen Anrufmaschinen, Faxgeräten oder elektronischer Post vor, ohne dass der Adressat eingewilligt hätte.

Während § 7 Abs. 2 Nr. 2 UWG noch zwischen Telefonanrufen gegenüber Verbrauchern und sonstigen Marktteilnehmern unterscheidet, erachtet § 7 Abs. 2 Nr. 3 UWG die Werbung mit automatischen Vorrichtungen ohne ausdrückliche vorherige Einwilligung der Adressaten als unlauter.

356 Allerdings schränkt § 7 Abs. 3 UWG diesen allgemeinen Grundsatz bei einer Werbung unter Versendung elektronischer Post für die Fälle ein, wenn

1. ein Unternehmer im Zusammenhang mit dem Verkauf einer Ware oder Dienstleistung von dem Kunden dessen elektronische Postadresse erhalten hat,
2. der Unternehmer die Adresse zur Direktwerbung für eigene ähnliche Waren oder Dienstleistungen verwendet,
3. der Kunde der Verwendung nicht widersprochen hat und
4. der Kunde bei Erhebung der Adresse und bei jeder Verwendung klar und deutlich darauf hingewiesen wird, dass er der Verwendung jederzeit widersprechen kann, ohne dass hierfür andere als die Übermittlungskosten nach den Basistarifen entstehen.

343 *BGH* GRUR 2004, 520 ff. – Telefonwerbung für Zusatzeintrag.

e) Verschleierung oder Verheimlichung des Absenders nach § 7 Abs. 2 Nr. 4 UWG

Eine unzumutbare Belästigung nimmt § 7 Abs. 2 Nr. 4 UWG bei einer Werbung mit elektronischen Nachrichten an, bei der die Identität des Absenders, in dessen Auftrag die Nachricht übermittelt, verschleiert oder verheimlicht wird oder bei der keine gültige Adresse vorhanden ist, an die der Empfänger eine Aufforderung zur Einstellung solcher Nachrichten richten kann, ohne dass hierfür andere als die Übermittlungskosten nach den Basistarifen entstehen. **357**

§ 7 Abs. 2 Nr. 4 UWG dient der Umsetzung von Art. 13 Abs. 4 Datenschutz-RL[344].

f) Ausnahme der unzumutbaren Belästigungen

Nach § 7 Abs. 3 UWG liegt keine unzumutbare Belästigung bei einer Werbung unter Verwendung elektronischer Post vor, wenn **358**

- ein Unternehmer im Zusammenhang mit dem Verkauf einer Ware oder Dienstleistung von dem Kunden dessen elektronische Postadresse erhalten hat,
- der Unternehmer die Adresse zur Direktwerbung für eigene ähnliche Waren oder Dienstleistungen verwendet,
- der Kunde der Verwendung nicht widersprochen hat und
- der Kunde bei Erhebung der Adresse und bei jeder Verwendung klar und deutlich darauf hingewiesen wird, dass er der Verwendung jederzeit widersprechen kann, ohne dass hierfür andere als die Übermittlungskosten nach den Basistarifen entstehen.

g) Die Ordnungswidrigkeit der unzumutbaren Belästigung nach § 20 UWG

Gemäß des neuen § 20 UWG handelt ordnungswidrig, wer vorsätzlich oder fahrlässig entgegen § 7 Abs. 1 iVm Abs. 2 Nr. 2 gegenüber einem Verbraucher ohne dessen vorherige ausdrückliche Einwilligung mit einem Telefonanruf wirbt. Die Ordnungswidrigkeit kann nach § 20 Abs. 2 UWG mit einer Geldbuße bis zu 50 000,00 € geahndet werden. **359**

Die zuständige Verwaltungsbehörde für die Verfolgung der Ordnungswidrigkeit ist nach § 20 Abs. 3 UWG die Bundesnetzagentur für Elektrizität, Gas, Telekommunikation, Post und Eisenbahn.

---

344 *Boesche*, WettbR, S. 158, Rn. 253 m.N.

XVIII. Rechtsfolgen unzulässigen unlauteren Wettbewerbs

1. Zivilrechtliche Ansprüche

Unlauterer Wettbewerb kann nach dem UWG zivilrechtliche Ansprüche auf Beseitigung und Unterlassung (§ 8 Abs. 1 UWG), Schadensersatz (§ 9 UWG) sowie auf Gewinnabschöpfung (§ 10 UWG) und auf Erstattung der Abmahnkosten (§ 12 Abs. 1 UWG) auslösen. Überdies kommen noch Ansprüche auf Schadensersatz gem § 826 BGB in Betracht.

a) Berechtigung zur Geltendmachung der Ansprüche nach dem UWG

360 Gem. § 8 Abs. 3 UWG stehen die in § 8 Abs. 1 UWG aufgeführten Ansprüche auf Beseitigung und Unterlassung der geschäftlichen Handlungen neben Mitbewerbern (§ 8 Abs. 3 Nr. 1 UWG) rechtsfähigen Wettbewerbsverbänden (§ 8 Abs. 3 Nr. 2 UWG), qualifizierten Einrichtungen nach § 4 UnterlassungsklagenG (§ 8 Abs. 3 Nr. 3 UWG) und den Industrie- und Handelskammern oder den Handwerkskammern gemäß § 8 Abs. 3 Nr. 4 UWG zu.

361 Nach § 8 Abs. 3 Nr. 2 UWG müssen den Verbänden zur Förderung gewerblicher oder selbständiger beruflicher Interessen eine erhebliche Zahl von Unternehmern angehören, die Waren oder Dienstleistungen gleicher oder verwandter Art auf demselben Markt vertreiben, soweit sie insbesondere nach ihrer personellen, sachlichen und finanziellen Ausstattung imstande sind, ihre satzungsmäßigen Aufgaben der Verfolgung gewerblicher oder selbständiger beruflicher Interessen tatsächlich wahrzunehmen und soweit die Zuwiderhandlung die Interessen ihrer Mitglieder berührt. Diese Einschränkung der Prozessführungsbefugnisse der Verbände wird noch durch § 8 Abs. 4 UWG verstärkt. Danach ist die Geltendmachung der in § 8 Abs. 1 UWG bezeichneten Ansprüche auf Beseitigung oder Unterlassung unzulässig, wenn sie unter Berücksichtigung der gesamten Umstände als missbräuchlich anzusehen ist, insbesondere wenn sie vorwiegend dazu dient, gegen den Zuwiderhandelnden einen Anspruch auf Ersatz von Aufwendungen oder Kosten der Rechtsverfolgung entstehen zu lassen.

Damit soll einem Missbrauch des Rechts, Verstöße gegen das UWG zu verfolgen, vorgebeugt werden.

b) Die Ansprüche auf Beseitigung und Unterlassung nach § 8 Abs. 1 UWG

362 Die bloße Zuwiderhandlung in § 3 UWG vermag Ansprüche auf Beseitigung und bei Wiederholungsgefahr auf Unterlassung gem. § 8 Abs. 1 Satz 1 UWG auszulösen. Dabei genügt für den Anspruch auf Unterlassung, wenn eine Zuwiderhandlung nur droht. Sie muss noch nicht eingetreten sein.

Allerdings indiziert ein bereits eingetretener Verstoß gegen § 3 UWG die Wiederholungsgefahr. Eine Erstbegehungsgefahr droht, wenn zwar in der Vergangenheit noch kein Rechtsverstoß vorlag, jedoch eine unlautere Wettbewerbshandlung angekündigt wird.

Beispielsfall

Eine Zeitung kündigt gegenüber einem Unternehmen, das Gegenstand kritischer Berichterstattung werden soll, an, bestimmte wettbewerbswidrige Behauptungen aufstellen zu wollen. In diesem Fall droht ein erst noch eintretender Rechtsverstoß, weshalb die Erstbegehungsgefahr gegeben ist.

Während der Anspruch auf Beseitigung auf die Rückgängigmachung des Wettbe- 30
werbsverstoßes gerichtet ist, hat der Anspruch auf Unterlassung die Unterbindung zukünftigen wettbewerbswidrigen Verhaltens zum Gegenstand.

Beispielsfall

Der Beklagte unterhält eine Homepage mit unlauterem, gegen § 3 UWG verstoßenden Inhalt. Der Kläger nimmt ihn auf Beseitigung und Unterlassung in Anspruch.

Nach § 8 Abs. 1 Satz 1 1. Alt. UWG hat der Beklagte die wettbewerbsrechtliche Störung zu beseitigen, seine Homepage also zu ändern; er ist folglich zu einem aktiven Handeln – Beseitigung der in der Vergangenheit begründeten Störung – verpflichtet. Der Unterlassungsanspruch nach § 8 Abs. 1 Satz 1 2. Alt. UWG richtet sich in die Zukunft, die unlauteren Handlungen nicht nur auf der konkreten Homepage nicht mehr vorzunehmen, sondern auch in gleicher Weise etwa in Printmedien zu unterlassen.

Während ein Schadensersatzanspruch auch die Beseitigung des wettbewerbswidrigen 364
Zustandes umfasst, darüber hinaus aber noch den Ausgleich der hierdurch verursachten Vermögensverschiebung zu Lasten des Geschädigten beinhaltet, bezieht sich der Beseitigungsanspruch ausschließlich auf die Beseitigung des wettbewerbswidrigen Zustandes.

Die Ansprüche nach § 8 Abs. 1 UWG richten sich gegen den wettbewerbsrechtlichen Störer, d.h. den handelnden Unternehmer. Werden die Zuwiderhandlungen in einem Unternehmen von einem Mitarbeiter oder Beauftragten des Unternehmers begangen, so sind der Unterlassungsanspruch und der Beseitigungsanspruch gegen den Handelnden und gegen den Inhaber des Unternehmens gem. § 8 Abs. 2 UWG begründet.

c) Exkurs: Schema der Prüfung eines Unterlassungsanspruches gem. § 8 UWG anhand eines konkreten Sachverhalts (Plakatwand)

Beispielsfall

Die Werbeagentur W stellt im Auftrag ihres Kunden, des Kaufhauses K2, im engsten örtlichen Bereich neben dem Eingang des Kaufhauses K1 eine optisch auffallende Werbeplakatwand auf, um diesem Kunden abzufangen. Dies führt zu einem erheblichen Umsatzrückgang bei K1. K1 möchte, dass W dies unterlässt.

aa) K1 könnte gegen W ein Anspruch auf Unterlassung der Werbeaktion gem. § 8 365
Abs. 1 Satz 1 2. Alt. UWG zustehen.

Ein Unterlassungsanspruch könnte sich aus § 3 Abs. 3 UWG i.V.m. den im Gesetz auf- 366
geführten geschäftlichen Handlungen gegenüber Verbrauchern ergeben.

Dann muss es sich um geschäftliche Handlungen gegenüber Verbrauchern handeln.

Der Begriff der geschäftlichen Handlung wird in § 2 Abs. 1 Nr. 1 UWG definiert. Danach stellt eine geschäftliche Handlung jedes Verhalten einer Person zugunsten des eigenen oder eines fremden Unternehmens dar, welches u.a. mit der Förderung des Absatzes oder des Bezugs von Waren oder Dienstleistungen objektiv zusammen hängt.

W will mit seiner Werbeaktion den Bezug der Dienstleistungen seines Unternehmens durch seinen Kunden, K2, fördern.

Weiterhin handelt W auch zugunsten seines Auftraggebers, dem Kaufhaus K2, was der Förderung des Absatzes des Kaufhauses K2 dienen kann.

Insoweit verwirklicht W das Tatbestandsmerkmal geschäftlicher Handlung in zweifacher Hinsicht.

Die Werbemaßnahme müsste gegenüber Verbrauchern vorgenommen worden sein.

367 Nach § 2 Abs. 2 UWG gilt für den Verbraucherbegriff § 13 BGB entsprechend. Verbraucher nach § 13 Abs. 2 BGB ist jede natürliche Person, die ein Rechtsgeschäft zu einem Zweck abschließt, der weder ihrer gewerblichen noch ihrer selbständigen beruflichen Tätigkeit zugerechnet werden kann. Bei den Besuchern von Kaufhäusern handelt es sich in aller Regel um natürliche Personen, die die Voraussetzungen für die Annahme des Verbraucherbegriffs erfüllen.

W könnte jedenfalls eine im Anhang zum UWG formulierte geschäftliche Handlung vorgenommen haben.

Keines der 30 im Anhang zu § 3 UWG formulierten Beispiele erfasst den vorliegenden Sachverhalt.

Ein Anspruch nach §§ 8 Abs. 1 Satz 1 2. Alt., 3 Abs. 3 UWG i.V.m. den im Anhang dieses Gesetzes aufgeführten geschäftlichen Handlungen scheidet somit aus.

368 **bb)** K1 könnte gegen W ein Anspruch aus §§ 8 Abs. 1 Satz 1 2. Alt., 7 UWG auf Unterlassung der Werbeaktion zustehen.

Dazu bedarf es folgender Voraussetzungen:

aaa) Zuwiderhandlung gegen § 7 UWG gem. §§ 8 Abs. 1 S. 1 2. Alt., 7 Abs. 1 Satz 2 UWG:

369 (1) Gem. § 7 Abs. 1 Satz 2 UWG hätte die Werbung gegen den erkennbaren Willen der angesprochenen Marktteilnehmer erfolgen müssen. Diese Norm bezieht sich jedoch nicht auf Allgemeinwerbung, welche sich an einen unbestimmten Personenkreis wendet. Die Plakatwerbung richtet sich nicht an vorher individualisierte Umworbene. Somit scheidet eine unzumutbare Belästigung gem. § 7 Abs. 1 Satz 2 UWG aus.

370 (2) In Betracht kommt ein Verstoß gegen § 7 Abs. 1 Satz 1 UWG: Nach seinem Wortlaut ist § 7 Abs. 1 Satz 1 UWG nicht darauf beschränkt, dass sich die Plakatwand an bestimmte Marktteilnehmer richtet oder auf einen bestimmten Personenkreis bezieht. Eine Belästigung liegt danach vor, wenn die Handlung von den Adressaten als Beeinträchtigung ihrer Sphäre empfunden wird, man sich also ohne oder gegen seinen Willen damit auseinandersetzen muss. Es kommt darauf an, ob die Belästigung von den Marktteilnehmern als unzumutbar empfunden wird. Dies wird aus der Sicht eines durchschnittlich empfindlichen Verbrauchers bzw. Marktteilnehmers beurteilt.

Vorliegend können die Passanten den Charakter der Werbemaßnahme erkennen und sich ihr durch Wegsehen oder Ausweichen entziehen.

Somit liegt keine unzumutbare Belästigung i.S.v. § 7 Abs. 1 UWG vor.

(3) Das Aufstellen der Plakatwand durch W könnte eine gezielte Behinderung des Mitbewerbers K1 nach §§ 3, 4 Nr. 10 UWG darstellen. **371**

Die bloße Beeinträchtigung der Entfaltungsmöglichkeit eines Mitbewerbers soll regelmäßig nicht ausreichen, um die Unlauterkeit einer Maßnahme zu begründen. Denn jeder Wettbewerber will auf Kosten der Mitbewerber einen Wettbewerbsvorsprung erzielen. Somit ist jede geschäftliche Handlung gegenüber einem Mitbewerber ihrer Natur nach geeignet, Mitbewerber in ihrer wettbewerblichen Entfaltung zu beeinträchtigen. Es müssen zusätzlich zum Merkmal der Beeinträchtigung des Mitbewerbers noch weitere, die Unlauterkeit begründende Umstände hinzu treten[345].

Eine „gezielte" und damit unlautere Behinderung wäre stets gegeben, wenn die Maßnahme subjektiv von einer Behinderungsabsicht getragen ist, der Handelnde also subjektiv die Absicht hat, den Mitbewerber an seiner wettbewerblichen Entfaltung zu hindern und ihn dadurch vom Markt zu verdrängen[346].

Dann muss sich W gezielt zwischen den Kaufinteressenten und K1 schieben, um Verbrauchern eine Änderung ihres Kaufentschlusses aufzudrängen.

Dies ist durch die unmittelbare örtliche Nähe der Werbeplakatwand am Eingang des Geschäftes von K1 gegeben. Es liegt ein Verstoß gegen § 4 Nr. 10 UWG vor.

bbb) Weiterhin muss eine geschäftliche Handlung von Marktteilnehmern oder Mitbewerbern vorliegen. **372**

(1) Wie oben unter 1. ausgeführt, bestehen gegen die Annahme des Merkmals geschäftliche Handlung keine Bedenken.

(2) Bei dem Kaufhaus K1 muss es sich um einen Mitbewerber handeln. Nach § 2 Abs. 1 Nr. 3 UWG sind Mitbewerber alle Unternehmer, die mit einem oder mehreren Unternehmen als Anbieter oder Nachfrager von Waren oder Dienstleistungen tätig sind. Damit werden u.a. Unternehmer erfasst, soweit sie für den Verbrauch im Rahmen ihrer gewerblichen oder selbständigen beruflichen Tätigkeiten Waren erwerben oder Dienstleistungen in Anspruch nehmen. Sonstige Marktteilnehmer sind also solche im geschäftlichen Verkehr handelnde Personen, die zu dem Normadressaten der §§ 3 ff. UWG nicht in einem konkreten Wettbewerbsverhältnis stehen und deshalb weder Mitbewerber noch Verbraucher sind. Sie können trotzdem von einer Wettbewerbshandlung betroffen sein. B wird als Anbieter von Dienstleistungen tätig, ist also Marktteilnehmer. **373**

345 *BGH* GRUR 2009, 878 Rn. 13 – Fräsautomat.
346 *Köhler* in Köhler/Bornkamm, UWG, § 4 Rn. 10,9 m.N., 30. Aufl. m.N.

374 (3) Der Mitbewerber hat gem. § 2 Abs. 1 Nr. 3 UWG in einem konkreten Wettbewerbsverhältnis zu stehen. Ein konkretes Wettbewerbsverhältnis besteht, wenn zwischen den Vorteilen, die jemand durch eine konkrete Maßnahme für sich oder einen Dritten zu erreichen sucht, und den Nachteilen, die ein anderer dadurch erleidet, eine Wechselbeziehung in dem Sinne besteht, dass der eigene Wettbewerb gefördert und der fremde Wettbewerb beeinträchtigt werden kann.

Eine Wettbewerbshandlung muss nicht darauf gerichtet sein, eigenen Wettbewerb zu fördern. Hat sie die Förderung fremden Wettbewerbs zum Gegenstand, muss das erforderliche Wettbewerbsverhältnis zwischen dem geförderten Unternehmer und demjenigen bestehen, der Ansprüche geltend macht . W fördert den Wettbewerb von K2. K2 steht in einem konkreten Wettbewerbsverhältnis mit K1, weshalb auch ein konkretes Wettbewerbsverhältnis zwischen W und K1 vorliegt.

375 ccc) Der hier vorliegende Verstoß gegen § 4 Nr. 10 UWG muss geeignet sein, das Marktgeschehen zum Nachteil der Mitbewerber erheblich zu beeinträchtigen gem. § 3 UWG.

Durch die Plakatwand wurden potenzielle Kunden, die sozusagen vor der Tür von K1 standen, dazu bewogen, sich umzuentschließen und nicht mehr bei K1 zu kaufen. Somit liegt eine erhebliche Beeinträchtigung vor.

376 ddd) Eine weitere Anspruchsvoraussetzung für einen Unterlassungsanspruch stellt das Vorliegen einer Wiederholungs- und Erstbegehungsgefahr gem. § 8 Abs. 1 S. 1 2. Alt. UWG dar: Nach § 8 Abs. 1 S. 2 UWG besteht eine Erstbegehungsgefahr bereits dann, wenn eine Zuwiderhandlung gegen § 3 UWG droht. Verstößt dagegen eine Wettbewerbshandlung bereits gegen eine sich aus dem Gesetz ergebende Unterlassungspflicht, so besteht eine tatsächliche Vermutung für das Vorliegen der Wiederholungsgefahr.

Merke: Durch die Abgabe einer strafbewehrten Unterlassungserklärung nach § 12 Abs. 1 UWG, welche für jeden Fall der Zuwiderhandlung eine angemessene Vertragsstrafe vorsieht, kann die Wiederholungs- oder die Erstbegehungsgefahr wegfallen.

377 eee) K1 muss zur Geltendmachung des Unterlassungsanspruchs gem. § 8 Abs. 3 Nr. 1 UWG berechtigt sein (Aktivlegitimation): Als Mitbewerberin (§ 2 Abs. 1 Nr. 3 UWG) ist K1 anspruchsberechtigt nach § 8 Abs. 3 Nr. 1 UWG.

378 fff) W muss nach § 8 Abs. 1 UWG passiv legitimiert sein: W ist als unmittelbar Handelnder der richtige Anspruchsgegner. Beachte: § 8 Abs. 2 UWG.

379 ggg) Kein Vorliegen der Unzulässigkeitsvoraussetzung unter § 8 Abs. 4 UWG: Diese liegen ersichtlich nicht vor.

cc) Ergebnis: K1 hat gegen W einen Unterlassungsanspruch gem. §§ 8 Abs. 1 S. 1 2. Alt., 3, 4 Nr. 10 UWG.

d) Der Schadensersatzanspruch

Wer dem § 3 UWG vorsätzlich oder fahrlässig zuwider handelt, ist den Mitbewerbern nach § 9 S. 1 UWG zum Ersatz des daraus entstehenden Schadens verpflichtet. Gegen verantwortliche Personen von periodischen Druckschriften kann nach § 9 S. 2 UWG der Anspruch auf Schadensersatz nur bei einer vorsätzlichen Zuwiderhandlung geltend gemacht werden. 380

Während die Ansprüche nach § 8 Abs. 1 UWG auch ohne ein Vertretenmüssen, also ohne Fahrlässigkeit oder Vorsatz, begründet sein können, verlangt § 9 S. 1 UWG Vorsatz oder Fahrlässigkeit und im Falle des S. 2 sogar ausschließlich Vorsatz. Als Schuldner des Schadensersatzanspruches nach § 9 UWG kommen ebenso wie im bürgerlichen Recht gemäß § 830 Abs. 1 S. 1 BGB und § 830 Abs. 2 BGB Täter, Mittäter, Anstifter oder Gehilfen in Betracht und darüber hinaus diejenigen, denen das Verhalten zuzurechnen ist[347]. 381

Bloß wirtschaftliche Verbindungen oder Verflechtungen reichen zur Begründung eines Schadensersatzanspruches nach § 9 UWG nicht aus[348].

Vorsätzliches Handeln wird anzunehmen sein, wenn der wettbewerbsrechtliche Störer alle Umstände seines unlauteren Verhaltens einschließlich der die Rechtswidrigkeit begründenden Tatsachen gekannt und den Erfolg seines Handelns zumindest billigend in Kauf genommen hat. Der Irrtum über das Vorliegen von Rechtfertigungsgründen schließt den Vorsatz aus. 382

Ein fahrlässiges Verhalten wird anzunehmen sein, wenn die im Verkehr erforderliche Sorgfalt nicht beachtet wurde. Der Grad der erforderlichen Sorgfalt richtet sich nach den objektiv festzustellenden Anforderungen an die Sorgfalt, die von der jeweiligen Berufs- oder Personengruppe zu verlangen ist, welcher der Verletzer angehört. Dabei sind die Sorgfaltsanforderungen besonders hoch, wenn es um werbende Wettbewerbsmaßnahmen geht[349]. 383

e) Der Gewinnabschöpfungsanspruch in § 10 UWG

Die in § 8 Abs. 3 Nr. 2–4 UWG bezeichneten Verbände können von dem wettbewerbsrechtlichen Störer, der gegen § 3 oder § 7 UWG vorsätzlich verstoßen hat, die Herausgabe seines Gewinnes verlangen, wenn er durch den Wettbewerbsverstoß zu Lasten einer Vielzahl von Abnehmern einen Gewinn erzielt hat. Dieser Gewinn ist an den Bundeshaushalt herauszugeben. 384

Die Herausgabe des Gewinns soll sich auf den Teil beschränken, der durch die spezifische Unlauterkeit bei der Vielzahl von Abnehmern erzielt werden konnte. Dabei darf der wettbewerbsrechtliche Störer die Leistungen in Abzug bringen, die er wegen seines wettbewerbswidrigen Tuns an andere oder den Staat erbringen musste. Hierunter 385

347 *BGH* WRP 2002, 532 ff. – Meißner Dekor.
348 *BGH* NJW 2000, 213 f. – Räumschild.
349 *Plaß,* in Ekey/Klippel, HK-WettbR, § 9 Rn. 28.

fallen sogar Strafzahlungen. Die praktische Relevanz des Gewinnabschöpfungsanspruchs dürfte wegen seiner vielen Einschränkungen als äußerst gering anzusehen sein.

f) Der Anspruch auf Erstattung der Abmahnkosten nach § 12 Abs. 1 S. 2 UWG

386 § 12 Abs. 1 S. 2 UWG enthält die Anspruchsgrundlage des wettbewerbsrechtlichen Gläubigers auf Ersatz seiner erforderlichen Aufwendungen für die von ihm ausgesprochene Abmahnung. Hierbei wird es sich i.d.R. um die Erstattung anwaltlicher Kosten gem. dem RVG sowie bei Verbänden um die Erstattung nachvollziehbarer Kostenpauschalen für die Abmahnung handeln. Es sollen nur diejenigen Kosten erstattet werden, die unbedingt erforderlich waren.

387 Die Rechtsprechung verneinte die Kostenerstattungspflicht in Höhe der gesetzlichen Anwaltsgebühren anstelle einer geringen Pauschale von bis zu 150 Euro, wenn einem Fachverband, der entsprechend ausgestattet sein soll, durch die Abmahnung des Störers nur entsprechende Kosten entstehen[350].

g) Die Verjährung nach § 11 UWG

388 Für die Praxis äußerst bedeutsam ist die kurze, nur 6 Monate währende Frist, nach der die Ansprüche auf Beseitigung, Unterlassung, Schadensersatz und Ersatz der Abmahnkosten gem. §§ 8, 9 und 12 Abs. 1 S. 2 UWG verjähren.

Gem. § 11 Abs. 1 S. 1 UWG beginnt die Verjährungsfrist für Ansprüche auf Unterlassung oder Schadensersatz mit dem Zeitpunkt, zu dem der Anspruchsberechtigte von der Handlung und von der Person des Verpflichteten Kenntnis erlangt hat und ohne Rücksicht auf diese Kenntnis in 3 Jahren von der Begehung der Handlung an. Gem. § 11 Abs. 2 Nr. 2 UWG beginnt die Verjährung aber auch, wenn der Gläubiger ohne grobe Fahrlässigkeit von den den Anspruch begründenden Umständen und der Person des Schuldners Kenntnis hätte erlangen müssen.

90 Dabei handelt grob fahrlässig, wer die im Verkehr erforderliche Sorgfalt nach den gesamten Umständen in ungewöhnlich hohem Maße verletzt und unbeachtet lässt, was jedem Angehörigen des jeweiligen Verkehrskreises in der konkreten Situation hätte einleuchten müssen. Zusätzlich zu diesem objektiven Merkmal tritt das Erfordernis, dass der Gläubiger nach seinen persönlichen Fähigkeiten die gebotene Sorgfalt hätte erkennen und erbringen können[351].

So wird die fehlende Kenntnis über Umfang und Höhe des Schadens den Beginn der Verjährung nicht hemmen, wenn der Schaden dem Grunde nach bekannt war und deshalb die verjährungsunterbrechende Feststellungsklage möglich erschien[352].

---

350 Vgl. d. N. bei *Ekey*, HK, § 12 Rn. 64.
351 *BGH* NJW 1999, 966: Begr. RegierungsentwurfBT-Drucks. 14/6040, 108 zu § 199 BGB
352 *v. Hellfeld*, in Ekey/Klippel/Bender, HK-MarkenR, § 20 Rn. 31 ff., 2. Aufl.

Aus dem Gesichtspunkt der grob fahrlässigen Unkenntnis lässt sich im Einzelfall eine Art Marktbeobachtungspflicht begründen. Man wird im Hinblick auf den Verjährungsbeginn nunmehr vom Gläubiger verlangen, dass er z.B. bei einem überschaubaren Kreis von ihm bekannten Wettbewerbern deren jedem zugängliches Marktverhalten zur Kenntnis nimmt[353]. 390

Der Anspruchsberechtigte muss sich die Kenntnis seines gesetzlichen Vertreters unbedingt, seines rechtsgeschäftlichen oder Wissensvertreters nur dann zurechnen lassen, wenn dieser die Kenntnis im Rahmen des ihm erteilten Auftrages erlangt hat[354]. 391

Ohne Rücksicht auf die Kenntnis des Verletzten vom Schaden und von der Person des Schädigers oder ohne Rücksicht auf die grob fahrlässige Unkenntnis dieser Umstände verjähren die wettbewerbsrechtlichen Ansprüche in 3 Jahren beginnend ab dem Zeitpunkt der Zuwiderhandlung gegen das wettbewerbsrechtliche Verbot gem. § 11 Abs. 1 S. 2 UWG. Schadensersatzansprüche verjähren ohne Rücksicht auf die Kenntnis oder grob fahrlässige Unkenntnis in 10 Jahren von ihrer Entstehung nach § 11 Abs. 3 UWG, spätestens in 30 Jahren von der den Schaden auslösenden Handlung an. 392

Andere Ansprüche, wie der Gewinnabschöpfungsanspruch gem. § 10 UWG, verjähren nach § 11 Abs. 4 UWG ohne Rücksicht auf die Kenntnis oder grob fahrlässige Unkenntnis in 3 Jahren ab ihrer Entstehung. 393

h) Gerichtliche und außergerichtliche Rechtsbehelfe

Dem Gläubiger eines wettbewerbsrechtlichen Anspruchs stehen folgende gerichtlichen und außergerichtlichen Rechtsbehelfe zur Verfügung: 394

- Abmahnung
- Antrag auf Erlass einer einstweiligen Verfügung
- Erhebung der Hauptsacheklage
- wettbewerbsrechtliches Abschlussschreiben

aa) Abmahnung: § 12 Abs. 1 S. 1 UWG enthält die Pflicht des Gläubigers des wettbewerbsrechtlichen Unterlassungsanspruchs, vor Einleitung gerichtlicher Verfahren den Schuldner abzumahnen und ihm Gelegenheit zu geben, den Streit durch Abgabe einer strafbewehrten Unterlassungserklärung beizulegen. Dies stellt eine Obliegenheit dar im Interesse des wettbewerbsrechtlichen Schuldners. Denn so wird ihm die Möglichkeit eröffnet, ohne einen aufwändigen Prozess zu führen, den Streit kurzfristig beizulegen. Bei Vorliegen eines schweren Wettbewerbsrechtsverstoßes oder eines vorsätzlichen Handelns kann nach einem Teil der Rechtsprechung eine Abmahnung entbehrlich sein[355]. 395

Eine vorherige Abmahnung ist auch nicht notwendig, wenn Gegenstand der beantragten einstweiligen Verfügung die Sicherstellung zu Unrecht in Besitz gehaltener Gegen-

353 *Ekey*, in Ekey/Klippel, HK-WettbR, § 11 Rn. 43.
354 *BGH* NJW-RR 1994, 806 f.
355 *BGH* NJW-RR 2001, 257 f. – Porsche Spider; **a.A.** *OLG München* WRP 1983, 45, vgl. die N. bei *Ekey* in HK-WettbR, § 12 Rn. 13.

stände ist und die Besorgnis besteht, dass der Abgemahnte nach Erhalt der Abmahnung diese Gegenstände beseitigen wird.

Beispielsfall

Gestützt auf die Grundsätze des ergänzenden wettbewerbsrechtlichen Leistungsschutzes untersagte das Landgericht dem Antragsgegner mit Beschlussverfügung, ohne Einwilligung des Antragstellers bestimmte Schmuckringe anzubieten oder in Verkehr zu bringen. Es hat des Weiteren angeordnet, dass der Antragsgegner die in seinem Besitz oder Eigentum befindlichen Schmuckringe an den zuständigen Gerichtsvollzieher zum Zwecke der Verwahrung herauszugeben hat. Der Antragsgegner wendet sich gegen die einstweilige Verfügung, in der ihm auch die Kosten auferlegt wurden, nur hinsichtlich seiner Kostentragungspflicht. Er begründet seinen Kostenwiderspruch damit, dass es der Antragsteller versäumt hat, ihn vor Stellung des Antrages auf Erlass einer einstweiligen Verfügung abzumahnen. Er hätte sich sonst strafbewehrt unterworfen.

Zwar enthält nunmehr § 12 Abs. 1 UWG eine Abmahnpflicht für den Gläubiger des wettbewerbsrechtlichen Anspruchs vor Einleitung von gerichtlichen Schritten. Wenn, wie hier, der Antragsteller aber befürchten muss, dass der Antragsgegner durch die Abmahnung gewarnt und in die Lage versetzt wird, die sonst herauszugebenden Gegenstände vorher zu beseitigen, entfällt diese Abmahnpflicht. Der Antragsteller darf also, ohne die Kosten des Gerichtsverfahrens tragen zu müssen, sofort seinen wettbewerbsrechtlichen Schuldner gerichtlich in Anspruch nehmen[356].

Die Abmahnung ist an keine bestimmte Form gebunden, kann also in jeder Weise sogar mündlich oder fernmündlich erfolgen.

Die Abmahnung enthält die Aufforderung an den wettbewerbsrechtlichen Störer, eine Unterlassungserklärung für den Fall einer erstmaligen oder erneuten wettbewerbsrechtlichen Verletzungshandlung abzugeben, die mit dem Versprechen verbunden ist, im Falle der Zuwiderhandlung eine angemessene Vertragsstrafe zu zahlen.

396 **bb) Strafbewehrte Unterlassungserklärung:** Den Schuldner einer berechtigten Abmahnung trifft zunächst eine Aufklärungspflicht. Durch das rechtswidrige Verhalten des Schuldners entsteht zwischen diesem und dem Gläubiger ein gesetzliches Schuldverhältnis, welches durch die Abmahnung geprägt und gem. § 242 BGB (Gesichtspunkt von Treu und Glauben) bestimmt wird und das auch zur Begründung eines Pflichtenverhältnisses taugt[357]. Hieraus rührt die Pflicht, den abmahnenden Gläubiger in angemessener Zeit und Form über den relevanten Sachverhalt aufzuklären und ihn damit vor der Einleitung sinnloser Rechtsstreitigkeiten zu bewahren.

397 Erklärt der Schuldner, sich bei Versprechen einer angemessenen Vertragsstrafe für jeden Fall des erstmaligen oder erneuten Verstoßes gegen die Unterlassungsverpflichtung zu unterwerfen, kommt ein schuldrechtliches Verhältnis zwischen Gläubiger und Schuldner gem. § 241 Abs. 2 BGB zustande. Der Unterwerfungsvertrag begründet für den Schuldner die Hauptpflicht, die in der Vereinbarung formulierte Handlung zukünftig zu unterlassen, wobei die Vertragsschließenden sich bei der Formulierung der Unterlassungspflicht nicht an die konkrete Verletzungsform anlehnen müssen, sondern auch weitergehende Unterlassungsansprüche statuieren können[358].

356 Nach *OLG Düsseldorf*, NJWE-WettbR 1998, 234 f.
357 *Teplitzky* Kap. 41 Rn. 6.
358 *BGH* GRUR 1992, 61 ff. – Preisvergleichsliste.

Eine mit einem angemessenen Vertragsstrafeversprechen abgegebene Unterlassungserklärung muss, um die aufgrund einer konkreten Verletzungshandlung zu vermutende Wiederholungsgefahr auszuräumen, eindeutig und hinreichend bestimmt sein und den ernstlichen Willen des Schuldners erkennen lassen, die fragliche Handlung nicht mehr zu begehen. Sie muss daher grundsätzlich den bestehenden gesetzlichen Unterlassungsanspruch nach Inhalt und Umfang voll abdecken und dementsprechend uneingeschränkt unwiderruflich, unbedingt und grundsätzlich auch ohne die Angabe eines Endtermins erfolgen[359].

cc) Einstweilige Verfügung auf Unterlassung und/oder Beschlagnahme: In der wettbewerbsrechtlichen Praxis kommt dem Institut der einstweiligen Verfügung überragende Bedeutung zu. Die überwiegende Mehrheit der wettbewerbsrechtlichen Verfahren wird gerichtlich zunächst nach entsprechender Abmahnung im Wege des einstweiligen Rechtsschutzes betrieben und findet dann, wenn nicht bereits vorher schon eine strafbewehrte Unterlassungserklärung abgegeben worden ist, ihre endgültige Erledigung. **398**

Einstweilige Verfügungen in Bezug auf den Streitgegenstand sind zulässig, wenn zu besorgen ist, dass durch eine Veränderung des bestehenden Zustandes die Verwirklichung des Rechtes einer Partei vereitelt oder wesentlich erschwert werden könnte. Einstweilige Verfügungen sind auch zum Zwecke der Regelung eines einstweiligen Zustandes in Bezug auf ein streitiges Rechtsverhältnis zulässig, sofern diese Regelung, insbesondere bei dauernden Rechtsverhältnissen, zur Abwendung wesentlicher Nachteile oder zur Verhinderung drohender Gewalt oder aus anderen Gründen nötig erscheint. **399**

Der Erlass einer einstweiligen Verfügung ist begründet, wenn der Antragsteller den Verfügungsanspruch und den Verfügungsgrund darlegen und glaubhaft machen kann.

Weil nach § 12 Abs. 2 UWG der Verfügungsgrund gemäß §§ 935, 940 ZPO vermutet wird, genügt es für den wettbewerbsrechtlich Verletzten, lediglich die Voraussetzung des Verfügungsanspruchs darzutun und glaubhaft zu machen. **400**

Die sonst üblichen Einwände gegen den Erlass von einstweiligen Verfügungen, die Entscheidung würde insbesondere bei Unterlassungsansprüchen eine Vorwegnahme der Hauptsache bewirken, oder der Rechtsstreit sei zu komplex, um im einstweiligen Rechtsschutzverfahren entschieden werden zu können, gelten für die wettbewerbsrechtliche einstweilige Verfügung grundsätzlich nicht.

Von erheblicher Bedeutung sind in diesem Zusammenhang die von der Rspr. und Literatur aufgestellten Grundsätze, wonach zwar nach § 12 Abs. 2 UWG von einer Eilbedürftigkeit bzw. Dringlichkeit der Wettbewerbssachen ausgegangen werden, diese Eilbedürftigkeit bzw. Dringlichkeit aber durch den Antragsteller widerlegt werden kann. Dies z.B. dann, wenn er eine unziemliche Zeitspanne zwischen Kenntniserlangung der ersten behaupteten Wettbewerbshandlung und der Einreichung des Antra- **401**

359 StRspr *BGH* NJW-RR 2002, 608 ff. – Weit-vor-Winter-Schluss-Verkauf m.N.

ges auf Erlass einer einstweiligen Verfügung hat verstreichen lassen. Die Rechtsprechung stellt Obergrenzen zwischen 1 und 6 Monaten auf[360].

402 Ausnahmsweise soll eine einstweilige Verfügung nach § 12 Abs. 2 UWG für die Durchsetzung eines Beseitigungs- oder Widerrufsanspruchs begründet sein, wenn hierdurch die Hauptsache nicht vorweggenommen wird. Der Beseitigungsanspruch kann als vorläufige Maßnahme im Wege der einstweiligen Verfügung geltend gemacht werden, wenn die Interessenabwägung im Einzelfall das Schutzbedürfnis des Gläubigers vorrangig erscheinen lässt.

Beispielsfälle

Die als vorläufige Maßnahme statuierte Pflicht, Dritte aufzufordern, von wettbewerbswidrigem Material keinen Gebrauch zu machen, schafft keine endgültigen, nicht mehr korrigierbaren Verhältnisse, wie etwa die Verpflichtung, Werbematerial zu vernichten. In solchen Fällen tritt das grundsätzliche bevorrechtigte Interesse des Antragsgegners, keine Vorwegnahme der Hauptsache eintreten zu lassen, gegenüber dem Umstand zurück, dass die Realisierung des Unterlassungsanspruchs ohne seine Durchsetzung im einstweiligen Verfügungsverfahren gefährdet wäre, wenn erhebliche Interessen des Antragstellers berührt werden.

Weitere Beispielsfälle: Das Vorgehen im Wege der einstweiligen Verfügung zur Durchsetzung eines Anspruchs auf Widerruf einer Erklärung wird nur zulässig sein, wenn der Widerruf später wieder rückgängig gemacht werden könnte, z.B. weil sich die Äußerung auf einen rein wirtschaftlichen Vorgang bezieht[361].

403 Dagegen kann der Anspruch auf Schadensersatz wegen des Verbots der Vorwegnahme der Hauptsache grundsätzlich nicht im Wege des einstweiligen Rechtsschutzes durchgesetzt werden, es sei denn, im Falle des Verweisens auf den Klageweg würde der Rechtsschutz des Gläubigers vereitelt[362].

404 Die wettbewerbsrechtliche einstweilige Verfügung birgt für beide Parteien erhebliche Risiken: Für den Antragsgegner die Gefahr, im Eilverfahren mit einem Verbot überzogen zu werden, welches für seinen Gewerbebetrieb u.U. Existenz bedrohende Auswirkungen mit sich bringen kann, und für den Antragsteller die Gefahr, zunächst dem Antragsgegner das beanstandete Verhalten verboten zu haben, später aber gem. § 945 ZPO diesem zum Schadensersatz verpflichtet zu sein, wenn sich nach erfolgreichen Rechtsmitteln des Antragsgegners herausgestellt hat, dass die beantragte einstweilige Verfügung nicht hätte ergehen dürfen.

Der Schuldner eines wettbewerbsrechtlichen Anspruchs, der vom Gläubiger abgemahnt wird, muss damit rechnen, dass ein Gericht nach Verstreichen der Abmahnfrist auf Antrag des Gläubigers gegen ihn, den Schuldner, eine einstweilige Verfügung erlässt, ohne dem Schuldner zuvor die Gelegenheit einzuräumen, zu den Vorwürfen Stellung zu nehmen.

405 Für diese Konstellation bietet sich das in der Wettbewerbsprozesspraxis bedeutsame Instrument der Schutzschrift an. Eine Schutzschrift enthält das Gesuch an das zuständige Gericht, dem Antrag auf Erlass einer einstweiligen Verfügung nicht oder nicht

360 Vgl. nur *Ekey,* a.a.O., Rn. 126 m.N.
361 Vgl. *OLG Stuttgart* WRP 1989, 202.
362 *BGH* GRUR 1976, 306 f. – Bohrmaschinen.

ohne mündliche Verhandlung zu entsprechen, wobei nicht nur formelle, sondern auch sachliche Einwendungen gegen den mutmaßlichen Verfügungsgrund und -anspruch vorgebracht werden können und sollen. Sofern das Gericht das Vorbringen in der Schutzschrift für erheblich erachtet, soll es diese vor einer Entscheidung dem Antragsteller zukommen lassen, um ihm rechtliches Gehör zu gewähren. In diesem Fall dürfte es auch nahe liegen, eine mündliche Verhandlung anzuberaumen. Für eine Schutzschrift besteht kein bestimmter Formzwang, insbesondere auch kein Anwaltszwang[363].

dd) Hauptsacheklage: Die wettbewerbsrechtlichen Ansprüche können im Wege der Klage nach den für die zivilprozessualen Verfahren allgemein gültigen Regeln gerichtlich geltend gemacht werden. Für zivilrechtliche Klagen aufgrund des UWG bestehen keine Besonderheiten. **406**

Die Klage kann auf Unterlassung und Beseitigung, Beschlagnahme, Auskunft zur Vorbereitung der Geltendmachung weiterer Ansprüche und Schadensersatz gerichtet sein.

ee) Das wettbewerbsrechtliche Abschlussschreiben: Durch den Erlass einer einstweiligen Verfügung ist der Gläubiger des wettbewerbsrechtlichen Anspruchs lediglich vorläufig gesichert. Um einen weiteren kostspieligen Prozess zu vermeiden, hat es sich in der wettbewerbsrechtlichen Praxis eingebürgert, den Schuldner unter Setzung einer angemessenen Frist aufzufordern, durch Abgabe einer Abschlusserklärung die Auseinandersetzung zwischen den Parteien, jedenfalls hinsichtlich des Unterlassungsantrages, wenn möglich aber auch endgültig zu beenden. Zwar hemmt der Erlass einer einstweiligen Verfügung die Verjährung des Unterlassungsanspruchs, nicht aber die Verjährung der Beseitigungs-, Schadensersatz- oder Auskunftsansprüche **407**

Es obliegt dem Gläubiger, nach Erlass einer einstweiligen Verfügung in aller Regel vor Einleitung einer Hauptsacheklage, dem Störer zur Vermeidung der Kostenlast nach § 93 ZPO erneut durch eine Abmahnung Gelegenheit zu geben, sich mit dem Sachverhalt auseinander zu setzen und die gewünschten Erklärungen abzugeben, ohne dass das Abschlussschreiben – ähnlich wie die Abmahnung – Voraussetzung für die Zulässigkeit oder Begründetheit der Klage wäre[364]. Die dem Gläubiger zu setzende Frist hat diesem genügend Zeit zu lassen, die geforderte Erklärung, dass er die einstweilige Verfügung als endgültige Regelung anerkennt und insoweit keine Einwendungen hiergegen erheben wird, abzugeben. Als Frist werden 4 Wochen regelmäßig ausreichen, im Einzelfall mag sie auch erheblich zu unterschreiten sein. **408**

Wenn der Schuldner die geforderte Abschlusserklärung abgibt, entfällt regelmäßig das Rechtsschutzbedürfnis für die Hauptsacheklage; diese wäre also unbegründet.

363 Vgl. nur *Ekey* in HK-WettbR vor § 12 ff. UWG Rn. 30 ff. m.N.
364 *OLG Zweibrücken* GRUR-RR 2002, 344.

i) Die Anspruchsdurchsetzung vor den Einigungsstellen

409 Gem. § 15 UWG errichten die Landesregierungen bei den Industrie- und Handelskammern Einigungsstellen zur Beilegung von Ansprüchen nach dem UWG. Die Einigungsstelle hat nach § 15 Abs. 6 UWG einen gütlichen Ausgleich anzustreben. Kommt eine Einigung vor der Einigungsstelle nicht zustande, bleibt die Anrufung der staatlichen Gerichte.

Auch wenn die Anrufung der Einigungsstellen fakultativ ist, wird gem. § 14 Abs. 9 S. 1 UWG durch ihre Anrufung die Verjährung in gleicher Weise wie durch Klageerhebung gehemmt.

2. Strafvorschriften

410 Nach § 16 UWG wird strafbare Werbung mit Freiheitsstrafe bis zu 2 Jahren oder mit Geldstrafe bestraft. Dazu muss der Täter in der Absicht, den Anschein eines besonders günstigen Angebots hervorzurufen, in öffentlichen Bekanntmachungen oder Mitteilungen, die für einen größeren Kreis von Personen bestimmt sind, durch unwahre Angaben irreführend geworben haben.

411 Wer es im geschäftlichen Verkehr unternimmt, Verbraucher zur Abnahme von Waren, Dienstleistungen oder Rechten durch das Versprechen zu veranlassen, sie würden entweder vom Veranstalter selbst oder von einem Dritten besondere Vorteile erlangen, wenn sie andere zum Abschluss gleichartiger Geschäfte veranlassen, die ihrerseits nach der Art dieser Werbung derartige Vorteile für eine entsprechende Werbung weiterer Abnehmer erlangen sollen, wird mit Freiheitsstrafe bis zu 2 Jahren oder mit Geldstrafe bestraft. Es handelt sich hier um sog. unerlaubte progressive Kundenwerbung.

412 Nach § 17 UWG macht sich wegen Verrats von Geschäfts- und Betriebsgeheimnissen strafbar, wer bei einem Unternehmen beschäftigt ist und ein Geschäfts- oder Betriebsgeheimnis, das ihm im Rahmen des Dienstverhältnisses anvertraut oder zugänglich gemacht wurde, während der Geltungsdauer des Dienstverhältnisses unbefugt zu Zwecken des Wettbewerbs, aus Eigennutz, zu Gunsten eines Dritten oder in der Absicht, dem Inhaber des Unternehmens Schaden zuzufügen, mitteilt. Dieses Verhalten kann mit Freiheitsstrafe bis zu 3 Jahren oder Geldstrafe bestraft werden.

Gem § 17 Abs. 4 UWG kann in besonders schweren Fällen auf Freiheitsstrafe bis zu 5 Jahren oder Geldstrafe erkannt werden, wenn der Täter gewerbsmäßig handelt oder weiß, dass das Geheimnis im Ausland verwertet werden soll oder eine Verwertung im Ausland selbst vornimmt.

413 § 18 UWG pönalisiert die Verwertung von Vorlagen und § 19 UWG das Verleiten und Erbieten zum Verrat.

Der versuchte Verrat von Geschäfts- und Betriebsgeheimnissen gemäß § 17 Nr. 1 u. Abs. 2 UWG und die versuchte Verwertung von Vorlagen nach § 18 Abs. 1 UWG sind nach §§ 17 Abs. 3 u. 18 Abs. 2 UWG ebenfalls strafbar.

Hinzuweisen ist noch auf den neuen § 20 UWG. Danach liegt eine Ordnungswidrigkeit vor, wenn gegenüber einem Verbraucher vorsätzlich oder fahrlässig ohne dessen vorherige ausdrückliche Einwilligung entgegen § 7 Abs. 1 i.V.m. Abs. 2 Nr. 2 UWG mit einem Telefonanruf geworben wird. Dies kann mit einer Geldbuße bis zu 50 000,00 € geahndet werden. Die für die Verhängung der Geldbuße zuständige Ordnungsbehörde ist die BNetzA.

Die im UWG enthaltenen Strafvorschriften entfalten in der Praxis leider eine eher geringe Wirkung. Auch der später geschaffene § 20 UWG hat hieran wenig geändert.

F. Das System des europäischen und deutschen Markenrechts

I. Einleitung

Die Verwirklichung des europäischen Binnenmarktes zum einen und die Internationalisierung der Waren- und Dienstleistungsmärkte zum anderen dürften auch zukünftig für eine weiter wachsende Bedeutung der Kennzeichenrechte sorgen.

In der Europäischen Union führte die Markenrechtsrichtlinie vom 21.12.1988 zur Teilharmonisierung des Markenrechts in allen europäischen Staaten. Alle europäischen Vertragsstaaten setzten zwischenzeitlich die Markenrechtsrichtlinie in nationales Recht um mit der Folge, dass nunmehr in jedem europäischen Vertragsstaat ein Zeichen als Registermarke angemeldet werden kann. In Deutschland wird eine Registermarke nach § 4 Nr. 1 MarkenG geschützt.

Darüber hinaus schuf der europäische Gesetzgeber mit der Gemeinschaftsmarkenverordnung (GMV) vom 20.12.1993 eine in allen europäischen Staaten gleich wirkende Registermarke (vgl. hierzu Rn. 449 ff.). Die Tatbestandsvoraussetzungen für die Eintragung als Registermarke nach nationalem Recht und als Gemeinschaftsmarke sind gleich formuliert.

Die Entwicklung des Schutzes von Marken auf internationaler Ebene intensiviert sich ebenfalls in Richtung eines tendenziell höheren Schutzniveaus.

II. Der Begriff und die Bedeutung des Kennzeichenrechts

414 In der Rechtspraxis kommt dem Kennzeichenrecht eine große Bedeutung zu. Bei den Kennzeichenrechten handelt es sich um Immaterialgüterrechte; davon zu unterscheiden sind persönlichkeitsrechtliche Interessen, die über das Namensrecht des BGB (§ 12 BGB) oder über das allgemeine Persönlichkeitsrecht (§ 823 Abs. 1 BGB) geschützt werden.

Während die GMV in Art. 4 GMV nur eingetragene Marken (sog. Gemeinschaftsmarken) kennt, spricht das deutsche MarkenG von Marken und sonstigen Kennzeichen. Nach § 1 MarkenG versteht man unter Kennzeichenrecht als übergeordnetem Begriff das Recht der Marken, geschäftlichen Bezeichnungen und geografischen Herkunftsangaben.

Das MarkenG schützt also nicht nur Marken, sondern geschäftliche Bezeichnungen und geografische Herkunftsangaben. Unlauter nach § 5 I Nr. 1 UWG handelt, wer über die geografische Herkunft zur Täuschung geeignete Angaben im Geschäftsverkehr macht. Auch hier schließt sich der Kreis zwischen dem UWG und dem MarkenG.

Fragt man nach den Funktionen der Marke, so lassen sich zunächst die Herkunfts-, Kennzeichnungs- oder Hinweisfunktion und die Unterscheidungsfunktion nennen, die unter dem Oberbegriff Identifikationsfunktion zusammengefasst werden können:

Eine Marke kennzeichnet die Waren oder Dienstleistungen eines Unternehmens und unterscheidet sie von denjenigen anderer Unternehmen (§ 3 MarkenG).

In Betracht kommt auch die Hervorhebung einer möglichen Herkunfts-, Garantie- und Werbefunktion je nach unternehmerischem Einsatz der Marke. Insbesondere die Werbe- und Herkunftsfunktion der Marke weisen auf die erheblichen wirtschaftlichen Interessen und Strategien hin, die das Wirtschaftsgut „Marke" betreffen[1].

Dem festgestellten Bedeutungszuwachs der Marken in den modernen Volkswirtschaften entsprechend steigt die Anzahl der eingetragenen sowie benutzten Marken und damit auch die Zahl der kennzeichenrechtlichen Auseinandersetzungen kontinuierlich.

III. Zur Geschichte des Markenrechts

In Deutschland gibt es Marken als die Bezeichnung von Waren mit bestimmten Kennzeichen seit Alters her. Regeln für Schauzeichen, Meisterzeichen, Fabrikzeichen und Qualitätszeichen beherrschten von der mittelalterlichen Zunftwirtschaft bis zur kapitalistischen Wirtschaftsweise Gewerbe und Handel gleichsam als eine territoriale Wirtschaftsfürsorge des Staates. Hierbei handelte es sich z.B. um die Meisterzeichen der Gold- und Silberschmiede sowie der Zinngießer, um die Schauzeichner und Manufakturen der preußischen Seidenindustrie, um die Sensenzeichen vom Steirischen Erzberg oder um die Bielefelder Leinen. Wir kennen solche Zeichen seit dem 15. Jahrhundert. Die Marken der privilegierten Zünfte, Verbände, Familien und Personen sollten u.a. einer staatlichen Qualitätskontrolle aus Gründen des Gewerbeschutzes oder Kunstschutzes dienen[2]. **415**

Die Geschichte des Markenrechts im 19. Jhr ist eng verbunden mit Industrialisierung und Wandel des Wirtschaftssystems vom merkantilistischen Interventionsstaat zu einer zumindest partiell verwirklichten Marktwirtschaft. Während in dem vorliberalen Staats- und Wirtschaftssystem Marken ähnlich wie andere Immaterialgüter und Persönlichkeitsrechte wie Erfindungen, literarische Werke oder Namen, ohne Weiteres durch Privilegien, handels- und gewerbepolizeiliche sowie strafrechtliche Bestimmungen geschützt wurden, lösten sich im Zuge der Liberalisierung des Staats- und Wirtschaftssystems diese dem öffentlichen Recht zugehörigen Ansprüche auf und mussten durch privatrechtliche Grundlagen ersetzt werden[3]. Diese Entwicklung vollzog sich aus heutiger Sicht eher langsam.

1 *Klippel* in Ekey/Klippel/Bender, HK-MarkenR, Bd. 1, E 2 Rn. 3 ff. m.N.
2 Vgl. nur *Fezer*, MarkenR, Einl. A Rn. 17, 4. Aufl.
3 Vgl. nur *Klippel* in Ekey/Klippel/Bender, MarkenR, Bd. 1, E 1 Rn. 2 ff.

416 Art. 27 des 1861 entworfenen Allgemeinen Deutschen Handelsgesetzbuches (ADHGB) gewährte zwar demjenigen einen Unterlassungs- und Schadensersatzanspruch, der „durch den unbefugten Gebrauch einer Firma in seinen Rechten verletzt ist". Zu einem Markenschutz führte diese Vorschrift jedoch nicht. Lediglich das Reichsstrafgesetzbuch (RStGB) sollte vor dem Missbrauch von Name und Firma als Warenbezeichnung schützen.

Das Gesetz über Markenschutz vom 30.11.1874 billigte dem Markeninhaber dagegen einen subjektiven und ausschließlichen Privatrechtsschutz am Warenzeichen zu, welches bei Verletzung durch Unterlassungs- und Schadensersatzanspruch sowie durch eine als Antragsdelikt ausgestaltete Strafbestimmung geschützt wurde, die statt eines Schadensersatzanspruches neben der Strafe die Möglichkeit einer an den Geschädigten zu zahlenden Buße vorsah[4].

Allerdings legte die Rspr. das Markenschutzgesetz (MSchG) eher restriktiv aus und billigte dem Markeninhaber z.B. keinen Schutz gegen die Anbringung von Warenbezeichnungen auf Rechnungen zu und sah auch sog. Etablissementsnamen nicht als geschützt an.

417 Das Gesetz zum Schutz der Warenbezeichnungen vom 12.5.1894 (WbZG) sollte der Präzisierung und Ausdehnung des Schutzes von Warenbezeichnungen nicht zuletzt durch die Berücksichtigung von deren Funktion im wirtschaftlichen Wettbewerb dienen. Ein Schadensersatzanspruch wurde nunmehr auch bei grober Fahrlässigkeit in § 14 Abs. 1 WbZG eingeräumt. Ergänzt wurde dieser Schutz durch die Verabschiedung des Gesetzes zur Bekämpfung des unlauteren Wettbewerbs vom 27.5.1896, dessen § 8 eine Bestimmung zum Schutz von Name, Firma und besonderer Bezeichnung eines Erwerbsgeschäfts im geschäftlichen Verkehr enthielt und damit eine Vorläufervorschrift der heutigen §§ 5, 15 MarkenG darstellt.

Weitere Vorschriften des Kennzeichenschutzes aus dieser Zeit sind § 27 HGB vom 10.5. 1897 (unzulässiger Firmengebrauch) und § 12 BGB (Namensrecht), die bis heute unverändert gelten und neben den markenrechtlichen Vorschriften Anwendung finden.

Nach weiteren Novellierungen wurde das Markenrecht durch das heutige Markengesetz vom 25.10.1994 auch in Umsetzung der europäischen Markenrechtsrichtlinie vom 21.12.1988 (RL 89/104 EWG) vollständig neu gefasst.

IV. Grundzüge des Markenschutzes

418 Kennzeichen können als nationale Marke, europäische Gemeinschaftsmarke oder durch internationale Registrierung nach dem Madrider Markenabkommen Markenschutz genießen. In den Staaten der EU wurde die europäische Markenrechtsrichtlinie in das jeweilige nationale Recht umgesetzt, so dass insoweit das Markenrecht in der EU, teilweise dem jeweiligen Land, also hier in Deutschland, harmonisiert ist.

---

4 *Klippel*, ebenda.

1. Die nationale Marke

Wie jedes nationale Markengesetz gewährt auch das deutsche Markengesetz Schutz für Kennzeichen in Deutschland.

a) Als Marke schutzfähige Zeichen

Nach § 1 MarkenG werden in Nr. 1 Marken, Nr. 2 geschäftliche Bezeichnungen und Nr. 3 geografische Herkunftsangaben geschützt. 419

Gem. Abs. 3 Nr. 1 MarkenG kennzeichnen Marken Waren oder Dienstleistungen eines Unternehmens und unterscheiden diese von denjenigen anderer Unternehmen. In dieser Formulierung, die für alle im Markenrecht geschützten Kennzeichen gilt, kommen die von der Rspr. entwickelten zwei Grundvoraussetzungen für die Markenfähigkeit eines Zeichens zum Ausdruck. Zum Einen hat das Zeichen als solches geeignet zu sein, Waren oder Dienstleistungen eines Unternehmens von denjenigen eines anderen Unternehmens zu unterscheiden. Maßgebend ist dabei weniger, ob das Zeichen geeignet ist, Produkte als solche zu identifizieren, vielmehr reicht die Eignung, Produkte als solche eines bestimmten Unternehmens zu individualisieren.

Beispielsfälle

Der Anmelder begehrt die Eintragung einer Marke SAT2 u.a. für Dienstleistungen im Medienbereich. Das Ausgangsgericht meinte, die Bestandteile „SAT" und „2" seien beschreibend und bei Dienstleistungen im Medienbereich gewöhnlich, ohne anzugeben, inwiefern die Wortzusammenstellung „SAT2" als Ganzes die Dienstleistungen nicht von denen anderer Unternehmen unterscheiden könne.

Da im Telekommunikationssektor Marken sich häufig aus einem Wort und einem Zahlenbestandteil zusammensetzen, weist dies bereits darauf hin, dass derartigen Kombinationen grds. eine Unterscheidungskraft nicht abgesprochen werden kann. Das Zeichen ist somit unterscheidungskräftig[5].

Zum Anderen bedarf es einer notwendigen Selbstständigkeit der Marke gegenüber der gekennzeichneten Ware oder Dienstleistung.

Beispielsfall

Ein technisches Gerät enthält eine Reihe von Gestaltungsmerkmalen, die in ihrer konkreten Formgebung zur Erzielung einer technischen Wirkung nicht erforderlich, sondern frei variierbar sind (konkrete Anordnung und Ausgestaltung der Lüftungsschlitze in den Gehäuseseiten, Einkerbungen der Seitenwände, besondere Form der Oberseite eines Transformatorengehäuses).

Da der Verkehr in der beliebigen Kombination und Variation technischer Gestaltung regelmäßig keinen Hinweis auf die Herkunft der Produkte sieht, sondern sie eher für funktionsbedingt hält, kann in solchen Fällen regelmäßig von einer Selbstständigkeit der – hier dreidimensionalen – Marke gegenüber der Ware ausgegangen werden.

§ 3 Abs. 1 MarkenG zählt einzelne Markenformen, die nicht abschließend sind, auf. Es handelt sich hierbei um Wörter einschl. Personennamen, Abbildungen, Buchstaben, Zahlen, Hörzeichen, dreidimensionale Gestaltungen inkl. der Form einer Ware oder ihrer Verpackung sowie sonstige Aufmachungen einschl. Farben und Farbzusammenstellungen. 420

---

5 *EuGH* GRUR 2004, 943 Rn. 43 f.

Farbmarken, denen von Hause aus keine betriebliche Herkunftshinweisfunktion zukommt, bedürfen i.d.R. eines jenseits der 50 %-Grenze liegenden Bekanntheitsgrades, wobei das nach Auffassung des BGH zu berücksichtigende Freihaltsbedürfnis besonders stark ist[6]. In die Abwägung ist der Gesichtspunkt der begrenzten Farben mit einzubeziehen[7].

421 Bei Wortmarken scheidet eine Eintragungsfähigkeit wegen mangelnder Unterscheidungskraft nur aus, wenn es sich entweder um ein beschreibendes Wort für die bezeichnete Waren- oder Dienstleistungsgruppe handelt oder um ein gebräuchliches Wort, welches die angesprochenen Verkehrskreise nicht als Unterscheidungsmittel verstehen.

Beispielsfälle

Die Anmelderin begehrte die Eintragung der Wortmarke „YES" für die Ware „Rohtabak, Zigaretten und andere Tabakerzeugnisse, Zigarettenpapier, Feuerzeuge" in das Markenregister. Die Prüfungsstelle versagte die Anmeldung wegen fehlender Unterscheidungskraft. Der BGH judizierte, „YES" sei kein so gebräuchliches Wort der Alltagssprache, dass es vom Verkehr allein und stets als solches aufgenommen und nur in seinem Ursprungssinn verstanden werde und dem deshalb die Unterscheidungskraft für die in Frage stehende Ware fehle[8].

Gegen die Eintragung der Wortmarke „Absolut" für die Ware Wodka in das Markenregister wendete die Prüfungsstelle beim Patentamt ein, es fehle die notwendige Unterscheidungskraft und es bestehe überdies ein Freihaltungsbedürfnis einer Bezeichnung für die angemeldete Ware. Das Zeichen „Absolut" sei dem Schutz als Marke nicht zugänglich, weil es sich hierbei um eine Superlativangabe i.S.v. u.a. „uneingeschränkt", „vollkommen" bzw. „in höchster Weise ideal" handele. Der BGH erachtete diese Argumente für nicht überzeugend und hielt eine Eintragungsfähigkeit für grundsätzlich möglich[9].

422 Je näher sich ein Zeichen an den Inhalt oder die Form der zu kennzeichnenden Waren- oder Dienstleistungen annähert, desto höher ist die Gefahr, dass es an der für eine Eintragung erforderlichen Unterscheidungskraft ermangelt.

b) Entstehung des Markenschutzes

423 Die Markenrechte stellen Immaterialgüterrechte mit Ausschlusswirkung gegen jeden Nichtberechtigten dar und genießen den Schutz der Art. 14 Abs. 1, 5 Abs. 2 GG.

Nach § 4 MarkenG gibt es drei Arten von Marken: Die Registermarke, die Benutzungsmarke und die Notorietätsmarke, deren Entstehung an verschiedene Voraussetzungen geknüpft ist.

424 **aa) Die Registermarke:** Gem. § 4 Nr. 1 MarkenG entsteht Markenschutz durch die Eintragung eines Zeichens als Marke in das vom Patentamt geführte Register. Die Eintragung hat sich an der Einteilung in 45 Klassen von Waren und Dienstleistungen gemäß dem Abkommen von Nizza vom 15.6.1957 zu orientieren[10]. Der Eintragung der Marke kommt konstitutive und nicht nur deklaratorische Wirkung zu. Für die Eintra-

6 *BGH* NJW 1997, 2379 f. – grau/magenta.
7 *BGH* NJW-RR 2004, 251 ff. – Farbmarkenverletzung I.
8 *BGH* NJW-RR 2000, 415 f. – YES.
9 *BGH* NJW-RR 2000, 419 f. – Absolut.
10 9. Ausgabe, gültig ab 1.1.2007, *Ekey/Klippe/Benderl*, HK-MarkenR, Bd. 1, Anh. 5.

gung der Marke ist ihre Benutzung im geschäftlichen Verkehr (zunächst) nicht notwendig, das Bestehen eines Geschäftsbetriebes ist ebenfalls nicht erforderlich[11].

Die §§ 8, 10 MarkenG sehen absolute Schutzhindernisse vor, bei deren Vorhandensein die Eintragung eines Zeichens als Marke ausgeschlossen ist. Dies wird beim DPMA von Amts wegen bei dem Antrag au Eintragung geprüft. Gem. §§ 9, 11, 12 und 13 MarkenG kann eine angemeldete oder eingetragene Marke bei Vorliegen der aufgeführten relativen Schutzhindernisse gelöscht werden. Die relativen Eintragungshindernisse müssen geltend gemacht werden, entweder durch Widerspruch nach §§ 42 ff. MarkenG oder durch Löschungsklage gem. § 55 MarkenG. 425

Beispielsfall

Die Marke „BIG LEXX" ist für die Waren „Bekleidung, Schuhe, Kopfbedeckungen" in das Register eingetragen worden. Gegen die Eintragung wurde Widerspruch erhoben von dem Inhaber der Marke „LEXX", deren Warenverzeichnis lautet: „Brillen, Sonnenbrillen, Lesehilfen, Brillenfassungen".

Zu prüfen ist, ob die Marke „BIG LEXX" wegen der Eintragung der Marke „LEXX" nach § 9 Abs. 1 Nr. 2 MarkenG gelöscht werden kann. Eine Löschung nach § 9 Abs. 1 Nr. 1 MarkenG scheidet aus, weil die Anwendung dieser Vorschriften voraussetzt, dass sich identische Marken für identische Waren oder Dienstleistungen gegenüberstehen (sog. Doppelidentität).

Die angegriffene Marke „BIG LEXX" stimmt zwar mit der Widerspruchsmarke „LEXX" in einem von zwei Bestandteilen identisch überein, die Marken unterscheiden sich indes durch den zusätzlichen Bestandteil „BIG". Da es sich bei „LEXX" um einen Fantasiebegriff handelt, ergibt die Hinzufügung des Zusatzes „BIG" zu einem Gesamtbegriff „Großes LEXX" im Gegensatz zu einem „normalen LEXX" oder einem „kleinen LEXX" keinen Sinn. „BIG" wird nicht als Qualifizierung oder Klassifizierung eines bestimmten oder eines generellen „LEXX" einfach bei der Wiedergabe ignoriert werden.

Die Ähnlichkeit zwischen den von beiden Marken in Bezug genommenen Warengruppen stellt sich als eher gering dar.

Unter Berücksichtigung der bei der Beurteilung der Verwechslungsgefahr mittelbar in Wechselbeziehung stehenden Komponenten der Waren- und Markenähnlichkeit sowie der Kennzeichnungskraft der Marken, wobei ein geringer Grad der Ähnlichkeit der Waren durch einen größeren Grad der Ähnlichkeit der Marken ausgeglichen werden kann oder umgekehrt, erachtete das Bundespatentgericht den erforderlichen Abstand der jüngeren Marke zur älteren Marke für noch genügend[12]. Auch unter dem Gesichtspunkt der Einordnung der mit der jüngeren Marke gekennzeichneten Produkte in eine – tatsächliche oder mögliche – Produktserie der Inhaberin der älteren Marke sah das Bundespatentgericht keine gedankliche Verbindung gemäß § 9 Abs. 1 Nr. 2 MarkenG. Es erkannte keine generelle Übung von Anbietern oder Vertreibern der in Rede stehenden Waren, bestehende Produktserien, sei es von Brillen, sei es von Bekleidung, für eine andere Produktserie mit einem vorgestellten adjektivischen Zusatz zu versehen. Das Bundespatentgericht ging deshalb nicht davon aus, dass das Publikum die unterschiedlich bezeichneten Produktgruppen gleichwohl demselben Hersteller oder Anbieter zuordnen würde[13]. Der Löschungsantrag war somit abzuweisen.

Die formelle Eintragung der Marke schafft die Voraussetzungen, um gegen unberechtigte Verwender des Zeichens vorzugehen. Erst nach der Eintragung kann der Markenrechtsinhaber im Verletzerprozess seine Ansprüche aus §§ 14, 18, 19 MarkenG geltend machen. Der Schutzumfang der Registermarke richtet sich nach der konkreten Eintragung des Zeichens im Register. Die Registermarke gilt für das gesamte Gebiet der Bundesrepublik Deutschland. 426

11 Vgl. amtl. Begr. BT-Drucks. 14/6581, 66.
12 *BPatG* MarkenR 2006, 77 ff. m.N. der Rspr des EuGH.
13 Ebenda.

427 **bb) Die Benutzungsmarke:** Nach § 4 Nr. 2 MarkenG entsteht Markenschutz durch die Benutzung eines Zeichens im geschäftlichen Verkehr, soweit das Zeichen innerhalb beteiligter Verkehrskreise als Marke Verkehrsgeltung erworben hat.

Die Benutzungsmarke unterscheidet sich zunächst von der Registermarke dadurch, dass die Benutzungsmarke durch einen bloßen Gebrauch entsteht und es keiner Eintragung in das beim Patentamt geführte Register bedarf. Umgekehrt kann eine Registermarke auch eine Benutzungsmarke sein, sofern die in § 4 Nr. 2 MarkenG statuierten Voraussetzungen vorliegen.

Das Entstehen von Markenschutz nach § 4 Nr. 2 MarkenG setzt die Benutzung des Zeichens voraus. Dies bedeutet, dass von dem Zeichen Gebrauch gemacht worden ist. Dabei genügt die bloße Benutzung des Zeichens allein für die Entstehung des Markenschutzes noch nicht. Sie muss überdies im geschäftlichen Verkehr erfolgt sein und es bedarf des Erwerbs von Verkehrsgeltung innerhalb der beteiligten Verkehrskreise.

428 Von einer Verkehrsgeltung kann gesprochen werden, wenn ein unterscheidungskräftiges Zeichen in der Weise bekannt ist, dass die relevanten Verkehrskreise die somit gekennzeichneten Waren oder Dienstleistungen von gleichen oder gleichartigen Waren oder Dienstleistungen anderer Herkunft unterscheiden. Je origineller das von der Benutzungsmarke erfasste Zeichen sich darstellt, desto höher wird seine ihm zukommende Kennzeichnungskraft sein. Die Annahme einer Verkehrsgeltung wird dann näher liegen als bei Sachverhalten, in denen erst noch mit großem Aufwand dieses Zeichen an den Markt gebracht werden muss[14].

Die beteiligten Verkehrskreise sind solche, an die sich das mit dem Zeichen versehene Produkt wendet. Sind dies alle Verbraucher, stellen diese die beteiligten Verkehrskreise dar. Dabei muss sich die Verkehrsgeltung bei einem nicht unerheblichen Teil der beteiligten, d.h. relevanten Verkehrskreise durchgesetzt haben[15].

In der Praxis häufig sind nur regionale Benutzungsmarken, d.h. als Marken durchgesetzte Kennzeichen, die sich nicht im ganzen Bundesgebiet an Verkehrskreise wenden.

Beispielsfall

Eine Kölschbrauerei verwendet ein nicht als Registermarke eingetragenes Zeichen in der Werbung für sein obergäriges Bier. Die Bierwerbung und entsprechend die Absätze der Brauerei finden in Köln und im Kölner Umland statt.

Hier kommt nur das Entstehen einer auf das Kölner Umland beschränkten Benutzungsmarke in Betracht.

429 Gem. der Leitentscheidung des BGH – Apropos Film – darf die untere Grenze für die Annahme einer Verkehrsdurchsetzung nicht unterhalb von 50 % angesetzt werden[16]. Im Übrigen stellt die Rspr. je nach Art der Marke unterschiedlich hohe Anforderungen an den Grad der Verkehrsdurchsetzung[17].

---

14 *Ekey* in Ekey/Klippel/Bender, HK-MarkenR, Bd. 1, § 4 Rn. 53.
15 *BGH* GRUR 1969, 681 f. – Kochentwassergerät.
16 *BGH* GRUR 1990, 340 f. – Apropos Film; vgl. auch *BPatG* GRUR 2005, 337 ff. – VISAGE.
17 *BGH* GRUR 1990, 681 ff. – schwarzer Krauser: 52,1 % für die Bezeichnung der besonderen Tabakmischung genügte danach nicht.

Endet die Verkehrsgeltung eines Zeichens nach Maßgabe der relevanten Verkehrskreise, entfällt auch der Markenschutz nach § 4 Nr. 2 MarkenG.

cc) Die Notorietätsmarke: Die notorisch bekannte Marke wird gem. § 4 Nr. 3 MarkenG geschützt. Art. 6bis PVÜ, der den Schutz „notorisch bekannter Marken" vorsieht, wurde 1925 bei der Haager Version in den Pariser Unionsvertrag eingefügt. Er bestimmt, dass die Eintragung einer Marke abzulehnen oder zu löschen ist, wenn sie mit einer Marke verwechselt werden kann, von der im Eintragungsland notorisch feststeht, dass sie bereits einem anderen Verbandsangehörigen gehört und für gleiche oder gleichartige Waren benutzt wird. Die Eintragung des Zeichens als Marke im Ursprungsland ist somit nicht notwendig, auch nicht, dass sie im Eintragungsland benutzt wird. Es reicht aus, dass sie in diesem Land als Kennzeichen gleicher oder gleichartiger Waren des anderen notorisch bekannt ist. 430

§ 4 Nr. 3 MarkenG erweitert die Regelung nicht nur auf Waren sondern auch auf Dienstleistungen.

Notorisch bekannt wird eine Marke sein, wenn ihr Bekanntheitsgrad über 70 % beträgt. Jenseits bloßer Prozentsätze können auch andere konkrete Umstände des Einzelfalls zur Notorietät führen, nämlich Dauer, Umfang und geografische Ausdehnung des Markengebrauchs und/oder die Markenpromotion, wirtschaftlicher Wert der Marke, der eingeräumte Schutz für die Marke sowie Dauer und geografische Markenregistrierungen oder Eintragungsersuchen, wenn hieraus auf die Bekanntheit oder den Gebrauch der Marke geschlossen werden kann[18]. 431

c) Der Schutz geschäftlicher Bezeichnungen

Als geschäftliche Bezeichnungen werden nach § 5 Abs. 1 MarkenG Unternehmenskennzeichen und Werktitel geschützt. § 5 Abs. 2 MarkenG definiert Unternehmenskennzeichen als Zeichen, die im geschäftlichen Verkehr als Name, als Firma oder als besondere Bezeichnung eines Geschäftsbetriebs oder eines Unternehmens benutzt werden. Dabei sollen nach § 5 Abs. 2 Satz 2 MarkenG der besonderen Bezeichnung eines Geschäftsbetriebes solche Geschäftszeichen und sonstige zur Unterscheidung des Geschäftsbetriebes von anderen Geschäftsbetrieben bestimmte Zeichen gleichstehen, die innerhalb beteiligter Verkehrskreise als Kennzeichen des Geschäftsbetriebes gelten. Gemäß § 5 Abs. 3 MarkenG sind Werktitel die Namen oder besonderen Bezeichnungen von Druckschriften, Filmwerken, Tonwerken, Bühnenwerken oder sonstigen vergleichbaren Werken. 432

Neben einem Schutz nach § 5 MarkenG kann auch ein Anspruch aus Namensrecht gemäß § 12 BGB in Betracht kommen.

18 *Hacker* in Ströbele/Hacker, § 4 Rn. 74, 75, 9. Aufl.

d) Der Schutz geografischer Herkunftsangaben

433 **aa) Allgemeines:** Geografische Herkunftsangaben sind Kennzeichnungsmittel. Sie erfüllen damit eine vergleichbare Funktion wie Marken. Sie unterscheiden sich von Marken dadurch, dass sie nicht die betriebliche Herkunft von Marken oder Dienstleistungen, sondern ihre geografische Herkunft kennzeichnen. Anders als Marken sind sie keine individuellen Schutzrechte, sondern können von allen Unternehmen für Waren oder Dienstleistungen benutzt werden, die aus dem gekennzeichneten Ort oder Gebiet stammen.

Weil sie den ortsansässigen Unternehmen als Kennzeichnungsmittel dienen, entspricht das in § 8 Abs. 2 Nr. 2 geregelte Freihaltungsbedürfnis den geografischen Herkunftsangaben.

Aus diesem Grund können geografische Herkunftsangaben nicht als Marke registriert werden. Eine Eintragung kommt allenfalls kraft Verkehrsdurchsetzung gem. § 8 Abs. 3 in Betracht[19].

Geografische Herkunftsangaben werden nicht nur national, sondern auf verschiedenen rechtlichen Ebenen auch international geschützt.

Auf internationaler Ebene schützen bilaterale Verträge und EU-Recht. Dabei handelt es sich im Wesentlichen um Agrar-Erzeugnisse und Lebensmittel.

434 **bb) Definition der geografischen Herkunftsangaben in § 126 MarkenG:** Gem. § 126 Abs. 1 MarkenG fallen unter geografische Herkunftsangaben die Namen von Orten, Gegenden, Gebieten oder von Ländern, die im geschäftlichen Verkehr von Kennzeichnung der geografischen Herkunft von Waren oder Dienstleistungen verwendet werden. Hierunter fallen auch mittelbare geografische Herkunftsangaben. Dies können bildliche Darstellungen sein, die im geschäftlichen Verkehr zur Kennzeichnung der geografischen Herkunft von Waren und Dienstleistungen benutzt werden, so dass dem Verkehr das Zeichen durch vorherige Verwendung geläufig geworden sein muss. Aber auch Bezeichnungen können unter den Begriff der geografischen Herkunftsangaben fallen[20].

435 Unter § 126 MarkenG fallen einfache und qualifizierte Herkunftsangaben. Bei einfachen (unmittelbaren) geografischen Herkunftsangaben besteht kein unmittelbarer Zusammenhang zwischen einer bestimmten Qualität und dem spezifischen geografischen Ursprung[21].

Qualifizierte Herkunftsangaben weisen dagegen auf die Qualität der Waren aus einer bestimmten Region oder einem Land hin.

---

19 Statt aller*: Fuchs-Wissemann in Ekey/Klippel/Bender*, HK-WettbR, § 126 Rn. 1 m.N.
20 *Fuchs-Wissemann,* a.a.O., Rn. 3.
21 *EuGH,* GRUR 2001, 6466 – Warsteiner.

Beispielsfall

Ein in Deutschland vertriebenes hochwertiges technisches Produkt wird mit „made in germany" beworben, obwohl die Komponenten nicht aus Deutschland stammen und die Fertigung im Ausland erfolgte.

Bei der Bezeichnung „made in germany" dürfte eine qualifizierte Herkunftsangabe vorliegen, da sich an diese Bezeichnung ein Weltruf knüpft. Da die Waren nicht in Deutschland hergestellt werden, liegt ein Verstoß gegen §§ 126, 127 MarkenG vor.

Gattungsbezeichnungen sind vom Schutz als geografische Herkunftsangaben ausgeschlossen. Ähnlich wie bei Marken, die sich im Verkehr als Gattungsbezeichnung für bestimmte Waren entwickelt haben (Tempo, Kleenex, Jeep, Tesafilm), soll erforderlich sein, dass die Angabe mittlerweile in Wegführung von dem geografischen Ursprung ausschließlich als Warenname ohne Beschaffenheitsangaben dient. 436

Beispielsfall

Die Bezeichnung „Dresdner Stollen" hat sich auf die in den 30-er Jahren folgenden Jahrzehnten in eine Gattungsbezeichnung umgewandelt, weil der Verkehr einheitlich hierin nur eine Gattungsbezeichnung und keinen Hinweis auf die Herkunft aus Dresden sah (*BGH* GRUR 1990, 461 f. – Dresdner Stollen II; vgl. auch *Fuchs/Wissemann*, a.a.O., § 126 Rn. 6 mit einer Darstellung der Bedenken gegen diese Rspr, weil sie eine Meinungsumfrage wegen angeblich methodischer Mängel nicht berücksichtigt hat. Nach dieser Meinungsumfrage hatten 13,5 % des Publikums die Angabe „Dresdner Stollen" mit einem geografischen Herkunftshinweis verbunden. Dies dürfte für eine geografische Herkunftsangabe ausreichen; hinzuweisen ist allerdings darauf, dass die DDR-Kollektivmarke „Dresdner Stollen" aufgrund des Erstreckungsgesetzes nunmehr in ganz Deutschland Schutz genießt.).

cc) Schutzinhalt: Nach § 127 Abs. 1 MarkenG dürfen geografische Herkunftsangaben nicht für Waren oder Dienstleistungen anderer Herkunft verwendet werden, wenn dadurch die Gefahr der Irreführung über die geografische Herkunft besteht. Der Anspruch richtet sich gegen die Verwender der Bezeichnung für Waren und Dienstleistungen, die keinen lokalen Bezug aufweisen. Der Schutz der Bezeichnung als geografische Herkunftsangabe setzt nicht voraus, dass der Verkehr mit dem Ort regionale Besonderheiten verbindet, die für die Qualität der Ware oder deren Produktion bedeutsam sein können. Hierauf kommt es erst für den Schutz qualifizierter geografischer Herkunftsangaben nach § 127 Abs. 2 MarkenG an[22]. 437

Haben die durch eine geografische Herkunftsangabe gekennzeichneten Waren oder Dienstleistungen besonderen Eigenschaften oder eine besondere Qualität, so darf die geografische Herkunftsangabe im geschäftlichen Verkehr für die entsprechenden Waren und Dienstleistungen dieser Herkunft nur benutzt werden, wenn die Waren oder Dienstleistungen diese Eigenschaften oder diese Qualität aufweisen. Dabei ist ein objektiver Maßstab anzulegen (§ 127 Abs. 2 MarkenG). 438

Genießt eine geografische Herkunftsangabe einen besonderen Ruf, so darf sie nach § 127 Abs. 3 MarkenG im geschäftlichen Verkehr für Waren oder Dienstleistungen anderer Herkunft auch dann nicht benutzt werden, wenn eine Gefahr der Irreführung über die geografische Herkunft nicht besteht, sofern die Benutzung für Waren oder Dienstleistungen anderer Herkunft geeignet ist, den Ruf der geografischen Herkunftsangabe oder ihre Unterscheidungskraft ohne rechtfertigenden Grund in unlauterer Weise auszunutzen oder zu beeinträchtigen. 439

---

22 *Fuchs-Wissemann*, a.a.O., § 127 Rn. 1 m.N.

Beispielsfall

Ein Mineralwasserhersteller bewirbt sein Mineralwasser mit „Ein Champagner unter den Mineralwässern".

Weil Champagner bei den beteiligten Verkehrskreisen einen besonderen Ruf genießt, soll die Bezugnahme auf Champagner in der Mineralwasserwerbung gegen § 127 Abs. 3 MarkenG verstoßen[23].

440 **dd) Ansprüche wegen Verletzung:** Gem. § 128 MarkenG kann bei einem Verstoß gegen die Vorschriften über die geografischen Herkunftsangaben bei Wiederholungsgefahr auf Unterlassung in Anspruch genommen werden. Dabei besteht der Anspruch auch dann, wenn eine Zuwiderhandlung droht (§ 128 Abs. 1 Satz 2 MarkenG).

Überdies kommt eine Haftung auf Schadensersatz in Betracht, wenn der Verstoß gegen die Vorschriften der geografischen Herkunftsangaben vorsätzlich oder fahrlässig begangen wurde. Bei der Bemessung des Schadensersatzes kann auch der Gewinn, den der Verletzer durch die Verletzung des Rechts erzielt hat, berücksichtigt werden (§ 128 Abs. 2 Satz 2 MarkenG).

ee) Schutz von geografischen Angaben und Ursprungsbezeichnungen gemäß der Verordnung (EG) Nr. 510/2006

441 aaa) Allgemeines: Die am 24.7.1993 in Kraft getretene Verordnung VO (EWG) Nr. 2/081/92 des Rates vom 24.7.1992 zum Schutz von geografischen Angaben und Ursprungsbezeichnungen der Agrarerzeugnisse und Lebensmittel wurde durch VO (EG) Nr. 510/2006 abgelöst. Dabei handelt es sich um einen gemeinschaftsweiten Schutz für geografische Herkunftsangaben, welcher allerdings keine abschließende Regelung darstellt und der Anwendung nationaler Regelungen nicht entgegen steht.

Nach Art. 1 Abs. 1 Satz 1 VO (EG) Nr. 510/2006 gilt das Verzeichnis der geschützten Ursprungsbezeichnungen und geografischen Herkunftsangaben, beginnend mit A. Aachener Printen und endend mit Z. Zibello, Culatello di (GUB) für Italien, Fleischerzeugnisse[24].

442 Neben der in dem oben bezeichneten Verzeichnis eingetragenen geografischen Herkunftsangabe können Anträge auf Eintragung einer geografischen Herkunftsangabe oder eine Ursprungsbezeichnung in das Register der geschützten Ursprungsbezeichnungen unter geschützten geografischen Angaben beim Patentamt nach § 130 Abs. 1 MarkenG eingereicht werden. Steht fest, dass dieser Antrag den Voraussetzungen der Europäischen Verordnung und den zu ihrer Durchführung erlassenen Vorschriften entspricht, so unterrichtet das Patentamt den Antragsteller nach § 130 Abs. 6 MarkenG. Das Patentamt wird dann die Fassung der Spezifikation im Markenblatt veröffentlichen. Einsprüche hiergegen sind nach § 131 MarkenG möglich, auch Anträge auf Löschung einer geschützten geografischen Angabe oder einer geschützten Ursprungsbezeichnung können gem. § 132 MarkenG gestellt werden.

---

23 *BGH* GRUR 1988, 453 ff. – Ein Champagner unter den Mineralwassern.
24 Abgedruckt als Anhang 16 in *Ekey/Klippel/Bender,* HK-MarkenR.

Ansprüche wegen Verletzung gegen geschützte geografische Angaben oder Ursprungsbezeichnungen nach europäischem Recht können nach § 135 MarkenG von den nach § 8 Abs. 3 UWG zur Geltendmachung von Ansprüchen Berechtigten erhoben werden.

443 bbb) § 137 Abs. 1 MarkenG ermächtigt das Bundesministerium der Justiz, durch Rechtsverordnung nähere Bestimmungen über einzelne geografische Herkunftsangaben zu treffen.

Bisher wurde lediglich die VO zum Schutze des Namens Solingen vom 16.12.1994 erlassen. Allerdings gab es bereits ein aus dem Jahr 1938 stammendes Gesetz zum Schutz des Namens Solingen, das durch diese Verordnung abgelöst worden ist. Die Solingen-VO enthält Mindestvoraussetzungen für die Solingen-Fähigkeit. Die Solingen-VO sieht regelmäßige Veröffentlichungen der zuständigen Industrie- und Handelskammern über die Mindestvoraussetzungen der Solingen-Fähigkeit vor.

2. Zeichenrechtsverletzungen

a) Grundsätzliches

444 Die in § 1 MarkenG aufgeführten Zeichen unterliegen jeweils unterschiedlichem Schutz.

§ 14 und § 15 MarkenG gewähren dem Inhaber einer Marke oder einer geschäftlichen Bezeichnung einen zivilrechtlichen Unterlassungs- und Schadensersatzanspruch. Diese zivilrechtlichen Ansprüche bestehen neben dem Recht, gemäß § 9 ff. MarkenG die Löschung der angemeldeten oder eingetragenen Marke zu verlangen. Dabei regelt § 14 Abs. 2 MarkenG die Tatbestände der markenrechtlichen Kollision zunächst in gleicher Weise wie § 9 MarkenG. Die Tatbestände in § 14 Abs. 2 Nr. 1 und 2 MarkenG decken sich mit denen des § 9 Abs. 1 Nr. 1 und 2 MarkenG. Die in § 15 MarkenG enthaltenen Anspruchsgrundlagen sind von ihrem Aufbau den in § 14 MarkenG normierten Anspruchsvoraussetzungen ähnlich.

445 Danach stehen den Inhabern einer Marke oder einer geschäftlichen Bezeichnung Unterlassungs- und Schadensersatzansprüche zu, wenn diese Zeichen oder ein damit identisches Zeichen oder ähnliches Zeichen im geschäftlichen Verkehr ohne Zustimmung des Berechtigten benutzt werden und in letzterem Fall die Gefahr einer Verwechslung hervorgerufen wird.

Beispielsfall

Die Klägerin, die als „Bank 24 aG" firmiert, hat als eine sog. Direktbank am 4.8.1995 eine eingetragene Wort-/Bildmarke „Bank24" eingetragen erhalten. Die Beklagten sind Inhaber der Wortmarke „Immobilien24". Während die Bank ihre Marke für das „Finanzwesen" hat eintragen lassen, erfolgte die Eintragung für „Immobilien24" für „die Herausgabe von Werbetexten als Druckereierzeugnisse und/oder durch elektronische Datenübermittlung, elektronische Zeitung, insbesondere Übertragung und Verbreitung von Werbeinseraten Dritter auf dem Gebiet des Immobilienwesens in den elektronischen Kommunikationsnetzen; Sammeln und Liefern von Nachrichten, insbesondere auf dem Gebiet des Immobilienwesens". Die Klägerin sieht in dem Betrieb der Datenbank eine Verletzung ihrer Marke und ihres Unternehmenskennzeichens. Sie hatte ihr Zeichen „Bank24" durch einen außerordentlich hohen Werbeaufwand zu einem hohen Bekanntheitsgrad geführt. Sie meint, die Beklagte nutze den hierdurch begründeten Ruf und die Wertschätzung ihres Unternehmens aus. Es bestehe eine Verwechslungsgefahr, zumal die angesprochenen Verkehrskreise die auf Immobilien bezogenen Tätigkeiten der Beklagten mit ihrer, der Klägerin, Geschäftstätigkeit in Verbindung brächten, denn als Bankunternehmen finanziere sie auch Immobiliengeschäfte.

Der BGH nimmt die Beurteilung der Verwechslungsgefahr i.S. des § 14 Abs. 2 Nr. 2 MarkenG unter Berücksichtigung aller Umstände des Einzelfalls vor. Dabei besteht eine Wechselwirkung zwischen der Ähnlichkeit der Marken und der Ähnlichkeit der mit ihnen gekennzeichneten Dienstleistungen sowie der Kennzeichnungskraft der älteren Marke. Danach kann ein geringerer Grad der Ähnlichkeit der Waren durch einen höheren Grad der Ähnlichkeit der Marken und umgekehrt sowie durch eine gesteigerte Kennzeichnungskraft der Klagemarke ausgeglichen werden[25]. Der BGH stellt dann darauf ab, dass gerade Dienstleistungen auf dem Gebiet des Finanzwesens und solche auf dem Gebiet des Immobilienwesens eine enge Beziehung zueinander haben. Das schlage sich u.a. darin nieder, dass Banken nicht nur traditionsgemäß bei der Finanzierung von Immobiliengeschäften maßgeblich beteiligt sind, sondern sich insbesondere auch selbst auf dem Gebiet des Immobilienwesens geschäftlich betätigen. Deshalb kann die Verneinung einer Verwechslungsgefahr allein wegen fehlender Dienstleistungsähnlichkeit nicht angenommen werden und verstoße die Annahme einer absoluten Markenunähnlichkeit zwischen der Marke „Bank24" und der Bezeichnung „Immobilien24" gegen die allgemeine Lebenserfahrung. Die jeweilige übereinstimmende Bezeichnung „24" führe zu einer – wenn auch geringen – Markenähnlichkeit.

Letztlich wird es von den Eintragungen im Markenregister abhängen, ob die Ware „Druckereierzeugnisse" sowie die Dienstleistungen „Werbung", „Herausgabe von Werbetexten als Druckereierzeugnisse und/oder durch elektronische Datenübermittlung" – elektronische Zeitung – sowie „Sammeln und Liefern von Nachrichten, insbesondere auf dem Gebiet des Immobilienwesens" für die angegriffene Marke Schutz genießen sollte und mit den Dienstleistungen auf dem Gebiet des Finanzwesens, für die die Klagemarke eingetragen ist, als ähnlich zu erachten sein muss[26].

Für die Beurteilung der Verwechslungsgefahr i.S. des § 14 Abs. 2 Nr. 2 MarkenG besteht also eine Wechselwirkung zwischen den in Betracht zu ziehenden Faktoren, insbesondere der Ähnlichkeit der Marken und Kennzeichen sowie der Ähnlichkeit der mit ihnen gekennzeichneten Waren sowie der Kennzeichnungskraft der älteren Marke oder geschäftlichen Bezeichnung, so dass ein geringerer Grad der Ähnlichkeit der Waren oder der geschäftlichen Bezeichnung durch einen höheren Grad der Ähnlichkeit ausgeglichen werden kann und umgekehrt[27].

b) Konkurrenzen

446 Der Schutz von Marken, geschäftlichen Bezeichnungen und geografischen Herkunftsangaben nach § 2 MarkenG schließt die Anwendung anderer Vorschriften zum Schutz dieser Kennzeichen nicht aus. Der Gesetzgeber hat in § 2 MarkenG deutlich zum Ausdruck gebracht, dass der Schutz nach diesem Gesetz den Schutz durch andere gesetzliche Bestimmungen nicht verdrängen soll. Dennoch vertritt der BGH die Auffassung, dass das MarkenG eine „umfassende, in sich abgeschlossene kennzeichenrechtliche Regelung" darstelle[28].

25 *BGH* WRP 2002, 537 ff. – Bank24 m.N.
26 *BGH* ebenda.
27 Zur sog. Wechselwirkungstheorie statt aller *Ekey/Klippel*, a.a.O., § 14 Rn. 89 m.N.
28 *BGH* NJW 2002, 2031 ff. – schell.de; **a.A.** *Klippel-Pahlow* in Ekey/Klippel, Markenrecht., § 2 Rn. 2 m.N., 1. Aufl.

Nach § 5 Abs. 2 UWG kann die Herbeiführung einer markenrechtlichen Verwechslungsgefahr irreführend sein; auch hieraus ergibt sich die Anspruchskonkurrenz zwischen dem Markengesetz und dem UWG[29]. 447

c) Weitere Sanktionen

Das MarkenG enthält in § 18 MarkenG den Vernichtungsanspruch bei gefälschten Markenartikeln, in § 19 MarkenG den Auskunftsanspruch und in §§ 143 ff. MarkenG Straf- und Bußgeldvorschriften sowie Normen über die Beschlagnahme bei der Ein- und Ausfuhr von mit Marken gekennzeichneten Waren. 448

3. Die Gemeinschaftsmarke

Schon bald nach der Gründung der europäischen Wirtschaftsgemeinschaft 1957 setzten Bemühungen ein, für den Gemeinsamen Markt eine einheitliche Marke zu schaffen[30]. 449

Nach der VO Nr. 40/94 vom 20.12.1993[31] kann bei dem dafür eingerichteten Harmonisierungsamt für den Binnenmarkt, Marken, Muster, Modelle (HABM) in Alicante/Spanien, der Antrag auf Eintragung einer Gemeinschaftsmarke nach der GMV (Gemeinschaftsmarken-VO) gestellt werden. Hierbei handelt es sich um eine reine Registermarke (Art. 6 VO). Die europäische Gemeinschaftsmarke kennt nicht die Form der Benutzermarke.

Eine Gemeinschaftsmarke kann ohne Unterschied für Waren und Dienstleistungen eingetragen werden, die bei der Anmeldung entsprechend eines Klassifikationsverzeichnisses dargestellt werden müssen (Art. 26, 28, 44, 49 VO). Das Eintragungsverfahren besteht ähnlich wie im deutschen Recht aus einer Prüfung der Anmeldung auf formale Voraussetzungen und auf absolute Eintragungshindernisse (Art. 36–38 VO) sowie eventuelle Widersprüche von Inhabern älterer Rechte (Art. 42–43 VO). Nach der Eintragung kann die Gemeinschaftsmarke aus denselben Gründen, die der Eintragung entgegen gestanden hätten, gelöscht werden (Art. 55–56 VO). 450

Aus Art. 9 Abs. 1 ff. VO ergibt sich, dass die Gemeinschaftsmarke ihrem Inhaber ein ausschließliches Recht gewährt, gegenüber Dritten jedoch im Wesentlichen nur einen Unterlassungsanspruch.

Insbesondere für Sanktionen, zivilrechtliche Schadensersatzansprüche und Ansprüche wegen unlauteren Wettbewerbes verweisen die Art. 14 Abs. 1 Satz 2 i.V m. Art. 98 und Art. 14 Abs. 2 VO auf das nationale Recht. Dieses gilt somit also parallel oder ergänzend. Etwas anderes soll nur für das Recht der geografischen Angaben von Agrarerzeugnissen und Lebensmitteln gelten, in dem ein absolutes Autonomieprinzip gilt[32]. 451

29 *Jonas/Weber,* GRUR-RR 2009, 204 ff.
30 Vgl. hierzu nur *von Kapff* in Ekey/Klippel, a.a.O., GMV Art. 1 Rn. 1 ff.
31 ABl. Nr. L 11/1-35 v. 14.1.1994.
32 *von Kapff*, a.a.O., Rn. 41.

Eine Gemeinschaftsmarke beansprucht europaweit Geltung und kann in Konflikt mit nationalen Marken geraten. In diesem Fall gilt das Prioritätsprinzip, d.h. das frühere Recht muss dem späteren nicht weichen.

Die in den einzelnen Staaten errichteten Gemeinschaftsmarkengerichte sind nationale Gerichte und für die Durchführung der Vorschriften zur Verteidigung der Gemeinschaftsmarke zuständig. Allerdings gibt es ein Vorabentscheidungsverfahren zum EuGH gem. Art. 267 AEUV (ex Art. 234 EGV) für die Fragen, die für die Auslegung der Gemeinschaftsmarkenverordnung maßgeblich sind.

4. Die internationale Registrierung von Marken nach dem Madrider Markenabkommen und nach dem Protokoll zum Madrider Markenabkommen

452 Hierbei handelt es sich um völkerrechtliche nebeneinander bestehende Verträge, die ein System des gegenseitigen Schutzes von in den einzelnen Staaten eingetragenen Marken gewährleisten sollen (Liste der Mitgliedstaaten abrufbar unter www.wipo.int/treaties/en/documents/pdf/madrid-marks.pdf).

Die Formalitäten zur Erlangung des Markenschutzes sollen so gegenüber dem sonst erforderlichen Schutzerwerb in jedem einzelnen Staat wesentlich verringert und erleichtert werden. Denn mit nur einem Antrag auf Registrierung in nur einer Sprache kann ein Schutz für alle Mitgliedstaaten erreicht werden.

Das Madrider Markenabkommen (MMA) ist seit 1892 in Kraft und wurde seither mehrfach novelliert. Die Vertragsparteien des MMA und des Protokolls zum Madrider Markenabkommen (PMMA) bilden den sog. Madrider Verband, der ein besonderer Verband gem. Art. 19 der Pariser Verbandsübereinkunft zum Schutz des gewerblichen Eigentums (PVÜ) ist. Die Bundesrepublik Deutschland ist Vertragspartei sowohl des MMA als auch des PMMA.

453 International registrierte Marken gelten in der Bundesrepublik Deutschland, wenn entweder die Internationale Registrierung in Deutschland erfolgte oder es sich um eine International Registrierte Marke handelt, deren Schutz auf die Bundesrepublik Deutschland erstreckt wurde. Im Fall der Schutzbewilligung genießt die Marke in der Bundesrepublik Deutschland dann den gleichen Schutz wie eine in das deutsche Markenregister eingetragene nationale Marke (§§ 107–125 MarkenG).

Das System der internationalen Registrierung von Marken beruht auf dem Prinzip der gegenseitigen Anerkennung. Dies bedeutet, dass die Vertragsstaaten sich verpflichtet haben, jeweils die Anmeldung der Marken der anderen Länder im Gegenzug bei sich zu akzeptieren und im Falle von Zeichenverletzungen einen adäquaten Schutz zur Verfügung zu stellen.

G. Domainrecht

I. Einleitung

Das Domainrecht ist kein Rechtsgebiet im engeren Sinne, sondern vielmehr ein Sachgebiet, das sich Normen aus verschiedenen Rechtsgebieten bedient, so insbesondere dem Namensrecht, dem Markenrecht und dem Wettbewerbsrecht, aber auch dem Kartellrecht. Die vorliegende Darstellung soll denjenigen, die sich mit den vorstehenden Ausführungen zum Wettbewerbs- und Markenrecht (in A–F) bereits auseinandergesetzt haben, eine Möglichkeit an die Hand geben, auch die besonderen Konstellationen domainrechtlicher Streitigkeiten lösen zu können. Aus diesem Grunde sei zunächst ein Kapitel über die technischen Gegebenheiten vorangestellt (unten II.), sodann werden die Besonderheiten bei Anwendung der namens- (unten III.), marken- (unten IV.) und wettbewerbsrechtlichen (unten V.) Vorschriften herausgestellt, um abschließend einige praktische Hinweise zu verfahrensrechtlichen Problematiken darzustellen (unten VI.). **454**

Die Darstellung hält sich im Wesentlichen an die jüngere Rechtsprechung, die in vielen Fällen allerdings noch nicht einheitlich ist und ständigen Erneuerungen, Korrekturen und Verfestigungen unterliegt. In Anbetracht dessen, dass inzwischen zunehmend höchstrichterliche Entscheidungen vorliegen und einige Grundsatzfragen wohl beantwortet sind, hat die Entscheidungsdichte, wie sie zu Beginn des letzten Jahrzehnts auftrat, wieder etwas abgenommen. In näherer Zukunft dürfte jetzt auch für weitere Konstellationen Klarheit geschaffen werden. **455**

II. Die Domain

1. Der Domain-Name

Wer im Internet erreichbar sein will, braucht eine eindeutige Adresse. Die Computer, auf denen Web-Inhalte gespeichert sind (Server), haben als eindeutige Zieladresse eine Zahlenkombination, die so genannte **IP-Adresse**, welche aus 4 dreistelligen Zahlen von 0 bis 255 besteht. Um eine Vereinfachung des Internet-Verkehrs zu erreichen, entwickelte Jan Postel ein hierarchisch strukturiertes Namenssystem. Eine Internetadresse stellt sich dabei wie folgt dar: **456**

Beispiel

http://www.ekey.de/publikationen.shtml

http	bezeichnet dabei das Übertragungsprotokoll (hier hypertext transfer protocol).
www	bezeichnet den Dienst (World Wide Web).
ekey	ist die Second Level Domain.
de	ist die Top Level Domain.
publikationen	ist die Pfadangabe, die auch als Sub Level Domain bezeichnet wird.
shtml	ist der Dateityp (Hypertext Markup Language – S steht für Server Side Includes – die Datei enthält Anweisungen an den Server).

457 Wenn der Internet-Nutzer in seinem Browser eine Domain ins Adressfeld eingibt, wird er zunächst automatisch mit einem so genannten **Domain Name Server** verbunden, der die Domain in die IP-Adresse umwandelt.

a) Top Level Domains

458 Top Level Domains sind regelmäßig Länderkürzel wie z.B. .de, .at, .ch, .uk. (Ausnahme z.B.: .eu für Europa, .gi für Gibraltar). Sie werden auch als **country code Top Level Domain** bezeichnet (ccTLD). Seit Dezember 2005 können auch Domains unter der ccTLD .eu registriert werden, zunächst nur in zwei „Sunrise"-Perioden für Behörden bzw. diejenigen, die Namens- oder Markenrechte[1] geltend machen konnten; seit April 2006 ist die Registrierung allgemeinzugänglich.

Eine vollständige Liste aller ccTLD befindet sich auf der Seite http://www.iana.org/cctld/cctld-whois.htm. Auch die Top Level Domains .tv (für Tuvalu) und .ag (für Antigua) sind ccTLDs.

459 Darüber hinaus gibt es auch so genannte **generische Top Level Domains** (gTLD). Ursprünglich bestanden die folgenden 7 gTLDs:

.com für kommerzielle Organisationen,
.net für Netzwerkbetreiber,
.org für andere Organisationen,
.gov für Regierungsstellen,
.mil für militärische Einrichtungen,
.int für internationale Organisationen und
.edu für Bildungseinrichtungen

Zuständig für die Vergabe von Top Level Domains ist die ICANN, die Internet Corporation for Assigned Names and Numbers. Sie vergibt die Rechte, Second Level Domains zu vergeben, an einzelne Registrierungsstellen in den Ländern beziehungsweise für die generischen Top Level Domains an speziell hierzu zugelassene Registrierungsstellen.

Die ICANN beschloss am 16. November 2000, sieben weitere Top Level Domains zuzulassen. Dies sind .aero für die Luftfahrtindustrie, .biz für Unternehmen, .coop für genossenschaftliche Organisationen, .info ohne weitere Einschränkung, .museum für Museen, .name für Privatpersonen und .pro für Anwälte, Steuerberater und Ärzte.

Im Juni 2008 beschloss die ICANN, die Regeln für neue Top Level Domains radikal zu vereinfachen und es zu ermöglichen, prinzipiell jeden denkbaren Begriff als Top Level Domain zu erlauben[2]. Da technisch derzeit eine Obergrenze von 5000 Top Level

1 Markenrechte konnten Markeninhaber und Lizenznehmer geltend machen, als Lizenznehmer gilt jedoch nicht, wer nur die Domain anmelden soll, aber die Marke nicht selbständig kommerziell nutzen darf, *EuGH* MMR 2012, 609 – Pie Optiek.

2 Vgl. *Schulte-Braucks*, Alles neu macht die ICANN, GRUR Int. 2013, 322; *Rickert*, Schutz von Kennzeichenrechten bei der Einführung neuer TLDs, MMR 2012, 444; *Maaßen/Schreiber*, Vergaberechtliche Fragen der Einrichtung von GeoTLDs, MMR 2011, 363; *Maaßen/Hühner*, Neue Top-Level-Domains 2011, MMR 2011, 149.

Domains als realisierbar gilt, sollen neue Top Level Domains paketweise vergeben werden. Eine erste Bewerbungsphase sollte ursprünglich im April 2012 abgeschlossen sein, nach zwischenzeitlichen Verzögerungen kommt derzeit die Einführung von neuen Domains im zweiten Quartal 2013 in Betracht[3].

b) Second Level Domains

Die Registrierungsstellen vergeben Second Level Domains nach dem Prinzip **„first come, first served"**[4]. Second Level Domains unter der wichtigsten generischen Top Level Domain .com vergibt die Internic (www.internic.net). Second Level Domains unter der deutschen ccTLD .de sind über die Denic eG (www.denic.de) zu registrieren. Inzwischen sind mehr als 15 405 316 .de-Domains registriert (Stand 25.3.2013). **460**

In Deutschland kann der Anmelder bei der Denic – im Gegensatz zu den Vergabegrundsätzen bei der Internic – die Domain unmittelbar beantragen. Er kann jedoch auch einen Internet Service Provider (ISP) mit der Registrierung beauftragen. **461**

Eine deutsche Second Level Domain durfte ursprünglich nur aus 3–63 Zeichen bestehen[5], sie kann sich aus Buchstaben, Ziffern[6] und Bindestrichen zusammensetzen, Ziffern und Bindestriche jedoch nur in Kombination mit Buchstaben. Seit dem 1.3.2004 sind auch Umlaute und andere (insgesamt 92) Sonderzeichen zulässig. Diese werden in einen so genannten ACE-String übersetzt, für zääz.de beispielsweise in xn--zz-viaa.de und für zöäz.de in xn--zz-via5e.de. Die Längenbegrenzung bezieht sich dabei auf den ACE-String. Die Sonderzeichen sind bislang nur in Domainnamen, nicht dagegen bei einer E-Mail-Adresse vor dem @-Zeichen zulässig. Eine E-Mail-Adresse kann daher nur mueller@müller.de lauten. Die Übersetzung übernehmen die Browser, weshalb Umlaut-Domains mit älteren Programmen nicht unmittelbar anwählbar sind. Nutzer älterer Browser müssen deshalb den ACE-String eingeben. Seit dem 23.10.2009 sind auch Domains unter der Top Level Domain .de mit einem oder zwei Buchstaben sowie ausschließlich aus Ziffern bestehend möglich. **462**

Mit dem Antrag muss der Anmelder eine verantwortliche Person (admin-c) und einen technischen Ansprechpartner (tech-c) angeben. Diese Angaben sind über eine Whois-Abfrage auf der Website der Denic jederzeit frei abrufbar. **463**

---

3 Vgl. *Weise*, Internet Corporation on Assigned Names and Numbers (ICANN), MMR 2013, 16, 19; http://www.heise.de/netze/meldung/Neue-Top-Level-Domains-ICANN-beschliesst-Oeffnung-des-Internet-Namensraums-1263102.html.

4 Zur kartellrechtlichen Zulässigkeit vgl. *OLG Frankfurt* MMR 2011, 181 – tv.de; vorangehend *LG Frankfurt* MMR 2010, 254 – tv.de; zum Prioritätsprinzip vgl. *BGH* MMR 2013, 30 – Domainproviderwechsel – gewinn.de.

5 Vgl. aber db.de als „Altbestand" und die Entscheidung *OLG Frankfurt* MMR 2008, 609 – vw.de zur kartellrechtlichen Verpflichtung der Denic, im Einzelfall zwei-buchstabige Domain registrieren zu müssen; eine solche besteht nicht, wenn die Denic einen sachlichen Grund für die Ablehnung vorweisen kann, was in dem etwaigen Bedürfnis nach Second Level Domains für Kfz-Zulassungsbezirke zu sehen sein soll – *LG Frankfurt*, MMR 2009, 274 – rz.de.

6 Zur kartellrechtlichen Verpflichtung der Denic zur Eintragung einer ausschließlich aus Ziffern bestehenden Domain: *OLG Frankfurt* MMR 2008, 614 – 11880.de.

c) Sub Level Domains

464 Sub Level Domains sind Angaben über die Verzeichnisstruktur der betreffenden Website. Darüber hinaus können Sub Level Domains auch vor der Second Level Domain mit einem Punkt von ihr abgetrennt stehen (z.B. www.anwalt.ekey.de), letztere werden auch **Third Level Domain** genannt.

465 Sub Level Domains werden nicht von einer Registrierungsstelle vergeben, sondern sind frei wählbar. Etwaige Rechtsstreitigkeiten über Sub Level Domains sind (noch) nicht bekannt. Hinsichtlich der Third Level Domains könnten jedoch in Zukunft durch die inzwischen stärker verbreitete Verwendung (www.ekey.de.vu – für Vanuatu) Rechtsstreite aufkommen. Bei den Sub Level Domains könnten Streite insbesondere bei Homepages auf Portalen (MySpace, Facebook, Blogs, o.ä.) oder über Weiterleitungen aus Togo (come.to/ekey) entstehen, insoweit dürften aber die internationale Zuständigkeit sowie die Vollstreckung problematisch werden[7].

2. Die Funktion der Domain

466 Eine Domain hat **in erster Linie Adressfunktion**, denn sie soll nach Eingabe der entsprechende Buchstaben-/Zahlenkombination in das Adressfeld des Browsers zu der gewünschten Website führen.

467 Darüber hinaus erfüllt sie nach inzwischen einhelliger Meinung eine **Kennzeichen- und Namensfunktion**, jedenfalls wenn sie (erkennbar) aus Namen, Firmenbezeichnungen, Markenwörtern[8] oder entsprechenden Abkürzungen[9] besteht, da sie der Verkehr ohne Weiteres als Bezeichnung des über die Domain erreichbaren Unternehmens bzw. der Person verstehen wird. Das LG Köln verneinte ursprünglich die Kennzeichen- und Namensfunktion in den Entscheidungen huerth.de[10], pulheim.de[11] und kerpen.de[12] mit der Begründung, dass eine Domain frei wählbar sei und z.B. auch aus nicht aussprechbaren Buchstabenkombinationen gebildet werden kann. Aus letztgenanntem Grund ist im Einzelfall zu prüfen, ob die streitgegenständlich genutzte Domain auch Kennzeichenfunktion besitzt[13].

---

7 Vgl. zu diesem Themenkomplex auch *Wendlandt*, Kennzeichenfunktion von Subdomains und Verzeichnisnamen im deutschen und amerikanischen Recht, CR 2001, 612; siehe auch *OLG Hamburg* GRUR-RR 2010, 476 zu Bestandteilen einer URL.

8 *OLG Hamburg* GRUR-RR 2010, 476.

9 Zu nicht aussprechbaren Abkürzungen, die als Marke eingetragen sind, vgl. *OLG Düsseldorf* MMR 2012, 563.

10 *LG Köln* GRUR 1997, 377 – huerth.de.

11 *LG Köln* NJW-RR 1998, 976 – pulheim.de.

12 *LG Köln* BB 1997, 1121 – kerpen.de.

13 *BGH* MMR 2005, 171 – soco.de.

3. Eigentumsfähigkeit

468 Das durch den Vertrag mit der Denic eG begründete Nutzungsverhältnis stellt eine verfassungsrechtlich geschützte Eigentumsposition im Sinne des Art. 14 Abs. 1 GG dar[14], wobei namens- und markenrechtliche Normen eine verfassungsrechtlich unbedenkliche Inhalts- und Schrankenbestimmung im Sinne des Abs. 1 S. 2 GG bilden[15].

III. Ansprüche aus dem Namensrecht

469 Zunächst kommen gegen die unberechtigte Verwendung von Domains Ansprüche aus dem Namensrecht gemäß § 12 BGB in Betracht. § 12 BGB greift in allen Fällen ein, in denen eine so genannte **Zuordnungsverwirrung** entsteht, in denen also durch die Namensnennung eine Verbindung zwischen dem Namensträger und Produkten oder Unternehmen suggeriert wird, die in Wahrheit nicht besteht.

470 Die erste veröffentlichte Entscheidung aus dem Domainrecht stützte sich auf den Namensschutz aus § 12 BGB. Das LG Mannheim[16] hatte über die Verwendung der Domain heidelberg.de durch ein Privatunternehmen zu entscheiden. Seit dieser Entscheidung, die in der Rechtsprechung und Literatur überwiegend Zustimmung erhielt, sind Voraussetzungen für einen Schutz durch § 12 BGB, dass ein Kennzeichen der Unterscheidung eines Rechtssubjekts von anderen dient und ebenso wie die in Wort und Schrift festgehalten Namen Ordnungs- und Unterscheidungsfunktion besitzt.

1. Schutzbereich

471 Zunächst ist zu prüfen, ob derjenige, der die Stellung des Domaininhabers angreift, seinerseits vom Schutzbereich des Namensrechts aus § 12 BGB betroffen ist, nämlich ob ihm ein Namensrecht zusteht. Das Namensrecht steht sowohl natürlichen Person als auch juristischen Personen[17], Städten und Ländern zu. Bei natürlichen Personen erlischt der Namenschutz mit dem Tod[18], bei juristischen Personen mit deren Auflösung. Auch Parteien können einen Namen führen, der Begriff Freie Wähler weist jedoch keine Unterscheidungskraft auf[19].

472 Auch Bundesbehörden[20], abgegrenzte Geschäftszweige eines Bundeslandes[21] und als Körperschaft des öffentlichen Rechts anerkannte Religionsgemeinschaften[22] sind Na-

14 *EGMR* MMR 2008, 29.
15 *BVerfG* MMR 2005, 165 – adacta.de.
16 *LG Mannheim* NJW 1996, 2736 – heidelberg.de.
17 Für Vereine: *BGH* MMR 2010, 757 – braunkohle-nein.de; in I. Instanz: *LG Schwerin* MMR 2008, 560 – braunkohle-nein.de.
18 *BGH* MMR 2007, 106 – klaus-kinski.de.
19 *OLG Schleswig* GRUR-RR 2011, 226 – Freie Wähler; vgl. auch *LG Frankfurt* K&R 2011, 65 – rheingau.de, wenn unklar bleibt, wer sich hinter einer Bezeichnung verbirgt.
20 *LG Hannover* MMR 2002, 134 – verteidigungsministerium.de.
21 *LG Frankfurt* MMR 2005, 782 – hessentag.
22 *LG Frankfurt* MMR 2004, 113 – mormonen.de für die Kirche Jesu Christi.

mensinhaber im Sinne des § 12 BGB. Das OLG Rostock[23] gab hingegen einer Klage des Markeninhabers der Marke „Müritz-Online" gegen das Land Mecklenburg-Vorpommern statt, da dieses an dem Namen „Müritz" keine Namensrechte hatte. Entgegen der Vorinstanz[24] lehnte das OLG Köln[25] die Kennzeichnungs- und Namensfunktion des Begriffes Mahngericht für ein Land ab. Auch die Übersetzung eines Staatsnamens kann vom Schutzumfang umfasst sein[26].

Ferner können anerkannte Künstler-[27] und Spitznamen ein Namensrecht im Sinne des § 12 BGB begründen[28].

Beispielsfälle

Ein Websitebetreiber vertreibt unter der Domain schweini.de Fleischwaren. Hiergegen wendet sich der Fußballnationalspieler Bastian Schweinsteiger unter Berufung auf seinen Spitznamen Schweini. Da auch Spitznamen vom Schutzbereich des § 12 BGB betroffen sind und dem Namensschutz unterfallen, kann der Fußballnationalspieler die Verwendung der Domain mit seinem Spitznamen verbieten.

Die Kirche Jesu Christi, deren Angehörige „Mormonen" genannt werden, wendet sich unter Berufung auf ihren Namensschutz aus § 12 BGB gegen die Nutzung der Domain mormonen.de. Es handelt sich um einen anerkannten Spitznamen, zumal die Kirche Jesu Christi sowohl im Brockhaus als auch im Duden unter dem Stichwort „Mormonen" aufgeführt wird. Sie darf die Nutzung der Domain mormonen.de untersagen.

Bei der Verwendung eines geschäftlichen Zeichens tritt jedoch regelmäßig das Namensrecht hinter markenrechtliche Ansprüche zurück[29]. Er bleibt allerdings dann anwendbar, wenn mit der Löschung des Domainnamens eine Rechtsfolge begehrt wird, die aus kennzeichenrechtlichen Vorschriften deswegen nicht hergeleitet werden kann, weil die Voraussetzungen einer Verletzung der Marke oder des Unternehmenskennzeichens nicht erfüllt sind[30].

2. Schutzumfang

473 § 12 BGB schützt einen Namensinhaber gegen eine **Namensanmaßung** eines Nichtberechtigten. Eine solche Namensanmaßung liegt insbesondere im Falle einer so genannten Zuordnungsverwirrung vor. Diese ist gegeben, wenn der unrichtige Eindruck hervorgerufen wird, der Namensträger habe dem Gebrauch seines Namens zugestimmt[31].

---

23 *OLG Rostock* K&R 2000, 303 – mueritz.de.
24 *LG Köln* MMR 2005, 621 – mahngericht.de.
25 *OLG Köln* MMR 2006, 31 – mahngericht.de.
26 *KG* MMR 2007, 600 – tschechische-republik.at/.ch/.com; *LG Berlin* MMR 2007, 60 – tschechische-republik.at/.ch/.com.
27 *BGH* MMR 2007, 106 – klaus-kinski.de.
28 *LG* München I NJW-RR 2007, 921 – Schweini; *LG Frankfurt* MMR 2004, 113 – mormonen.de für die Kirche Jesu Christi; vgl. auch zum Gebrauchsrecht des Betreibers einer Liegenschaft, die im allgemeinen Sprachgebrauch mit einem anderweitigen Familiennamen bezeichnet wird, *BGH* MMR 2012, 376 – Landgut Borsig.
29 *OLG Hamburg* GRUR-RR 2010, 476.
30 *BGH* MMR 2012, 233 –basler-haarkosmetik.de; MMR 2008, 815 – afilias.de; MMR 2005, 313 – mho.de.
31 *BGH* NJW 1983, 1186.

474 Ein Anspruch aus § 12 BGB liegt regelmäßig dann nicht vor, wenn der Domain-Inhaber seinen eigenen Namen verwendet. So kann eine Gemeinde nicht aus ihrem Namensrecht vorgehen, wenn der Domaininhaber seinen eigenen Namen als Domain verwendet und der Name der Gemeinde nicht von überragender Bedeutung sei[32].

475 Ein Gebrauch eines eigenen (Pseudonym-/Firmen-)Namens liegt schon dann vor, wenn der Domaininhaber den Namen demnächst nutzen wird. Er muss deshalb im Zeitpunkt der Registrierung noch nicht mit diesem Namen im Verkehr auftreten[33].

Beispielsfall

Die Firma mho ließ sich die Domain mho.de registrieren, obwohl sie bislang noch nicht mit dieser Bezeichnung im Verkehr aufgetreten ist. Da sie glaubhaft machen konnte, die Bezeichnung in Kürze zu verwenden, stehen ihr nach Ansicht des BGH bereits Namensrechte gemäß § 12 BGB zu. Sie war mithin berechtigt, zur Vorbereitung ihrer Geschäftstätigkeit die Domain registrieren zu lassen[34].

476 Ebenso kann derjenige, dessen Namensrecht erst nach der Domainregistrierung entstanden ist, nicht gegen diese vorgehen[35].

477 Streitig ist, ob es ausreicht, dass ein originär berechtigter Namensträger dem Domaininhaber eine Zustimmung zur Registrierung der Domain auf dessen Namen erteilte. Eine solche Zustimmung soll nach der Rechtsprechung jedenfalls im Rahmen eines Konzernes[36] oder unter Familienmitgliedern[37] und Lebensgefährten[38] zulässig sein. Nach (unzutreffender) Ansicht in der Rechtsprechung[39] darf jedoch eine Web-Agentur eine Domain im Auftrag des Kunden nicht auf ihren eigenen Namen registrieren lassen[40]. Der BGH nahm in seiner Entscheidung vom 8.2.2007[41] eine vermittelnde Stellung ein: Danach ist eine treuhänderische Registrierung möglich, wenn für Gleichnamige eine einfache und zuverlässige Möglichkeit besteht zu überprüfen, ob die Registrierung im Auftrag eines Namensträgers erfolgt ist. Dies wird vermutet, wenn unter dem Domainnamen eine Homepage eines Namensträgers abrufbar ist. Solange noch keine Inhalte vorgehalten werden, soll die Denic dem Domaininhaber die Mög-

32 *OLG München* MMR 2001, 691 – boos.de, *LG Flensburg* MMR 2002, 247 – sandwig.de; *LG Erfurt* MMR 2002, 396 – suhl.de für eine Stadt mit 45 000 Einwohnern.

33 *BGH* MMR 2005, 315 – mho.de; nach Ansicht des *OLG Frankfurt* (MMR 2010, 831) entsteht das Unternehmenskennzeichen jedoch erst mit Benutzungsaufnahme des Domainnamens, nicht bereits mit dessen Registrierung.

34 *BGH* MMR 2005, 315 – mho.de.

35 *BGH* MMR 2008, 815 – afilias.de.

36 *BGH* MMR 2006, 104 – segnitz.de für Unternehmensbezeichnungen.

37 *OLG Stuttgart* MMR 2006, 41 – Gestattung durch Familienangehörigen.

38 *LG München I* MMR 2006, 56 – Domainanmeldung durch Dritten.

39 *OLG Celle* MMR 2004, 486 – grundke.de; *LG Hamburg* MMR 2005, 254 – müller.de; vgl auch *OLG Celle* MMR 2006, 558 – raule.de zu einem Sachverhalt, in der ein Webdesigner dem Namensberechtigten die Domain und das Webdesign schenkte, die Domain jedoch auf seinen eigenen Namen registrieren ließ.

40 So aber *LG Hannover* in der Vorinstanz; *LG Hannover* MMR 2005, 550 – schmidt.de; *AG Grevenbroich*, Urteil vom 4.5.2005, Aktenzeichen 9 C 279/04; *LG Mönchengladbach*, Urteil vom 14.10.2005, Aktenzeichen 2 S 88/05; *OLG Stuttgart* MMR 2006, 41 – Gestattung durch Familienangehörigen; *LG München I* MMR 2006, 56 – Domainanmeldung durch Dritten; Strömer K & R 2004, 384.

41 MMR 2007, 594 – grundke.de.

lichkeit einräumen, im Zuge der Registrierung einen Hinweis auf seine Treuhänderstellung anzubringen. Exkurs: Für den Lizenznehmer einer Marke sollen nach umstrittener Ansicht des LG Bremen diese Anforderungen nicht gelten, dieser müsse keine zuverlässige Überprüfungsmöglichkeit bieten[42].

478 Ein verdeutlichender Zusatz wie „-info" kann eine Namensanmaßung beseitigen[43]. Ein solcher Zusatz ist jedoch nicht in der Top Level Domain .info zu sehen[44]. Teilweise wird angenommen, dass eine anfänglich denkbare Verwirrung über die Identität des Domaininhabers auf der Website beseitigt werden kann[45].

479 Das Namensrecht begründet jedoch nach Ansicht des OLG Hamm kein schutzwürdiges Interesse daran, alle Domains zu erlangen, die in irgendeiner Weise mit dem geschützten Namen verwechselt werden können[46].

480 Die Instanzrechtsprechung vertrat lange die Auffassung, ein Betreiber einer Informationsseite könne kein berechtigtes Interesse an der Verwendung eines Namens vorweisen, wenn es sich um einen lediglich beschreibenden Gattungsbegriff handelt[47], auch wenn dieser nicht der deutschen Sprache entstammt[48]. Das OLG München sieht zutreffend in der Verwendung von Gattungsbegriffen allerdings keine Namensanmaßung, selbst wenn die Domain lediglich zu Spekulationszwecken gehalten wird[49].

Beispielsfall

Ein Herr Duck wendet sich unter Berufung auf § 12 BGB gegen eine Informationsseite über Enten mit der Domain duck.de. Das OLG München lehnte die Berechtigung des Domaininhabers zur Nutzung des fremden Namens ab. Sie könne nicht in der Verwendung des englischen Begriffes für Enten liegen, zumal dieser im Singular nicht als Gattungsbegriff aufzufassen sei.

481 Ein lediglich vorbereitender Domain-Check stellt noch kein Gebrauchmachen im Sinne des § 12 BGB dar[50]. In der Registrierung liegt dagegen ein namensmäßiges Gebrauchmachen, auch wenn der Domain-Inhaber auf der Website den Namen (noch) nicht namensmäßig benutzt, da bereits die Domain selbst der Name der Website ist[51].

---

42 *LG Bremen*, MMR 2008, 479 – winther.de; kritisch hierzu *Bücker/Fürsen*, Prioritätssichernde Domainregistrierung, MMR 2008, 719 ff.

43 *LG Düsseldorf* MMR 2001, 626 – duisburg-info.de.

44 *BGH* MMR 2007, 38 = NJW 2007, 682 – solingen.info; so auch *OLG Frankfurt* MMR 2011, 320 – outlets.de; **aA** *OLG Dresden* MMR 2011, 242 – fashion-shop-germany.

45 *OLG Köln* MMR 2007, 326 – International Connection.

46 *OLG Hamm* MMR, 2007, 391 – ringlockschuppen.com./.ringlokschuppen.com; vgl. jedoch die Ausführungen zur wettbewerbswidrigen Registrierung von Tippfehlerdomains.

47 *OLG München* MMR 2011, 386; *LG Köln* GRUR-RR 2009, 260 – welle.de; *LG Hamburg* K&R 2009, 61 – wachs.de; *LG Berlin* MMR 2008, 485 – naeher.de.

48 *OLG München* MMR 2002, 627 – duck.de; *LG München I* MMR 2005, 620 – fatum.de.

49 *OLG München* MMR 2011, 386 – sonntag.de.

50 *OLG Köln* MMR 2002, 476 – guenter-jauch.de.

51 *BGH* MMR 2005, 315 – mho.de; *OLG München* GRUR 2000, 519 – rollsroyce.de.

3. Recht der Gleichnamigen

482 Unter Gleichnamigen – darunter können, sofern markenrechtliche Ansprüche ausscheiden, auch gleichlautende Firmenbestandteile zu verstehen sein – ist das Recht der Gleichnamigen zu beachten. Danach ist eine Güter- und Interessenabwägung vorzunehmen. Kriterien sind hier die zeitliche Priorität, die Bekanntheit und die Möglichkeit, durch einen Zusatz einer etwaigen Verwechslungsgefahr entgegenzuwirken.

483 Dabei gilt grundsätzlich das Gerechtigkeitsprinzip der Priorität[52]. Besondere Umstände können Ausnahmen hiervon begründen:

484 Im Verfahren krupp.de stellte das OLG Hamm[53] auf die überragende Verkehrsbekanntheit des Krupp-Konzerns ab. Das Unternehmen sei „Synonym für die Stahlindustrie" und stehe für eine ganze Epoche deutscher Industriegeschichte.

485 Einem deutlich jüngeren Unternehmen mit dem gleichen Firmenschlagwort kann zugemutet werden, einen unterscheidungskräftigen Zusatz hinzuzufügen[54].

Ein Namensinhaber kann jedoch auch gerade durch das Hinzufügen eines Zusatzes eine Zuordnungsverwirrung stiften, wenn dieser unter keinem Aspekt seinen berechtigen Interessen entsprechen kann; in diesem Fall hat er kein berechtigtes Interesse an der Namensnutzung[55].

486 Nach einer umstrittenen Entscheidung des OLG Oldenburg[56] steht einem Namensgleichen ein Recht auf Unterlassung, jedoch kein Freigabeanspruch zu. Dies hätte zur Folge, dass die streitgegenständliche Domain dem Verkehr vorbehalten ist, da der Beklagte weiter Domaininhaber bleibt, diese aber nicht mit einer Website konnektieren darf. In diesem Beschluss nimmt das OLG – entgegen der herrschenden Ansicht in der Literatur – die Anbringung von Hyperlinks auf Websites von Namensgleichen (Domain-Sharing) als Anhaltspunkt für ein geringeres Interesse des Domaininhabers an.

IV. Ansprüche aus dem Markenrecht

1. Verwechslungsgefahr von Domainbezeichnungen

487 Nach § 14 Abs. 2 Nr. 1 MarkenG ist es Dritten untersagt, ohne Zustimmung des Inhabers einer Marke im geschäftlichen Verkehr ein mit der Marke identisches oder ähnliches Zeichen für Waren oder Dienstleistungen zu benutzen.

52 *BGH* NJW 2002, 2031 = MMR 2002, 382 – shell.de; *LG Berlin* MMR 2008, 485 – naeher.de; *LG Hamburg* MMR 2005, 190 – sartorius.at.
53 *OLG Hamm* NJW-RR 1998, 909 – krupp.de.
54 *OLG Hamburg* MMR 2004, 107 – holzmann-bauberatung.de zur vergleichbaren Konstellation unter § 15 MarkenG.
55 *OLG Stuttgart* MMR 2008, 178 – Name-Unternehmensgruppe.de.
56 *OLG Oldenburg* MMR 2004, 34 – schulenberg.de mit ablehnender Anm. *Mietzel*.

a) Entstehung der geschützten Marke

488 Markenrechte **entstehen** gemäß § 4 MarkenG durch Eintragung in das Markenregister (Nr. 1), durch Benutzung im geschäftlichen Verkehr (Nr. 2) oder durch notorische Bekanntheit einer Marke (Nr. 3)[57].

b) Verwendung des Verletzerzeichens

489 Der vermeintliche Verletzer muss das Zeichen im geschäftlichen Verkehr nutzen. Dies ist noch nicht der Fall, wenn die Domain noch nicht konnektiert ist[58] oder wenn sie zwar eine Weiterleitung auf eine andere Website enthält, mit der Domain aber noch nicht geworben wird (beispielsweise auf einem Briefbogen)[59].

490 Domaingrabber, die aus dem Verkauf der Second Level Domain Gewinn zu erwirtschaften hoffen, handeln grundsätzlich in Bezug auf die zur Veräußerung stehende Domain im geschäftlichen Verkehr[60], nicht jedoch auch auf andere Domains, die nicht zum Verkauf stehen[61].

491 Teilweise sieht die Rechtsprechung bereits in der Beantragung einer Domain geschäftliches Handeln. Dies dürfte bei Anmeldung einer Second Level Domain unter der Top Level Domain .com regelmäßig zutreffen, bei einer Anmeldung unter der Top Level Domain .de ist dagegen auf den Inhalt der Website abzustellen[62]. Im Falle einer automatischen Weiterleitung – sowohl über einen Link als auch einen Refresh-Befehl – ist auf die weitergeleitete Seite abzustellen[63]. Bei einer **rein** privaten Nutzung der Website kommen markenrechtliche Ansprüche nicht in Betracht[64]. Eine solche ist selbst dann anzunehmen, wenn ein für den User kostenfreies Angebot durch Werbebanner gesponsert wird[65].

492 Es muss zudem der deutsche Markt betroffen sein. Einerseits liegt eine inländische Kennzeichenbenutzung nicht schon allein deshalb vor, weil die Website von jedem Ort der Welt abgerufen werden kann, anderseits kann auch eine im Ausland registrierte Domain den deutschen Markt betreffen, wenn sich ihr Angebot auf den deutschen Markt bezieht. Mit dem ausdrücklichen Anbieten der Waren oder Dienstleistungen für deutsche Kunden ist der deutsche Markt betroffen[66]. In Fällen, in denen dies nicht ohne Weiteres ersichtlich ist, wird auf den Inhalt und die Sprache der Website sowie das Leistungsangebot abzustellen sein. Ein schwedischer Konzern, der über eine Website unter einer schwedischen Domain (.se) Waren über Tochterfirmen nach Deutsch-

---

57 Vgl. oben F III 1b).
58 *LG Berlin* MMR 2008, 485 – naeher.de.
59 *OLG Hamburg* MMR 2011, 324 – Patmondial.
60 *LG München I* WM 1997, 1455 – juris.de.
61 *LG Berlin* MMR 2008, 485 – naeher.de.
62 *BGH* MMR 2002, 456 – vossius.de; *LG Hamburg* MMR 2005, 190 – sartorius.at; **aA** *OLG Dresden* CR 1999, 589; *LG Düsseldorf* MMR 2003, 415 – bigben.de.
63 *OLG Köln* MMR 2006, 629 – Ecolab.
64 *LG Hamburg* MMR 2005, 190 – sartorius.at.
65 *LG München* I MMR 2008, 267 – studi.de.
66 *OLG Düsseldorf* MMR 2008, 748.

land liefert, handelt auf dem deutschen Markt[67]. Die geschäftliche Betätigung bezieht sich jedoch dann nicht auf Deutschland, wenn keine .de-Top-Level-Domain vorliegt, die Seite in einer fremden Landessprache verfasst ist und sich auch aus sonstigen Umständen kein Bezug auf Deutschland ergibt[68] oder wenn die Dienstleistung ausdrücklich nur im Ausland erbracht werden kann[69]. Der Werbende kann den von ihm bedienten Markt jedoch durch eine entsprechende Einschränkung im Disclaimer begrenzen, nach der er ankündigt, den deutschen Markt nicht zu beliefern; diese Ankündigung muss eindeutig gestaltet und als ernst gemeint aufzufassen sein sowie tatsächlich beachtet werden[70].

Beispielsfälle

Ein schwedisches Unternehmen vertreibt unter der schwedischen Domain nobia.se Möbel. Nach einer Benutzerauswahl steht die Website auch in deutscher Sprache zur Verfügung und die Lieferung nach Deutschland wird über eine in Deutschland ansässige Filiale angeboten. Gegen die Nutzung der Domain nobia.se wendet sich die Inhaberin der für Möbel eingetragenen Marke Nobilia. § 14 MarkenG ist anwendbar, da das schwedische Unternehmen den deutschen Markt bedient. Dies ergibt sich zwar nicht bereits daraus, dass die Website in Deutschland abrufbar ist, aber dass sie gezielt das deutsche Publikum in deutscher Sprache und durch Lieferung von einer deutschen Filiale aus anspricht. Da die angebotenen Waren identisch und die Zeichen (Nobilia ./. nobia) ähnlich sind, ist eine Verwechslungsgefahr gegeben. Die Inhaberin der deutschen Marke darf die Nutzung der Website in Deutschland verbieten.

Ein dänischer Hotelbetreiber betreibt unter der Domain maritim.dk eine Website, auf der er in deutscher Sprache auf seine Hoteldienstleistungen in Dänemark aufmerksam macht. Trotz der Verwendung der deutschen Sprache ist er nicht auf dem deutschen Markt tätig, da er seine Dienstleistungen nur in Dänemark erbringen kann. Der Weg zu § 14 MarkenG ist mithin verschlossen. Der Inhaber einer entsprechenden Marke kann ihm die ausländische Nutzung nicht untersagen.

Darüber hinaus kann es darauf ankommen, dass auch der regionale Markt betroffen **493**
ist. Mit der Registrierung einer in ganz Deutschland abrufbaren .de-Domain ist nach höchstrichterlicher Rechtsprechung keine Ausdehnung des Tätigkeitsbereiches verbunden[71]. Solange der Träger des regionalen (älteren) Zeichens seiner Tätigkeit weiter nur auf seinem regionalen Markt nachgeht, kann der Inhaber eines später eingetragenen, im gesamten Bundesgebiet gültigen Zeichens die Registrierung der Domain nicht verhindern[72].

Des Weiteren ist nach absolut herrschender Meinung die Verwendung des Zeichens **494**
im kennzeichenmäßigen Gebrauch erforderlich[73]. Eine solche liegt bereits dann vor, wenn auf der unter dem Domainnamen erreichbaren Internetseite ein Link ange-

67 *OLG Hamm* MMR 2004, 177 – nobia.se.
68 *LG Köln* MMR 2002, 60 – budweiser.com.
69 *BGH* MMR 2005, 239 – hotel-maritime.dk; ebenso in der Vorinstanz *OLG Hamburg* MMR 2002, 822.
70 *BGH* MMR 2006, 461.
71 *BGH* MMR 2007, 748 – cambrigdeinstitute.de.
72 *BGH* WRP 2006, 239 = MMR 2006, 159 – hufeland.
73 *BGH* MMR 2006, 812 – Metatag Impuls; *OLG Köln* GRUR-RR 2006, 372– Qaktie.de; *OLG München*, GRUR-RR 2005, 220; *OLG Hamburg* GRUR-RR 2005, 118, 119; MMR 2004, 415 – awd-aussteiger.de; *OLG Karlsruhe* WRP 2004, 507, 5080; *LG Düsseldorf* MMR 2004, 257, 259 – Impuls; MMR 2004, 319 – Metatag III; *LG Hamburg* MMR 2003, 53 – stoppesso.de.

bracht ist, der zu einem Produktangebot führt[74]. Eine kennzeichenmäßige Nutzung soll jedoch nicht vorliegen, wenn der Verkehr in dem Domainnamen einen Gattungsbegriff[75] oder eine beschreibende Angabe[76] erkennt

c) Verwechslungsgefahr

495 Die Verwechslungsgefahr wird allgemein durch eine Wechselwirkung der zu beurteilenden Faktoren bestimmt, die Ähnlichkeit der Marken sowie die Ähnlichkeit der mit ihnen gekennzeichneten Waren. Je ähnlicher die Marken sind, desto weiter können sich die angebotenen Waren oder Dienstleistungen unterscheiden, ohne dass die Verwechslungsgefahr beseitigt wäre. Je ähnlicher die angebotenen Waren oder Dienstleistungen sind, desto geringer sind die Anforderungen an die Unterschiede der Kennzeichen. Bei Warenidentität reicht daher eine geringe Abweichung der Domain nicht aus[77]. Bei Marken mit einer verhältnismäßig geringen Unterscheidungskraft kann hingegen schon eine minimale Abweichung der Zeichen genügen[78]. Bei unterschiedlichen Warenangeboten kann hingegen bereits die unterschiedliche Nutzung von Umlauten ausreichen[79].

496 **aa) Zeichenähnlichkeit:** Bei der Verwechslungsgefahr von Domainbezeichnungen im Internet ist insbesondere zu berücksichtigen, dass auf Grund der beschränkten Möglichkeiten der Namensbildungen und der damit verbundenen Annäherungen der Domainbezeichnungen der Verkehr zur genaueren Prüfung von Unterschieden, sowohl bei den Domain-Bezeichnungen als auch bei dem Inhalt der jeweiligen Websites, gezwungen ist[80]. Es können daher Domains mangels Verwechslungsgefahr zulässig sein, welche als Marke nicht benutzt werden dürften[81]. Anders könnte jedoch dann zu entscheiden sein, wenn der Domaininhaber lediglich die Zeichen weggelassen hat, die ohnehin nicht Gegenstand einer Domain sein können[82].

Beispielsfall

Der Inhaber der Marke eingetragenen Wortmarke „Sieh an!", mit Leerzeichen und Ausrufezeichen kann erfolgreich gegen den Inhaber der Domain siehan.de vorgehen, da Leerzeichen und Ausrufezeichen nicht Gegenstand einer Domain sein können. Der Domaininhaber hat damit alle Zeichen der älteren eingetragenen Marke verwendet, welche er für eine Domainregistrierung nutzen kann[83].

---

74 *BGH* MMR 2011, 459 – Sedo.
75 *OLG Düsseldorf* MMR 2007, 187 – professional-nails.de.
76 *OLG München* GRUR-RR 2011, 262 – Pasto Pronto, dort allerdings abgelehnt, da dem allgemeinen Publikum die Übersetzung von Fertiggericht nicht geläufig sei.
77 *OLG Düsseldorf* MMR 2004, 491 – mobell.de/Mobelli; *OLG Hamburg* MMR 2006, 226 – combit.de/kompit.de.
78 *OLG Karlsruhe* MMR 2004, 108 – biovino.de/Biovin.
79 *OLG München* MMR 2006, 235 – oesterreich.de ./. österreich.de.
80 *OLG Köln* MMR 2002, 170 – schneider-interkom.de; *OLG München* MMR 2002, 170 –mbp.de/mb&P; *LG Hamburg* MMR 2003, 127 – PubliKom/public-com.de.
81 *Ekey* in HK-MarkenR § 14 Rn. 189.
82 *OLG Hamburg* MMR 2002, 682 – siehan.de; vgl. auch *OLG Köln* MMR 2010, 473 – weg.de/mcweg.de zum Gegenüberstehen von Wort-/Bildmarken und Domains; vgl. allerdings *OLG Braunschweig* GRUR-RR 2010, 287 zur Frage, wenn der verbleidende Wortbestandteil („test") nicht unterscheidungskräftig ist und damit nicht selbständig als Marke eintragungsfähig war.
83 *OLG Hamburg* MMR 2002, 682 – siehan.de.

Da Groß- und Kleinschreibung bei Domains irrelevant ist, kommt es nicht darauf an, dass Markenschutz nur für die Großschreibung besteht[84]. **497**

Regelmäßig ist die Top Level Domain unbeachtlich[85]. Etwas anderes gilt jedoch, wenn diese offensichtlich als Bestandteil der Gesamtdomain eingeplant ist[86].

Beispielsfall

Der Inhaber des Zeichens Tipp AG wendet sich gegen die Domain tipp.ag, die sich auf den deutschen Markt bezieht. Das Publikum dürfte davon ausgehen, dass der Domaininhaber bewusst die Domain unter der Top Level Domain .ag in Antigua registrieren ließ, um eben diesen Zusatz zu erhalten, der auf die in Deutschland übliche Abkürzung für eine Aktiengesellschaft hinweist, zumal kein weiterer Bezug zu Antigua besteht. Bei der Beurteilung der Verwechslungsgefahr ist deshalb ausnahmsweise die Top Level Domain .ag einzubeziehen.

Im Ausnahmefall kann auch eine ausschließlich klangliche Ähnlichkeit maßgeblich sein, da Domains auch in mündlichen Gesprächen genannt werden[87]. **498**

Die Verwechslungsgefahr kann trotz klanglicher und/oder schriftbildlicher Ähnlichkeit ausgeschlossen sein, wenn das Publikum mit einer Marke eine begriffliche Verbindung herstellt[88].

Eine mittelbare Verwechslungsgefahr kann dann bestehen, wenn der Verkehr annehmen könnte, die Domain sei Bestandteil einer Serie von Marken oder Domains[89].

Beispielsfall

Ein Markeninhaber verfügt über eine Serie verschiedener eingetragener Marken, die mit dem Serienbestandteil „Playmate" beginnen. Er verlangt Unterlassung der Nutzung der Domain playmatemoni96.de. Der Nutzer erkennt zwar, dass es sich nicht um eine Domain handelt, die einer bestimmten Marke des Markeninhabers entspricht, er kann jedoch glauben, dass sie wegen einer Vielzahl von weiteren Marken, die mit dem Bestandteil „Playmate" beginnen, ebenfalls dem Markeninhaber zuzuordnen ist[90]. Der Inhaber des Serienzeichens darf mithin gemäß § 14 Abs. 2 Nr. 2 MarkenG die Nutzung der Domain verbieten.

Eine mittelbare Verwechslungsgefahr ist jedoch nicht gegeben, wenn die Verwechslungsgefahr auf einen nur schwach kennzeichnenden Markenteil gestützt wird[91]. **499**

Um einer Verwechslungsgefahr vorzubeugen, sollten Namensgleiche dem Firmenschlagwort einen unterscheidungskräftigen Zusatz hinzufügen, wie z.B. einen weiteren Bestandteil der vollständigen Firma bzw. den Vornamen. Nicht ausreichend ist dagegen ein nichts sagender Zusatz. Das OLG Hamburg hält den Zusatz „online" bei bekannten Presseobjekten sogar für eine Erhöhung der Verwechslungsgefahr[92]. Auch der Zusatz **500**

84 *LG Hamburg* MMR 2005, 783 – t-markt.de.
85 *BGH* MMR 2012, 694 – pjur/pure, auch zur Unbeachtlichkeit des beschreibenden Bestandteiles massageoil in der Domain puremassageoil.com; *OLG Hamburg*, MMR 2006, 476 – Metrosex; MMR 2006, 226 – combit.de/kompit.de.
86 *OLG Hamburg* MMR 2004, 680 – tipp.AG/tipp.ag.
87 *OLG Hamburg* MMR 2013, 101 – Creditolo/kredito.de; MMR 2003, 669 – be-mobile.de/T-Mobile; vgl. auch *BGH* MMR 2004, 158 – donline.
88 *BGH* GRUR 2010, 235.
89 *Jansen* in HK-MarkenR § 9 Rn. 208.
90 *LG Stuttgart* MMR 2002, 486 – playmatemoni96.de.
91 *OLG Hamburg* MMR 2007, 384 – test24.de.
92 *OLG Hamburg* MMR 2004, 174 – eltern-online.

-a-aktien soll einer Verwechslungsgefahr nicht entgegenstehen[93]. Das LG Köln nahm an, der Verkehr gehe bei Verwendung der Domain free-lotto.de davon aus, dass dieser von der Firma Deutscher Lotto- und Toto-Block stamme[94]. Das OLG Frankfurt geht davon aus, dass es selbst bei einer Marke mit einer geringen Kennzeichnungskraft nicht ausreicht, einen Stadtnamen zu ergänzen, die Hinzufügung eines Eigennamens könne jedoch ausreichen[95]. Streitig ist, ob die Hinzufügung eines weiteren beschreibenden Zusatzes, der die Branche beider Parteien betrifft, ausreicht[96].

501 An Stelle eines unterscheidenden Zusatzes kann der Domaininhaber nach Rechtsprechung des BGH die Verwechslungsgefahr auch durch einen aufklärenden Hinweis auf der ersten sich öffnenden Seite verbunden mit einem Link auf die Website des Namensgleichen ausräumen[97].

502 **bb) Waren- oder Dienstleistungsähnlichkeit:** Hinsichtlich der Feststellung des bestehenden Marktsegmentes ist nicht auf die Website als solche abzustellen, es kommt also nicht darauf an, dass sich überhaupt zwei Websites gegenüberstellen. Vielmehr müssen sich auch aus den Tätigkeitsbereichen der streitenden Unternehmen sachliche Berührungspunkte ergeben[98]. Für die Beurteilung der gegenüberstehenden Waren kommt es grundsätzlich auf den Inhalt der Website an, eine Warenähnlichkeit der angemeldeten Marken ist irrelevant[99]; es fehlt mithin bei der Verwendung eines im allgemeinen Sprachgebrauch verwendeten Begriffes solange an einer Verletzungshandlung, wie die Website keinen Inhalt aufweist[100]. Ausnahmsweise findet diese Regel bei offensichtlichen Missbrauchsfällen keine Anwendung[101]. Im Falle einer automatischen Weiterleitung – sowohl über einen Link als auch einen Refresh-Befehl – ist auf die weitergeleitete Seite abzustellen[102].

d) Maßgeblicher Zeitpunkt

503 Maßgeblicher Zeitpunkt für die Verletzung von Marken ist grundsätzlich die erstmalige Nutzung der Domain[103]. Die spätere Entwicklung (Eintragung der Marke bzw. Markenbekanntheit) ist regelmäßig unerheblich[104]. Teilweise wird sogar vertreten, es komme nicht auf die Nutzung der Domain, sondern ausschließlich auf die Registrierung an[105].

---

93 *LG Düsseldorf* MMR 2008, 368 – hapimag-a-aktien.de.
94 *LG Köln* MMR 2001, 546 – free-lotto.de; nach *OLG Köln* MMR 2002, 167 – lotto-privat.de ist der Zusatz privat jedoch unterscheidungskräftig.
95 *OLG Frankfurt* MMR 2012, 552 – zahnwelt-dortmund.de.
96 Verneinend *OLG Hamburg* MMR 2004, 107 – holzmann-bauberatung, bejahend *Härting/Reinholz* K & R 2004, 460.
97 *BGH* MMR 2002, 456 – vossius.de; *LG Düsseldorf* MMR 2003, 342 – schuelerhilfe.de.
98 *OLG Karlsruhe* GRUR-RR 2002, 138 – dino.de; *LG Düsseldorf* MMR 2002, 324 – alte.de.
99 *LG* Berlin MMR 2008, 485 – naeher.de; *Ekey* in HK-MarkenR, § 14 Rn. 169.
100 *LG Braunschweig* MMR 2007, 195 – irrlicht.com.
101 *OLG Hamburg* MMR 2006, 608, 612 – ahd.de.
102 *OLG Köln* MMR 2006, 629 – Ecolab; *OLG Köln* MMR 2006, 469 – investment.de.
103 *LG Düsseldorf* MMR 2004, 700 – ratiosoft.com.
104 *LG Düsseldorf* MMR 2003, 415 – bigben.de; MMR 2003, 342 – schuelerhilfe.de; *LG München I* MMR 2004, 771 – sexquisit.de; *LG Stuttgart* MMR 2003, 675 – snowscoot.de.
105 *LG Düsseldorf* MMR 2003, 415 – bigben.de; **aA** *OLG Hamburg* MMR 2006, 476 – Metrosex.

e) Keine eigenen Markenrechte des Domaininhabers

Ein Anspruch gegen den Domaininhaber besteht nur dann, wenn diesem keine eigenen Markenrechte zustehen. Es reicht bereits aus, dass der Domaininhaber auf Grund einer Lizenz des Markeninhabers die Domain registrierte. Entgegen den Grundsätzen des BGH für eine Drittregistrierung im Namensrecht[106] kommt es beim Markenrecht nach zutreffender Auffassung des LG Bremen nicht auf eine Erkennbarkeit oder zuverlässige Überprüfungsmöglichkeit an[107]. Die Registrierung einer Domain mit einer für den Domaininhaber eingetragenen Marke stört auch im Verhältnis zu Gleichnamigen nicht ein vorher bestehendes Gleichgewicht; es gilt für die Registrierung einer Domain auch unter Gleichnamigen das Gerechtigkeitsprinzip der Priorität (first come, first served)[108]. **504**

2. Verwendung einer bekannten Marke als Domain

Berühmte Marken werden nicht nur gegen Verwechslungsgefahr, sondern gemäß § 14 Abs. 2 Nr. 3 MarkenG auch gegen **Verwässerungsgefahr** geschützt. Eine Verwässerungsgefahr kann auch dann bestehen, wenn der Betreiber der Website in einem anderen Marktsegment tätig ist als der Markeninhaber. **505**

Die erforderliche Beeinträchtigung des Werbewertes des bekannten Zeichens liegt zum einen darin, dass durch die Betrachtung der Website des Domain-Inhabers **Assoziationen** zum bekannten Zeichen des Markeninhabers geweckt werden, noch bedeutender ist jedoch die Beeinträchtigung des Werbewertes durch den Umstand, dass der Markeninhaber für seinen Internet-Auftritt an einer entsprechenden Verwendung seines Zeichens als Domain **gehindert** und das an seinem Internet-Auftritt interessierte Publikum auf eine **falsche Fährte** gelockt wird. **506**

Die Rechtsprechung nimmt für die **Bestimmung der Berühmtheit** eine Einzelabwägung vor; fixe Werte, ab der diese anzunehmen ist, bestehen nicht. Es ist jedoch davon auszugehen, dass diese bei einer Bekanntheit von unter 20 % nicht vorliegt, bei einer Bekanntheit zwischen 20 % und 30 % nach entsprechender Abwägung vorliegen kann und über 30 % regelmäßig vorliegen dürfte[109]. Eine Befragung einer bestimmten Zielgruppe reicht für die Bestimmung der Berühmtheit jedoch nicht aus[110]. **507**

Bei Vorliegen einer überragenden Verkehrsgeltung der Marke verdrängt der Verwässerungsschutz sogar die üblichen Interessenausgleichsgrundsätze, sei es das Recht der Gleichnamigen, sei es § 23 MarkenG. **508**

106 Vgl. oben III. 3.
107 *LG Bremen*, MMR 2008, 479 – winther.de.
108 *BGH* GRUR 2010, 738 Rn. 27 ff. – Peek & Cloppenburg I; MMR 2006, 159 – hufeland.de.
109 Vgl. *Ekey* in Ekey/Klippel/Bender, Markenrecht, § 14 Rn. 122.
110 *LG Düsseldorf* MMR 2004, 111 – hudson.de.

Beispielsfälle

Ein Herr Shell lässt sich die Domain shell.de registrieren, wogegen sich der niederländische Mineralölkonzern Shell wendet. Der BGH ist der Auffassung, dass auch Namensrechte einer natürlichen Person hinter Markenrechte einer berühmten Marke zurücktreten müssen[111].

Ein Einzelhandelsunternehmer mit dem bürgerlichen Vornamen Derrick bietet unter der Domain derrick.de Lösungen für das Internet an. Der Fernsehsender ZDF nimmt ihn wegen Verletzung ihrer bekannten Registermarke Derrick aus § 14 Abs. 2 Nr. 3 MarkenG auf Unterlassung in Anspruch. Nach Ansicht des OLG Hamburg wird die bekannte Marke des Fernsehsenders dadurch verwässert, dass Nutzer bei der Verwendung der Bezeichnung Derrick unweigerlich an die gleichnamige Krimiserie denken und fortan nicht mehr nur noch die Serie, sondern auch die Website und die Leistungen des Domaininhabers mit der Marke in Verbindung bringen. Ein rechtfertigender Grund zu Gunsten des Domaininhabers besteht nicht darin, dass er seinen Vornamen nutzt, denn ein ehrlicher Namensgebrauch verlange, dass der Namensträger alles Erforderliche und Zumutbare unternehme, um etwa eine Verwechslungsgefahr im Verkehr möglichst auszuschließen und eine Störung bekannter Marken zu verhindern[112].

509 Um einer Verwässerungsgefahr vorzubeugen, sollten Namensgleiche einer berühmten Marke einen unterscheidungskräftigen Zusatz hinzufügen, wie z.B. einen weiteren Bestandteil der vollständigen Firma bzw. den Vornamen.

510 Nach Ansicht des LG Hamburg ist es jedoch zulässig, eine Plattform für eine Unternehmenskritik unter einer das Unternehmenskennzeichen beinhaltenden Domain zu errichten. Die Domain stoppesso.de werde schon nicht kennzeichenmäßig verwendet, zudem könne es dem Betreiber der Website aus verfassungsrechtlichen Gründen (Art. 5 GG) nicht versagt werden, sich kritisch mit einem Unternehmen zu befassen. Auch wenn der Betreiber der Website durch die Verwendung der Marke eine höhere Aufmerksamkeit erziele, liege keine unzulässige Ausbeutung vor[113]. Lediglich die Marke zum politischen Meinungskampf registrieren zu lassen, begründe dagegen nach Ansicht des LG Essen eine Verwässerungsgefahr[114], das OLG Hamm nimmt dagegen bereits keine geschäftliche Nutzung an, so dass marken- und wettbewerbsrechtliche Ansprüche von vorneherein ausscheiden, für einen namensrechtlichen Unterlassungsanspruch fehle es an einer Identitäts- oder Zuordnungsverwirrung bzw. einer Verwässerungsgefahr wegen nicht vorliegender überragender Verkehrsgeltung[115].

3. Schutz von Werktiteln

511 Ein vergleichbarer Schutz besteht für Werktitel gemäß § 15 Abs. 2, Abs. 3 MarkenG. Werktitel sind gemäß § 5 Abs. 3 MarkenG die Namen oder besonderen Bezeichnungen von Druckschriften, Filmwerken, Tonwerken, Bühnenwerken oder sonstigen vergleichbaren Werken. Zu den vergleichbaren Produkten zählen insbesondere auch Bezeichnungen von Softwareprodukten[116].

111 *BGH* NJW 2002, 2031 = MMR 2002, 382 – shell.de; vgl. auch *OLG Hamm* MMR 1998, 214 – krupp.de zum Namensrecht gem. § 12 BGB.

112 *OLG Hamburg* GRUR-RR 2002, 100 = AfP 2001, 219 – derrick.de; vgl. im Übrigen *OLG Hamm* MMR 2001, 749 – veltins.com.

113 *LG Hamburg* MMR 2003, 53 – stoppesso.de, so auch *OLG Hamburg* MMR 2004, 415 – awd-aussteiger.de; MMR 2004, 489 – schufa.de.

114 *LG Essen* MMR 2002, 631 – castor.de.

115 So auch *OLG Hamburg* MMR 2004, 415 – awd-aussteiger.de.

116 *BGH* NJW 1997, 3313 – PowerPoint.

512 Ähnlich der Verwechslungsgefahr bei Marken kommt es bei Werktiteln für das Bestehen eines Schutzes auf eine Wechselwirkung von Unterscheidungskraft des Titels und der entsprechenden Sparte des Werkes an. So sind Werktitel oftmals weniger prägnante Fantasiebezeichnungen oder Gattungsbegriffe und andere freihaltebedürftige Begriffe. Daher dürfte regelmäßig zwischen einem gerade noch schutzfähigen Zeitschriftentitel, der eine Allerweltsbezeichnung bzw. eine Gattungsbezeichnung darstellt, und einem Internet-Auftritt unter einer gleich lautenden Domain keine Verwechslungsgefahr bestehen[117].

513 Bei bekannten Zeitschriftentiteln, deren Titel wegen ihres beschreibenden Charakters kein Marken-, sondern allenfalls Titelschutz zukommt, reicht der Zusatz „online" bereits aus, um ausreichenden Abstand zu wahren, eine Verwechslungsgefahr ist ausgeschlossen[118]. Die Domain tests.de soll den Werktitel test für Zeitschriften der Stiftung Warentest nicht verletzen[119].

4. Schutz von Domains

514 Auch Domains kann ein Schutz gegen anderweitige Inanspruchnahme zukommen. Dies folgt schon daraus, dass eine Domain Eigentumsschutz gemäß Art. 14 GG genießt, da das vertraglich von der Denic eingeräumte Nutzungsrecht ausschließlichen Charakter hat. Dieses Quasi-Eigentumsrecht wird jedoch durch die oben erläuterten Namens- und Markenrechte Dritter begrenzt[120].

515 Der Schutz von Domains richtet sich nach den allgemeinen Regeln. Eine Domain stellt allerdings kein absolutes Recht im Sinne des § 823 Abs. 1 BGB dar[121].

516 Die Anspruchsgrundlage kann insbesondere dem Markenrecht entstammen. Eine Domain kann gegen anderweitige Eingriffe ihrerseits Schutz als Marke genießen, wenn sie als Benutzungsmarke gemäß § 4 Nr. 2 MarkenG als Herkunftshinweis für ein Produkt benutzt wird[122]. Eine Domain ist jedoch nur dann markenfähig, wenn ihr Unterscheidungskraft zukommt, was für die Domain suchen.de nicht gelten soll[123]. Umstritten ist die Frage, ob die Top Level Domain bei der Beurteilung der Unterscheidungskraft eine besondere Bedeutung zukommen kann. Nach Auffassung des OLG Dresden[124] kann eine Top Level Domain den Gesamteindruck prägen, so dass die Ge-

117 *BGH MMR* 2005, 534 – weltonline.de; *OLG Hamburg* MMR 2003, 668 – schuhmarkt.de; so auch *OLG Düsseldorf* MMR 2003, 177 – versicherungsrecht.de; *LG Düsseldorf* MMR 2006, 121 – computer-partner.de; *LG Hamburg* MMR 1998, 46 – bike.de.

118 *BGH* MMR 2005, 534 – weltonline.de; **aA** *LG München I* MMR 2003, 677 – freundin.de, freundin-online.de.

119 *OLG Braunschweig* GRUR-RR 2010, 287 – tests.de.

120 *BVerfG* MMR 2005, 165 – adacta.de.

121 *BGH* MMR 2012, 307 – gewinn.de; *OLG Brandenburg* MMR 2011, 94.

122 *OLG Köln* MMR 2008, 119 – 4e.de, dort allerdings sowohl deutschlandweit als auch regional abgelehnt.

123 *EuG* MMR 2008, 390 – suchen.de.

124 *OLG Dresden* MMR 2011, 242 – Eintragungsfähigkeit eines Domainnamens als Firma zu der sich parallel stellenden Frage im Unternehmenskennzeichenrecht.

samtdomain als unterscheidungskräftig anzusehen ist, selbst wenn die Second Level Domain für sich nur beschreibend wäre. Das OLG Frankfurt hält hingegen die Top Level Domain von vorneherein für unbeachtlich[125].

517 Als geschäftliche Bezeichnung kommt eine Domain dann in Betracht, wenn durch die Benutzung des Domainnamens deutlich wird, dass der Domainname nicht lediglich als Adressbezeichnung verwendet wird und der Verkehr daher in der als Domainname gewählten Bezeichnung einen Herkunftshinweis erkennt[126], sich beispielsweise die Domain über die Adressfunktion hinaus auf der Homepage oder auf Geschäftsbriefen vorfindet. Es ist dabei jedoch zu prüfen, ob das Unternehmen seine wirtschaftliche Tätigkeit nur regional oder deutschlandweit ausübt[127]. Eine inlandsbezogene Nutzung kann bereits dann vorliegen, wenn über eine englischsprachige Domain ohne ccTLD Waren angeboten werden, die auch nach Deutschland verkauft werden sollen[128]. Des Weiteren muss die Domain unterscheidungskräftig sein, was für Gattungsbegriffe nicht gilt[129].

518 Schließlich kommt ein Titelschutz gemäß § 5 Abs. 3 MarkenG in Betracht, wenn die Website selbst ein materielles, auf geistige Leistung beruhendes Gesamtwerk darstellt. Letzteres kommt insbesondere bei Internetzeitschriften, Internetbüchern, Katalogen, Spielen oder Internetrundfunksendungen in Betracht[130]. Der Werktitelschutz entsteht dabei erst, wenn die Internetseite weitgehend fertiggestellt ist[131].

519 Auch wenn grundsätzlich der verwendeten Top Level Domain keine Bedeutung im Rahmen der Prüfung, ob eine Verwechslungsgefahr vorliegt, zukommt, kann dies bei einer ausschließlich als Domain genutzten Bezeichnung ausnahmsweise relevant sein. Dies insbesondere dann, wenn die Second Level Domain keine eigene Unterscheidungskraft aufweist[132].

520 Priorität soll einer Domain erst ab tatsächlicher Nutzung, nicht bereits ab Registrierung zukommen[133]. Soweit ein Domaininhaber keine Marken- oder Namensrechte erworben hat, soll nach Ansicht des OLG Hamm einem späteren Namensträger bzw. Inhaber einer entsprechenden Geschäftsbezeichnung im Sinne des § 5 MarkenG ein Unterlassungsanspruch zustehen[134].

---

125 *OLG Frankfurt* MMR 2011, 320 – Outlets.de, ebenfalls zum Unternehmenskennzeichenrecht.
126 *BGH* MMR 2005, 171 – soco.de; *LG Frankfurt* MMR 2005, 62 – fetenplaner.de.
127 *BGH* MMR 2005, 171 – soco.de.
128 *OLG Hamburg* ZUM-RD 2005, 446 – abebooks.com für antiquarische Bücher eines kanadischen Versandhauses.
129 *OLG Frankfurt* MMR 2011, 320 – outlets.de.
130 *LG Stuttgart* MMR 2003, 675 – snowscoot.de; *LG Düsseldorf* MMR 2003, 131 – urlaubstip.de, letztere jedoch mangels Kennzeichnungskraft abgelehnt.
131 *LG Hamburg*, Aktenzeichen 315 O 70/10 – Dildoparty.
132 *LG Hamburg* MMR 2003, 599 – handy.de/handy.com; Unterscheidungskraft hat nach Ansicht des *LG Frankfurt* hingegen die Bezeichnung fetenplaner, weshalb ein Unterlassungsanspruch zu Gunsten des Inhabers der Domain fetenplaner.de gegen den Inhaber der Domain fetenplaner.com bestehe – MMR 2005, 62 – fetenplaner.de.
133 *OLG Hamburg* MMR 2006, 608, 610 – ahd.de; *LG Hamburg* MMR 2005, 780 – ahd.de.
134 *OLG Hamm* MMR 2005, 381.

V. Ansprüche aus dem Wettbewerbsrecht

Des Weiteren können Ansprüche gegen den Domaininhaber aus dem Wettbewerbsrecht bestehen. 521

1. Domaingrabbing

Unter Domaingrabbing ist die unlautere Behinderung des Zeicheninhabers durch Registrierung einer Domain ohne sachlichen Grund für die Nutzung des Zeichens und Beharrens auf eine formale Rechtsposition zu verstehen, um diese gegen Entgelt zu verkaufen. 522

Erforderlich für eine Anwendung des § 3 Abs. 1 UWG ist der Bestand eines Wettbewerbsverhältnisses. Ein solches wird teilweise in der Benutzung des Internets als gemeinsames Medium angesehen. Die Websites der beteiligten Unternehmen stehen danach in unmittelbarer Konkurrenz. Nach anderer Auffassung kommt es jedoch darauf an, dass eine Branchengleichheit der in Frage stehenden Parteien, bzw. die gezielte Behinderung des Absatzes einer bestimmten Ware durch die andere Partei oder die Ausnutzung des Ansehens oder des Rufes der in Bezug genommenen Waren oder Dienstleistungen besteht. Im Falle des Domaingrabbings ist das Wettbewerbsverhältnis bereits darin zu sehen, dass der Grabber die Domain meistbietend an einen vermeintlich Berechtigten verkaufen will und somit einen Markt für diese Domain eröffnet[135]. Unlauter ist dabei auch die Registrierung einer Domain, wenn sie planmäßig auf Grund einer Suche nach versehentlich frei gewordenen Domainnamen erfolgt[136] oder wenn ein Abgemahnter systematisch Domains registriert, die derjenigen, die der Abmahung zu Grunde liegt, ähnlich sind[137]. 523

Exkurs: Unter besonderen Voraussetzungen kann ein Domaingrabbing auch außerhalb des geschäftlichen Verkehrs unzulässig sein. Dies gilt beispielsweise, wenn der Grabber die Registrierungsdatenbank systematisch nach frei gewordenen Domains durchsucht, um diese für sich zu registrieren und dort (pornografische) Inhalte anzubieten. Es besteht in solchen Fällen ein Anspruch aus §§ 826, 1004, 242 BGB gegebenenfalls in Verbindung mit § 12 BGB[138]. 524

2. Irreführende Angaben

Eine Domain kann auch eine irreführende Angabe im Sinne des § 5 UWG darstellen. Dies kann insbesondere für Gattungsbegriffe gelten, wenn die Domain nicht mit einer Website konnektiert ist, die die Gattung vollständig umfasst. Auf der anderen Seite führt der BGH das der Domainregistrierung immanente System des „first come first 525

135 *LG München I* WM 1997, 1455 – juris.de.
136 *LG München I* MMR 2006, 692.
137 *LG Hamburg*, MMR 2009, 71 – Kennzeichnungskraft eines Unternehmenskennzeichens für Motorräder und Domain-Grabbing.
138 *LG München I* MMR 2006, 823 – feuerwehr-fehrbellin.de.

served", nachdem es grundsätzlich möglich sein soll, eine freie Domain mit einer Gattungsbezeichnung auch dann zu registrieren, wenn der Domaininhaber nicht die vollständige Gattung umfasst[139]. Ohne besondere Umstände ist daher die Verwendung eines Gattungsbegriffes als Domain nicht unlauter[140].

Beispielsfälle

Ein Unternehmen, das eine Mitwohnzentrale betreibt, hat sich die Domain mitwohnzentrale.de registrieren lassen. Es wird auf Unterlassung aus § 5 UWG in Anspruch genommen, da die Verwendung der Gattungsbezeichnung den Verkehr glauben lasse, unter der Domain seien sämtliche Mitwohnzentralen erreichbar. Zudem solle eine gezielte Behinderung im Sinne des § 4 Nr. 10 UWG vorliegen, da die Registrierung der Domain den gesamten Internetverkehr auf die Website des Domaininhaber lenkt und anderen Unternehmen der Zugang zu dieser Domain versperrt bleibt. Der BGH führt aus, dass die Verwendung eines Gattungsbegriffes für sich alleine genommen noch nicht den Tatbestand einer Irreführung im Sinne des § 5 UWG erfüllt. Eine Behinderung im Sinne des § 4 Nr. 10 UWG sei schon deshalb nicht anzunehmen, da die Registrierung dem Prinzip des „first come, first served" entspricht[141].

Ein aus mehreren Rechtsanwälten bestehende Kanzlei verwendet die Domain rechtsanwaelte.de. Das Landgericht München geht davon aus, dass der Verkehr unter der Gattungsbezeichnung Rechtsanwälte nicht eine bestimmte Kanzlei, sondern eine Übersicht über sämtliche Rechtsanwälte in Deutschland vermutet, weshalb die Nutzung der Domain rechtsanwaelte.de irreführend und damit unlauter gemäß § 5 UWG sei[142].

Entsprechend darf die Domain rechtsbeistand.info zur Verwendung für ein Branchenverzeichnis verwendet werden, auch wenn der Domaininhaber nicht selbst Rechtsbeistand ist[143].

Eine Kanzlei, bestehend aus mehreren Rechtsanwälten und einem Notar verwendet die Domain rechtsanwaelte-notar.de. Der BGH[144] sieht hierin keine Irreführung im Sinne des § 5 UWG, da nicht nur auf die Domain als solche sondern auch auf den Inhalt der Website abzustellen sei und zudem die Kombination von Singular und Plural schon nicht auf eine Übersicht über alle Rechtsanwälte/Notare hinweise.

526 Auch eine Alleinstellungsbehauptung durch die Verwendung einer entsprechenden Domain kann als irreführende Angabe gegen § 5 UWG verstoßen[145]. Das OLG Hamburg nimmt eine Alleinstellungsbehauptung für die Bezeichnung „Deutsches Handwerk" an[146]. Das OLG Hamm sah ursprünglich in der Kombination „Tauchschule" mit einem Stadtnamen bei der Größe der Stadt Dortmund zwar keine Alleinstellungsbehauptung, sondern lediglich eine Spitzenstellung, die jedoch ebenfalls nach § 5 UWG als Irreführung einzustufen sei; die Irreführung ergebe sich dabei bereits bei Verwendung der Domain, ohne dass auf den Inhalt der Website abzustellen wäre[147]. In einer weiteren Entscheidung nahm es jedoch Abstand davon, dass dies bereits in der Kombination eines Gattungsbegriffes mit einem Stadtnamen gesehen werden könne. Bei

139 *BGH* MMR 2005, 534 – weltonline.de; *OLG Köln* MMR 2005, 763 – schlüsselbänder.de; *LG Leipzig* MMR 2006, 113 – kettenzüge.de; *LG Frankenthal* MMR 2006, 116 – günstig.de.
140 *Bornkamm* in Hefermehl/Köhler/Bornkamm, UWG, § 5 Rn. 4.103.
141 *BGH* NJW 2001, 3262 – mitwohnzentrale.de; ähnlich *OLG München* MMR 2001, 615 – autovermietung.com.
142 *LG München* NJW 2001, 2100 – rechtsanwaelte.de.
143 *LG Berlin* MMR 2004, 47 – rechtsbeistand.info.
144 *BGH* Anwaltssenat MMR 2003, 257 – rechtsanwaelte-notar.de; MMR 2010, 34 notar-in-rostock.de.
145 *LG Berlin* MMR 2003, 490 – deutsches-anwaltsverzeichnis.de; *OLG München* MMR 2002, 614 – rechtsanwalt-dachau.de; *LG Dortmund* MMR 2003, 200 – tauchschule-dortmund.de.
146 *OLG Hamburg* MMR 2007, 389 – deutsches-handwerk.de.
147 *OLG Hamm* MMR 2003, 471 – tauchschule-dortmund.de.

der Verwendung eines nicht mit einem bestimmten Artikel versehenen Gattungsbegriffes und einem Stadtnamen ist nun nach Auffassung des OLG Hamm keine Irreführung mehr anzunehmen[148]. Damit lenkt auch das OLG Hamm auf die Rechtsprechung des BGH ein, der eine Alleinstellungsbehauptung nicht ohne Weiteres in der Verwendung eines Gattungsbegriffes sehen möchte.

Eine Täuschung über die Größe des Anbieters kann auch in der konkreten Verwendung der Top Level Domain geschehen. Dies insbesondere, wenn durch eine Registrierung in Antigua (.ag) das Vorliegen einer Aktiengesellschaft vorgetäuscht wird[149]. 527

Streitig ist, ob ein Rechtsanwalt – ohne Verstoß gegen § 5 UWG – ein Rechtsgebiet als Domain registrieren lassen darf, wenn er auf der Website allgemein über das betroffene Rechtsgebiet informiert, sofern er nicht entgegen dem RBerG und Standesrecht individuelle Beratung über die Website anbietet[150].

3. Kanalisierung von Handelsströmen

Unabhängig vom Zutreffen einer beschreibenden Angabe in der Domain kann diese wettbewerbswidrig nach §§ 3 f., 5 UWG sein, wenn sie zu einer Kanalisierung von Kundenströmen führt. 528

Aus diesem Grund könnte insbesondere auch die Domain anwalt.de, die nach Standesrecht ohnehin ausschließlich ein Anwalt registrieren lassen dürfte, wegen der mit ihr einhergehenden Kanalisierungsfunktion wettbewerbswidrig sein. Ähnlich entschied auch das OLG Hamburg in der Entscheidung mitwohnzentrale.de[151]. Eine Portalseite dürfte dagegen unter einem Gattungsbegriff zulässig sein[152]. Gleiches soll gelten, wenn der verständige Verbraucher auch unter einem Gattungsbegriff nur einen bestimmten Anbieter erwartet, beispielsweise den Freistaat Bayern als alleinigen Anbieter von bayerischen Spielbanken. Diesem stehe ein Unterlassungsanspruch gegen den Domaininhaber bayerischespielbank.de zu[153].

4. Behinderungswettbewerb

Ein Behinderungswettbewerb im Sinne des § 4 Nr. 10 UWG kann auch darin liegen, dass ein Wettbewerber versucht, Tippfehler (das LG Stuttgart nimmt auch eine Namensverletzung und einen Eingriff in den eingerichteten und ausgeübten Gewerbe- 529

148 *OLG Hamm* MMR 2009, 50 – anwaltskanzlei-[ortsname].de; mit zustimmender Anmerkung *Kuhr*; OLG Celle MMR 2012, 107 – Kanzlei-Niedersachsen; vgl. auch *BVerfG* MMR 2012, 60 – das zahnaerztehaus.de; *BGH* MMR 2010, 820 – steuerberater-suedniedersachsen.de.

149 *OLG Hamburg* MMR 2004, 680 – tipp.ag.

150 Zulässig nach *LG Braunschweig* MMR 2002, 248 – pruefungsrecht.de, bestätigt durch *OLG Braunschweig* MMR 2002, 754 – pruefungsrecht.de; nicht zulässig nach *AnwGH Berlin* MMR 2002, 609 – presserecht – unter Hinweis auf § 43b BRAO.

151 *OLG Hamburg* MMR 2000, 40 – mitwohnzentrale.de.

152 *LG Mannheim* MMR 2002, 536 – rechtsanwalt.com; *LG Berlin* MMR 2004, 47 – rechtsbeistand.info; **aA** *OLG Hamburg* MMR 2002, 824 – rechtsanwalt.com.

153 *OLG München* MMR 2011, 243 – bayerischespielbank.de.

betrieb an[154]) oder falsche Schreibweisen auszunutzen[155], beispielsweise durch Weglassung oder Hinzufügung eines Fugen-S[156].

Beispielsfälle

Das OLG Jena nahm in Bezug auf die Domain deutsche-anwalthotline.de eine gezielte Behinderung für das Weglassen eines Fugen-S an, was es darauf stützte, dass bewusst eine falsche Phonetik gewählt wurde[157]. Das OLG Köln lehnte eine Behinderung des Domaininhabers der kennzeichnungsschwachen Domain schluesselbaender.de durch die Domain schlüsselbänder.de ab, da die minimal abweichende (Nichtumlaut-) Domain weiter genutzt werden konnte[158].

VI. Verfahrensfragen

1. Richtiger Anspruchsgegner

530 Richtiger Anspruchsgegner für die Geltendmachung von Rechten an Domains ist der Domain-Inhaber. Streitig war zunächst, ob der Verletzte auch gegen den administrativen Ansprechpartner (Admin-C) vorgehen kann[159]; der BGH lehnt dies zwar im Grundsatz ab, meint aber, aus den besonderen Umständen des Einzelfalles könne sich ein Anspruch gegen den Admin-C ergeben[160]. Der technische Ansprechpartner (Tech-C) dürfte dagegen nicht passiv legitimiert sein. Domain-Inhaber, administrativer Ansprechpartner und technischer Ansprechpartner sind über die Datenbank der Denic per Whois-Abfrage zu ermitteln (www.denic.de/servlet/Whois).

531 Der Domain-Inhaber ist darüber hinaus nach §§ 7–10 TMG Störer und damit richtiger Anspruchsgegner für die auf seiner Website angebotenen Inhalte, auch wenn sie nicht von ihm ins Internet eingestellt wurden[161].

532 Die Denic selbst ist dagegen regelmäßig nicht richtiger Anspruchsgegner. Sie trifft nur eine eingeschränkte Pflicht, bei einer Registrierung einer Domain zu überprüfen, ob diese andere Rechte verletzt[162]. Die Denic muss keine umfangreiche rechtliche Prüfung durchführen. Lediglich in den Fällen offensichtlicher Rechtswidrigkeit und er-

154 *LG Stuttgart* MMR 2009, 271 – Haftung des Admin-C bei Tippfehlerdomains; es kann zudem eine Markenverletzung vorliegen, vgl. *OLG Frankfurt* MMR 2010, 417, das allerdings einen Anspruch des „Domain Parking"-Inhabers ablehnte.

155 *OLG Köln* MMR 2012, 462 – wetteronlin.de.

156 *LG Erfurt* MMR 2005, 121 – deutsche-anwalthotline.de/deutsche-anwaltshotline.de, bestätigt durch *OLG Jena* MMR 2005, 777 – deutsche-anwalthotline.de.

157 *OLG Jena* MMR 2005, 777 – deutsche-anwalthotline.de.

158 *OLG Köln* MMR 2005, 763 – schlüsselbänder.de.

159 So *OLG Koblenz* MMR 2009, 549; *OLG Stuttgart* MMR 2004, 38; *LG Stuttgart* MMR 2009, 271 – Haftung des Admin-C bei Tippfehlerdomains; ablehnend *OLG Düsseldorf* MMR 2009, 336; *OLG Köln* MMR 2009, 48; *OLG Koblenz* MMR 2002, 466 – vallendar.de (Achtung: inzwischen nimmt das OLG Koblenz die Haftung an, s.o.; *LG Dresden* MMR 2007, 394; allgemein zur Haftung des admin-c: *Hoeren/Eustergerling*, Die Haftung des admin-c, MMR 2006, 133.

160 *BGH* MMR 2012, 233 – basler-haarkosmetik.de.

161 So für eine Internet-Community *LG Köln* MMR 2002, 254 – Steffi-Graf-Fotos.

162 *OLG Frankfurt* MMR 2011, 177 – sr.de.

sichtlich gesetzwidrigen Verhaltens besteht eine Prüfungsverpflichtung[163]. Ein offensichtlicher Kennzeichenverstoß liegt nur dann vor, wenn er sich einem nicht juristisch vorgebildeten Mitarbeiter unmittelbar aufdrängen muss, was nur bei einer berühmten Marke in Betracht kommen kann[164], allerdings bei einer offiziellen Bezeichnung wie regierung-oberfranken.de vorliegt[165]. Die Verantwortlichkeit der Denic kann auch in diesen Fällen davon abhängen, dass sie von Dritten auf die unschwer zu erkennende Verletzung hingewiesen wird[166]. Die Rechtsanwaltsgebühr für ein solches Hinweisschreiben an die Denic ist nicht erstattungsfähig[167].

Nach Auffassung der Rechtsprechung, welcher die Literatur weitgehend zustimmt, sei in den sonstigen Fällen von Marken- und Namensverletzungen nicht angemessen, der Denic aufzugeben, Rechts- und Vertragsbeziehungen anderer Beteiligter nachvollziehen und bewerten zu müssen. Ihre Aufgabe als Domain-Vergabestelle sei es vielmehr, kostengünstig, rasch und zuverlässig die Verwaltung des Domain-Systems und insbesondere die Vergabe von Second Level Domains durchzuführen. Daraus folge, dass nur dann, wenn ihr ein rechtskräftiges und vollstreckbares Urteil gegen den ersten Anmelder vorgelegt werde, in dem diesem die Registrierung und Benutzung der fraglichen Domain untersagt und mit dem er zur Freigabe derselben verpflichtet werde, von der Denic verlangt werden könne, die bisherige Registrierung aufzuheben und nach der Reihenfolge der Warteliste zu verfahren[168]. Auch nach Vorliegen eines Titels kann sich ein nicht von diesem betroffener Antragsteller die Domain registrieren lassen; die Denic ist auch dann nicht verpflichtet, etwaige Rechte zu überprüfen[169].

Der Marken- oder Namensinhaber kann die Denic oder einen Provider auch nicht **533**
dadurch, dass er mit einem Warnschreiben auf seine Marken-/Namensrechte aufmerksam macht und die seinerseitige Beantragung der Domain ankündigt, Prüfungspflichten begründen; hiermit werden insbesondere keine vertraglichen Ansprüche begründet[170].

Auch ein Domainhändler soll keine Markenrechtsverletzung durch das Parken einer **534**
Domain begehen, solange er auf das bessere Recht des Markeninhabers nicht infor-

163 *OLG Frankfurt* MMR 2010, 699 – huk-coburg.de; vorangehend *LG Frankfurt* MMR 2009, 272 – huk-coburg.de: Haftung auch dann nur nach Abmahnung; das *VG Düsseldorf* (MMR 2012, 847) stellt auf die Erfüllung der Voraussetzungen nach § 8 TMG ab.

164 *OLG Frankfurt* MMR 2010, 699 – huk-coburg.de; vorangehend *LG Frankfurt* MMR 2009, 272 – huk-coburg.de.

165 *BGH* MMR 2012, 529 – regierung-oberfranken.de.

166 *BGH* MMR 2012, 529 – regierung-oberfranken.de.

167 *OLG Frankfurt* MMR 2010, 699.

168 *BGH* GRUR 2001, 1038 – ambiente.de; *BGH* MMR 2004, 467 – kurt-biedenkopf.de; zuvor bereits *OLG Dresden* MMR 2001, 459 – kurt-biedenkopf.de; vgl. auch *OLG Naumburg* MMR 2002, 57 – anwalts-auskunft.de; *LG Kiel* MMR 2002, 64 – nordsee.de; *OLG Frankfurt* MMR 2003, 333 – viagratip.de.

169 *BGH* MMR 2004, 467 – kurt-biedenkopf.de II.

170 *OLG Frankfurt* MMR 2011, 176 – sr.de; OLG Hamburg MMR 2005, 703 – günstiger.de.

miert ist, da ihm vor einem solchen Hinweis einer Überprüfung jeder einzelnen Domain nicht zumutbar sei[171], ab Kenntnis haftet er jedoch auf Unterlassung[172].

2. Dispute-Eintrag (früher: Wait-Eintrag)

535 Wer meint, ein besseres Recht als der Domain-Inhaber an einer Domain zu haben, kann bei der Denic kostenlos einen Dispute-Eintrag vornehmen lassen.

536 Ein Dispute-Eintrag bewirkt vor allem, dass der Domain-Inhaber die Domain nicht auf einen Dritten übertragen kann und verhindert somit, dass er sich der Auseinandersetzung entzieht. Allein eine Übertragung der Domain auf denjenigen, zu dessen Gunsten ein Dispute-Eintrag vorliegt, bleibt selbstverständlich möglich. Außerdem gewährleistet der eingerichtete Dispute-Eintrag, dass der Eingetragene automatisch neuer Domaininhaber wird, wenn der bisherige Domain-Inhaber die Domain freigibt. Damit trägt die Denic insbesondere der Tatsache Rechnung, dass manche Gerichte sich weigern, den Domaininhaber zur Übertragung der streitgegenständlichen Domain zu verurteilen, und ihn stattdessen lediglich zur Freigabe verpflichten.

537 Es handelt sich dagegen bei dem Dispute-Eintrag nicht um einen Platz auf einer Warteliste (weshalb die bisherige Bezeichnung als „WAIT" ungenau war und künftig nicht mehr verwendet werden soll).

538 Ein Dispute-Eintrag ist auf 1 Jahr befristet, dann löscht ihn die Denic automatisch. Ferner hebt die Denic den Eintrag auf, wenn ein Rechtsstreit beendet ist. Eine Verlängerung ist möglich, wenn die Auseinandersetzung mit dem Domain-Inhaber immer noch andauert und der Kläger dies gegenüber der Denic nachvollziehbar schriftlich erklärt.

539 Ein unberechtigter Dispute-Eintrag begründet einen Schadensersatzanspruch des Domaininhabers, da dessen Recht zur Nutzung ein sonstiges Recht im Sinne des § 823 Abs. 1 BGB darstellt[173], dem Domaininhaber steht ferner ein Unterlassungsanspruch zu[174].

540 Ein Dispute-Eintrag ist bei .eu-Domains nicht möglich, dem Berechtigten steht jedoch die Möglichkeit offen, im Wege einer einstweiligen Verfügung ein Verfügungsverbot durchzusetzen[175].

---

171 *BGH* MMR 2011, 459 – Sedo; *OLG Hamburg* MMR 2010, 470 – Störerhaftung beim Domainparking mit im Ergebnis zustimmender Anmerkung *Stadler*; *OLG Frankfurt* MMR 2010, 417 – Domain Parking; *LG Stuttgart* MMR 2012, 43 – KWICK/KWWICK; *LG Düsseldorf* MMR 2009, 70 – elena.de; MMR 2008, 349 – Domain-Parking, Anmerkung *Luckhaus*, GRUR-RR 2008, 113; *LG München I*, 14.11.2007 – 33 O 22935/06 = BeckRS 2008, 76028 und 33 O 22830/06 = BeckRS 76027; *LG Hamburg* MMR 2009, 218 – wachs.de.

172 *OLG München* MMR 2010, 100 – Domain-Parking; das *OLG Nürnberg* (MMR 2009, 768 – Markenverletzung durch Domainhandel) lehnt gar eine kennzeichenmäßige Benutzung ab.

173 *OLG Köln* MMR 2006, 469 – investment.de.

174 *LG Köln*, Aktenzeichen 81 O 220/08, Leitsatz abgedruckt in MMR 2009, 504.

175 *KG* MMR 2008, 53 – Verfügungsverbot.

3. Unmittelbarer Herausgabeanspruch

Umstritten war zunächst, ob der Rechtsinhaber gegen den Domain-Inhaber einen unmittelbaren Herausgabeanspruch hat, oder ob er lediglich die Freigabeerklärung gegenüber der Denic verlangen kann. 541

Das OLG München[176] gab einem Herausgabeanspruch mit der Begründung statt, dass die Situation des Kennzeicheninhabers vergleichbar mit der eines Erfinders sei. Ihm stehe gemäß § 8 Abs. 1 PatG ein Berichtigungsantrag zu. Ebenfalls sei die Lage mit einer Grundbuchberichtigung gemäß § 894 BGB vergleichbar. Gegen eine Übertragung spricht jedoch, dass der Störer zu einer Verbesserung der Rechtsstellung des Kennzeicheninhabers verpflichtet würde und nicht bloß zur Beseitigung der Störung. Ein Unterlassungsanspruch erschöpft sich regelmäßig negatorisch im Nichtstun. 542

Allenfalls die Löschung der Domain lässt sich noch als Teil eines Beseitigungsanspruchs rechtfertigen. Bei einer Löschung besteht zwar das Risiko, dass sich Dritte die freigewordene Domain sichern oder etwaige Dispute-Einträge berücksichtigt werden müssen. Der Rechtsinhaber müsste sodann neue gerichtliche Schritte einleiten. Dennoch hält die nunmehr herrschende Rechtsprechung nur einen Anspruch auf Abgabe einer Willenserklärung gegenüber der Denic für berechtigt, auf Grund derer die Domain-Reservierung gelöscht werden soll[177]. 543

4. Negative Feststellungsklage

Eine in Anspruch genommene Person hat ein berechtigtes Interesse im Sinne des § 256 ZPO an der Feststellung, dass eine bereits erfolgte Abmahnung unzulässig war[178]. 544

5. Vollstreckbarkeit

Ein auf Unterlassung gerichteter Titel ist nach Auffassung des OLG Frankfurt[179] nach § 888 ZPO durch Zwangsmaßnahmen zu vollstrecken, sie wäre dann bereits vor Rechtskraft vollstreckbar. In vorliegendem Verfahren hatte allerdings der Kläger nicht Abgabe einer bestimmten Willenserklärung sondern einer unbestimmten Freigabeerklärung beantragt. 545

Nach anderer Auffassung kann die Freigabeerklärung des Domain-Inhabers als Willenserklärung gegenüber der Denic gemäß § 894 ZPO durch das stattgebende Urteil ersetzt werden[180], jedoch erst nach Eintritt der Rechtskraft. 546

---

176 *OLG München* K&R 1999, 326 – shell.de.
177 *BGH* MMR 2012, 376, 377 – Anspruch auf Domainlöschung – Landgut Borsig; *OLG Hamm* MMR 1998, 214 – krupp.de.
178 *LG Düsseldorf* MMR 2004, 111 – hudson.de.
179 *OLG Frankfurt* MMR 2002, 471 – drogerie.de.
180 *OLG Nürnberg* JurBüro 2000, 317.

Ein Nutzungsverbot soll es dem Schuldner nicht verbieten, die Domain konnektiert zu lassen, solange er dort keine Inhalte bereitstellt[181].

6. Pfändbarkeit von Domains

547 Auch die Pfändbarkeit von Domains war zunächst stark umstritten. Teilweise wurde die Pfändbarkeit einer Domain wegen ihrer wirtschaftlichen Bedeutung und Vermarktungsfähigkeit angenommen[182]. Das LG München[183] lehnte sie hingegen mit der Begründung ab, dass bei pfändbaren Immaterialgüterrechten die Pfändbarkeit ausdrücklich gesetzlich angeordnet sei, eine Domainpfändung sei dagegen nicht gesetzlich vorgesehen.

548 Heute ist die Pfändung einer Domain grundsätzlich durch die höchstrichterliche Rechtsprechung anerkannt[184]. Gegenstand der Pfändung ist nach Ansicht des BGH gemäß § 857 Abs. 1 ZPO die Gesamtheit der schuldrechtlichen Ansprüche, die dem Inhaber gegen die Vergabestelle aus dem der Domainregistrierung zu Grunde liegenden Domainregistrierung zustehen[185].

7. ICANN-Verfahren und ADR-Verfahren

a) ICANN-Verfahren

549 Für die Durchsetzung von .com-Domains hat die ICANN ein eigenes außergerichtliches Streitschlichtungsverfahren eingerichtet, welches in Europa vor der WIPO (World Intellectual Property Organization) mit Sitz in Genf durchgeführt werden kann. Die Verfahrensgrundsätze sind in der "Uniform Domain Name Dispute Resolution Policy" und den "Rules for Uniform Domain Name Dispute Resolution Policy" festgelegt (diese sind unter http://www.icann.org/udrp/udrp.htm abrufbar). An die darauf ergehenden Schiedssprüche halten sich die Internic und die an sie angeschlossenen Provider. Das ICANN-Verfahren erkennen auch weitere Registrierungsstellen an, so dass es beispielsweise auch für die Schweiz zulässig ist.

550 Der Klageanspruch im ICANN-Verfahren kann ausschließlich auf eingetragene Marken gestützt werden und sich nur auf Rufausbeutung, unlautere Behinderung oder ähnliche Vorwürfe berufen[186].

551 Der Schiedsspruch im ICANN-Verfahren ist nicht rechtskräftig. Vorteil des ICANN-Verfahrens ist jedoch, dass auf Grund der starren Form- und Fristvorschriften eine schnelle Entscheidung gewährleistet ist.

---

181 *OLG Hamburg* MMR 2008, 113 – Keine Dekonnektierungspflicht.
182 *OLG München* K & R 2004, 496; *LG Mönchengladbach* MMR 2005, 197; *LG Düsseldorf* CR 2001, 468.
183 *LG München* MMR 2001, 319 mit zustimmender Anmerkung *Hoffmann*.
184 *BGH* MMR 2005, 685 = NJW 2005, 3353.
185 So auch *LG Mönchengladbach* MMR 2005, 197.
186 Vgl. *WIPO Arbitration and Mediation Center* MMR 2012, 612 – DSDS.

b) ADR-Verfahren

552 Ein vergleichbares Schiedsverfahren ist für die neuen .eu-Domains eingerichtet[187]. In diesem Verfahren kann sowohl die Herausgabe einer Domain gegen den Domaininhaber als auch die erstmalige Eintragung durch die EURid angestrebt werden. Das Verfahren ist in Prag vor dem Schiedsgericht bei der Wirtschaftskammer der Tschechischen Republik zu führen. In den dortigen Verfahren ist jedoch zu berücksichtigen, dass die in Deutschland geltenden Grundsätze nicht ohne Weiteres übernommen werden können. In einer Aufsehen erregenden Entscheidung stellte das Schiedsgerichts beispielsweise bei einem Streit zwischen einer Gemeinde und einem gleichnamigen bekannten Unternehmen darauf ab, dass dieses bekannter sei und bereits gleichlautende .com-, .info- und .de-Domains registriert hatte, und identische Domainnamen mit völlig unterschiedlichen Inhalten den Internetnutzern nicht hülfen[188].

Dieses Verfahren ist jedoch nicht ausschließlich, die ordentlichen Gerichte bleiben weiter zuständig[189], insbesondere kann auch noch innerhalb von 30 Tagen nach Ablauf des ADR-Verfahrens ein ordentliches Gericht angerufen werden[190].

c) Dispute Resolution Procedure/Trademark Post-Delegation Dispute

553 Die WIPO bildet zudem ein Dispute Resolution Panel, welches über Widersprüche gegen die Registrierung neuer Top Level Domains nach deren Veröffentlichung befinden soll, die innerhalb von sieben Monaten nach Veröffentlichung erhoben werden müssen. Die Parteien können nach der einschlägigen gTLD Dispute Resolution Procedure auch jeweils einen Schiedsrichter bestimmen, die sich dann gemeinsam einen dritten Schiedsrichter einigen sollen[191]. Nach der Registrierung kann ein Markeninhaber bei einer PDDRP-Schiedsstelle eine Trademark Post-Delegation Dispute Resolution Procedure (PDDRP) einleiten.

8. Strafrecht

554 Domaingrabbern, die ein Markenrecht nach § 14 MarkenG verletzen, droht neben einer zivilrechtlichen Verurteilung auch ein strafrechtliches Verfahren nach § 143 Abs. 1 Nr. 1, Nr. 2 MarkenG.

---

187 Vgl. *Müller*, „.eu"-Domains: Erkenntnisse aus dem ersten Jahr Spruchpraxis, GRUR Int. 2007, 991; *Mietzel*, Die ersten 200 ADR-Entscheidungen zu .eu-Domains, MMR 2007, 282.

188 ADR-Schiedsgericht, Case No. 00120 – wuestenrot.eu.

189 Vgl. *LG München I* MMR 2007, 395 – neu.de/neu.eu.

190 *OLG Düsseldorf* MMR 2008, 107 – lastminute.eu; vgl. auch *Försterling/Hohl*, Verhältnis der ordentlichen Gerichtsbarkeit zur alternativen Streitbeilegung bei .eu-Domain-Streitigkeiten, MMR 2013, 148, im Nachgang zur Entscheidung des englischen High Court of Justice (2012 EWHC 517 (Ch)), das den ordentlichen Rechtsweg für nicht mehr zulässig hielt.

191 Vgl. *Schulte-Braucks*, Alles neu macht die ICANN, GRUR Int. 2013, 322, 325.

H. Kartellrecht

Einleitung

555 Das Kartellrecht kann als einer der wesentlichsten Bestandteile der deutschen Wirtschaftsverfassung, die funktionierende Märkte für Waren und Dienstleistungen zum Ziel hat, verstanden werden. Alle das Funktionieren der Märkte verhindernden oder auch nur störenden Verabredungen zwischen Marktteilnehmern will das Kartellrecht untersagen.

So sollen wettbewerbsbeschränkende Absprachen zwischen Wettbewerbern z.B. in Bezug auf Preise (klassische Kartelle), wettbewerbsbeschränkende Verabredungen zwischen Unternehmen auf unterschiedlichen Stufen des Vertriebs (Vertriebsvereinbarungen), missbräuchliches Ausnutzen einer starken Marktstellung (Lieferboykott) oder wettbewerbsbeschränkende Zusammenschlüsse von Unternehmen bekämpft bzw. verhindert werden. Dabei definiert der Gesetzgeber weder im GWB noch an anderer Stelle den Begriff des Kartellrechts.

Weiterhin hat das im GWB und das im europäischen Recht angesiedelte Vergaberecht zum Ziel, wettbewerbskonforme Regularien für die Vergabe öffentlicher Aufträge an Private zu gewährleisten.

I. Die Bedeutung des EU-Rechts

556 Insbesondere der EG-Vertrag will den Wettbewerb innerhalb der europäischen Gemeinschaft gewährleisten und billigt ihm eine sehr große Bedeutung zu. Der EG-Vertrag enthält wesentliche wettbewerbsrelevante Regeln. Vor dem Hintergrund der Verwirklichung des Binnenmarktes kann nicht nur von einem Funktionszuwachs des europäischen Kartellrechts gesprochen werden; vielmehr sind immer weniger nationale kartellrechtlich bedeutsame Sachverhalte denkbar, die nicht auch zumindest nach europäischem Recht zu regeln sind.

Während sich das europäische Kartellrecht mit grenzüberschreitenden Sachverhalten befasst, soll das GWB durch die Bekämpfung von missbilligten Arten der Wettbewerbsbeschränkung den Wettbewerb in Deutschland und nunmehr auch und zusätzlich in Europa schützen.

1. Der EG-Vertrag

a) Allgemeines

557 Der Vertrag über die Gründung einer europäischen Gemeinschaft aus dem Jahre 1957 stellt zum Einen einen völkerrechtlichen Vertrag im Sinne eines zwischenstaatlichen

Abkommens und zum Anderen die Verfassung der EG dar. Bereits die Präambel des Vertrages richtet sich sowohl an die Regierungen der vertragschließenden Staaten als auch an die Völker, deren Staatsangehörige berufen sind, durch das Europäische Parlament und den Wirtschafts- und Sozialausschuss zum Funktionieren dieser Gemeinschaft beizutragen. Hieraus ist zu schließen, dass die Gemeinschaft eine neue Rechtsordnung des Völkerrechts darstellt, zu deren Gunsten die Staaten, wenn auch in begrenztem Rahmen, ihre Souveränitätsrechte eingeschränkt haben, wodurch eine Rechtsordnung entstanden ist, deren Rechtssubjekte nicht nur die Mitgliedstaaten sondern auch die Einzelnen sind[1].

Die Europäische Gemeinschaft und ihre Organe sowie alle Mitgliedstaaten sind dem Grundsatz einer offenen Marktwirtschaft bei freiem Wettbewerb nach Art. 119, 120 AEUV (ex Art. 4, 98 EGV) verpflichtet. **558**

Diesem Ziel des europäischen Normgebers, einen funktionierenden Wettbewerb in einer freiheitlichen Wirtschaft zu gewährleisten, kommt zwingende Geltung zu[2].

Die in Art. 101 ff. AEUV (ex Art. 81 EGV) enthaltenen Normen, die den Wettbewerb in der Gemeinschaft regeln, sind Bestandteil des in Art. 3g EGV geforderten Systems, welches den Wettbewerb innerhalb des Binnenmarktes vor Verfälschungen schützt.

Art. 42 AEUV (ex Art. 36 EGV) schränkt die Anwendung der allgemeinen Wettbewerbsregeln des EGV auf die Produktion landwirtschaftlicher Erzeugnisse und den Handel mit diesen ein und ermöglicht, dass Beihilfen gewährt werden. **559**

Gem. Art. 106 AEUV (ex Art. 86 EGV) sind die europäischen Wettbewerbsvorschriften für öffentliche und Monopolunternehmen unter gewissen Voraussetzungen ebenfalls nicht oder nur eingeschränkt anzuwenden.

b) Art. 101 AEUV (ex Art. 81 EGV)

Nach Art. 101 AEUV (ex Art. 81 EGV) sind mit dem gemeinsamen Markt unvereinbar und verboten alle Vereinbarungen zwischen Unternehmen, Beschlüsse von Unternehmensvereinigungen und aufeinander abgestimmte Verhaltensweisen, welche den Handel zwischen den Mitgliedsstaaten zu beeinträchtigen geeignet sind und eine Verhinderung, Einschränkung oder Verfälschung des Wettbewerbes innerhalb des gemeinsamen Marktes bezwecken oder bewirken. **560**

In ihrem Weißbuch „Über die Modernisierung der Vorschriften zur Anwendung der Art. 85 und 86 EGV" (danach Art. 81, 82 EGV, heute Art. 101 und 102 AEUV) kündigt die Europäische Kommission an, bei der Anwendung des Art. 101 AEUV (ex Art. 81 EGV) einen „more economic approach" verfolgen zu wollen, was ins Deutsche mit „ein stärkerer wirtschaftlicher Ansatz" übersetzt wurde. Aus dieser Formulierung könnte einerseits auf eine kartellfreundlichere Interpretation von Art. 101 AEUV (ex Art. 81

1 *EuGH* Rs. 26/62, VAN GEND & Loos Slg. 1963, 3; *BVerfG* NJW 1993, 3038.
2 *EUGH*, Rs. 6/72, Continental Can, Slg. 1973, 215 Rn. 25; *Lenz/Borchardt* EU- und EG-Vertrag Kommentar, Vorbem. Art. 81–86 Rn. 2, 4. Aufl.

EGV) geschlossen werden; andererseits wird darunter eher eine ergebnisoffenere, nicht so sehr an formalen Kriterien orientierte, sondern eher auf die wirtschaftlichen Auswirkungen auf den Wettbewerb orientierte Interpretation von Art. 101 AEUV (ex Art. 81 EGV) zu verstehen sein[3].

Bis auf das Kriterium zur Eignung der Beeinträchtigung des zwischenstaatlichen Handels entspricht die in Art. 101 AEUV Abs. 1 (ex Art. 81 EGV) enthaltene Generalklausel im Wesentlichen der in § 1 GWB formulierten Generalklausel[4].

Beispielsfall

Wenn ein marktbeherrschendes Unternehmen mit Preisen für seine Produkte, die unter den durchschnittlichen variablen Kosten liegen, sich bemüht, einen Wettbewerber zu bekämpfen, kann hierin ein Missbrauch einer marktbeherrschenden Stellung nach Art. 101 AEUV (ex Art. 81 EGV) bei grenzüberschreitendem Charakter und nach § 1 GWB bei bloß nationaler Auswirkung gesehen werden[5].

561 Im Folgenden führt Art. 101 AEUV (ex Art. 81 EGV) in a–e nicht abschließende Beispiele für die Einschränkung oder Verfälschung des Wettbewerbs innerhalb des gemeinsamen Marktes an. Es handelt sich hierbei um

a) die unmittelbare oder mittelbare Festsetzung der An- und Verkaufspreise oder sonstigen Geschäftsbeziehungen;
b) die Einschränkung oder Kontrolle der Erzeugung des Absatzes, der technischen Entwicklung oder der Investitionen;
c) die Aufteilung der Märkte oder Versorgungsquellen;
d) die Anwendung unterschiedlicher Bedingungen bei gleichwertigen Leistungen gegenüber Handelspartnern, wodurch diese im Wettbewerb benachteiligt werden;
e) die an den Abschluss von Verträgen geknüpfte Bedingung, dass die Vertragspartner zusätzliche Leistungen annehmen, die weder sachlich noch nach Handelsbrauch in Beziehung zum Vertragsgegenstand stehen.

562 Der Tatbestand des Art. 101 AEUV (ex Art. 81 EGV) umfasst sowohl horizontale als auch vertikale Vereinbarungen, nicht jedoch einseitige Maßnahmen. Es muss aber stets sorgfältig geprüft werden, ob sich die betreffende Handlung nicht doch in ein bestehendes Vertragsverhältnis einordnen lässt[6].

Beispielsfall: Wenn ein Hersteller bestimmten Händlern die Zulassung zu seinem selektiven Vertriebssystem verweigert, weil er das hohe Preisniveau aufrecht erhalten will, fügt sich dieses Vorgehen in die vertraglichen Beziehungen ein, die das Unternehmen mit seinen Wiederverkäufern unterhält[7].

563 Dabei kennt das europäische Recht Ausnahmen des Verbots von Wettbewerbsbeschränkungen. So sieht Art. 101 Abs. 3 AEUV (ex Art. 81 EGV) die Möglichkeit vor, die

---

3 Statt aller *Bechthold,* GWB, Einf. Rn. 72 ff., Loewenheim, Meessen, Riesenkampff, Einf. Rn 53 ff. m.N.
4 Vgl. Rn. 591.
5 Vgl hierzu auch *EuGH* SLG. 1991-3359 Rn. 71 – Akzo „...“; ABl. 1992 L 72, 1 Rn. 149 – Tetra Pak II; *Lenz/Borchardt* a.a.O., Rn. 41.
6 *Lenz/Borchardt*, a.a.O., Art. 101 Rn. 2,3.
7 *EuGH* Rs. 107/82, AEG, Slg. 1983, 3151.

Regeln in Art. 101 Abs. 1 AEUV, in dem das Verbot wettbewerbsbeschränkender Vereinbarungen und Verhaltensweisen enthalten ist, für bestimmte Vereinbarungen oder Gruppen von Vereinbarungen zwischen Unternehmen, Beschlüsse oder Gruppen von Beschlüssen von Unternehmensvereinigungen, aufeinander abgestimmte Verhaltensweisen oder Gruppen von solchen für nicht anwendbar zu erklären, wenn sie unter angemessener Beteiligung der Verbraucher an dem entstehenden Gewinn zur Verbesserung der Warenerzeugung oder -verteilung oder zur Förderung des technischen oder wirtschaftlichen Fortschritts beitragen. Dabei dürfen den beteiligten Unternehmen keine Beschränkungen auferlegt werden, die für die Verwirklichung der oben dargelegten Ziele nicht unerlässlich sind oder bei denen Möglichkeiten eröffnet werden, für einen wesentlichen Teil der betreffenden Waren den Wettbewerb auszuschalten.

c) Art. 102 AEUV (ex Art. 82 EGV)

Art. 102 AEUV (ex Art. 82 EGV) verbietet den Missbrauch einer marktbeherrschenden Stellung durch ein oder mehrere Unternehmen, soweit dieser dazu führen kann, den Handel zwischen den Mitgliedstaaten zu beeinträchtigen. Art. 101 AEUV (ex Art. 81 EGV) verbietet also nicht den Erwerb einer marktbeherrschenden Stellung, sondern lediglich dessen Missbrauch[8]. **564**

Eine andere Beurteilung soll allerdings dann gelten, wenn die beherrschende Stellung dem Unternehmen durch die Verleihung ausschließlicher oder besonderer Rechte des Staates verschafft wurde; dann soll die Existenzberechtigung der marktbeherrschenden Stellung als solche zu prüfen sein[9]. **565**

Art. 102 AEUV (ex Art. 82 EGV) enthält neben der in Satz 1 enthaltenen Generalklausel Beispielsfälle. Danach kann der Missbrauch einer marktbeherrschenden Stellung insbesondere in Folgendem bestehen: **566**

a) der unmittelbaren oder mittelbaren Erzwingung von unangemessenen Einkaufs- oder Verkaufspreisen oder sonstigen Geschäftsbedingungen;
b) der Einschränkung der Erzeugung des Absatzes oder der technischen Entwicklung zum Schaden der Verbraucher;
c) der Anwendung unterschiedlicher Bedingungen bei gleichwertigen Leistungen gegenüber Handelspartnern, wodurch diese im Wettbewerb benachteiligt werden;
d) der an den Abschluss von Verträgen geknüpften Bedingungen, dass die Vertragspartner zusätzliche Leistungen annehmen, die weder sachlich noch nach Handelsbrauch in Beziehung zum Vertragsgegenstand stehen.

Ebenso wie Art. 101 AEUV (ex Art. 81 EGV) verlangt Art. 102 AEUV (ex Art. 82 EGV) als Tatbestandsmerkmal, dass der Handel zwischen Mitgliedstaaten durch den Missbrauch beeinträchtigt werden kann.

---

8 *EuGH* Rs. 311/84, CBEM/CLT.
9 Vgl. nur *Lenz/Borchardt*, a.a.O., Art. 102 Rn. 1 m.N.

d) Die VO Nr. 1/2003 vom 16.12.2002

567 Grenzüberschreitende Verstöße gegen das in Art. 101 und 102 AEUV (ex Art. 81 und 82 EGV) enthaltene europarechtliche Kartellverbot[10] können zivilrechtliche Ansprüche und weitere Rechtsfolgen, die sich nach nationalem Recht richten, auslösen. Darüber hinaus rechtfertigt dies ein Einschreiten der nationalen Kartellbehörden.

Die VO Nr. 1/2003 vom 16.12.2002 regelt besondere Untersuchungsgrundsätze nach Art. 17 bis 22 VO 1/2003 sowie Befugnisse der Kommission nach Art. 7, 10, 23, 24 VO 1/2003.

568 Gem. § 23 Abs. 1 VO 1/2003 kann die Kommission bei vorsätzlich oder fahrlässig begangenen Verstößen gegen das vorgeschriebene Verfahren Geldbußen bis zu einem Höchstbetrag von 1 % des im vorausgegangenen Geschäftsjahres erzielten Umsatzes festsetzen.

569 Bei vorsätzlich oder fahrlässig begangenen Zuwiderhandlungen gegen in den Art. 101 oder 102 AEUV (ex Art. 81 oder 82 EGV) enthaltenen Verbote oder gegen ergangene einstweilige Maßnahmen ist die Kommission gem. Art. 23 Abs. 2 VO 1/2003 befugt, eine Geldbuße bis zu einem Höchstbetrag von 10 % des im vorausgegangenen Geschäftsjahr erzielten Gesamtumsatzes festzusetzen.

570 Nach der VO 1/2003 hatte der Rat der EU auch beschlossen, dass das traditionell praktizierte Anmeldesystem durch ein Legalausnahmesystem ersetzt wird, bei dem alle Wettbewerbsbehörden und Gerichte der Mitgliedsstaaten mit der Kommission zusammenarbeiten. Während ursprünglich jede kartellrechtlich bedenkliche Maßnahme im grenzüberschreitenden Verkehr der vorherigen Erlaubnis bedurfte, gilt nunmehr im Regelungsbereich von Art. 101 AEUV (ex Art. 81 f. EGV) der Grundsatz, dass jeder Marktteilnehmer selbst über die kartellrechtliche Zulässigkeit seines Handelns zu befinden hat. Ihm obliegt die Prognose, aber auch das Risiko späterer Sanktionen, ob sein Verhalten gegen Art.101 AEUV (ex Art. 81 f. EGV) verstößt oder nicht.

e) Die Freistellung vom Kartellverbot nach Art. 101 AEUV (ex Art. 81 EGV)

571 **aa) Die Bedeutung von vertikalen Beschränkungen und Vertriebswegen:** Nach dem Grundsatz der Privatautonomie steht es zunächst jedem Marktteilnehmer frei, ob er seine Waren und Dienstleistungen einem anderen anbieten und verkaufen will. Dieser Grundsatz gilt aber nicht grenzenlos. Je weiter es z.B. Herstellern gelingt, an sich unabhängige Händler exklusiv an sich zu binden, desto eher besteht die sich unschwer realisierende Gefahr, dass andere Hersteller von dem Zugang zu den Händlern ausgeschlossen werden und somit eine Wettbewerbsverzerrung eintritt.

Art. 101 AEUV (ex Art. 81 EGV) findet somit nicht nur auf horizontale Abreden, also Verabredungen zwischen Unternehmen derselben Wirtschaftsstufe, sondern auch auf

10 Vgl. hierzu Rn. 560 ff., 564 ff.

vertikale Abreden Anwendung[11]. Der EuGH hielt fest, dass der Grundsatz der Wettbewerbsfreiheit für alle Wirtschaftsstufen und für alle Erscheinungsformen des Wettbewerbs gilt[12].

Folglich müssen alle Vertriebsvereinbarungen, die wettbewerbseinschränkende Abreden wie Bezugs-, Vertriebs-, Inhalts- oder Ausschließlichkeitsbindungen und dergleichen enthalten, an dem in Art. 101 AEUV (ex Art. 81 EGV) enthaltenen Kartellverbot gemessen werden. 572

Auch die Bündelung gleichartiger selektiver Vertriebssysteme wird bei einer entsprechenden Auswirkung auf dem Markt an Art. 101 AEUV (ex Art. 81 EGV) zu messen sein[13].

bb) Die GVO 330/2010: Art. 101 AEUV Abs. 3 (ex Art. 81 EGV) eröffnet die Möglichkeit, Vereinbarungen oder Gruppen von Vereinbarungen zwischen Unternehmen, Beschlüsse oder Gruppen von Beschlüssen von Unternehmensvereinigungen oder aufeinander abgestimmte Verhaltensweisen oder Gruppen von solchen, die unter angemessener Beteiligung der Verbraucher an dem entstehenden Gewinn zur Verbesserung der Warenerzeugung oder Verteilung oder zur Förderung des technischen oder wirtschaftlichen Fortschritts beitragen, von dem Verbot nach Art. 101 Abs. 1 AEUV (ex Art. 81 EGV) freizustellen. 573

Weil bei Vertriebsverträgen vertragliche Bindungen häufig auch positive Auswirkungen haben können, erklärt die GVO Nr. 330/2010 (ex GVO 2790/1999, die zum 31. Mai 2010 außer Kraft trat) die Anwendung von Art. 101 AEUV (ex Art. 81 Abs. 2 EGV) auf Gruppen von vertikalen Vereinbarungen und aufeinander abgestimmten Verhaltensweisen für rechtmäßig, wenn bestimmte Anteile am relevanten Markt nicht überschritten werden. 574

Gem. Art. 3 der GVO gilt die Freistellung nicht, wenn der Anteil des Lieferanten an dem relevanten Markt, auf dem die Vertragswaren oder Dienstleistungen angeboten oder verkauft werden, 30 % überschreitet. 575

Im Falle von vertikalen Vereinbarungen, die Alleinbelieferungsverpflichtungen enthalten, gilt die Freistellung ebenfalls, wenn der Anteil des Käufers an dem relevanten Markt, auf dem er die Vertragswaren oder Vertragsdienstleistungen verkauft, 30 % nicht überschreitet.

Dabei bezieht sich der sachlich relevante Markt auf alle Waren oder Dienstleistungen, die vom Käufer hinsichtlich ihrer Eigenschaften oder Preise sowie des Verwendungszwecks als austauschbar angesehen werden. Es kommt somit entscheidend auf die Sicht der Marktgegenseite an[14]. 576

11 *EuGH* „Grundig-Consten“, Slg. 1966, 322, 387, 392.
12 Ebenda.
13 *Lange*, Handbuch zum deutschen und europäischen Kartellrecht, Rn. 251 ff. m.N.
14 Sog. Bedarfmarktkonzept; vgl. *Baron*, in Loewenheim/Meessen/Riesenkampff, Kartellrecht Band 1 GVO, Art. 3, Rn. 15; Leitlinie der Kommission für vertikale Beschränkung, 2000/C291/01, Rn. 90.

Beispielsfall

Ein deutsches Unternehmen hält auf dem relevanten Markt in Deutschland für das von ihm vertriebene Produkt einen Marktanteil von etwas unter 50 %. Es bezieht ca. 95 % dieser Waren von seinem im europäischen Ausland ansässigem Lieferanten. Die Waren werden gemäß den Kundenwünschen im europäischen Ausland hergestellt, dort wird bereits die Marke des deutschen Unternehmens aufgebracht, die Ware wird dann in ein zentrales Auslieferungslager in Deutschland verbracht und von dort an den Kunden ausgeliefert. Hersteller und Händler wollen zunächst einen auf 5 Jahre befristeten exklusiven Vertriebsvertrag abschließen. Danach darf der Hersteller nicht an Kunden in Deutschland unmittelbar oder mittelbar am Händler vorbei verkaufen. Der Händler verpflichtet sich im Gegenzug, keine Verkäufe der Waren in andere europäische Länder vorzunehmen, weil der Hersteller dort bei einem Marktanteil in Europa von weit unter 30 % weitere exklusive Vertragshändler verpflichtet hat.

Der Abschluss eines solchen exklusiven Vertriebsvertrages würde zunächst gegen Art. 101 AEUV (ex Art. 81 EGV.) verstoßen. Der Genuss einer Freistellung vom in Art. 101 AEUV (ex Art. 81 EGV) geregelten Kartellverbot scheidet aus, weil der Anteil auf dem insoweit interessierenden relevanten Markt in Deutschland 30 % überschreitet, vgl. Art. 3 GVO. Überdies würde eine solche Vereinbarung ebenfalls gegen § 1 GWB verstoßen, da ein Verhalten, welches nach der GVO nicht erlaubt ist, zur Unzulässigkeit auch nach deutschem Recht führt[15].

f) Europäische Fusionskontrollverfahren

577 Die Fusionskontrolle im europäischen Recht richtet sich nach der Verordnung (EG) Nr. 139/2004 des Rates vom 20.1.2004 über die Kontrolle von Unternehmenszusammenschlüssen (EG-FKVO Nr. 139/2004). Dabei gilt die Maxime der präventiven Fusionskontrolle. Hierunter ist zu verstehen, dass vor einem Zusammenschluss von Unternehmen das beabsichtigte Vorhaben angemeldet werden muss. Bei Nichtbeachtung der Anmeldepflicht und/oder des nach einer Anmeldung ausgesprochenen Vollzugsverbots kann es zu Entflechtungsanordnungen kommen, die mit der Verhängung von Geldbußen verbunden sein können. Auch kann ein Zusammenschlussvorhaben nur unter Auflagen oder Bedingungen genehmigt werden.

578 In Abgrenzung zum deutschen Recht kommt die europäische Fusionskontrolle nur dann zum Tragen, wenn dem beabsichtigten Zusammenschluss eine gemeinschaftsweite Bedeutung zukommt.

aa) Die Umsatzschwellen in Art. 1 Abs. 2 FKVO: Nach Art. 1 Abs. 2 FKVO hat ein Zusammenschluss gemeinschaftsweite Bedeutung, wenn folgende Umsätze erzielt werden:

(a) ein weltweiter Gesamtumsatz aller beteiligten Unternehmen zusammen von mehr als 5 Mrd. Euro und

(b) ein gemeinschaftsweiter Gesamtumsatz von mindestens zwei beteiligten Unternehmen von jeweils mehr als 250 Mio. Euro; dies gilt nicht, wenn die am Zusammenschluss beteiligten Unternehmen jeweils mehr als zwei Drittel ihres gemeinschaftsweiten Gesamtumsatzes in ein und demselben Mitgliedstaat erzielen.

579 Nach Art. 1 Abs. 3 FKVO soll einem Zusammenschluss, der die in Abs. 2 a) und b) vorgesehenen Schwellen nicht erreicht hat, gleichwohl eine gemeinschaftsweite Bedeu-

15 Vgl. Rn. 581 ff.

tung zukommen, wenn der weltweite Gesamtumsatz aller beteiligten Unternehmen zusammen mehr als 2,5 Mrd. Euro beträgt, der Gesamtumsatz aller beteiligten Unternehmen in mindestens drei Mitgliedstaaten jeweils 100 Mio. Euro übersteigt, in jedem von mindestens drei erfassten Mitgliedstaaten der Gesamtumsatz von mindestens zwei beteiligten Unternehmen jeweils mehr als 25 Mio. Euro beträgt und der gemeinschaftsweite Gesamtumsatz von mindestens zwei beteiligten Unternehmen jeweils 100 Mio. Euro übersteigt. Dies gilt nicht, wenn die beteiligten Unternehmen jeweils mehr als zwei Drittel ihres gemeinschaftsweiten Gesamtumsatzes in ein und demselben Mitgliedstaat erzielen[16].

bb) Die Beurteilung von Zusammenschlüssen nach Art. 2 FKVO: Gemäß Art. 2 Abs. 3 FKVO sind Zusammenschlüsse, durch die wirksamer Wettbewerb im gemeinsamen Markt oder in einem wesentlichen Teil desselben erheblich behindert würde, insbesondere durch Begründung oder Verstärkung einer beherrschenden Stellung, mit dem gemeinsamen Markt für unvereinbar zu erklären.

Dagegen sind nach Art. 2 Abs. 2 FKVO Zusammenschlüsse, durch die wirksamer Wettbewerb im gemeinsamen Markt oder in einem wesentlichen Teil desselben nicht erheblich behindert würde, insbesondere durch Begründung oder Verstärkung einer beherrschenden Stellung, für mit dem gemeinsamen Markt vereinbar zu erklären.

Bei der Prüfung, ob Zusammenschlüsse von Unternehmen mit dem gemeinsamen Markt vereinbar sind, hat die europäische Wettbewerbsbehörde nach Art. 2 Abs. 1 zu berücksichtigen:

(a) die Notwendigkeit, im gemeinsamen Markt wirksamen Wettbewerb aufrecht zu erhalten und zu entwickeln, insbesondere im Hinblick auf die Struktur aller betroffenen Märkte und den tatsächlichen oder potentiellen Wettbewerb durch innerhalb oder außerhalb der Gemeinschaft ansässige Unternehmen;

(b) die Marktstellung sowie die wirtschaftliche Macht und die Finanzkraft der beteiligten Unternehmen, die Wahlmöglichkeiten der Lieferanten und Abnehmer, ihren Zugang zu den Beschaffungs- und Absatzmärkten, rechtliche oder tatsächliche Marktzutrittschranken, die Entwicklung des Angebots und der Nachfrage bei den jeweiligen Erzeugnissen und Dienstleistungen, die Interessen der Zwischen- und Endverbraucher sowie die Entwicklung des technischen und wirtschaftlichen Fortschritts, sofern diese dem Verbraucher dient und den Wettbewerb nicht behindert.

Die Fusionskontrolle gemäß der FKVO stellt neben dem Kartellverbot in Art. 101 AEUV (ex Art. 81 EGV) und dem Verbot der missbräuchlichen Ausnutzung einer marktbeherrschenden Stellung nach Art. 102 AEUV (ex Art. 82 EGV) die dritte Säule dar, auf die sich der gemeinschaftliche Schutz des Wettbewerbs stützt[17].

---

16 Vgl. auch die Kommentierung bei *Loewenheim/Meessen/Riesenkampff*, a.a.O. Art. 1 FKVO Rn. 1 ff.

17 *Loewenheim/Meessen/Riesemkampff*, Art. 2 FKVO Rn. 3

Auch bei dieser Beurteilung sollen Gesichtspunkte des „more economic approach" und damit verstärkt industrieökonomische Modelle und mengenmäßige Analysen im Rahmen der Fusionskontrolle durch die Europäische Kommission angewendet werden[18].

g) Vorrang des europäischen Kartellrechts

580 Auf denselben Sachverhalt kann zunächst nicht nur europäisches, sondern auch nationales Kartellrecht Anwendung finden. Während das europäische Kartellrecht darauf abstellt, ob ein Kartell den Handel zwischen den Mitgliedstaaten behindern kann, bleibt dem nationalen Kartellrecht daneben ein eigener Anwendungsbereich[19].

Dabei stellen die europäischen Wettbewerbsnormen unmittelbar geltendes Recht dar[20].

581 Mit Rücksicht auf die Zielsetzung des AEUV, den Wettbewerb in einem einheitlichen europäischen Wirtschaftsraum durchzusetzen und zu gewährleisten, darf die Anwendung des nationalen Rechts nicht dazu führen, dass die einheitliche Anwendung des Gemeinschaftskartellrechts und die volle Wirksamkeit der zu seinem Vollzug ergangenen Maßnahmen auf dem gesamten gemeinsamen Markt beeinträchtigt wird. Konflikte zwischen Gemeinschafts- und innerstaatlichem Kartellrecht sind daher nach dem Grundsatz des Vorrangs des Gemeinschaftsrechts zu lösen[21].

582 Soweit die Anwendung des europäischen und des nationalen Kartellrechts parallel Sanktionen auslöst, bestehen hiergegen grundsätzlich keine Bedenken. Allerdings gebietet ein allgemeiner Billigkeitsgedanke, die frühere Sanktionsentscheidung bei der Bemessung der später zu verhängenden Sanktion zu berücksichtigen[22].

h) Grundlagen des Vergaberechts

583 Das deutsche Vergaberecht beruht u.a. auf vier EU-Richtlinien, nämlich der RL 92/50 über Dienstleistungsaufträge, RL 93/36 über Lieferaufträge, RL 93/37 über Bauaufträge und RL 93/38 über Aufträge im Bereich Wasser-, Energie- und Verkehrsversorgung sowie im Telekommunikationssektor. Diese sind in Deutschland in den §§ 97 bis 129 GWB, der VergabeVO und den Verdingungsordnungen umgesetzt[23].

Die RL 2004/17 zur Zuschlagserteilung durch Auftraggeber im Bereich der Wasser-, Energie- und Verkehrsversorgung sowie der Postdienste sowie die RL 2004/18 für die Vergabe von Bau-, Liefer- und Dienstleistungsaufträgen waren bis zum 31.1.2006 in nationales Recht umzusetzen[24].

---

18 A.a.O., Rn. 2 m.N.
19 *EuGH* NJW 1969, 1000 ff. – Teerfarben-Zwischenurteil.
20 *Immenga/Mestmäcker*, GWB, Einl. Rn. 81 m.N.
21 St. Rspr. des *EuGH* WuW/E EWG-MUV 201, 205 – Farbenhersteller ist Slg. 1969, 1, 14; Slg. 1980, 2327 Rn. 16 ist WuW/E EWG-MUV 490 f. – Wettbewerb-Parfums-Guerlain; Slg. 1992 I 4785, 4825 Rn. 11 f. – AEB; *Immenga/Mestmäcker,* a.a.O., Rn. 88.
22 *EuGH* NJW 1969, 1000 – Teerfarben-Zwischenurteil.
23 Vgl. *Bechthold,* GWB Vor § 97 Rn. 3 ff.
24 *Bechthold* a.a.O., Rn. 18.

2. Das GWB als „Kartellrecht in Deutschland“

a) Die 7. Novelle des GWB

Am 1.7.2005 war die 7. Novelle zum GWB in Kraft getreten. Der Gesetzgeber passte damit das deutsche Kartellrecht vor allem an das europäische Wettbewerbsrecht, nämlich an die am 1.5.2004 in Kraft getretene VO Nr. 1/2003, an. 584

Es kann in diesem Zusammenhang von einem Systemwechsel im deutschen Kartellrecht gesprochen werden. Während bis zum 30.6.2005 wettbewerbsbeschränkende Vereinbarungen und Verhaltensweisen angemeldet und genehmigt werden mussten, werden nunmehr Verhaltensabstimmungen von Gesetzeswegen vom Verbot nach Art. 101 AEUV (ex Art. 81 Abs. 1 EGV) freigestellt, wenn sie die tatbestandlichen Voraussetzungen der Ausnahme des Art. 101 Abs. 3 AEUV(ex Art. 81 EGV) erfüllen. Dabei bedarf dies keiner vorherigen behördlichen Entscheidung im Einzelfall.

Damit fiel das Monopol der Europäischen Kommission, über Freistellungsanträge zu entscheiden, weg. Dies wertet nationale und somit auch die deutschen Kartellbehörden und Kartellgerichte auf, weil sie nunmehr in Kooperation mit den europäischen Wettbewerbsbehörden auch über Verstöße gegen europäisches Kartellrecht zu befinden haben und Sanktionen verhängen dürfen. 585

Weiterhin besteht nach Art. 3 Abs. 1, Satz 1 VO 1/2003 die Pflicht zur parallelen Anwendung europäischen Wettbewerbsrechts, sofern dem zu behandelnden Sachverhalt grenzüberschreitender Charakter zukommt.

Gem. § 2 Abs. 2 GWB gelten die europäischen Gruppenfreistellungsverordnungen, die eine Freistellung vom eigentlich bestehenden Kartellverbot bewirken können, unmittelbar.

Aus der weitgehenden Angleichung des Wortlautes sowie der expliziten gesetzgeberischen Zielsetzung einer prinzipiellen Gleichbehandlung von Sachverhalten mit und ohne Zwischenstaatlichkeitsbezug ergibt sich, dass sich die Praxis bei der Anwendung des GWB künftig noch stärker an die Auslegung der entsprechenden kartellrechtlichen Normen im europäischen Recht orientieren wird[25]. In diesem Zusammenhang wurde zutreffend bemerkt, es gäbe nunmehr weniger ein deutsches Kartellrecht denn vielmehr nur noch ein Kartellrecht in Deutschland[26]. Soweit das GWB Begriffe des europäischen Kartellrechts in das deutsche Recht transformiert, kommt es deshalb i.d.R. entscheidend auf deren Auslegung durch den EuGH an, sofern nationale Gerichte jene anders interpretieren würden. 586

25 *Fuchs,* WRP 2005, 1384, 1387.
26 *Bechtold/Buntscheck* NJW 2005, 2966 ff.

b) Die 8. Novelle des GWB

586a Das GWB hatte sich nach Meinung des Gesetzgebers mit seinen allgemeinen, Sektor übergreifend geltenden kartellrechtlichen Vorschriften bewährt[27]. Grundlegender, konzeptioneller Änderungsbedarf bestand aus diesem Grund nicht. Gleichwohl sah der Gesetzgeber Verbesserungspotenziale, die durch das 8. GWB Änderungsgesetz realisiert werden sollten.

Im Bereich der Fusionskontrolle verringert die Novelle die Unterschiede zwischen der deutschen und der europäischen Fusionskontrolle weiter, um eine weitgehend gleichlaufende Beurteilung von Fusionsvorhaben auf deutscher und europäischer Ebene zu ermöglichen. Anstelle des Markbeherrschungstests wird in die deutsche Fusionskontrolle nach § 36 Abs. 1 GWB das Kriterium einer erheblichen Behinderung wirksamen Wettbewerbs, „Significant ingrediment to effective competition", kurz SIEC, eingeführt. Dieser Test steht in einem Verfahrenskontext, der dem Bundeskartellamt und den Gerichten weiterhin eine effektive Fusionskontrolle erlaubt (s. auch die Stellungnahme des Bundeskartellamtes zum Regierungsentwurf zur 8. GWB Novelle v. 22.6.2012).

Gleichzeitig will das Änderungsgesetz den Handlungsspielraum kleiner und mittlerer Presseunternehmen angemessen erweitern.

Die Missbrauchsvorschriften gestaltet das GWB nunmehr etwas einfacher, verständlicher und damit anwendungsfreundlicher. Die Position der Verbraucherverbände verbessert das Gesetz durch eine angemessene Beteiligung an der privaten Kartellrechtsdurchsetzung.

Weiterhin wird das kartellrechtliche Bußgeldverfahren effizienter gestaltet.

Während nach dem Gesetzentwurf der Bundesregierung das wettbewerbliche Handeln der Krankenkassen umfassend dem Kartellrecht unterliegen sollte, wurden auf Wunsch der Länder Anpassungen bei der Fusionskontrolle der Krankenkassen und der Aufsicht über kommunale Anbieter vorgenommen.

Gesetzliche Krankenkassen unterliegen zwar weiterhin der kartellrechtlichen Aufsicht, allerdings nur im Rahmen einer gemeinsamen Beurteilung mit dem Bundesversicherungsamt. Darüber hinaus unterliegt die gerichtliche Kontrolle dann nicht den Kartellgerichten, sondern der Sozialgerichtsbarkeit, was einen Systembruch darstellt.

Kommunale Wasserversorger unterliegen zukünftig nur eingeschränkt der kartellrechtlichen Kontrolle, sofern diese sich nicht privatrechtlich organisieren[28].

---

27 Vgl BT-Drucksache 17/9852, S. 17.

28 Krit. hierzu auch *Mundt*, „Das ist ein harter Schlag für alle Wasserverbraucher", FAZ 8.6.2013.

II. Der Regelungsgehalt des GWB

1. Zur Funktion des Kartellrechts

Das GWB bildet einen bedeutenden Teil der Ordnung des Wettbewerbs, die für die Wirtschaftsverfassung Deutschlands maßgeblich ist. Das Kartellrecht hat das Ziel, durch die Gewährleistung von Wettbewerb die wirtschaftliche Leistungsfähigkeit und den allgemeinen Wohlstand zu fördern. 587

Der Gesichtspunkt der Gewährleistung der Versorgungssicherheit z.B. für ungünstig gelegene Räume vermag dagegen bestimmte Formen von Kartellen zu rechtfertigen; in Bereichen, in denen die Lieferung nur durch z.B. feste, vorhandene Leitungen möglich erscheint, kommt die Gewährleistung von Wettbewerb dadurch in Betracht, dass staatliche Regulierung dafür Sorge trägt, dass gegen angemessenes Entgelt auch Dritte die Leitungen für ihre Lieferung nutzen dürfen[29]. 588

Nach dem Gesetz über die Elektrizitäts- und Gasversorgung vom 7.7.2005 unterliegen die Elektrizitäts- und Gasversorgungsnetze der Regulierung. Gem. § 1 Abs. 2 dieses Gesetzes dient dies den Zielen der Sicherstellung eines wirksamen und unverfälschten Wettbewerbs bei der Versorgung mit Elektrizität und Gas und der Sicherstellung eines langfristig angelegten leistungsfähigen und zuverlässigen Betriebs von Energieversorgungsnetzen. Darüber hinaus kommt diesem Gesetz die Umsetzung und Durchführung des europäischen Gemeinschaftsrechts auf dem Gebiet der leitungsgebundenen Energieversorgung zu. Mit der Liberalisierung des Energiemarktes wurden die früheren Verträge über die Abgrenzung und ausschließliche Versorgung von Kunden zu illegalen Kartellabsprachen.

Um Wettbewerb in der Telekommunikation abstrakt zu ermöglichen, hätte es rechtlich ausgereicht, das die Monopole regelnde Fernmeldeanlagengesetz außer Kraft treten zu lassen. Dann hätte unmittelbar das GWB gegolten. Während das GWB jedoch das Vorhandensein von Wettbewerb, welches es zu schützen gilt, voraussetzt, war auf dem Markt der Telekommunikation auch nach dem Wegfall der Monopole noch für längere Zeit mit einem faktischen Monopol der DTAG zu rechnen, weshalb das Telekommunikationsgesetz zur Herstellung von Wettbewerb erlassen wurde. Das TKG stellt im Verhältnis zum GWB eine lex specialis dar. Dies bedeutet, dass, soweit nicht im TKG abschließende Regelungen enthalten sind, die Vorschriften des GWB ergänzende Anwendung finden[30]. 589

Das Recht gegen Wettbewerbsbeschränkungen umfasst die Rechtsnormen, die der Bekämpfung von Beschränkungen des Wettbewerbs durch Wettbewerber dienen[31]. 590

Einerseits kann es dem Wirtschaftsverwaltungsrecht, dem Ordnungswidrigkeiten- und Strafrecht, andererseits aber auch dem Zivilrecht zugeordnet werden. Denn es enthält

29 *Bechtold*, GWB Einf. Rn. 39, 4. Aufl.
30 Vgl. die Darstellungen des TKG S. 152 ff.
31 *Rittner*, a.a.O., S. 116.

sowohl Eingriffsmöglichkeiten für die öffentliche Hand, Bußgeld- und Strafvorschriften zur Sanktionierung wettbewerbsrechtlich unerwünschten Verhaltens, bildet aber auch eine Anspruchsgrundlage für Wettbewerber, sich gegen wettbewerbswidriges Verhalten ihrer Konkurrenten zu wehren.

2. Das Verbot wettbewerbsbeschränkender Vereinbarungen

a) Allgemeines

591 § 1 GWB verbietet wettbewerbsbeschränkende Vereinbarungen zwischen Unternehmen, die miteinander in Wettbewerb stehen, wettbewerbsbeschränkende Beschlüsse von Unternehmensvereinigungen und Wettbewerbsbeschränkungen durch abgestimmte Verhaltensweisen. Dabei genügt für ein Verbot nach § 1 GWB bereits ein Bezwecken der Wettbewerbsbeschränkung. § 1 GWB entspricht im Wesentlichen Art. 101 Abs. 1 AEUV (ex Art. 81 EGV).

b) Das Wettbewerbsverbot als gesetzliches Verbot nach § 134 BGB

592 Das Wettbewerbsverbot nach § 1 GWB stellt auch ein gesetzliches Verbot i.S.v. § 134 BGB dar und führt zur Nichtigkeit des zugrunde liegenden Rechtsgeschäftes.

Beispielsfälle: Der Abschluss eines Gesellschaftsvertrages, dessen Zweck gegen das Kartellverbot verstößt – hier ein Gemeinschaftsunternehmen im Baustoffbereich oder die Gründung einer Vereinigung konkurrierender Tageszeitungen zu einem Monopolblatt – ist ohne weiteres nichtig (*BGH* KVZ 55/07; *NJW-RR* 1991, 102 ff.).

c) Das in § 1 GWB ungeschriebene Tatbestandsmerkmal der Spürbarkeit

593 Nach dem Wortlaut von § 1 GWB sind alle in der Vorschrift aufgeführten Verhaltensweisen als wettbewerbswidrig verboten. § 1 GWB erfasst entgegen diesem Wortlaut jedoch nur Vereinbarungen, Beschlüsse und Verhaltensweisen, die nicht nur zwischen den Parteien wirken, sondern denen eine Außenwirkung zukommt. Vereinbarungen, die sich am Markt nicht auswirken, unterliegen nicht dem Kartellverbot[32]. Man spricht in diesem Zusammenhang auch von der de-minimis- oder Bagatellregel.

Verhaltensweisen müssen hiernach in einer fühlbaren, praktisch ins Gewicht fallenden Weise zu einer Veränderung der Marktsituation führen können. Die Relevanz hat mehr als nur unbedeutend zu sein[33]. Eine Bagatelle wurde bei Marktanteilen von unter 0,2 % angenommen[34]. Abgestellt wird auch auf den Gesichtspunkt, ob bei einem zu unterstellenden wirtschaftlich zweckmäßigen und kaufmännisch vernünftigen Verhalten der Marktteilnehmer das am Kartellrecht zu messende Verhalten die Wahlmöglichkeiten der Marktgegenseite überhaupt beeinträchtigt[35].

---

32 *Bechtold*, GWB, § 1 Rn. 30, 4. Aufl.
33 *BGH* GRUR 1998, 739 ff. – Car-Partner.
34 *OLG Düsseldorf* WuW/E DE-R 1410 ff.
35 Vgl. *OLG Stuttgart* WuW/E 400 Werkskundendienst; *Bechtold*, GWB, § 1 Rn. 32, 4. Aufl.

d) Die Wettbewerbsbeschränkung

Die Beantwortung der Frage, ob das zu überprüfende Verhalten eine Verhinderung, Einschränkung oder Verfälschung des Wettbewerbs nach § 1 GWB bezwecken oder bewirken kann, erfordert eine umfassende Beurteilung des Einzelfalls. 594

§ 1 GWB untersagt nämlich nicht nur wettbewerbsbeschränkende Verträge oder Beschlüsse, sondern alle Vereinbarungen und aufeinander abgestimmte Verhaltensweisen, die eine Verhinderung, Einschränkung oder Verfälschung des Wettbewerbs bezwecken oder bewirken[36]. Hierin ist der tragende Gedanke der Norm erfasst und entspricht wörtlich Art. 105 Abs. 1 AEUV (ex Art. 85 EGV)[37].

Derjenige der sich auf ein Kartellverbot gem. § 1 GWB beruft, hat konkrete wirtschaftliche Tatsachen vorzutragen, aus denen sich die wettbewerbswidrige Eignung des angegriffenen Verhaltens ergibt. Der Rückschluss auf eine allgemeine wirtschaftliche Erfahrung soll hierbei zulässig sein[38]. Ein Verhalten mit wirtschaftlich zu vernachlässigenden Folgen unterfällt dabei nicht § 1 GWB[39]. 595

Vereinbarungen, die § 1 GWB unterfallen, setzen voraus, dass die Vertragsparteien mit ihrem Vorgehen den Zweck verfolgen, den Wettbewerb über das mit dem sonst üblichen Leistungsaustausch notwendig verbundene Maß hinaus zu beschränken[40]. Diese Umstände hat derjenige darzulegen und zu beweisen, der hieraus Rechte ableiten will[41].

Auch die Zulässigkeit von in Gesellschaftsverträgen enthaltenen Wettbewerbsverboten ist im Einzelfall an § 1 GWB zu messen. Einem Unternehmen darf nicht die unbegrenzte Möglichkeit eröffnet werden, durch die Art der Ausgestaltung des Gesellschaftsvertrages Treupflichten und/oder Pflichten zur Förderung des Gesellschaftszweckes dahingehend zu begründen, dass die Gesellschaftsunternehmen gehalten sind, gerade solche wirtschaftlichen Tätigkeiten zu unterlassen, die im Verhältnis zu den Mitgesellschaftern Wettbewerbshandlungen sind, wenn damit zugleich die Interessen der Allgemeinheit zuwider die Freiheit des Wettbewerbs eingeschränkt und die Marktverhältnisse im Sinne des § 1 GWB beeinflusst und Kartelle höherer Ordnung (wie Syndikate) gebildet werden[42]. 596

Dieselben Grundsätze gelten für Wettbewerbsverbote in Gesellschaften wie das Wettbewerbsverbot für den Komplementär einer OHG[43].

---

36 Vgl. hierzu Rn. 442.
37 Vgl. hierzu *Rittner*, a.a.O., § 7 Rn. 49, der von der zentralen Funktionsklausel des Kartellrechts spricht.
38 *BGHZ* 114, 40, 52 – Golden Toast.
39 *BGHZ* 37, 194, 200 – Spar.
40 *BGH* GRUR 1992, 191 f. – Amtsanzeiger.
41 *BGH* ebenda.
42 *BGH* NJW 1982, 938 f. – Transportbeton-Vertrieb II.
43 *BGH* NJW 1978, 1001; 1973, 1236.

e) Handeln von Unternehmen

597 § 1 GWB setzt ebenso wie Art. 101 AEUV (ex Art. 81 EGV) ein Handeln von Unternehmen voraus. Das Verbot wettbewerbsbeschränkender Maßnahmen gilt folglich nur gegenüber Unternehmen. Dabei ist von einem weiten Unternehmensbegriff auszugehen.

Für die Annahme des Tatbestandsmerkmals Unternehmen genügt jede Tätigkeit im geschäftlichen Verkehr. Entscheidend ist nicht, wer tätig ist, sondern lediglich die Art der Tätigkeit, nämlich die aktive Teilnahme am Wirtschaftsleben. Es gilt der sog. funktionale Unternehmensbegriff[44].

Betreibt eine natürliche Person als solche ein Gewerbe, so ist sie insoweit Unternehmen, was z.B. bei der Vermietung von Wohnraum der Fall ist[45].

Die abhängige Tätigkeit von Arbeitnehmern oder für den eigenen Haushalt stellt keine Tätigkeit im geschäftlichen Verkehr dar und erfüllt somit nicht den Unternehmensbegriff[46].

598 Dagegen sind auch freiberuflich Tätige wie Rechtsanwälte, Wirtschaftsprüfer, Ärzte, Architekten und dergl. Unternehmen i.S.v. § 1 GWB, soweit sie Waren und Dienstleistungen anbieten. Greift ein Hoheitsträger bei der Erfüllung öffentlicher Aufgaben zu den von der Privatrechtsordnung bereitgestellten Mitteln, unterliegt er den gleichen Beschränkungen wie jeder andere Teilnehmer am privatrechtlich organisierten Markt[47]. Somit führt die Privatisierung von Aufgaben, die zuvor in öffentlich-rechtlicher Form erfüllt wurden, regelmäßig dazu, dass dann auch das GWB für diese gilt[48].

Beispielsfall

Die AOK finanzierte zusammen mit allen anderen Kassen ein Krankentransportunternehmen. Ein anderes privates Krankentransportunternehmen unter kirchlicher Trägerschaft bietet Notarztfahrten und Rettungseinsätze mit Neu- bzw. Frühgeborenen vom jeweiligen Geburtskrankenhaus in Kinderkrankenhäuser an. Die AOK teilte den Kinderkrankenhäusern mit, dass sie die Kosten des privaten Krankentransportunternehmens nicht mehr übernehmen würde, um Kosten zu sparen.

Zunächst stellt sich die Frage, ob die öffentlich-rechtliche AOK bei ihrem als Boykottaufruf zu wertenden Verhalten als Unternehmen i.S.v. § 1 GWB tätig war. Soweit die AOK zur Berechtigung von Krankentransportleistungen für ihre Mitglieder in den Wettbewerb privater Mitbewerber eingreift, um die Nachfrage auf die dem Rettungsdienst angeschlossenen gemeinnützigen Hilfsorganisationen zu Lasten privater Krankentransportunternehmen zu lenken, wird sie im geschäftlichen Verkehr zu Zwecken des Wettbewerbs tätig[49]. Der weite Unternehmensbegriff des GWB umfasst nämlich jedwede Tätigkeit im geschäftlichen Verkehr, unabhängig davon, welche Rechtsform der so Tätigwerdende hat und ob er daneben auch noch in anderer Weise, z.B. hoheitlich, handelt[50]. Somit handelte die AOK als Unternehmen und hatte gegen § 21 Abs. 1

44 *BGH* NJW-RR 2000, 90 ff. – Beschränkte Ausschreibung; *Bechtold*, § 1 Rn. 6 ff., 4. Aufl. m.N.
45 KGWuW-E 4914 1 f.; 4917 – Mustermietvertrag II; *Bechtold*, ebenda.
46 BGHZ 36, 91 ff., 103 – Gummiströmpfe.
47 *BGH* NJW-RR 1999, 1266 ff. – Lottospielgemeinschaft.
48 *OLG Düsseldorf* WuW/E 5213 ff. – Gemischtwirtschaftliche Abfallverwertung; *Bechtold*, a.a.O., § 1 Rn. 8, 4. Aufl.
49 *BGH* NJW 1999, 2325.
50 *BGH* NJW 1990, 1531.

GWB verstoßen, wonach es verboten ist, ein anderes Unternehmen in der Absicht, bestimmte Unternehmen unbillig zu beeinträchtigen, zu Liefer- oder Bezugsperren aufzufordern.

Für die Annahme eines Unternehmens genügt also jede Tätigkeit im geschäftlichen Verkehr[51].

f) Weiter Anwendungsbereich von § 1 GWB

Die 7. Novelle des GWB glich § 1 GWB an Art. 101 Abs. 1 AEUV (ex Art. 81 EGV) in der Weise an, dass sich nunmehr auch im deutschen Recht das Verbot wettbewerbsbeschränkender Vereinbarungen nicht nur auf horizontale sondern auch auf vertikale Wettbewerbsbeschränkungen erstreckt. Denn § 1 GWB verlangt nicht mehr das Erfordernis eines Wettbewerbsverhältnisses zwischen den an einer Vereinigung beteiligten Unternehmen. 599

Das Verbot der unmittelbaren oder mittelbaren Festsetzung der An- oder Verkaufspreise oder sonstiger Geschäftsbedingungen[52] erfasst sowohl horizontale als auch vertikale Preis- und Konditionsbindungen.

§ 1 GWB findet nunmehr auch Anwendung auf Unternehmen, die sich auf verschiedenen Stufen im Herstellungs- und Verteilungsprozess einer Ware oder Dienstleistung befinden. So sind Vereinbarungen zwischen einem Hersteller, der nur an Wiederverkäufer verkauft, und einem Händler, der die Waren oder Dienstleistungen an die Verbraucher abgibt, an § 1 GWB zu messen, obwohl sich diese nicht in einem Wettbewerbsverhältnis befinden. 600

Beispielsfall

Reiseveranstalter schließen mit Reisebüros Agenturverträge ab, die es diesen ausdrücklich verbieten, dem Reisenden Preisnachlässe oder Rabatte zu gewähren. Ein Reisebüro bietet 5 % Rabatt (Rückvergütung) auf die über das Reisebüro gebuchten Flugpauschalreisen von Firmen wie TUI, Thomas Cook, Neckermann, IST, Jahn, 1-2-Fly, Costa-Kreuzfahrten und AIDA. Gegen die Rabattgewährung an Verbraucher wenden sich die Reiseveranstalter unter Hinweis auf die vertraglichen Abreden.

Zwar sind Unternehmen in ihrer Vertragsgestaltung grundsätzlich frei. § 1 GWB verbietet jedoch Vereinbarungen zwischen Unternehmen über gewerbliche Leistungen, soweit sie einen Beteiligten in der Freiheit der Gestaltung von Preisen und Geschäftsbedingungen bei solchen Vereinbarungen beschränken, die er mit Dritten über gewerbliche Leistungen schließt. Dabei bildet die unternehmerische Gestaltungsfreiheit bei Preisen und Geschäftsbedingungen eine wesentliche Voraussetzung für eine erfolgreiche Teilnahme am Wettbewerb. Aus diesem Grund untersagt § 1 GWB auf die Beschränkung dieser Freiheit gerichtete Absprachen. Die Vereinbarungen sind nichtig nach § 1 GWB[53].

Nach § 1 GWB muss immer in jedem Einzelfall geprüft werden, auf was sich die Vereinbarungen beziehen. 601

Bei Austauschverträgen können dabei auch wettbewerbsbeschränkende, der Sicherung der Hauptleistung dienende Nebenabreden gemeinsamen Interessen der Parteien dienen und selbst in diesem Fall dem Kartellverbot von § 1 GWB unterfallen.

---

51 *BGH* ebenda.
52 Beispiel in Buchst. a) in Art. 81 Abs. 1 EGV.
53 *OLG München* GRUR-RR 2005, 25 ff. – Reisegutschein.

Beispielsfall

K handelt mit Sand, Kies und Natursteinen. B stellt Fertigbeton her und betreibt eine Baustoffgroßhandlung. Die Parteien schlossen einen Vertrag, durch den sich B verpflichtete, den in ihrem Werk V zur Herstellung von Fertigbeton benötigten Sand ausnahmslos von K zu beziehen. K verpflichtete sich, den Sand jederzeit in den von B gewünschten Mengen anzuliefern und für die Dauer des Vertrages in dem Verkaufsgebiet von B keinen Fertigbeton herzustellen und zu verkaufen.

Der BGH sah in der Vereinbarung einen Vertrag, der zu einem gemeinsamen Zweck i.S.v. § 1 GWB geschlossen wurde. Die wettbewerbsbeschränkende Wirkung dieses Vertrages ist darin zu sehen, dass K als Anbieter für das B eingeräumte Absatzgebiet ausgeschlossen ist. Während jedoch B die ausschließliche Bezugsbindung als Abnehmerin von K übernommen hat, trifft K das Wettbewerbsverbot in seiner Stellung als „potentieller" Wettbewerber von B[54].

602 In Austauschverträgen sind wettbewerbsbeschränkende Vereinbarungen i.S.v. § 1 GWB unter dem Gesichtspunkt der vertragsimmanenten Wettbewerbsbeschränkung nur dann zulässig, wenn für die vereinbarte Beschränkung bei wertender Betrachtungsweise im Hinblick auf die Freiheit des Wettbewerbs ein anzuerkennendes Interesse besteht[55].

Beispielsfall

Die Klägerin betreibt eine genossenschaftliche Warenzentrale, die in erster Linie zur Deckung des Bedarfs und zum Absatz der Erzeugnisse der Aktionäre und Kunden dient. Die Beklagte unterhält Hafen- und Umschlaganlagen, u.a. den Stadthafen in K. Die Klägerin pachtet eine Lagerhalle von der Beklagten im Hafen in K. Dabei vereinbaren die Parteien ein Wettbewerbsverbot, wonach es der Klägerin untersagt ist, der Beklagten Wettbewerb im Bereich des traditionellen Agrarhandelsgeschäfts zu machen. Weiterhin nimmt die Beklagte gegen Entgelt für die Klägerin den Umschlag der Güter vor, mit denen die Klägerin Handel treibt.

Weil Zweck des Vertrages auch die Durchführung der von der Klägerin betriebenen Handelsgeschäfte ist und dieser kartellrechtlich neutrale Hauptzweck des Vertrages erheblich gestört würde, wenn die Beklagte selbst unmittelbar in dem Geschäftsbereich der Klägerin Handel treiben würde, soll ein anerkennenswertes Interesse an der Wettbewerbsbeschränkung bestehen, zumal sie nur regionale Wirkung entfaltet[56].

g) Die in § 1 GWB sanktionierten Verhaltensweisen

603 **aa) Vereinbarungen zwischen Unternehmen:** Unter Vereinbarungen sind wie im Bürgerlichen Recht alle korrespondierenden Willenserklärungen mit Rechtsbindungswillen, also Einigungen auf den Abschluss eines Vertrages, zu verstehen[57]. Sowohl § 1 GWB als auch Art. 101 AEUV (ex Art. 81 EGV) verwenden den Begriff einheitlich.

604 Einbezogene allgemeine Geschäftsbedingungen, Musterverträge und selbst Rundschreiben sind Vereinbarungen, sofern sie die Beziehung zwischen den Parteien fixieren oder jedenfalls konkreter machen[58].

Beispielsfall

Eine große deutsche AG hält Mehrheitsbeteiligungen an vier deutschen Kapitalgesellschaften, die mit dem Vertrieb der Waren und Dienstleistungen der AG betraut sind. Dabei gibt es erhebliche regionale Preisunterschiede. Um diese auszunutzen, kaufen Händler die Produkte und Dienstleistungen der AG in den Teilen, in denen die Preise günstiger sind und verkaufen sie in den hochpreisigen Gebieten. Die AG änderte nun ihre Lieferpolitik und begann, die Bestellun-

54 *BGH* NJW 1977, 804.
55 *BGH* NJW 2000, 809.
56 *OLG Naumburg* GRUR-RR 2005, 98 ff. – Agrarhandel.
57 *BGH* NJW 1971, 521.
58 *Bechtold*, a.a.O., § 1, Rn. 11.

gen in die niedrigpreisigen Gebiete nicht mehr in vollem Umfang zu erfüllen, was den Händlern erhebliche Umsatzeinbußen bescherte.

Fraglich ist nun, ob die geänderte Lieferpolitik aufgrund von Vereinbarungen zwischen Unternehmen erfolgte. Dann müssen die Töchter und die AG verschiedene Unternehmen sein. Nach der für die Auslegung des Unternehmensbegriffs maßgeblichen Rspr. des EuGH ist darauf abzustellen, dass eine Vereinbarung zwischen zwei Unternehmen dann nicht angenommen werden kann, wenn die beteiligten Unternehmen eine wirtschaftliche Einheit in der Weise bilden, dass die Tochtergesellschaft ihr Vorgehen auf dem Markt nicht autonom bestimmen kann, sondern die Anweisungen ihrer Muttergesellschaft befolgen muss. Hieran ändert auch nichts, dass es sich bei den Unternehmen um formal selbständige Kapitalgesellschaften handelt[59].

bb) Beschlüsse von Unternehmensvereinigungen: Beschlüsse von Unternehmens- 605
vereinigungen liegen vor, wenn sich Unternehmen i.S. des weiten Unternehmensbegriffs des § 1 GWB zusammengeschlossen haben. Dabei müssen Sie nicht miteinander in Wettbewerb stehen; dieses Tatbestandsmerkmal hat der Gesetzgeber in § 1 GWB gestrichen. Nur solche Beschlüsse werden von § 1 GWB erfasst, die das Verhalten von Unternehmen bezwecken. Der Beschluss einer Wirtschaftsvereinigung, der bezwecken würde, dass ihre Mitglieder ihre Preise verändern, wäre ein solcher Beschluss. Dagegen stellen Beschlüsse, die lediglich das Verhalten der Vereinigung selbst betreffen, wie z.B. der Beschluss, die Mitgliederbeiträge zu erhöhen, interne Vorgänge dar, die nicht § 1 GWB unterfallen[60].

cc) Abgestimmte Verhaltensweisen: Um die Lücke zu schließen, die durch Sach- 606
verhalte entsteht, bei denen keine vertraglichen Abreden zwischen Unternehmen bewiesen werden konnten, verbietet § 1 GWB auch kartellrechtswidrig aufeinander abgestimmte Verhaltensweisen. Hierunter fallen alle Formen der bewussten praktischen Zusammenarbeit.

Beispielsfall

Die bloße Verwendung eines von einem Großhändler gestalteten, Angaben über Endverbraucherpreise enthaltenden Katalogs als Verkaufshilfe im Einzelfall verstößt hiernach nicht gegen das kartellrechtliche Verbot in § 1 GWB, wenn dem Einsatz des Katalogs keinerlei Vereinbarungen oder Abreden zwischen dem Großhändler und den Einzelhändlern oder den Einzelhändlern untereinander zugrunde liegen[61].

Dagegen liegt ein abgestimmtes Verhalten in den Fällen sog. „Frühstückskartelle" oder 607
„Gentlemenagreements" vor, bei denen Unternehmen sich ohne rechtliche Verpflichtung zu einem abgestimmten Verhalten verabreden[62].

Häufig werden kartellrechtsrelevante Sachverhalte festgestellt, bei denen ein gleichmäßiges Verhalten von Unternehmen, wie z.B. Preiserhöhungen, festzustellen ist. Dies löst einen entsprechenden Verdacht aus. Können Kontakte zwischen den Unternehmen nachgewiesen werden, gehen die Kartellbehörden regelmäßig von einer Kausalität zwischen dem Verhalten und den Kontakten der Unternehmen aus. Es obliegt dann den Unternehmen, darzutun, warum aus anderen Gründen auch ohne die Ver-

59 Vgl. nur *EuGH* GRUR Int. 2004, 508 ff. – Bayer ./. Kommission.
60 *Bechtold*, a.a.O., § 1, Rn. 13.
61 Vgl. *OLG München* NJWE, WettbR 1997, 285 f.
62 Vgl. *Bechtold*, a.a.O., § 1 Rn. 14 ff.

bindung zwischen den Unternehmen diese sich ebenso verhalten hätten. Dabei kann abgestimmtes Verhalten i.d.R. nur durch Indizien nachgewiesen werden[63].

608 Als ein aufeinander abgestimmtes Verhalten wird jede unmittelbare oder mittelbare Fühlungsnahme zwischen Unternehmen anzusehen sein, die bezweckt oder wenigstens bewirkt, einen Wettbewerber über das jeweilige Marktverhalten ins Bild zu setzen.

Beispielsfall

Solches wurde entschieden für den Fall, in dem branchenangehörende Unternehmen und Mitglieder eines Arbeitskreises meinten, dass die der Tätigkeit von Automobiltransporteuren und -spediteuren zugrunde liegenden Rechtsordnungen, wie das HGB und die allgemeinen deutschen Spediteurbedingungen (ATSp) sowie die Vertragsbedingungen für den Güterkraftverkehr und Logistikunternehmer (VGPL) den spezifischen Belangen der Teilbranche der Kraftfahrzeugtransport und Speditionsunternehmen insbesondere in Bezug auf eine Abwicklung von Transport- und Lagerschäden sowie auf die hierbei vorgesehene Risikoverteilung und Haftung nicht im ausreichenden Maße Rechnung trügen. Der gebildete Arbeitskreis entwarf spezielle auf die Interessen der Branche zugeschnittene Allgemeine Geschäftsbedingungen und „Allgemeine Vertrags- und Haftungsbedingungen für Kfz-Speditionen". Diese wurden den Unternehmen der Automobiltransporte und Speditionsbranche anschließend zur Verfügung gestellt und in einschlägigen Fachzeitschriften publiziert. Ein Teil der in der Branche tätigen Unternehmen machte von diesen Bedingungen Gebrauch, andere nicht. Auf der Marktgegenseite akzeptierten einige Kfz-Vermieter die neuen Bedingungen. Der überwiegende Teil der Marktgegenseite lehnte diese ab. Bereits durch den Entwurf der neuen Regeln setzten sich die Wettbewerber über ihr tatsächliches oder jedenfalls geplantes Marktverhalten gegenseitig in Kenntnis. Damit sind die Voraussetzungen für ein abgestimmtes Verhalten erfüllt. Wegen der Unzulässigkeit des abgestimmten Verhaltens verbot der Kartellsenat beim OLG Düsseldorf das dargestellte Handeln. Denn durch die Verhaltensabstimmungen war eine Beschränkung des Wettbewerbs bezweckt und geeignet, zu einer spürbaren Beeinflussung der Marktverhältnisse zu führen[64].

609 **dd) Bewirkte oder gar bezweckte Wettbewerbsbeschränkung:** § 1 GWB lässt bereits das Bezwecken einer Wettbewerbsbeschränkung ausreichen, ohne dass diese bewirkt sein muss[65].

Zwar stellt der Zweck auf die Motivation des handelnden Unternehmens ab und damit auf eine innere Tatsache, die häufig schwer zu beweisen ist. Andererseits lassen möglicherweise Indizien auf innere Tatsachen schließen. Sofern das nach § 1 GWB zu beurteilende Verhalten eines Unternehmens geeignet ist, die wettbewerbsrechtliche Handlungsfreiheit zu beschränken, spricht die widerlegbare Vermutung regelmäßig dafür, dass sich auch der Zweck hierauf bezog.

610 Bewirkt wird eine Wettbewerbsbeschränkung, wenn sie nach dem Verhalten der Unternehmen eingetreten ist. Dabei kommt es auf die Kausalität zwischen dem kartellrechtswidrigen Verhalten und der Wettbewerbsbeschränkung an.

Auch nach der Novellierung des GWB wird eine gewisse mögliche Spürbarkeit der Marktbeeinflussung weiterhin als ungeschriebenes Tatbestandsmerkmal von § 1 GWB anzunehmen sein. Die Außenwirkungen eines wettbewerbsbeschränkenden Verhaltens sind nach der Rechtsprechung spürbar, wenn sie praktisch ins Gewicht fallen und Marktverhältnisse mehr als nur theoretisch und nicht nur in einem unbedeutenden

63 *Bechtold*, a.a.O., § 1, Rn. 18.
64 *OLG Düsseldorf* WuW 4/2005, 413 ff.
65 Ebenda.

Umfang beeinflussen können[66]. Das Verhalten muss also lediglich geeignet sein, die Wettbewerbsbeschränkung hervor zu rufen.

ee) Relevanter Markt: Im Rahmen der Beurteilung von Sachverhalten nach EG-Wettbewerbsrecht sowie des deutschen Kartellrechts (§ 18 GWB) kommt es regelmäßig auf die Bestimmung des sog. relevanten Marktes an. Denn dieser stellt die maßgebliche Bezugsgröße dar, von der ausgehend sich die wettbewerbsrechtliche Bedeutung von Sachverhalten nur erfassen lässt. **611**

Unter dem relevanten Markt ist der Markt zu verstehen, in dem die Wettbewerbsinteressen der Anbieter von Waren und Dienstleistungen mit denen der Abnehmer zusammen treffen[67]. Nach § 18 Abs. 2 GWB kann der räumlich relevante Markt i.S. des GWB weiter sein als der Geltungsbereich des Gesetzes. **612**

Der relevante Markt muss sachlich, räumlich und zeitlich bestimmt werden. Dabei gehören zu dem sachlich relevanten Markt alle Waren und Dienstleistungen, die aus der Sicht der Abnehmer ohne Weiteres austauschbar sind[68]. Nach dem Bedarfsmarktprinzip gehören Produkte dann einem und dem selben sachlichen (Angebots-)Markt an, wenn sie aus Sicht eines verständigen durchschnittlichen Abnehmers hinsichtlich ihrer Eigenschaften, Preise und ihres vorgesehenen Verwendungszwecks ohne Weiteres austauschbar sind, weil sie sich zur Befriedigung desselben Bedarfs eignen. Derart funktionell austauschbare Waren oder Dienstleistungen sind marktgleichwertig und bilden zusammen einen sachlich relevanten Markt[69].

Beispielsfall

Die Klägerin verpachtet Autobahntank- und Rastanlagen. Die überwiegende Anzahl der Autobahnnebenbetriebe wird nicht von der Klägerin selbst, sondern von Pächtern und Betreibern vor Ort unternehmerisch geführt. Der Beklagte ist Pächter der Klägerin und betreibt einen Servicebetrieb Autobahntankstelle W. Die Parteien streiten um die Rechtmäßigkeit der ausgesprochenen Kündigung des Vertragsverhältnisses.

Die Kündigung würde gegen Vorschriften des deutschen Kartellrechts möglicherweise verstoßen, wenn die Klägerin Adressatin des Missbrauchsverbots in § 19 GWB und des Diskriminierungs- und Behinderungsverbots in § 20 GWB wäre. Dies setzt eine beherrschende Stellung der Klägerin auf dem relevanten Markt voraus. Nach dem für Angebotsmärkte einschlägigen Bedarfsmarktkonzept ist bei der Beantwortung der Frage auf die Sicht des Abnehmers abzustellen. Der relevante sachliche und räumliche Markt liegt vorliegend in der Verpachtung von Tankstellen in Deutschland und nicht etwa der Verpachtung von Tankstellen an Autobahnen. Die Verpachtung einer Autobahntankstelle ist funktionell austauschbar mit der Verpachtung einer Tankstelle an einem Autohof, an einer Autobahnausfahrt, an einer vielbefahrenen Bundesstraße oder an einer Hauptstraße einer größeren Stadt. Ein Unternehmer, der die Anpachtung einer Autobahntankstelle in Erwägung zieht, wird andere große und umsatzstarke Tankstellen als gleichwertige Möglichkeiten abwägend in Betracht ziehen[70].

Der geografisch relevante Markt bezieht sich auf das räumliche Gebiet des Absatzes der Waren oder Dienstleistungen. **613**

66 *BGH* NJW-RR 1999, 1266 ff. – Lottospielgemeinschaft.
67 Siehe die Bekanntmachung der Europäischen Kommission über die Definition des relevanten Marktes Abl. EG 1997, Nr. C 372, S. 5.
68 *BGH* ZIP 1997, 2166, 2171 – Solelieferung.
69 Statt aller *BKartA*, WuW 2004, 941, 943 m.N.
70 *LG Stuttgart* GRUR-RR 2005, 29 f. – Gesamtmarktsegment.

Beispielsfall: Bei Rüstungsgütern soll der räumlich relevante Markt jedenfalls dann auf Deutschland beschränkt sein, wenn ein oder mehrere deutsche Anbieter des speziellen Rüstungsguts vorhanden sind[71].

In Betracht kommt auch ein zeitlich relevanter Markt. Dieser wurde bei einem auf hoheitliche Veranlassung vorgenommenen, temporär begrenzten Versteigerungsverfahren zur Verwertung eines einzelnen Grundstücks oder Unternehmens angenommen[72].

3. Vom Verbot des § 1 GWB freigestellte Vereinbarungen nach § 2 GWB

614 Gem. § 2 Abs. 1 GWB sind die in § 1 GWB genannten Verhaltensweisen erlaubt, wenn sie unter angemessener Beteiligung der Verbraucher an dem entstehenden Gewinn zur Verbesserung der Warenerzeugung oder -verteilung oder zur Förderung des technischen oder wirtschaftlichen Fortschritts beitragen, ohne dass den beteiligten Unternehmen

1. Beschränkungen auferlegt werden, die für die Verwirklichung dieser Ziele nicht unerlässlich sind, oder
2. Möglichkeiten eröffnet werden, für einen wesentlichen Teil der betreffenden Waren den Wettbewerb auszuschalten.

615 Nach § 2 Abs. 2 GWB gelten auch bei der Anwendung von § 2 Abs. 1 GWB die Verordnungen des Rates oder der Kommission über die Anwendung von Art. 101 Abs. 3 AEUV (ex Art. 81 EGV) auf bestimmte Gruppen von Vereinbarungen, Beschlüsse von Unternehmensvereinigungen und aufeinander abgestimmte Verhaltensweisen, die sog. Gruppenfreistellungsverordnungen (GVO) entsprechend. Dies gilt selbst dann, wenn die Vereinbarungen, Beschlüsse und Verhaltensweisen nicht geeignet sind, den Handel zwischen den Mitgliedstaaten der EG zu beeinträchtigen. Der Gesetzgeber hat hier einen ganz entscheidenden Schritt zur Vollharmonisierung des Kartellrechts in Europa geleistet.

616 Entsprechend dem europäischen Recht enthält das GWB in § 2 Abs. 2 die Möglichkeit, verbotene wettbewerbsbeschränkende Vereinbarungen freizustellen. Hintergrund der Freistellungen ist, dass man aufgrund der bisher gewonnenen Erfahrungen zu vertikalen Vereinbarungen davon ausgeht, dass bestimmte Vereinbarungen mit vertikalen Wettbewerbsbeschränkungen die wirtschaftliche Effizienz innerhalb einer Produktions- oder Vertriebskette erhöhen kann, weil sie eine bessere Koordinierung zwischen den beteiligten Unternehmen ermöglichen. Allerdings entfallen diese positiven Wirkungen dann, wenn ein bestimmter Marktanteil überschritten wird[73].

617 Die Freistellung hängt von dem kumulativen Vorliegen zweier „positiver" und zweier „negativer" Voraussetzungen ab.

Zum Einen muss in positiver Hinsicht ein Beitrag zur Verbesserung der Warenerzeugung, Verteilung oder Förderung des technischen oder wirtschaftlichen Fortschritts

71 *BKartA* ebenda.
72 *BGH* NJW-RR 2000, 90 – Beschränkte Ausschreibung.
73 Vgl. amtl. Begr. BT-Drucks. 15/3640, Kap. A, 4 a, aa.

geleistet werden. Zum Anderen muss eine angemessene Beteiligung der Verbraucher an dem entstehenden Gewinn, womit die sich aus der Vereinbarung ergebenden wirtschaftlichen Vorteile gemeint sind, gewährleistet sein.

In negativer Hinsicht ist zunächst die Unerlässlichkeit der auferlegten Wettbewerbsbeschränkung erforderlich. Ferner darf die Vereinbarung nicht dazu führen, dass für einen wesentlichen Teil der betreffenden Waren der Wettbewerb ausgeschaltet werden kann[74].

Wie beim Verbot wettbewerbsbeschränkender Vereinbarungen nach § 1 GWB kommt **618** es für die Beurteilung der Freistellungsfähigkeit wettbewerbsbeschränkender Vereinbarungen wegen der weitestgehenden Übernahme der europäischen Terminologie auf die zu Art. 101 Abs. 3 AEUV (ex Art. 81 EGV) ergangene Rspr. und Praxis des EuGH und der Kommission an.

Gem. Art. 3 der GVO gilt die Freistellung von dem Kartellverbot grundsätzlich nicht, **619** wenn der Anteil des Lieferanten an dem relevanten Markt, auf dem er die Vertragswaren oder Dienstleistungen anbietet oder verkauft, 30 % überschreitet. Im Falle von vertikalen Vereinbarungen, die Alleinbelieferungsverpflichtungen enthalten, gilt die Freistellung nicht, wenn der Anteil des Käufers an dem relevanten Markt, auf dem er die Vertragswaren oder Vertragsdienstleistungen verkauft, 30 % überschreitet.

4. Freistellung von Mittelstandskartellen nach § 3 GWB

Gem. § 3 GWB erfüllen sog. Mittelstandskartelle die Freistellungsvoraussetzungen nach **620** § 2 Abs. 1 GWB, wenn dadurch der Wettbewerb auf dem Markt nicht wesentlich beeinträchtigt wird und die Vereinbarung oder der Beschluss dazu dient, die Wettbewerbsfähigkeit kleiner oder mittlerer Unternehmen zu verbessern.

§ 3 Abs. 1 GWB stellt keine Übernahme europäischen Gemeinschaftsrechts ins deut- **621** sche Recht, sondern nationales Kartellrecht dar. Durch § 3 GWB bringt der Gesetzgeber zum Ausdruck, dass Kooperationen der mittelständischen Wirtschaft, auch wenn sie den Wettbewerb beschränken, nützlich und strukturell wettbewerbsfördernd sein können. § 3 GWB legt daher fest, dass bei Erfüllung seiner Tatbestandsvoraussetzungen die Voraussetzungen des allgemeinen Freistellungstatbestands nach § 2 Abs. 1 GWB erfüllt sind. Denn bei Vereinbarungen zwischen kleinen und mittleren Unternehmen überwiegen häufig die positiven Wirkungen auf den Wettbewerb, so dass eine gesetzliche Freistellung gerechtfertigt erscheint. Die Unternehmen sollen dadurch Rechtssicherheit erhalten und zur Kooperation ermuntert werden, die die Wettbewerbschancen von kleinen und mittleren Unternehmen gegenüber großen Unternehmen verbessern[75].

74 Vgl. ebenda.
75 BReg-Begründung zu § 3 E, a.a.O., S. 119.

Beispielsfall

Vereinbarungen zwischen Wettbewerbern, die nicht einen kumulierten Marktanteil von 10 % überschreiten, stellen hiernach nicht spürbare Wettbewerbsbeschränkungen dar, sofern sie nicht grundsätzlich bedenkliche Kernbeschränkungen enthalten. Zur Beurteilung dieses Problems sind die Verhältnisse auf dem jeweiligen Markt zu berücksichtigen, um den die Sicherung der Freiheit des Wettbewerbs bezweckenden Sinn des GWB unter Berücksichtigung der besonderen Schutzwürdigkeit mittelständiger Unternehmen zu sichern und zu gewährleisten[76]. Maßgebend ist somit eine unter funktionalen Gesichtspunkten vorzunehmende Prüfung, die von den Besonderheiten des jeweils relevanten Markts ausgeht[77].

622 In diesem Zusammenhang hatte der Gesetzgeber befristet bis zum 30.6.2009 den in Betracht kommenden Unternehmen oder Unternehmensvereinigungen weiterhin das Recht eingeräumt, auf Antrag eine Entscheidung nach § 32c GWB herbeizuführen, wenn ein erhebliches rechtliches oder wirtschaftliches Interesse an einer solchen Entscheidung dargelegt wurde. Hierbei handelte es sich um eine verbindliche Erklärung der Kartellbehörden, gegen solche Mittelstandskartelle nicht vorzugehen. Allerdings beschränkte sich diese in § 3 Abs. 2 GWB a.F. vorgesehene Möglichkeit nur auf in Deutschland stattfindende Sachverhalte.

5. Marktbeherrschung, wettbewerbsbeschränkendes Verhalten

a) Marktbeherrschende Stellung

623 **aa) Allgemeines:** § 18 GWB definiert die Voraussetzungen, unter welchen Unternehmen marktbeherrschend sind. Marktbeherrschende Unternehmen unterliegen nach § 19 Abs. 1 GWB einem strengen Verbot, ihre Marktmacht zu missbrauchen. Dabei geht § 19 GWB von demselben Unternehmensbegriff aus wie § 1 GWB[78]. Auch ein Konzern stellt in diesem Zusammenhang ein Unternehmen i.S.v. §§ 1, 19 GWB dar[79].

624 Zur Beurteilung einer möglichen Marktbeherrschung kommt es zum Einen auf die Bestimmung des relevanten Marktes[80] und zum Anderen auf die Höhe der erforderlichen Marktanteile auf dem relevanten Markt an.

625 **bb) Das Verbot im § 19 Abs. 1 GWB:** § 19 Abs. 1 GWB verbietet die missbräuchliche Ausnutzung einer marktbeherrschenden Stellung durch ein oder mehrere Unternehmen. Neben einem Verstoß gem. § 19 Abs. 1 GWB wird häufig auch ein Verstoß gegen das Diskriminierungs- und Behinderungsverbot nach § 20 GWB vorliegen.

§ 19 Abs. 1 GWB enthält eine Generalklausel und richtet sich gegen wettbewerbsschädliches Verhalten, enthält jedoch keine moralische Wertung.

626 **cc) Die gesetzliche Definition der Marktbeherrschung:** Nach § 18 Abs. 1 GWB wird ein Unternehmen als marktbeherrschend definiert, soweit es auf dem relevanten

76 *BGH* GRUR 2003, 80, 82 – Konditionenanpassung.
77 *Lettl*, KartellR, S. 220.
78 Vgl. Rn. 597 f.
79 *Lettl*, KartellR, Rn. 58.
80 Vgl. Rn. 611 ff.

Markt ohne Wettbewerber oder keinem oder keinem wesentlichen Wettbewerb ausgesetzt ist oder eine im Verhältnis zu seinen Wettbewerbern überragende Marktstellung hat. Dabei kommt es auf die einzelnen in § 18 Abs. 3 Nr. 1 bis 8 GWB aufgeführten Merkmale, wie seinen Marktanteil, seine Finanzkraft und dergleichen an (sog. Einzelmarktbeherrschung). Wenn zwei oder mehr Unternehmen diese Voraussetzungen erfüllen und zwischen ihnen ein wesentlicher Wettbewerb nicht besteht, werden sie nach § 18 Abs. 5 GWB als marktbeherrschend angesehen (sog. Oligopol-Marktbeherrschung).

Im Rahmen der Einzelmarktbeherrschung besteht ab einem Marktanteil von mindestens 40 % nach § 18 Abs. 4 GWB die gesetzliche Vermutung für eine Marktbeherrschung. Auch bei der Beantwortung der Frage, wie groß sich die Beherrschung des Marktes darstellt, muss zunächst der relevante Markt als Bezugsgröße definiert werden. **627**

Beispielsfall

Ein Unternehmer, der mit Schmuck handelt und ein Schmuckgeschäft betreibt, verkaufte unter dem Account A über eBay Schmuck. eBay sperrte den Account des Schmuckhändlers. Der Unternehmer wendet hiergegen ein, eBay habe ihm gegenüber seine marktbeherrschende Stellung ausgenutzt.

Zwar dürfte das Unternehmen eBay einen Marktanteil von über 40 % besitzen. Im streitgegenständlichen Fall kam es aber nicht auf die allgemeine Stellung von eBay auf dem Markt der Internetversteigerer und -verkäufer sondern auf den konkreten sachlichen Markt des Schmuckhandels an. Auf diesem besitzt das Unternehmen eBay nicht einen Marktanteil von 40 %, so dass eine marktbeherrschende Stellung i.S.v. § 18 Abs. 4 GWB nicht angenommen werden konnte[81].

Haben jedoch mehrere Unternehmen einen derart hohen Marktanteil, so greift diese Einzelmarktbeherrschungsvermutung nicht. Vielmehr ist nach § 18 Abs. 6 Nr. 1 GWB von einer Oligopol-Marktbeherrschung auszugehen, wenn drei oder weniger Unternehmen zusammen einen Marktanteil von 50 % erreichen oder fünf oder weniger Unternehmen zusammen einen Marktanteil von 2/3 erreichen (§ 18 Abs. 6 Nr. 2 GWB). Hierbei handelt es sich um eine Vermutung, die gem. § 18 Abs. 7 GWB widerlegt werden kann, wenn die Unternehmen nachweisen, dass die Wettbewerbsbedingungen zwischen ihnen gleichwohl einen wesentlichen Wettbewerb erwarten lassen oder die Gesamtheit der Unternehmen im Verhältnis zu den übrigen Wettbewerbern keine überragende Marktstellung besitzt. **628**

Als marktbeherrschend gilt dann die Gesamtheit der Unternehmen. Das bedeutet, dass jedes Oligopol-Unternehmen marktbeherrschend ist. Beliebige Unternehmen können nicht zu einem Oligopol zusammengestellt werden, vielmehr muss es sich um die marktführenden Unternehmen handeln.

Die Einzelmarktbeherrschung und die Oligopol-Marktbeherrschung schließen sich grundsätzlich gegenseitig aus. Liegen die Voraussetzungen für eine Marktbeherrschung durch zwei oder mehrere Unternehmen vor, so sind diese Marktbeherrscher, Raum für eine Einzelmarktbeherrschung bleibt nicht.

81 *KG* NJW-RR 2005, 1630 ff. – Sperrung eines eBay-Accounts.

629 **dd) Beispiele des Missbrauchs:** In § 19 Abs. 2 Nr. 1–4 GWB formuliert das Gesetz nicht erschöpfende Beispiele für den Fall, wann bei einem marktbeherrschenden Unternehmen von einem Missbrauch auszugehen ist. Es handelt sich hierbei um die Fälle, dass Wettbewerbsmöglichkeiten anderer Unternehmen in einer für den Wettbewerb auf dem Markt erheblichen Weise ohne sachlich gerechtfertigten Grund beeinträchtigt werden (Nr. 1), Entgelte oder sonstige Geschäftsbedingungen gefordert werden, die von denen im Falle eines wirksamen Wettbewerbs abweichen (Nr. 2), ungünstigere Entgelte oder sonstige Geschäftsbedingungen gefordert werden als sie ohne Marktbeherrschung üblicher Weise gefordert würden (Nr. 3) oder das marktbeherrschende Unternehmen sich weigert, einem anderen Unternehmen gegen angemessenes Entgelt Zugang zu den eigenen Netzen oder anderen Infrastruktureinrichtungen zu gewähren, wenn es dem anderen Unternehmen aus rechtlichen oder tatsächlichen Gründen ohne die Mitbenutzung nicht möglich ist, auf dem vor- oder nachgelagerten Markt als Wettbewerber des marktbeherrschenden Unternehmens tätig zu werden. Für den Tatbestand des § 19 Abs. 2 Nr. 4 GWB reicht es aus, dass der Normadressat über eine beherrschende Stellung auf dem Markt der Infrastruktureinrichtung verfügt.

Allerdings gilt auch hier eine Exkulpationsmöglichkeit des marktbeherrschenden Unternehmens (Nr. 4).

Beispielsfälle

Wenn das den Markt für Festnetzanschlüsse beherrschende Telefonunternehmen zusammen mit einem Tochterunternehmen, welches auf dem Markt für den Internetzugang bereits über eine starke Stellung verfügt, ISDN-Anschlüsse gekoppelt mit einem Internetzugang anbietet, ist eine solche Koppelung nach § 19 Abs. 2 Nr. 1 GWB missbräuchlich, wenn von dem Kopplungsangebot eine tatsächliche Sogwirkung ausgeht und ein erheblicher Teil der ISDN-Kunden aufgrund der Koppelung für andere Anbieter von Internetzugängen verloren ist. Dies wurde selbst für den Fall entschieden, wenn der Internetzugang im Rahmen des Kopplungsangebots den Teilnehmer zu nichts verpflichtet und ihm die Möglichkeit offen lässt, Kunde eines anderen Anbieters zu werden[82]. Diese Sachverhalte bilden Ausnahmen von der grundsätzlichen Zulässigkeit sog Kopplungsangebote.

Eine regional marktbeherrschende Brauerei verlangt von den Pächtern von Gaststätten für den Abschluss von Bierlieferungsverträgen schlechtere Bedingungen, als die Brauerei in Gebieten, in denen sie keine Marktbeherrschung inne hat, beansprucht. Ein Verstoß gegen § 19 Abs. 2 Nr. 2 GWB ergibt sich ohne Weiteres; es bedarf noch nicht einmal mehr der Feststellung von Verhaltensweisen von Unternehmen auf vergleichbaren Märkten. Ein Verstoß gegen § 19 Abs. 2 Nr. 3 GWB liegt ebenfalls vor.

Ein Energieversorgungsunternehmen, das in seinem Versorgungsgebiet Stromnetze verschiedener Spannungsebenen unterhält und insoweit Normadressat des kartellrechtlichen Missbrauchsverbotes ist, darf dem Betreiber eines der Versorgung von Neubauten oder Neuerschließungen dienenden Arealnetzes den Zugang zu seinem Mittelspannungsnetz nicht unter Berufung auf sein Interesse an einer ausgeglichenen Kundenstruktur verweigern[83].

Die Betreibergesellschaft eines Seehafens weigert sich, Schiffe einer bestimmten Reederei die Anlagen des Seehafens nutzen zu lassen, obwohl hierfür keine sachlichen Gründe ersichtlich sind. Der Seehafen fällt unter den Begriff der Infrastruktur in § 19 Abs. 2 Nr. 4 GWB, ähnlich wie Flughäfen, Sportstadien und dergl. Der Ausschluss aus dieser Struktureinrichtung ohne Grund stellt den Missbrauch einer marktbeherrschenden Stellung nach § 19 Abs. 2 Nr. 2 GWB dar.

---

82 *BGH* GRUR, 2004 LS – Der Oberhammer.

83 *BGH* EWiR 2005, 887 m. Anm. *Büdenbender.*

Wenn ein den Markt für Blumengrüße (Blumendistanzhandel) beherrschendes Unternehmen versucht, die angeschlossenen Partnerfloristen davon abzuhalten, die ihnen von einem Wettbewerber angebotenen Blumenübermittlungsaufträge entgegenzunehmen und auszuführen, indem es die mit dem Wettbewerber kooperierungswilligen Partnerfloristen nicht mehr bei der Vergabe solcher Blumenübermittlungsaufträge in der Vermittlungszentrale berücksichtigt, stellt ein solches Verhalten einen Behinderungsmissbrauch dar und verstößt gegen das Diskriminierungsverbot nach §§ 19 Abs. 2 Nr. 1 , 20 Abs. 1 GWB[84].

b) Diskriminierungsverbot, Verbot unbilliger Behinderungen

aa) Allgemeines Behinderungsverbot in Art. 20 Abs. 1 GWB: Unter Behinderung fällt jedes Marktverhalten, das objektiv nachteilige Auswirkungen auf die wettbewerbliche Entfaltungsfreiheit für den hiervon Betroffenen entfaltet[85]. Die Unbilligkeit ergibt sich aus einer umfassenden Abwägung der Interessen der Beteiligten unter Berücksichtigung der auf die Freiheit des Wettbewerbs gerichteten Zielsetzung des GWB[86]. 630

Bei dem Merkmal der Unbilligkeit kommt es für eine umfassende Abwägung aller beteiligten Interessen im Einzelfall an. Am Maßstab der auf die Freiheit des Wettbewerbs gerichteten Funktion des Gesetzes ist zu prüfen, ob die Handlungsfreiheit des betroffenen Unternehmens unangemessen eingeschränkt und dadurch die Interessen des behindernden Unternehmens in rechtlich zu missbilligender Weise auf Kosten des betroffenen Unternehmens verwirklicht werden sollen (*BGH* WRP 2009, S. 208 ff. – Bau und Hobby). 631

Wenn das zu beurteilende Verhalten durch eine Gruppenfreistellungsverordnung von dem Verbot des Art. 101 Abs. 1 AEUV (ex Art. 81 Abs. 1 EGV) freigestellt ist, muss diese Wertung des Gemeinschaftsrechts in die Abwägung nach § 20 Abs. 1 GWB einbezogen werden (*BGH* ebenda).

Weiterhin dürfen nach § 20 Abs. 3 GWB marktbeherrschende Unternehmen ihre Marktstellung nicht dazu ausnutzen, andere Unternehmen im Geschäftsverkehr dazu zu veranlassen oder auch nur aufzufordern, ihnen ohne sachlich gerechtfertigten Grund Vorteile zu gewähren. 632

Beispielsfälle

Die Deutsche Bahn AG verkauft Gutscheinhefte für Bahnfahrkarten bei dem Lebensmitteldiscounter X. Hiergegen wendet sich die Firma Y, über den die Deutsche Bahn AG keine Gutscheinhefte vertreibt. Dabei handelt es sich bei der Verkaufsaktion um eine zeitlich befristete Maßnahme, bei der sich die Aktionspreise vornehmlich an Fernreisende richtet.

In dem exklusiven Vertrieb der Fahrkarten über die Lebensmitteldiscountmarktkette X liegt keine unbillige Behinderung anderer Vertriebskanäle. Zwar wird die Deutsche Bahn AG auf dem Angebotsmarkt der Personenbeförderungsleistungen eine marktbeherrschende Stellung inne haben. In dem Angebot von Fahrkarten über Lebensmitteldiscountmärkte in einem zeitlich begrenzten Umfang zu einem Aktionspreis im Wesentlichen für Fernreisen sah das LG Frankfurt jedoch noch keine unbillige Behinderung oder Ungleichbehandlung von Konkurrenten. Eine unbillige Behinderung läge nur vor, wenn wirtschaftlich gleiche Sachverhalte ungleich behandelt werden und hierfür kein rechtfertigender Grund besteht. Dabei ist für die wettbewerbsrechtliche Beurteilung im Einzelfall eine Interessenabwägung erforderlich. Der exklusive

84 *KG* WuW 2005, 1285 ff. – Blumendistanzhandel.
85 *BGH* GRUR 2002, 831 – Förderung der regionalen Wirtschaft.
86 *BGH* Z 38, 90, 102 – Treuhandbüro.

Vertrieb der Fahrkarten über die Lebensmitteldiscountkette hatte die Gewinnung von Neukunden zum Ziel, wodurch die Interessen anderer Vertriebskanäle nicht unverhältnismäßig beeinträchtigt erschienen[87].

Eine Kommune betreibt eine Straßenverkehrszulassungsstelle auf ihrem eigenen Grundstück und hat dort Flächen an einige Schilderprägeunternehmen vermietet. Auf dem Nachbargrundstück befindet sich ebenfalls ein Schilderpräger. Die Gemeinde schließt ohne triftigen Grund die Grenze zu dem Nachbargrundstück, so dass der dort ansässige Schilderpräger vom Grundstück der Zulassungsstelle nicht mehr unmittelbar erreicht werden kann. Hiergegen wendet sich dieser Schilderpräger.

Zwar kann auch eine Gemeinde nach Art. 14 GG, § 903 Satz 1 BGB zur Grenzeinfriedung als Eigentümer berechtigt sein. Die Befugnis eines Eigentümers, mit seinem Grundstück nach Belieben zu verfahren, reicht aber schon nach dem Wortlaut des § 903 BGB nur so weit, wie nicht das Gesetz oder die Rechte Dritter entgegenstehen. Die Gemeinde, die eine Straßenverkehrszulassungsstelle betreibt und auf ihrem eigenen Grundstück Flächen an einen Schilderprägeunternehmer vermietet, trifft jedoch nach § 20 GWB die Pflicht, auf die Belange anderer Schilderprägeunternehmer Rücksicht zu nehmen. Denn in ihrer Eigenschaft als Einrichtung der öffentlichen Hand hat die Gemeinde durch ihre Verwaltungstätigkeit erst die Nachfrage nach den Produkten der Schilderpräger erzeugt. Die öffentliche Hand darf den ihr durch den Betrieb der Zulassungsstelle zufließenden Vorteil, Schilderprägern geeignete Gewerbeflächen zu überlassen, deshalb nicht ausnutzen, ohne gleichzeitig dort nicht zum Zuge gekommenen Anbietern die Chance einzuräumen, auf ihr Angebot hinzuweisen[88]. Entsprechend diesem Grundgedanken ist die Kommune nicht befugt, nach ihrem eigenen Gutdünken die Grenze abzuriegeln, um den Zugang zu dem anderen Schilderpräger von ihrem Grundstück aus zu unterbinden.

633 **bb) Behinderungsverbot für nicht marktbeherrschende Unternehmen:** Nach § 20 Abs. 1 GWB soll das Diskriminierungsverbot auch gelten, wenn von Unternehmen, die selbst nicht marktbeherrschend sind, kleine oder mittlere Unternehmen als Anbieter oder Nachfrager einer bestimmten Art von Waren oder gewerblichen Leistungen in der Weise abhängig sind, dass ausreichende oder zumutbare Möglichkeiten, auf andere Unternehmen auszuweichen, nicht bestehen (relative Marktmacht).

Beispielsfälle

W stellt bekannte Motorräder her und vertreibt sie unter ihrer Marke B über ein Netz von Vertragshändlern, zu denen seit über 30 Jahren auch K gehört. Die Parteien haben einen Vertragshändlervertrag abgeschlossen, ordentlich kündbar mit einer Frist von einem halben Jahr. Für den Vertrieb der hochpreisigen Motorräder an die Verbraucher spricht B unverbindliche Preisempfehlungen aus.

Um den eigenen Absatz anzukurbeln, unterbietet K die Preisempfehlung um bis zu 11 %. Daraufhin erklärt B die ordentliche Kündigung des Vertragshändlervertrages. B begründet die Kündigung mit dem Argument, durch die Unterbietung der Preisempfehlungen seien die anderen Händler, die sämtlich die empfohlenen Preise verlangen, stark verunsichert. Weiterhin beschädigten die niedrigeren Preise den „good will" des Unternehmens.

K hatte sich in der Vergangenheit auf die Wartung, Reparatur und den Verkauf der Motorräder von B spezialisiert. Deswegen kann er zunächst nicht auf andere Motorräder ausweichen und verlangt die weitere Belieferung mit den Motorrädern von B.

Das in § 20 Abs. 1 GWB enthaltene Behinderungsverbot, welches auch für nicht marktbeherrschende Unternehmen mit relativer Marktmacht gilt, stellt ein Schutzgesetz i.S.v. § 134 BGB dar. Die Kündigungserklärung von B erfolgte zur Durchsetzung der eigentlich nur unverbindlichen Preisempfehlung und behindert K in unzulässiger Weise. Bei einer Preisunterbietung von nur

87 *LG Frankfurt* GRUR 2005, 329 – Fahrkartenverkauf beim Discounter.
88 *BGH* NJW 2006, 1979 – Hinweisschild in Zulassungsstelle; *OLG Köln*, GRUR 2007, 349 f. – Ausgrenzung eines Schilderprägers.

bis zu 11 % kann auch nicht von einer ernsthaften Beschädigung des Rufes der Motorräder als hochwertige Produkte ausgegangen werden. Damit ist die Kündigung des Vertrages nichtig; K steht ein Anspruch auf Belieferung gemäß seines Vertrages mit B zu.

Die Praktiker Bau- und Heimwerkermärkte AG (im Folgenden: Praktiker AG) führt ein eigenes Filialnetz von Baumärkten. Daneben verfügt sie über eine Tochtergesellschaft, die Praktiker Baumärkte GmbH (im Folgenden: Praktiker GmbH), die Franchisegeberin ist. In § 6 des Franchisevertrags wurde den Franchisenehmern eine fast 100%-ige Bezugsbindung auferlegt. Demnach waren sie verpflichtet, „das systemtypische Warensortiment nur vom Franchisegeber zu beziehen", und durften lediglich solche Handelswaren, die der Franchisenehmer nicht vom Franchisegeber beziehen kann, insbesondere „lokale Spezialitäten", bei anderen, d.h. nicht autorisierten oder „gelisteten" Lieferanten bestellen. Die Kontrolle dieser ausschließlichen Bezugsbindung wurde durch die vertragliche Verpflichtung zur Übernahme eines elektronischen Warenwirtschaftssystems gewährleistet. Die Praktiker GmbH sammelte zudem sämtliche eingegangenen Lieferantenrechnungen, schickte sie an die jeweiligen Franchisenehmer ohne Berücksichtigung der mit der Praktiker AG zentral verhandelten Einkaufskonditionen und zog die geschuldeten Beträge von den Franchisenehmern ein. Bei der Bezahlung der Lieferanten wurden anschließend die mit diesen vereinbarten Konditionen berücksichtigt, die neben „sonstigen" Konditionen (z.B. Skonto) auch „spätere" Konditionen (z.B. Jahresrückvergütungen, Boni, Zuschüsse zu Marketingkosten) umfassten. Von diesen Einkaufsvorteilen wurde nur ein kleiner Teil an die Franchisenehmer weitergeleitet

Ob die Praktiker GmbH die zivilrechtliche Pflicht trifft, Einkaufsvorteile an ihre Franchisenehmer durchzureichen, bleibt Gegenstand von zivilrechtlichen, noch nicht abgeschlossenen Verfahren[89]. An dieser Stelle soll allein die kartellrechtliche Zulässigkeit geprüft werden.

Das Verhalten der Praktiker GmbH könnte gegen das in § 20 Abs. 1 GWB niedergelegte Diskriminierungsverbot verstoßen. Aus Sicht des Franchisenehmers ist die Behinderungswirkung der streitigen Vertragsklausel ganz erheblich. Denn für seine Entscheidung, sich dem Franchisesystem anzuschließen, spielt die Frage der Einkaufsvorteile aus der Bündelung der Nachfrage aller Systempartner eine maßgebende Rolle. Die Kombination einer 100-prozentigen Bezugsbindung mit einer nur eingeschränkten Weitergabe von Einkaufsvorteilen soll nicht die Voraussetzung des § 20 Abs. 1 GWB erfüllen. Der BGH stellt darauf ab, dass die Praktika GmbH einen Teil der Einkaufsvorteile als Vergütung für ihre Großhändlertätigkeit einbehalte. Dies soll angemessen erscheinen, weil diese Tätigkeit nach dem Franchisevertrag nicht schon durch die Franchisegebühr abgegolten ist. Im Übrigen sei der Wettbewerb durch diesen Vertrag nicht gefährdet worden, im Gegenteil habe der Franchisenehmer seinen Umsatz kontinuierlich steigern können[90].

cc) Fassung des § 20 Abs. 4 GWB a.F. ab dem 1.1.2013 bis zur 8. Novelle des GWB: Gem. § 20 Abs. 4 GWB war es Unternehmen mit gegenüber kleinen und mittleren Wettbewerbern überlegener Marktmacht verboten, ihre Marktmacht dazu auszunutzen, diese unmittelbar oder mittelbar unbillig zu behindern. Eine solche unbillige Behinderung konnte nach § 20 Abs. 4 S. 2 GWB darin liegen, dass ein Unternehmen Waren oder gewerbliche Leistungen nicht nur gelegentlich unter Einstandspreis anbietet, es sei denn, dies war sachlich gerechtfertigt. 634

Weil der Gesetzgeber in der 7. Novelle des GWB die Gültigkeit von § 20 Abs. 4 Nr. 1–3 GWB a.F. bis zum 31.12.2012 befristet hatte und die Verabschiedung der 8. Novelle zur Änderung des GWB am Widerstand des Bundesrates zunächst scheiterte, galten die

89 Hierzu *Giesler/Gürtzel,* ZIP 2006, 1792 ff.

90 *BGH* WRP 2009, 208 ff., Bau und Hobby; **a.A.** *Bundeskartellamt* ZIP 2006, 1788 ff. und die 2. Voraufl. Rn. 517..

nachfolgend dargestellten alten, die Konsumenten und kleine Unternehmen schützenden Vorschriften bis zur 8. Novelle des GWB nicht mehr.

dd) Aktuelle Fassung des § 20 Abs. 3 GWB: Nach § 20 Abs. 4 Satz 2 Nr. 1 GWB a.F. und nach nunmehrigem § 20 Abs. 3 Satz 2 Nr. 1 GWB liegt eine unbillige Behinderung des Wettbewerbs insbesondere dann vor, wenn ein Unternehmen Lebensmittel i.S. des § 2 des Lebensmittel- und Futtermittelgesetzbuches unter Einstandspreis verkauft. Nach dem Wortlaut genügt für die Annahme einer unbilligen Behinderung bereits ein gelegentlicher Verkauf unter Einstandspreis von Lebensmitteln.

Andere Waren oder gewerbliche Leistungen dürfen nach § 20 Abs. 2 Satz 2 Nr. 2 GWB gelegentlich unter Einstandspreis verkauft werden. Etwas anderes soll gelten, wenn andere Waren oder gewerbliche Leistungen als Lebensmittel nicht nur gelegentlich unter Einstandspreis angeboten werden.

635 Gem. § 20 Abs. 3 Satz 2 Nr. 3 GWB ist eine unbillige Behinderung des Wettbewerbs anzunehmen, wenn ein Unternehmen von kleinen oder mittleren Unternehmen, mit denen es auf dem nachgelagerten Markt beim Vertrieb von Waren oder gewerblichen Leistungen im Wettbewerb steht, für deren Lieferung einen höheren Preis fordert, als es selbst auf diesem Markt anbietet.

Das Anbieten von Waren, gewerblichen Leistungen oder Lebensmitteln unter Einstandspreis kann, wenn es sachlich gerechtfertigt ist, zulässig sein. Insbesondere das Anbieten von Lebensmitteln unter Einstandspreis wäre gem. § 20 Abs. 4 Satz 3 GWB sachlich gerechtfertigt, wenn es geeignet ist, den Verderb oder die drohende Unverkäuflichkeit der Waren beim Händler durch rechtzeitigen Verkauf zu verhindern sowie in vergleichbar schwerwiegenden Fällen. Werden Lebensmittel an gemeinnützige Einrichtungen zur Verwendung im Rahmen ihrer Aufgaben abgegeben, liegt nach § 20 Abs. 3 Satz 4 GWB ebenfalls keine unbillige Behinderung vor.

> **Beispielsfall:** Das Verschenken von Nahrungsmitteln oder die Abgabe von Lebensmitteln unter Einstandspreis an die in vielen Städten in Deutschland gebildeten sogenannten Tafeln (z.B. Kölner Tafel).

636 **ee) Die Regelung in § 20 Abs. 4 GWB:** § 20 Abs. 4 GWB gibt einem Unternehmen, bei dem nach allgemeiner Erfahrung vermutet werden kann, es nutze seine Marktmacht i.S.v. § 20 Abs. 3 GWB aus, die Möglichkeit, den Anschein zu widerlegen. Dabei hat das Unternehmen über solche anspruchsbegründenden Umstände aus seinem Geschäftsbereich aufzuklären, deren Aufklärung dem betroffenen Wettbewerber oder einem Verband nach § 33 Abs. 2 GWB nicht möglich, dem in Anspruch genommenen Unternehmen aber leicht möglich und zumutbar ist.

637 **ff) Aufnahmezwang nach § 20 Abs. 5 GWB:** Schließlich enthält § 20 Abs. 5 GWB die Pflicht von Wirtschafts- und Berufsvereinigungen sowie Gütezeichengemeinschaften, Unternehmen aufzunehmen, wenn die Ablehnung eine sachlich nicht gerechtfertigte ungleiche Behandlung darstellen und zu einer unbilligen Benachteiligung des Unternehmens im Wettbewerb führen würde.

Nicht unter § 20 Abs. 5 GWB fallen Vereinigungen, die lediglich die Förderung nur eines begrenzten Teils der gemeinsamen Interessen, wie z.B. bei Funktaxizentralen oder genossenschaftlich organisiertem Warenabsatz, zum Ziel haben[91].

c) Boykottverbot, Verbot sonstigen wettbewerbsbeschränkenden Verhaltens

Gem. § 21 Abs. 1 GWB dürfen Unternehmen mit der Absicht, andere Unternehmen unbillig zu behindern, nicht zu Liefersperren oder Bezugssperren auffordern. Dieses gesetzliche Verbot richtet sich auch gegen die Presse. **638**

Darüber hinaus verbietet § 21 Abs. 2 GWB, anderen Unternehmen Nachteile anzudrohen, zuzufügen, Vorteile zu versprechen oder zu gewähren, um sie zu einem Verhalten zu veranlassen, das nach dem Kartellrecht nicht zum Gegenstand einer vertraglichen Bindung gemacht werden darf. **639**

Beispielsfall

H verkauft über das Internet von dem Hersteller X produzierte Rucksäcke und Schulranzen zu Preisen, die die unverbindliche Preisempfehlung des Herstellers deutlich unterschreiten. Ein Außendienstmitarbeiter von X rief aus diesem Grund an und erklärte, X könne die Preiskalkulation betriebswirtschaftlich nicht nachvollziehen. Auf die Frage von H, ob die Äußerung des Außendienstmitarbeiters zur mangelnden betriebswirtschaftlichen Nachvollziehbarkeit der Kalkulation des X bedeute, dass der Hersteller ihn nicht mehr beliefern werde, erwiderte der Mitarbeiter, dies nicht gesagt zu haben und wiederholte seine Äußerung schlicht, statt sich eindeutig zur weiteren Belieferung von H zu äußern.

H verklagte X, es zu unterlassen, ihn wörtlich oder sinngemäß aufzufordern, die vom Hersteller für den Verkauf seiner Produkte empfohlenen Verkaufspreise einzuhalten.

Die Klage wäre begründet, wenn X durch den Anruf einen unzulässigen Druck i.S.v. § 21 Abs. 2 GWB ausgeübt hätte. Unabhängig von der Frage, ob nach Übersendung einer unverbindlichen Preisempfehlung bereits jedes Gespräch des Lieferanten mit Herstellern über deren Preisgestaltung als nach § 21 Abs. 2 GWB unzulässig angesehen werden kann, hat die Rspr. vorliegend die Ausübung unzulässigen Drucks auf Einhaltung einer Preisempfehlung angenommen[92].

§ 21 Abs. 3 GWB enthält eine Art negative Koalitionsfreiheit, d.h. das Recht sich nicht zusammenzuschließen oder Vereinbarungen beizutreten. **640**

§ 21 Abs. 4 GWB verbietet, einem anderen wirtschaftlichen Nachteil zuzufügen, weil dieser eine Einschränkung der Kartellbehörde beantragt oder angeregt hat. **641**

6. Wettbewerbsregeln

Wirtschafts- und Berufsvereinigungen können nach § 24 Abs. 1 GWB für ihren Bereich Wettbewerbsregeln aufstellen. Hierbei handelt es sich nach der Legaldefinition in § 24 Abs. 2 GWB um Bestimmungen, die das Verhalten von Unternehmen im Wettbewerb zu dem Zweck regeln, einem den Grundsätzen des lauteren oder der Wirksamkeit eines leistungsgerechten Wettbewerbs zuwiderlaufendes Verhalten im Wettbewerb entgegen zu wirken und ein diesen Grundsätzen entsprechendes Verhalten im Wettbewerb anzuregen. **642**

---

91 *Neef*, KartellR, Rn. 280.
92 BGH NZKart 2013, 84 m.N.

643 Das Gesetz bezieht sich auf Wettbewerbsregeln von Verbänden wie dem Verband deutscher Makler e.V., der deutschen Margarinenindustrie und dergleichen. So lautet etwa eine dieser Wettbewerbsregeln, dass, wenn auf Margarine-Packungen die Haltbarkeitsdauer angegeben wird, bei vitamisierter Margarine die angegebene Vitaminmenge zum Zeitpunkt des Ablaufs der Haltbarkeitsdauer noch im Produkt enthalten sein muss[93].

Die Kartellbehörde teilt den Wirtschafts- und Berufsvereinigungen auf ihren Antrag die Anerkennung der Wettbewerbsregeln nach § 24 Abs. 3 GWB mit.

Gem. § 27 GWB sind die Wettbewerbsregeln dann im Bundesanzeiger oder im elektronischen Bundesanzeiger (www. ebundesanzeiger.de) zu veröffentlichen.

7. Sonderregeln für bestimmte Wirtschaftsbereiche

a) Landwirtschaft

644 Nach § 28 GWB gilt § 1 GWB nicht für Vereinbarungen von landwirtschaftlichen Erzeugerbetrieben, soweit sie keine Preisbindung enthalten und den Wettbewerb nicht ausschließen. Gem. § 28 Abs. 2 GWB gilt insoweit auch für vertikale Preisbindungen, die die Sortierung, Kennzeichnung oder Verpackung von landwirtschaftlichen Produkten betreffen, § 1 GWB nicht.

b) Energiewirtschaft

645 § 29 GWB enthält für marktbeherrschende Strom- und Gasversorgungsunternehmen zwei besondere Verbote des Ausbeutungsmissbrauchs, die neben den §§ 19, 20 GWB ebenfalls Anwendung finden.

646 Nach § 29 Nr. 1 GWB ist es untersagt, Entgelte oder sonstige Geschäftsbedingungen zu fordern, die ungünstiger sind als diejenigen anderer Versorgungsunternehmen oder von Unternehmen auf vergleichbaren Märkten. Eine Ausnahme hierfür gilt, wenn das Versorgungsunternehmen nachweist, dass die Abweichung sachlich gerechtfertigt ist, wobei diese Umkehr der Darlegungs- und Beweislast nur in Verfahren vor den Kartellbehörden gilt.

Darüber hinaus ist es untersagt, Entgelte zu fordern, die die Kosten in unangemessener Weise überschreiten. Zur Ermittlung der berücksichtigungsfähigen Kosten des marktbeherrschenden Unternehmens bedarf es der Untersuchung, welche Kosten auch bei einem wirksamen Wettbewerb angefallen wären.

93 Vgl. nur Nachweise bei *Bechtold*, a.a.O., § 24, Rn. 8, 3. Aufl.

c) Preisbindung für Zeitungen und Zeitschriften

§ 30 GWB regelt die Preisbindung für Zeitungen und Zeitschriften. Die Preisbindung bildet eine Ausnahme vom Kartellverbot nach § 1 GWB für Zeitungen und Zeitschriften sowie für Bücher nach §§ 3, 5 BuchpreisbindungsG. 647

Beispielsfall

Amazon bot Neukunden eine Gutschrift von 5,00 € für seinen Online-Buchhandel an. Das OLG Frankfurt verbot unter Hinweis auf die Vorschriften des BuchpreisbindungsG diese Werbung. Dabei macht es keinen Unterschied, ob der Buchhändler das Buch zu einem niedrigeren Preis verkauft oder den Gutschein von dem gebundenen Verkaufspreis in Abzug bringt[94].

Das Internetunternehmen buch.de schrieb beim Kauf eines preisgebundenen Buches Prämienmeilen gut, die der Kunde bei dem Kauf eines weiteren preisgebundenen Buches wieder einlösen konnte. Pro Buch wurde dem Kunden 1,00 € gutgeschrieben.

Auch diese Praxis untersagte das OLG Frankfurt unter Hinweis auf die zwingenden Normen des Buchpreisbindungsrechts[95].

Nach § 30 Abs. 2a GWB gilt das Kartellverbot nach § 1 GWB auch nicht für Presseverlage (Vereinigungen von Unternehmen, die nach § 30 GWB Preise für Zeitungen oder Zeitschriften binden) und Presse-Grossisten (Vereinigungen von deren Abnehmern, die im Preis gebundene Zeitungen und Zeitschriften mit Remissionsrecht beziehen und mit Remissionsrecht an Letztveräußerer verkaufen (vgl. den Gesetzeswortlaut von § 30 Abs. 2a, Abs. 3 GWB).

d) Verträge der Wasserwirtschaft

Das Kartellverbot nach § 1 GWB gilt gemäß § 31 Abs. 1 GWB nicht für Verträge von Unternehmen der öffentlichen Versorgung mit Wasser. Die durch die Freistellung von den Vorschriften des GWB erlangte Stellung der öffentlichen Wasserversorger im Markt darf gemäß § 31 Abs. 3 GWB nicht missbraucht werden.

Ein Missbrauch liegt gemäß § 31 Abs. 4 Nr. 1 GWB insbesondere dann vor, wenn das Marktverhalten eines Wasserversorgungsunternehmens den Grundsätzen zuwider läuft, die für das Marktverhalten von Unternehmen bei wirksamem Wettbewerb bestimmend sind. Das gleiche gilt nach § 31 Abs. 4 Nr. 2 GWB, wenn ein Wasserversorgungsunternehmen von seinen Abnehmern ungünstigere Preise oder Geschäftsbedingungen fordert, als gleichartige Wasserversorgungsunternehmen. Dem Wasserversorgungsunternehmen soll jedoch der Nachweis zustehen, dass der Unterschied auf abweichenden Umständen beruht, die ihm nicht zuzurechnen sind. Nach § 31 Abs. 4 Nr. 3 GWB darf ein Wasserversorgungsunternehmen keine Entgelte fordern, die die Kosten in unangemessener Weise überschreiten; nur die Kosten sind anzuerkennen, die bei einer rationellen Betriebsführung anfallen.

Gemäß §. 31 Abs.. 5 GWB darf ein Wasserversorgungsunternehmen sich weigern, mit anderen Unternehmen Verträge über die Einspeisung von Wasser in sein Versorgungsnetz abzuschließen und eine damit verbundene Entnahme (Durchleitung) zu verweigern, wenn es hierfür technische oder hygienische Gründe gibt.

94 *OLG Frankfurt,* Az. 11 U 15/04.
95 *OLG Frankfurt,* Az. 11 U 2/04.

8. Befugnisse der Kartellbehörden

648 Die Kartellbehörden verpflichten gem. § 32 GWB Unternehmen, kartellrechtswidriges Verhalten abzustellen, und legen ihnen entsprechende Maßnahmen auf.

Nach § 32a GWB darf die Kartellbehörde in dringenden Fällen einstweilige Maßnahmen anordnen, die allerdings nach § 32a Abs. 2 GWB befristet sein müssen.

Die Kartellbehörden haben auch das Recht, nach § 32d GWB im Einzelfall den Rechtsvorteil einer Gruppenfreistellung zu entziehen.

Gem. § 32e GWB steht dem Bundeskartellamt und den obersten Landesbehörden das Recht zu, im Falle der Vermutung, der Wettbewerb sei eingeschränkt, Untersuchungen durchzuführen. Dabei können sie von den betreffenden Unternehmen und Vereinigungen Auskünfte verlangen, insbesondere die Unterrichtung über sämtliche Vereinbarungen, Beschlüsse und aufeinander abgestimmte Verhaltensweisen.

9. Sanktionen

a) Die zivilrechtlichen Anspruchsgrundlagen in § 33 GWB

649 § 33 GWB enthält die zivilrechtlichen Anspruchsgrundlagen zur Geltendmachung des Unterlassungs- und Schadensersatzanspruchs sowie Verjährungsregeln. Danach kann jedes Unternehmen wegen seines kartellrechtswidrigen Verhaltens auf zukünftige Unterlassung von einem betroffenen Mitbewerber oder Marktteilnehmer oder rechtsfähigen Verbänden zur Förderung gewerblicher oder selbstständiger beruflicher Interessen in Anspruch genommen werden.

650 Nicht nur der durch den konkreten Wettbewerbsverstoß in seinen Wettbewerbsmöglichkeiten unmittelbar behinderte und diskriminierte Unternehmer, sondern auch der Wettbewerber des marktbeherrschenden Unternehmens ist durch § 19 Abs. 4 Nr. 1 und § 20 Abs. 1 GWB geschützt und kann die Rechte gem. § 33 GWB in Anspruch nehmen[96].

651 Im Falle eines vorsätzlichen oder fahrlässig begangenen Verstoßes gegen eine Vorschrift des GWB oder gegen Art. 101 oder 102 AEUV (ex Art. 81, 82 EGV) kommt darüber hinaus ein Anspruch auf Ersatz des daraus entstehenden Schadens gem. § 33 Abs. 3 GWB in Betracht. Für die Entscheidung über den Umfang des Schadens nach § 287 ZPO kann insbesondere der anteilige Gewinn, den das Unternehmen durch den Verstoß erlangt hat, berücksichtigt werden (§ 33 Abs. 3 S. 3 GWB).

652 Bei der Bestimmung der Höhe des entstandenen Schadens ermittelt die Rechtsprechung Vermögensschäden am subjektbezogenen Zuschnitt des betreffenden Gesamtvermögens nach der Differenzhypothese durch einen rechnerischen Vergleich der durch das schädigende Ereignis eingetretenen Vermögenslage mit derjenigen, die sich ohne dieses Ereignis ergeben hätte[97]. Ergibt diese Vermögensbilanz unter Einbezie-

---

96 *KG* WuW 2005, 1285 ff. – Blumendistanzhandel.
97 *BGH* NJW 1987, 50.

hung der weiteren Vermögensentwicklung eine Differenz zu Lasten des Klägers, so liegt ein ersatzfähiger Vermögensschaden vor. Diese wertneutrale Differenzrechnung beantwortet jedoch nicht die Frage, welche Positionen in die Bilanz aufzunehmen sind. Vielmehr sind die in der Differenzbetrachtung einzusetzenden Rechnungsposten, also sowohl die Nachteile als auch die aus dem schädigenden Ereignis folgenden Vorteile, durch eine am Schutzzweck der Haftung und an der Ausgleichsfunktion des Schadensersatzes orientierten Wertung zu bestimmen. Dieser allgemeine zivilrechtliche Gesichtspunkt gilt auch für wettbewerbsrechtliche Ansprüche.

Beispielsfall

Die Beklagte war Teil eines weltweit agierenden Preiskartells für Vitamine. Die Klägerin, Abnehmerin von Vitaminen, die sie Lebensmitteln zusetzte und an ihre Kunden verkaufte, macht zur Begründung ihres Schadensersatzanspruches geltend, die Preise des Kartells seien mindestens 20 % höher als sie gewesen wären, wenn keine Preisabsprache getroffen worden wäre. Ihr sei ein Schaden entstanden, der in den erhöhten Abgabepreisen läge. Die Beklagte bestreitet dies und legt unwidersprochen dar, die erhöhten Preise seien auf die Kunden der Klägerin abgewälzt worden.

Nach § 33 Abs. 3 S. 1 GWB ist die Beklagte dem Grunde nach zum Ersatz des Schadens verpflichtet. Zweifelhaft erscheint die Höhe des Schadens.

Die bei der schadensrechtlichen Beurteilung nach der Differenztheorie gebotene wirtschaftliche Betrachtungsweise soll nicht außer Acht lassen, dass der Einkaufspreis im betriebswirtschaftlichen Ablauf von vornherein nur ein Kostenfaktor ist, der prinzipiell in den Verkaufspreis eingeht und an die nächste Wirtschaftsstufe oder den Endverbraucher weitergegeben wird. Insoweit handelt es sich i.d.R. um einen neutralen Rechnungsposten, weshalb ein ersatzfähiger Vermögensschaden nicht vorliegen würde[98]; etwas anderes würde nur gelten, wenn die durch die Kartellabsprache entstandenen Mehrpreise nicht auf den Markt hätten abgewälzt werden können oder wenn die Klägerin ohne diese erhöhten Preise höhere Gewinnmargen hätte erzielen können[99]. Dieses als unbefriedigend empfundene Ergebnis kann durch die in §§ 34 und 34a GWB vorgesehenen Möglichkeiten der Vorteilsabschöpfung durch die Kartellbehörde sowie Vorteilsabschöpfung durch Verbände und Einrichtungen nunmehr ausgeglichen werden.

b) Abschöpfung des wirtschaftlichen Vorteils

Die Kartellbehörde darf nach § 34 GWB im Falle eines vorsätzlichen oder fahrlässigen **653** Kartellrechtsverstoßes die Abschöpfung des wirtschaftlichen Vorteils anordnen und dem Unternehmen die Zahlung eines entsprechenden Geldbetrages nach § 34 Abs. 1 GWB auferlegen. Insoweit unterscheidet sich der Abschöpfungsanspruch nach § 34 GWB von dem Gewinnabschöpfungsanspruch in § 10 UWG, der Vorsatz verlangt und eine fahrlässige Begehungsform nicht ausreichen lässt.

c) Vorteilsabschöpfung durch Verbände

§ 34a GWB regelt die Vorteilsabschöpfung durch Verbände und Einrichtungen. Aller- **654** dings ist auch hier die Abschöpfung des Vorteils nur zu Gunsten des Bundeshaushalts vorgesehen. § 34a GWB ähnelt der Struktur von § 10 UWG[100] und lässt insbesondere eine bloß fahrlässige Begehung für die Verwirklichung des Tatbestandes nicht ausreichen.

98 So *OLG Karlsruhe* NJW 2004, 2243 f.
99 *OLG Karlsruhe* ebenda.
100 Vgl. Rn. 384 f.

d) Bußgeldverfahren

655 Ordnungswidrig i.S.v. § 81 Abs. 1 GWB handelt, wer vorsätzlich oder fahrlässig gegen die in den Art. 101 oder 102 AEUV (ex Art. 81, 82 EGV) enthaltenen Verbote verstößt oder gegen die im GWB enthaltenen Verbotsvorschriften handelt oder nach § 81 Abs. 2 Nr. 2 GWB einer vollziehbaren Anordnung einer Kartellbehörde zuwiderhandelt oder gemäß § 81 Abs. 2 Nr. 3–7 GWB gegen im Einzelnen aufgeführte Anmelde-, Anzeige-, Auskunfts- und Herausgabepflichten verstößt oder einer vollziehbaren Auflage der Kartellbehörden zuwider handelt.

Nach § 81 Abs. 3 GWB handelt ordnungswidrig, wer entgegen § 21 Abs. 1 GWB zu einer Liefersperre oder Bezugssperre auffordert, entgegen § 21 Abs. 2 GWB einen Nachteil androht oder zufügt oder einen Vorteil verspricht oder gewährt oder entgegen § 24 Abs. 4 S. 3 GWB oder § 39 Abs. 3 S. 5 GWB eine Angabe macht oder benutzt.

Gem. § 81 Abs. 4 S. 1 GWB kann die Ordnungswidrigkeit mit einer Geldbuße bis zu einer 1 Mio. € geahndet werden, nach § 81 Abs. 4 S. 2 GWB kommt im Einzelfall sogar eine Geldbuße in Höhe von 10 % des Jahresumsatzes in Betracht. Bei der Festsetzung der Höhe der Geldbuße muss sowohl die Schwere der Zuwiderhandlung als auch deren Dauer berücksichtigt werden.

10. Zusammenschlusskontrolle

656 Ein Zusammenschluss von Unternehmen durch den ein wirksamer Wettbewerb behindert würde, insbesondere von dem zu erwarten ist, dass er eine marktbeherrschende Stellung begründet oder verstärkt, ist vom Bundeskartellamt zu untersagen, es sei denn, die beteiligten Unternehmen weisen nach § 36 Abs. 1 Satz 2 Nr. 1 GWB nach, dass durch den Zusammenschluss auch Verbesserungen der Wettbewerbsbedingungen eintreten und diese Verbesserungen die Behinderung des Wettbewerbs überwiegen.

Ein Unternehmenszusammenschluss ist ebenfalls nicht zu untersagen, wenn nach § 36 Abs. 1 Satz 2 Nr. 2 GWB die Untersagungsvoraussetzungen des § 36 Abs. 1 Satz 1 GWB auf einem Markt vorliegen, auf dem seit mindestens 5 Jahren Waren oder gewerbliche Leistungen angeboten werden und auf dem im letzten Kalenderjahr weniger als 15 Mio. Euro umgesetzt wurden.

Gleiches gilt nach § 36 Abs. 1 Satz 2 Nr. 3 GWB, wenn durch einen Zusammenschluss von Unternehmen zwar die marktbeherrschende Stellung eines Zeitungs- oder Zeitschriftenverlags verstärkt wird, der einen kleinen oder mittleren Zeitungs- oder Zeitschriftenverlag übernimmt, sofern jedoch nachgewiesen wird, dass der übernommene Verlag in den letzten 3 Jahren einen erheblichen Jahresfehlbetrag i.S. des § 275 Abs. 2 Nr. 20 HGB hatte und er ohne den Zusammenschluss in seiner Existenz gefährdet wäre. Weitere Voraussetzung ist, dass vor dem Zusammenschluss kein anderer Erwerber gefunden wurde, der eine wettbewerbskonformere Lösung sichergestellt hätte. Mit dieser Vorschrift wird mithin das Konzept der „Sanierungsfusion“ für den Bereich der Pressefusion ausdrücklich normiert. Solche Sanierungsfusionen sind im Pressebereich von erheblicher praktischer Bedeutung[101].

Nach § 39 Abs. 1 GWB sind vor dem Vollzug Zusammenschlüsse beim Bundeskartellamt anzumelden. Der Geltungsbereich der Zusammenschlusskontrolle greift gem. § 35 Abs. 1 GWB, wenn im letzten Geschäftsjahr vor dem Zusammenschluss **657**

1. die beteiligten Unternehmen insgesamt weltweit Umsatzerlöse von mehr als 500 Mio. € haben und
2. mindestens ein beteiligtes Unternehmen im Inland Umsatzerlöse von mehr 25 Mio. € erzielt hat sowie
3. ein anderes Unternehmen Umsätze im Inland von mind. 5 Mio. € erzielen muss. Damit wurde eine sog. zweite Inlandsumsatzschwelle mit dem Dritten Mittelstandsentlastungsgesetz in das GWB eingeführt.

Die Neuregelung wird sich auf diese Formel bringen lassen: Der Erwerber muss in Deutschland mind. 25 Mio. € Umsatz erzielen, das Zielunternehmen muss mind. 5 Mio. € umsetzen. Zusammen müssen sie auf mind. 500 Mio. € weltweiten Gesamtumsatzes kommen, sonst ist eine Anmeldung des Zusammenschlusses bei dem Bundeskartellamt nicht erforderlich.

Nach § 35 Abs. 2 GWB gilt dessen Abs. 1 nicht, soweit ein Unternehmen, welches nicht i.S. des § 36 Abs. 2 GWB abhängig ist und im letzten Geschäftsjahr weltweit Umsatzerlöse von weniger als 10 Mio. Euro erzielt hat, sich mit einem Unternehmen zusammenschließt. **658**

Die Vorschriften über die Zusammenschlusskontrolle sollen nach § 35 Abs. 2 Satz 2 GWB auf Zusammenschlüsse durch die Zusammenlegung öffentlicher Einrichtungen und Betriebe keine Anwendung finden, die mit einer kommunalen Gebietsreform einhergehen.

Im Verfahren der Zusammenschlusskontrolle kann die Freigabe eines Zusammenschlusses gemäß § 40 Abs. 3 GWB mit Bedingungen und Auflagen verbunden werden. Dies soll nach § 40 Abs. 3 S. 2 GWB allerdings nicht zu einer laufenden Verhaltenskontrolle führen. **659**

Schließlich enthält § 42 GWB die sog. Ministererlaubnis, wonach der Bundesminister für Wirtschaft und Arbeit auf Antrag die Erlaubnis zu einem vom Kartellamt zuvor untersagten Zusammenschluss erteilen kann, wenn im Einzelfall die Wettbewerbsbeschränkung von gesamtwirtschaftlichen Vorteilen des Zusammenschlusses aufgewogen wird oder der Zusammenschluss durch ein überragendes Interesse der Allgemeinheit gerechtfertigt ist. **660**

101 *Bischke/Brack*, Bericht KartellR NZG 2013, 736 f, mN

11. Monopolkommission

661 §§ 44–47 GWB sehen vor, dass die Monopolkommission alle zwei Jahre ein Gutachten zu erstellen hat, in dem sie den Stand und die absehbare Entwicklung der Unternehmenskonzentration in der Bundesrepublik Deutschland beurteilt und zu allgemeinen wettbewerbspolitischen Fragen Stellung nimmt.

Die Monopolkommission besteht nach § 45 Abs. 1 GWB aus fünf Mitgliedern, die über besondere volkswirtschaftliche, betriebswirtschaftliche, sozialpolitische, technologische oder wirtschaftsrechtliche Kenntnisse oder Erfahrungen verfügen müssen.

12. Verfahren vor den Kartellbehörden

662 Kartellbehörden sind gem. § 48 Abs. 1 GWB das Bundeskartellamt, das Bundesministerium für Wirtschaft und Technologie und die nach Landesrecht zuständigen obersten Landesbehörden.

Beispielsfall

Der FC Bayern will Karten für ein Fußballspiel in der Championsleague lediglich zusammen mit Eintrittskarten für ein Bundesligaspiel mit dem 1. FC Köln anbieten.

Das Landeskartellamt in Bayern will eine Untersagungsverfügung aussprechen und diese beabsichtigte Koppelung verbieten. Die Zuständigkeit des Bayerischen Landeskartellamtes ergibt sich daraus, dass das verbotene Verhalten im Wesentlichen in Bayern stattfindet[102].

663 Nunmehr sind nach § 50 GWB neben den europäischen Kartellbehörden die obersten Landesbehörden und das Bundeskartellamt auch die für die Anwendung des Art. 101 und 102 des AEUV (ex Art. 81, 82 EGV) zuständigen Wettbewerbsbehörden.

Die Kartellbehörde leitet gem. § 54 Abs. 1 GWB ein Verfahren von Amts wegen oder auf Antrag ein. Auch kommt die Einleitung eines Verfahrens auf Grund eines entsprechenden Ersuchens zum Schutz eines Beschwerdeführers nach § 54 Abs. 2 Satz 2 GWB in Betracht. In diesem Fall kann der Beschwerdeführer sogar anonym bleiben[103].

664 Gegenstand des Verfahrens vor den Kartellbehörden ist die Überprüfung eines Sachverhalts nach den Maßstäben des im § 1 GWB enthaltenen Kartellverbots, die in den §§ 18–21 GWB vorgesehene Missbrauchsaufsicht und die in §§ 35 ff. GWB geregelte Zusammenschlusskontrolle.

665 Die Kartellbehörden können gem. § 32 GWB Unternehmen oder Vereinigungen von Unternehmen verpflichten, das kartellrechtswidrige Verhalten abzustellen. Sie dürfen weiterhin nachträgliche Feststellungen von Zuwiderhandlungen treffen. Gem. § 32a GWB steht den Kartellbehörden das Recht zu, in dringenden Fällen einstweilige Maßnahmen zu treffen[104] und nach § 32b GWB Verpflichtungszusagen zur Abstellung von kartellrechtswidrigen Verhaltensweisen entgegen zu nehmen sowie nach § 32c GWB unter gewissen Voraussetzungen die Entscheidung zu fällen, nicht tätig zu werden.

102 Vgl. hierzu *BGH* NJW 1987, 3007.
103 *Lettl*, KartellR, S. 339.
104 Vgl. Rn. 648.

§ 32d GWB enthält das Recht der Kartellbehörden, Freistellungen vom Kartellverbot wieder zu entziehen.

Dabei haben sie mit den europäischen Wettbewerbsbehörden zusammen zu arbeiten.

Darüber hinaus steht den Kartellbehörden das in § 34 GWB enthaltene Recht der Vorteilsabschöpfung zu[105].

13. Öffentliches Vergaberecht

Als Vergaberecht wird die Gesamtheit der Normen bezeichnet, die ein Träger öffentlicher Verwaltung bei der Beschaffung von sachlichen Mitteln und Leistungen, die er zur Erfüllung von Verwaltungsaufgaben benötigt, zu beachten hat[106]. **666**

Das Vergaberecht kann als ein noch junges Rechtsgebiet bezeichnet werden, welches als Teil des Wirtschaftsrechts eine immer größere Bedeutung erlangt.

Die in §§ 97–129b GWB enthaltenen Vergabevorschriften gelten nur für Vergabeverfahren oberhalb der nach den Vorgaben der EG-Richtlinien in der Vergabeordnung festgesetzten Schwellenwerte.

Nach § 127 Nr. 1 GWB kann die Bundesregierung durch Rechtsverordnung die zur Umsetzung der Schwellenwerte der Richtlinie der Europäischen Gemeinschaft notwendigen Regelungen erlassen. Die hiernach maßgeblichen Schwellenwerte betragen: **667**

- für Liefer- und Dienstleistungsaufträge im Bereich der Trinkwasser- oder Energieversorgung oder im Verkehrsbereich 412 000,– €,
- für Liefer- und Dienstleistungsverträge der obersten oder oberen Bundesbehörden sowie vergleichbarer Bundeseinrichtungen außer Forschungs- und Entwicklungs-Dienstleistungen und Dienstleistungen des Anhangs I B 133 000,– €,
- für alle anderen Liefer- und Dienstleistungsaufträge 193 000,– € seit dem 1.1. 2010,
- für Bauaufträge 4 845 000 € seit dem 1.1.2010
- für Auslobungsverfahren, die zu einem Dienstleistungsauftrag führen sollen, dessen Schwellenwert,
- für die übrigen Auslobungsverfahren der Wert, der bei Dienstleistungsaufträgen gilt,
- für Lose von Bauaufträgen: 1 Mio. € oder bei Losen unterhalb von 1 Mio. € deren addierter Wert ab 20 vom Hundert des Gesamtwertes aller Lose und
- für Lose von Dienstleistungsaufträgen: 80 000,– € oder bei Losen unterhalb von 80 000,– € deren addierter Wert ab 20 vom Hundert des Gesamtwertes aller Lose; dies gilt nicht im Sektorenbereich[107].

---

105 Vgl. Rn. 653.
106 *BVerfG* NJW 1996, 3701 ff.
107 *Otting* in Bechthold, GWB, § 100 Rn. 2, 4. Aufl.

668 Für den Zeitraum vom 1.1.2006 bis zum 31.12.2007 wurde zuletzt durch VO EG Nr. 2083/2005 v. 19.12.2005[108] ein Schwellenwert von 422 000,– € für Liefer- und Dienstleistungsverträge und von 5 278 000,– € für Bauaufträge festgelegt. Im klassischen Bereich sollte ein Schwellenwert von 137 000,– € für Liefer- und Dienstleistungsaufträge zentraler Auftraggeber, von 211 000,– € für sonstige Liefer- und Dienstleistungsaufträge und von 5 278 000,– € für Bauaufträge gelten. Die derzeit noch nach § 2 VgV geltenden Schwellenwerte liegen zwar darunter; dies ist europarechtlich aber zulässig, weil der nationale Gesetzgeber nicht gehindert ist, niedrigere Werte festzusetzen[109].

a) Bedeutung

669 Nach Schätzungen der Generaldirektion Binnenmarkt der Kommission der EU liegt das Geschäftsvolumen der öffentlichen Aufträge in den europäischen Gemeinschaften bei einem Wert von jährlich 1500 Milliarden €, das sind 16 % des gesamten Bruttoinlandsprodukts der EU. Die Kommission geht davon aus, dass die derzeit geltenden EU-Vergaberichtlinien den grenzüberschreitenden Wettbewerb auf den Beschaffungsmärkten verstärkt und dadurch die Preise, die öffentliche Auftraggeber für Waren und Dienstleistung zu zahlen haben, um etwa 30 % gesenkt haben. Dabei liegen nachvollziehbare statistische Angaben für die Bundesrepublik Deutschland nicht vor[110].

670 Es fehlen im Übrigen auch Untersuchungen darüber, welche Kosten das zum Teil nicht unerheblich formalisierte öffentliche Vergaberecht auslöst und welche Fehlentwicklungen zu konstatieren sind. Denn zum Einen belastet das sehr bürokratische Procedere der Ausschreibung nicht nur kleinere Kommunen nicht unerheblich, zum Anderen zwingt das Vergaberecht die Auftraggeber, sich bereits in einem sehr frühen Stadium auf viele Einzelheiten des zu erteilenden Auftrages festzulegen. Damit wird häufig die Möglichkeit erschwert oder sogar ausgeschlossen, Fehler später noch zu korrigieren.

Am 24.4.2009 ist das Gesetz zur Modernisierung des Vergaberechts in Kraft getreten (BGBl. I, 790).

671 Die Bundesregierung plant eine Novellierung des Vergaberechts (vgl. Pressemitteilung BMWI v. 21.5.2008, www.bmwi.de). Danach soll es für kleine und mittlere Unternehmen zukünftig leichter möglich sein, sich an größeren öffentlichen Aufträgen erfolgreich zu beteiligen. Öffentliche Aufträge sollen zu diesem Zweck künftig im Regelfall in Losen vergeben werden.

Weiterhin bemüht sich der vorliegende Gesetzesentwurf darum, die für die Ausführung eines konkreten Auftrags zusätzlichen sozialen, umweltbezogenen oder innovativen Anforderungen an den Auftragnehmer stellen zu dürfen. Dabei haben diese zusätzlichen Anforderungen in einem sachlichen Zusammenhang mit dem Auftragsgegenstand zu stehen.

---

108 Vgl. Nachweise bei *Otting*, a.a.O., Rn. 3.
109 *Otting*, ebenda.
110 Vgl. hierzu nur *Weyand*, Praxiskommentar Vergaberecht, S. 25 ff.

Für Städte und Kommunen soll klargestellt werden, dass Grundstücksverkäufe an einen Investor, die gleichzeitig städtebauliche Auflagen umfassen, keine öffentlichen Aufträge sind, die dem Vergaberecht unterliegen und ausgeschrieben werden müssen[111].

b) Allgemeine Grundsätze

Aufgrund europarechtlicher Vorgaben wurden spezielle vergabegesetzliche Regelungen geschaffen und in den §§ 97 ff. GWB normiert. Die europäischen Grundlagen für die Vergabevorschriften finden sich im AEUV, namentlich in den Bestimmungen, die den freien Waren-, Dienstleistungs- und Kapitalverkehr gewährleisten sollen, und in einer Vielzahl von europäischen Richtlinien[112]. **672**

Die Rechtsvorschriften, die bei der Vergabe öffentlicher Aufträge anzuwenden sind, bestimmen sich einmal danach, ob die nach europäischen Vorgaben zu behandelnden so genannten Schwellenwerte erreicht sind oder nicht, und zum Anderen nach dem Gegenstand, der beschafft werden soll[113].

Folgende Grundsätze beherrschen das Vergaberecht:

- Wettbewerbs- und Transparenzprinzip
- Gleichbehandlung aller Bieter
- Mittelstandsschutz
- Vergabefremde Regelung nur durch Gesetz erlaubt
- Zuschlag für das wirtschaftlichste Gebot
- Anspruch des Bieters auf Einhaltung der Vergabevorschriften
- Effizienter Primärrechtschutz
- Antragsrecht der Bewerber und Bieter
- Suspensiveffekt des Nachprüfungsantrages
- Gerichtliche Nachprüfung in zweiter Instanz

Gem. § 97 GWB müssen sich öffentliche Auftraggeber Waren, Bau- und Dienstleistungen entsprechend den im GWB enthaltenen Vergabevorschriften und im Wege transparenter Vergabeverfahren beschaffen. **673**

> **Beispielsfall:** Einer öffentlichen Stelle ist es verboten, eine öffentliche Dienstleistungskonzession ohne Ausschreibung an eine Gesellschaft zu vergeben, die zwar durch die Umwandlung eines Sonderbetriebs der öffentlichen Stelle entstanden ist, die jedoch nicht mehr vollständig von der öffentliche Stelle kontrolliert wird[114].

Dabei gilt der Grundsatz der Gleichbehandlung und, dass mittelständige Interessen vornehmlich durch Teilung der Aufträge im Fach- und Teillose nach § 97 Abs. 3 GWB angemessen zu berücksichtigen sind. Aufträge sind nach § 97 Abs. 3 S. 2 GWB als Teillose, d.h. in der Menge aufgeteilt oder als Fachlose, d.h. getrennt nach Art oder Fachgebiet zu vergeben. Wenn wirtschaftliche oder technische Gründe es erfordern, können gemäß § 97 Abs. 3 S. 3 GWB mehrere Einzellose vergeben werden.

---

111 Gegen die Rspr des OLG Düsseldorf NZ Bau 2007, 530 ff. vgl. auch Rn. 675.
112 Vgl. die Nachweise bei *Weyand*, a.a.O., S. 26 ff, Rn. 18.
113 Vgl. *Weyand*, a.a.O., S. 29 f., Rn. 31, 32.
114 *EuGH* NZ Bau 2005, 645.

Nach § 97 Abs. 4 S. 2 GWB dürfen für die Auftragsausführung zusätzliche Anforderungen an Auftragnehmer gestellt werden, die insbesondere soziale, umweltbezogene oder innovative Aspekte betreffen, wenn sie im sachlichen Zusammenhang mit dem Auftragsgegenstand stehen und sich aus der Leistungsbeschreibung ergeben. Andere Anforderungen können nur gestellt werden, wenn dies durch Bundes- oder Landesgesetz vorgesehen ist.

Gemäß § 97 Abs. 4a GWB können Auftraggeber Präqualifikationssysteme einrichten oder zulassen, mit denen die Eignung von Unternehmen nachgewiesen werden kann.

674 Das Transparenzgebot stellt ein tragendes Prinzip bei der Beschaffungstätigkeit der öffentlichen Hand dar. Es muss im Einzelnen zeitnah der entscheidungserhebliche Inhalt aller wesentlichen Verfahrensschritte dokumentiert werden. Die im Vergabevermerk enthaltenen Angaben und die in ihm mitgeteilten Gründe für die getroffenen Entscheidungen haben so detailliert zu sein, dass sie sich für einen mit der Sachlage des Verfahrens Vertrauten nachvollziehbar darstellen. Dies gilt insbesondere für die Darlegungen, mit denen die Auswahl des für den Zuschlag vorgesehenen Bieters gerechtfertigt wird. Hierzu müssen die Tatsachenumstände und Überlegungen, welche die in Aussicht genommene Zuschlagsentscheidung tragen, vollständig, wahrheitsgemäß und verständlich mitgeteilt werden[115].

Beispielsfall: Die Vergabestelle muss im Einzelnen ihre Vergabekriterien und die Maßstäbe der Gewichtung dieser Kriterien dokumentiert haben, wenn hierauf aufbauend eine Gewichtung vorgenommen wurde[116].

675 Gem. § 100 Abs. 5 Nr. 1–3 GWB unterfallen Verträge über Erwerb oder Mietverhältnisse über oder Rechte an Grundstücken oder vorhandenen Gebäuden oder anderem unbeweglichen Vermögen ungeachtet ihrer Finanzierung nicht dem Vergaberecht. Danach darf ein öffentlicher Auftraggeber z.B. seine ihm gehörenden Immobilien vergabefrei veräußern. Etwas anderes kann gelten, wenn der öffentliche Auftraggeber über die abzuschließenden Verträge im Einzelnen Einfluss auf die später von dem Käufer zu erbringende (Bau-)Leistung ausübt.

Beispielsfall

Die Bundesrepublik Deutschland ist Eigentümer eines ehemaligen Militärflughafens und plante, diesen zu verkaufen. Zur Stärkung des regionalen Wirtschaftsstandortes schloss nach Absprache mit den örtlichen Gebietskörperschaften die Bundesrepublik einen Kaufvertrag über die Immobilien des Militärflughafens und verknüpfte diesen mit einer Pflicht des Käufers, bestimmte Bauleistungen entsprechend einer vereinbarten Nutzungskonzeption auf dem Militärgelände zu erbringen. Unter Hinweis auf § 100 Abs. 2 h) GWB a.F. (§ 100 Abs. 5 GWB) unterließ die Verkäuferin die Durchführung eines Vergabeverfahrens. Hiergegen wendet sich ein anderer Kaufinteressent.

Durch die Verknüpfung des Kaufvertrages mit den Verpflichtungen zur Durchführung eines städtebaulichen Vertrages sowohl in inhaltlicher als auch zeitlicher Hinsicht und anderer Steuerungsinstrumente wurde die Vertragsbeziehung zwischen den Parteien als Bauauftrag i.S.v. § 99 Abs. 3 GWB gewertet. Danach seien Bauaufträge Verträge über die Ausführung/Planung eines näher beschriebenen Bauvorhabens/Bauwerkes oder einer Bauleistung durch Dritte gemäß

115 *OLG Düsseldorf*, Beschluss vom 17.3.2004, zitiert nach *Weyand*, a.a.O., S. 65, Rn. 115.
116 *EuGH* Urt vom 12.12.2002, zitiert nach *Weyand*, a.a.O., S. 73, Rn. 151.

den vom Auftraggeber genannten Erfordernissen[117]. Im Ergebnis wurde es der Bundesrepublik Deutschland untersagt, vor einer Ausschreibung den Militärflughafen zu veräußern.

Vor dem Hintergrund dieser Rechtsprechung stellen § 99 Abs. 1 GWB und § 99 Abs. 3 GWB klar, ein öffentlicher Bauauftrag setze eine dem Auftragnehmer unmittelbar wirtschaftlich zugute kommende Beschaffung voraus. Dann reicht allein die Verwirklichung einer angestrebten städtebaulichen Entwicklung nicht aus, um eine Ausschreibungspflicht zu begründen (kritisch zur Vereinbarkeit mit Gemeinschaftsrecht vgl. nur *Gabriel*, Die Vergaberechtsreform 2009, NJW 2009, 2011 ff. m. N.). **676**

Nach § 102 GWB erfolgt ein Nachprüfungsverfahren öffentlicher Aufträge unbeschadet der Prüfungsmöglichkeiten der Aufsichtsbehörden durch die Vergabekammern. **677**

Dabei findet das GWB auch Anwendung auf Unternehmen, die ganz oder teilweise im Eigentum der öffentlichen Hand stehen oder die von ihr verwaltet oder betrieben werden, § 130 Abs. 1 GWB. **678**

§ 130 GWB stellt klar, dass es für privatwirtschaftlich handelnde Unternehmen keine Ausnahme geben darf, nur weil etwa ihr Eigentümer die öffentliche Hand ist.

Dem Kartellrecht unterliegen somit auch Rundfunkanstalten, Polizeibehörden, Sozialversicherungsträger oder Krankenkassen, soweit sie Leistungen und Waren zur Bedarfsdeckung nachfragen.

Beispielsfall: Polizeibehörden beauftragen häufig Unternehmen, um Fahrzeuge abzuschleppen. In dieser Hinsicht sind sie marktbeherrschend. Deswegen dürfen sie nicht willkürlich bestimmte Abschleppunternehmen von der Auftragsvergabe ausschließen[118].

c) Verfahren unterhalb der Schwellenwerte

Nicht alle Aufträge von öffentlichen Auftraggebern unterliegen der speziellen vergaberechtlichen Überprüfung. Dies gilt zunächst für alle Aufträge unterhalb der Schwellenwerte. **679**

Andere Aufträge, wie etwa die Erteilung einer Dienstleistungskonzession, oder die gem. § 100 GWB vom Vergaberecht des GWB ausgenommen sind, wie z.B. Aufträge, die aufgrund eines internationalen Abkommens im Zusammenhang mit der Stationierung von Truppen vergeben werden oder aufgrund internationaler Abkommen zwischen Staaten, die nicht Mitgliedstaaten der Europäischen Union sind, abgeschlossen werden (§ 100 Abs. 8 Nr. 4, 5 GWB), unterfallen ebenfalls nicht den strengen Regeln des Kartellvergaberechts.

Da aber auch für diese Aufträge die Auftraggeber an Recht und Gesetz, wie z.B. haushaltsrechtliche Grundsätze, die zur Sparsamkeit und wirtschaftlichem Einsatz der Ressourcen verpflichten, gebunden sind, stellt sich die Frage nach dem möglichen Rechtsschutz für Wettbewerber, die nicht zum Zuge gekommen sind. **680**

117 *OLG Düsseldorf* NZBau 2007, 530 ff.; vgl. Rn. 671 und die geplante Änderung des Vergaberechts gem. Gesetzentwurf der Bundesregierung vom 21.5.2008, wonach dieser Rspr. die juristische Grundlage entzogen werden soll.

118 *OLG Düsseldorf* WuW/E 2421 ff. – Abschleppunternehmen.

Nach der maßgeblichen Rspr. des Bundesverwaltungsgerichts ist für Streitigkeiten über die Vergabe von öffentlichen Aufträgen mit einem Auftragswert unterhalb der in der Vergabeverordnung genannten Schwellenwerte nicht der Rechtsweg zu den Verwaltungsgerichten, sondern der ordentliche Rechtsweg gegeben[119].

Beispielsfall

Eine Stadt schreibt das Vorhaben „Neubau, Erneuerung, Änderung und Unterhaltung von Straßenbeleuchtungs-, Verkehrsbeleuchtungs- und Verkehrssignalanlagen" in ihrem Stadtgebiet für eine Laufzeit von 12 Monaten öffentlich aus. Zwei Wettbewerber gaben hierauf bis zum Ablauf der Angebotsfrist jeweils ein Angebot ab. Einem Wettbewerber teilt die Stadt mit, sein Angebot könne nicht gewertet werden. Da die Einleitung eines Vergabeverfahrens und eine etwaige Klage vor Zivilgerichten mangels Erreichen des Schwellenwertes aussichtslos ist, erhebt der Wettbewerber Klage zum Verwaltungsgericht mit dem Begehren, es der Stadt aufzugeben, unter Beachtung der Auffassung des Verwaltungsgerichts erneut über die Erteilung des Zuschlags in dem Vergabeverfahren zu entscheiden.

Letztinstanzlich hat das Bundesverwaltungsgericht die Klage abgewiesen. Da die Vergabe öffentlicher Aufträge privatrechtlich erfolgt, gehören prinzipiell alle sich hierauf beziehenden Streitigkeiten vor die Zivilgerichte[120].

Damit dürfte die Judikatur einiger Verwaltungsgerichte als überholt zu gelten haben, die eine gerichtliche Überprüfung zivilrechtlicher Vertragsabschlüsse unterhalb der Schwellenwerte vor den Verwaltungsgerichten zuließen[121].

681 In öffentlichen Vergabesachen wird damit der Rechtsweg zu den Verwaltungsgerichten nicht gegeben sein; vor den Zivilgerichten werden Wettbewerber z.B. wegen des Nichterreichens der Schwellenwerte mangels gesetzlicher Regelung ebenfalls nur in Ausnahmefällen Primärrechtsschutz erlangen können.

682 Möglicherweise wird der Gesetzgeber zukünftig ein spezifisches Rechtsschutzsystem einführen, um auch außerhalb des Anwendungsbereiches der EU-Vergabekoordinierungsrichtlinien eine diskriminierungsfreie Vergabe sicherzustellen[122].

683 Übergangene Bieter im Vergabeverfahren unterhalb der Schwellenwerte vertreten häufig die Auffassung, es verletze den Gleichheitssatz (Art. 3 Abs. 1 GG), dass der Gesetzgeber den Rechtsschutz gegen Vergabeentscheidungen unterhalb der Schwellenwerte anders gestaltet habe als gegen Vergabeentscheidungen, die die Schwellenwerte mindestens erreichen. Auch verstoße die gesetzliche Regelung gegen die Rechtsschutzgarantie nach Art. 19 Abs. 4 GG und den allgemeinen Justizgewährungsanspruch.

Beispielsfall

Die Beschwerdeführerin betrieb ein auf dem Gebiet der Verkehrssicherung tätiges Unternehmen, das seinen Umsatz ausschließlich durch öffentliche Aufträge erwirtschaftete. Das Volumen dieser Aufträge lag stets unterhalb der für Bauaufträge maßgeblichen Schwellenwerte. Das Landesamt für Straßenwesen des Saarlandes schrieb Verkehrssicherungsmaßnahmen auf einer Autobahn öffentlich aus, wobei die Auftragssumme unter dem für eine Anwendung des Kartellvergaberechts im Jahre 2002 maßgeblichen Schwellenwert von 5 Mio. € lag. Die Beschwerdeführerin gab zwar das wirtschaftlichste Angebot ab, wurde jedoch aufgrund formaler Mängel ihres Angebots ausgeschlossen. Die Vergabekammer Saarbrücken (I. Instanz) und das OLG

119 *BVerwG* NJW 2007, 2275 ff. – Straßenbeleuchtung.

120 *BVerwG* NJW 2007, 2275 ff.

121 Vgl. nur *OVG Koblenz,* NZBau 2005, 411, und die Bspr. der Entscheidung des BVerwG von *Wagner*, NJW Spezial 2007, Heft 7, 309 f., m.N.

122 *Wagner,* a.a.O.

Saarbrücken (II. Instanz) wiesen den gegen den Ausschluss nach § 107 Abs. 1 GWB erhobenen Nachprüfungsantrag mangels Zulässigkeit zurück. Das Nachprüfungsverfahren i.S. der §§ 102 ff. GWB sei nur für Vergaben eröffnet, die mindestens die Schwellenwerte erreichen (§ 100 Abs. 1 GWB i.V.m. § 2 VgV). Die Beschwerdeführerin erhob daraufhin Verfassungsbeschwerde und rügte die Verletzung des Gleichheitssatzes und die Verweigerung von Rechtsschutz, was sie in ihren Grundrechten verletze.

Das Bundesverfassungsgericht hatte über die zulässige Verfassungsbeschwerde zu entscheiden.

Zunächst muss von einer Ungleichbehandlung zwischen Auftragsvergaben oberhalb und unterhalb der Schwellenwerte ausgegangen werden, für die aber gewichtige Gründe vorhanden sein müssen. Aus dem allgemeinen Gleichheitssatz ergeben sich aber je nach Regelungsgegenstand und Differenzierungsmerkmalen unterschiedliche Grenzen für den Gesetzgeber, die vom bloßen Willkürverbot bis zu einer strengen Bindung an verhältnismäßige Erfordernisse reichen. In seiner Ausprägung als Willkürverbot verlangt Art. 3 Abs. 1 GG nicht, dass der Gesetzgeber unter mehreren möglichen Lösungen die zweckmäßigste oder vernünftigste wählt. Ein von Verfassungs wegen zu beanstandender Verstoß gegen den allgemeinen Gleichheitssatz ist nach der Rspr. des Bundesverfassungsgerichts erst anzunehmen, wenn offenkundig wird, dass sich für die angegriffene gesetzliche Regelung und die durch sie bewirkte Ungleichbehandlung kein sachlicher Grund finden lässt. Danach ist die Differenzierung anhand der Schwellenwerte nicht zu beanstanden. Denn es ist verfassungsrechtlich nicht zu beanstanden, wenn das Gesetz davon ausgeht, dass der mögliche Ertrag an Wirtschaftlichkeit, den ein Verfahren mit sich bringt, welches an der Größenordnung der Auftragsvergabe anknüpft, mit dem Betrag der Beschaffung steigt und dass der Vorteil bei Vergabeentscheidungen oberhalb der Schwellenwerte typischerweise nicht wegen der Kosten entfällt, die sonst mit der Kontrolle nach §§ 102 ff. GWB verbunden sind. Hierbei ist es dem Gesetzgeber auch zuzubilligen, über die Schwellenwerte zu typisieren. 684

Der Schutzbereich des Art. 19 Abs. 4 GG ist nach der Entscheidung des Bundesverfassungsgerichts nicht berührt, weil Ziel der Vorschrift sei, Rechtsschutz dort zu gewährleisten, wo der Einzelne sich gegenüber dem Träger staatlicher Gewalt in einem Verhältnis typischer Abhängigkeit und Unterordnung befindet. Dagegen handeln Vergabestellen nicht als Träger öffentlicher Gewalt in diesem Sinne. Der Staat werde als Nachfrager am Markt tätig, um seinen Bedarf an bestimmten Gütern oder Leistungen zu decken. In dieser Rolle als Nachfrager unterscheidet er sich nicht grundsätzlich von anderen Marktteilnehmern. Auf seine übergeordnete öffentliche Rechtsmacht greift er bei seiner Vergabeentscheidung gerade nicht zurück. 685

Einen Verstoß gegen den allgemeinen Justizgewährungsanspruch vermochte das Bundesverfassungsgericht ebenfalls nicht zu erblicken. Denn wenn der Staat als Nachfrager am Markt sich der Mittel des Wettbewerbs bedient, hat er zwar grundsätzlich die allgemeinen geltenden Regeln zu beachten, die Wettbewerb ermöglichen und begrenzen, insbesondere solche, die dem Missbrauch wirtschaftlicher Macht entgegen wirken. Vorliegend wird der Staat jedoch nicht anders gestellt als andere Nachfrager am Markt von Leistungen auch[123]. 686

---

123 *BVerfG* NJW 2006, 3701 ff.; krit. *Niestedt/Hölzl,* NJW 2006, 3680 ff. m.N.

Auch unterhalb der Schwellenwerte kommt in Ausnahmefällen ein Schutz des Bieters nach §§ 3, 4 Nr. 11 UWG in Betracht, wenn die Vergabestelle im Rahmen von laufenden Vergabeverfahren gegen vergaberechtliche oder haushaltsrechtliche Normen verstößt und die Vergabestelle eine Wettbewerbshandlung i.S. des § 2 Nr. 1 UWG vorgenommen hat (vgl. hierzu im Einzelnen Rn. 218 ff. m.N.)

d) Verfahren oberhalb der Schwellenwerte

687 Das Procedere in einem Sachverhalt oberhalb der Schwellenwerte soll an folgendem Fall dargestellt werden:

Beispielsfall

Sanierung von Schule und Schulsporthalle

Im Jahr 1989 untersuchten Gutachter die in der Gemeinde V. liegende Schule und eine sich daneben befindliche Schulsporthalle. Sie kamen zu dem Ergebnis, dass eine Sanierung beider Gebäude dringend notwendig sei.

In den folgenden Jahren änderte sich die Bedarfssituation der Schule. So wurde eine Ganztagsbetreuung eingerichtet. Auch sanierte die Gemeinde die in dem Komplex sich befindliche Grundschule völlig neu und ließ die notwendigsten Reparaturarbeiten verrichten.

In einer Sitzung im Mai 2005 beschloss der Gemeinderat von V. unter verschiedenen Tagesordnungspunkten die Vergabe von Architektenleistungen zur Sanierung und Weiterentwicklung der regionalen Schule sowie der Turnhalle und genehmigte hierfür jeweils 25 000,– € Architektenhonorar. Wenn die Bauvorhaben insgesamt abgewickelt würden, würde ein Architektenhonorar von mindestens 500 000,– € anfallen.

Auf die Beschwerde eines örtlichen Architekten kommt die zuständige Vergabekammer nach § 104 Abs. 1 GWB i.V.m. § 1 Abs. 1 Nr. 3 der einschlägigen Landesverordnung über die Nachprüfungsbehörden für die Vergabe öffentlicher Aufträge zu dem Ergebnis, dass der für die Anwendung der vergaberechtlichen Bestimmungen maßgebliche geschätzte Gesamtauftrag der zu beurteilenden Planungsleistungen den maßgeblichen Schwellenwert nach § 2 Abs. 2 der Verdingungsordnung für freiberufliche Leistungen (VOF) in Höhe von 200 000,– € übersteigt und die Planungsleistungen daher in einem förmlichen Verfahren unter Anwendung der Bestimmungen des EU-Vergaberechts zu vergeben sind.

Erfolgte diese Entscheidung zu Recht?

688 Bei der Beurteilung des Sachverhalts ging die Vergabeprüfstelle davon aus, dass sich beide Objekte auf einem Gelände befinden und die Turnhalle im Wesentlichen auch der Schule zu dienen bestimmt ist, so dass für einen objektiven Betrachter ein unmittelbarer Zusammenhang zwischen der Schule und der Turnsporthalle besteht. Hiergegen spreche auch nicht der Umstand, dass die Schule und die Turnhalle aus verschiedenen öffentlichen Haushaltsmitteln zu finanzieren sind (Entscheidung der Vergabeprüfstelle vom 19. 7. 2005, Aufsichts- und Dienstleistungsdirektion Rheinland-Pfalz). Maßgeblich wird auf den Standpunkt des in der Entscheidung angesprochenen objektiven Betrachters abzustellen sein, so dass die Entscheidung zu Recht erging.

1. Abwandlung:

Die Gemeinde V. ließ die Entscheidung der Vergabeprüfstelle bestandskräftig werden und schrieb die Bauvorhaben in einem förmlichen Verfahren unter Anwendung der Bestimmungen des EU-Vergaberechts aus. Die Gemeinde legte eine Bewertungsmatrix zur Beurteilung der Eignung der 38 Bewerber fest, die sich am Ausschreibungsverfahren beteiligten. Sodann wurden gemäß dieser Matrix 5 Bewerber ausgewählt, mit denen weitere Verhandlungen aufgenommen werden sollten. Nachdem mit den Bewerbern verhandelt worden war, erzielte der Architekt A 5000 Punkte und der Architekt B 5050 Punkte, die anderen drei Architekten weniger Punkte. Die Gemeinde teilte mit, sie beabsichtige, dem Architekt A den Zuschlag zu erteilen. Die Architekten A und B hätten in etwa die gleiche Punktzahl erreicht und zu Gunsten des Architekten A seien die Kriterien – potentielle verfügbare und kurzfristig abrufbare umfassende bautechnische Detailkenntnisse des gesamten Schulkomplexes in V. sowie des in diesem Zusammenhang stehenden lokalen Umfeldes und der individuellen schulischen Gegebenheiten – sowie weitere Eigenschaften, die sich aus der Tatsache ergeben, dass Architekt A auch vor Ort wohnt – entscheidend.

B rügt dieses beabsichtigte Verfahren als nicht nachvollziehbar. Zu Recht?

Die Gemeinde formulierte vorliegend nachträglich zusätzliche Kriterien und legte sie ihrer Entscheidung zugrunde. Damit verstieß sie gegen grundlegende Prinzipien des Vergaberechts, nämlich alle relevanten Kriterien vor Beginn des Verfahrens allen Beteiligten mitzuteilen. Die Gemeinde hatte sich in ihrem ersten Verfahren insoweit selbst gebunden, als dass sie von der von ihr gewählten Matrix nicht mehr ohne Weiteres abweichen durfte. Deshalb wird die Vergabestelle erneut zu Lasten der Gemeinde entscheiden und sie verpflichten, die Wertung der Angebote des A und des B unter Berücksichtigung der Rechtsauffassung der erkennenden Vergabekammer zu wiederholen. 689

2. Abwandlung:

Gem. der oben dargestellten, bestandskräftigen Entscheidung der Vergabekammer lud die Gemeinde A und B zu einer erneuten Präsentation ihrer Angebote ein. Die Mitglieder des Gemeinderates sollten wiederum eine Bewertung der Angebote auf der Grundlage einer Bewertungsmatrix vornehmen. Dabei traf der Gemeinderat zur Bewertung der Angebote folgende Festlegung:

„Im Anschluss an die Präsentation seien die Bewerber/Innen unter Zugrundelegung der in der Vergabebekanntmachung genannten Zuschlagskriterien und entsprechend der vom Bau- und Liegenschaftsausschuss diesbezüglich festgelegten Reihenfolge und Gewichtung zu bewerten. Zu diesem Zweck sei die vom Bau- und Liegenschaftsausschuss beschlossene Bewertungsmatrix auszufüllen, woraus sich dann die erreichte Gesamtpunktzahl ableite. Die endgültige Entscheidung über die Vergabe der Architektenleistung habe im nicht öffentlichen Teil der Sitzung zu erfolgen."

Nach Durchführung der Abstimmung ergab sich, dass die Gesamtpunktzahl aller Ratsmitglieder erneut eine knappe Mehrheit für B ergab. Bei einer Bewertung der Abstimmung der einzelnen Ratsmitglieder gaben aber 11 Ratsmitglieder ihre Stimme gemäß der von ihnen ermittelten Höchstpunktzahl A und nur 7 B.

Daraufhin fasste der Rat den Beschluss, A zu beauftragen.

Wie wird die Vergabeprüfstelle entscheiden?

Da die Gemeinde an die oben dargelegte, bestandskräftige Entscheidung der Vergabekammer gebunden war, fehlte ihr trotz ihrer kommunalen Selbstverwaltung die Befugnis, neue Gesichtspunkte für die Bewertung der Angebote festzulegen. Der Beschluss durfte demnach nur lauten, B zu beauftragen. 690

3. Abwandlung:

Nachdem die Vergabeprüfstelle die Gemeinde erneut verpflichtet hatte, unter Beachtung der Rechtsauffassung der Vergabeprüfstelle, wonach B das bessere Angebot abgegeben habe, zu entscheiden, hob der Gemeinderat einige Monate später die Beschlüsse zur Einleitung des Vergabeverfahrens sowie der Sanierung der Schule und Turnhalle auf.

Zur Begründung verweist die Gemeinde darauf, dass die vollen Förderungsgelder nicht mehr erhalten werden könnten und sich die Bedarfssituation für die Turnhalle erheblich geändert hat. Insbesondere sei nicht klar, ob die Turnhalle überhaupt noch saniert werden könne, vieles spreche auch für einen notwendigen Neubau, ggf. auch an anderer Stelle. Darüber hinaus würden weitere, sich in der Gesamtgemeinde befindlichen Turnhallen in die Bedarfsprüfung einzubeziehen sein. Auch die Schule könne nicht mehr nur einfach saniert werden, da sich auch insoweit die Bedarfssituation geändert habe.

Wie ist die Rechtslage?

Es stellt sich die Frage, ob die Gemeinde das laufende Vergabeverfahren aufheben durfte.

Der Umstand, dass ein öffentlicher Auftraggeber ein Vergabeverfahren einleitet, führt grundsätzlich nicht dazu, dass er verpflichtet wäre, in diesem Vergabeverfahren auch den Zuschlag auf eines der Angebote zwingend zu erteilen. Er bleibt grundsätzlich darin frei, von einer Beauftragung abzusehen. Es besteht regelmäßig kein Kontrahierungszwang[1].

Ein öffentlicher Auftraggeber benötigt aber einen (a) sachlichen Grund und hat beim Verzicht auf die Auftragsvergabe die allgemeinen vergaberechtlichen Prinzipien des (b) Transparenzgebotes, sowie (c) des Vertrauensschutzes, Willkürverbotes und des Gleichbehandlungsgrundsatzes zu beachten[2].

691 Schließlich soll die Aufhebung des Verfahrens die ultima ratio darstellen (d).

a) Der sachliche Grund für die Aufhebung des Verfahrens kann darin gesehen werden, dass die vollen Förderungsgelder nicht mehr erhalten werden können.
Sofern deshalb hier nur eine Teilaufhebung in Betracht zu ziehen ist, bedürfte diese ebenfalls eines sachlichen Grundes. Dieser sachliche Grund wäre in der Nichtweiterverfolgung der geplanten Maßnahme zu sehen.
Dann muss die Beschränkung auf ein Teilprojekt (Schule ohne Turnhalle) einen sachlichen Grund für die gesamte Aufhebung des Verfahrens darstellen.
Für die komplette Aufhebung des Verfahrens und ggf. einer erneuten Vergabe hinsichtlich der dann geplanten separaten Sanierung der Schule spricht der Umstand, dass ein einheitliches Projekt ausgeschrieben war, welches beide Gebäude umfasste. Somit kann hierin ein sachlicher Grund für die Aufhebung, der erst nach Erteilung der Ausschreibung eingetreten war, gesehen werden.

b) Die Aufhebung muss auch transparent sein. Hierzu bedarf es der Erfüllung aller Dokumentationspflichten der Gemeinde in Bezug auf alle wesentlichen Entscheidungen im Vergabeverfahren. Weiterhin muss der öffentliche Auftraggeber den Bietern seine Entscheidung nachvollziehbar darlegen, so auch unter Anwendung des § 26a VOL/A. Dazu gehört, dass der Bieter aus den Gründen entnehmen können muss, was inhaltlich der Grund für den Verzicht war, da ansonsten eine mögliche Verletzung des Transparenz- und Gleichbehandlungsgebotes nicht überprüfbar wäre. Von der Erfüllung des Transparenzgebotes wäre auszugehen.

---

1 *EuGH*, Urteil v. 18.6.2002, C-92/00; Urteil v. 16.9.1999, C-27/98; *OLG Naumburg*, Beschluss v. 13.10.2006, 1 Verg 6/06.

2 Vgl. *VK Brandenburg*, Beschluss v. 16.6.2003, VK 20/03, ZfBR 2004, 100.

c) Sofern ein sachlicher Grund für die Aufhebung vorliegt, besteht regelmäßig kein Vertrauensschutz in den Fortgang des Verfahrens; auch ein Verstoß gegen das Willkür- und Gleichbehandlungsgebot wäre dann nicht zu erkennen.

d) Schließlich muss die Aufhebung der Ausschreibung ultima ratio sein: d.h. der Auftraggeber hat zuvor sämtliche anderen rechtlichen Möglichkeiten zu bedenken und auszuschöpfen gehabt. Ein Verstoß gegen diese Pflicht ist vorliegend auch nicht ersichtlich, weshalb die Gemeinde das Vergabeverfahren aufheben durfte.

e) Beschleunigung von Investitionen durch Vereinbarung der Vergabeverfahren

Zur Beschleunigung öffentlicher Investitionen hatte das Bundeskabinett am 27.1.2009 **692**
Regelungen beschlossen, die Bau-, Liefer- und Dienstleistungsaufträge des Bundes unterhalb der EU-Schwellenwerte betreffen.

Mitte Januar 2009 hatte das Bundeskabinett bereits befristet für die Jahre 2009 und 2010 für die Absatzvergabe von Liefer- und Dienstleistungen die Einführung eines Schwellenwertes in Höhe von 100 000,00 € (ohne Umsatzsteuer) für freihändige Vergaben sowie beschränkte Ausschreibungen und für die Vergabe von Bauleistungen die Einführung eines Schwellenwertes in Höhe von 1 Mio. € (ohne Umsatzsteuer) für beschränkte Ausschreibungen und von 100 000,00 € (ohne Umsatzsteuer) für freihändige Vergaben beschlossen.

Innerhalb dieser Schwellenwerte waren die genannten Verfahren ohne weiteren Nachweis zulässig.

Das Bundeskabinett forderte die Vergabestellen auf, darüber zu informieren, welches **693**
Unternehmen den Auftrag erhalten hat. Im Liefer- und Dienstleistungsbereich galt dies ab einem Auftragswert von 25 000,00 € (ohne Umsatzsteuer), im Baubereich bei freihändigen Vergaben ab einem Auftragswert von 50 000,00 € (ohne Umsatzsteuer) und bei beschränkten Ausschreibungen ab einem Auftragswert von 150 000,00 € (ohne Umsatzsteuer). Damit sollte sichergestellt werden, dass der Einkauf des Bundes weiterhin zu wirtschaftlichen Preisen erfolgt und keine Steuern verschwendet werden. Die Bundesländer wurden aufgefordert, entsprechend zu verfahren.

I. Telekommunikationsrecht

1. Einleitung/Rückblick

694 Das Telekommunikationsrecht hat in den letzten zwanzig Jahren eine rasante Entwicklung durchlebt, die zum besseren Verständnis der Zusammenhänge kurz beleuchtet werden soll. Wir sprechen heute wie selbstverständlich vom Telekommunikationsmarkt und dem marktbeherrschenden Anbieter auf diesem Markt, der Deutschen Telekom AG. Beide Begriffe haben sich jedoch erst in den letzten Jahren in der Bundesrepublik Deutschland entwickelt.

695 Bis 1989 kannte man in Deutschland lediglich die Deutsche Bundespost, eine der ältesten Staatsverwaltungen, die einen Teil der Verluste des Postbereichs durch die Einnahmen im Fernmeldebereich abdeckte. Sie war eine reine Leistungsverwaltung, die gegenüber dem Bürger hoheitlich auftrat. Sie war in nahezu allen Bereichen des Fernmeldewesens der einzige Anbieter. Die Monopolrechte, die lediglich einfach-gesetzlich und nicht etwa verfassungsrechtlich geregelt waren, wurden u.a. mit der Sicherstellung einer staatsweiten Versorgung zu einheitlichen Preisen gerechtfertigt. Der Sprachtelefondienst sollte als Finanzierungshilfe für den weiteren Ausbau von Netzen und Diensten seinen Beitrag liefern.

696 Den ersten entscheidenden Schritt zur Marktöffnung machte der Gesetzgeber mit der so genannten Postreform I im Jahre 1989. Die Deutsche Bundespost gliederte sich ab diesem Zeitpunkt in drei Teilbereiche. Diese wurden als öffentliche Unternehmen mit den Bezeichnungen Deutsche Bundespost Postdienst, Deutsche Bundespost Postbank und Deutsche Bundespost Telekom geführt. Mit dieser Postreform wurden die öffentlich-rechtlichen Benutzungsverhältnisse auf Privatrechtsbeziehungen umgestellt.

697 Mit der Postreform sollte der Erkenntnis Rechnung getragen werden, dass weltweit alle Industrieländer zur Sicherung und Förderung ihrer Leistungsfähigkeit immer stärker auf ein nachfragegerechtes, innovatives und preiswertes Angebot von Kommunikationsdiensten angewiesen sind. Man ging davon aus, dass die gewachsenen traditionellen Strukturen nicht mehr in der Lage wären, den differenzierten Bedürfnissen der Kunden zeitgemäß nachzukommen. Aus diesem Grund hielt man es für unerlässlich, den ordnungspolitischen Rahmen an die veränderten Marktbedingungen anzupassen, um mehr Flexibilität, Marktnähe und Innovationsfähigkeit zu erhalten. Aus der Leistungsverwaltung sollte ein florierendes Wirtschaftsunternehmen werden.

698 Auf die Postreform I folgte die Postreform II. Am 1.1.1995 trat das Postneuordnungsgesetz in Kraft. Die wesentliche Zielrichtung dieser Reform war die Umwandlung der öffentlichen Unternehmen der Deutschen Bundespost in Aktiengesellschaften, um sie ihren ausländischen Wettbewerbern gleichzustellen. Damit sollte insbesondere der Deutschen Telekom eine bessere Wettbewerbsfähigkeit, durch eine Chancengleichheit zu privatrechtlich organisierten ausländischen Wettbewerbern, in einem weltweit zunehmend liberalisierten Markt für Kommunikationsdienstleistungen verschafft wer-

den. Dabei hatte man weniger die Interessen des Kunden im Auge, sondern die Postreform II sollte in erster Linie dem Wirtschaftsstandort Deutschland und der Deutschen Bundespost Telekom zugute kommen.

Die Postreform I wurde noch als Jahrhundertwerk bezeichnet. Bei deren Inkrafttreten hatten sicherlich nur einige kühne Geister die Vermutung, dass eine weitere Postreform wenige Jahre später folgen würde. Dagegen war bereits bei der Verabschiedung der Postreform II deutlich erkennbar, dass eine dritte Postreform nicht lange auf sich warten lassen würde. Bereits eineinhalb Jahre später trat das Telekommunikationsgesetz zum 1.8.1996 (TKG96) in Kraft. **699**

Der Gesetzgeber hatte sich mit dem Telekommunikationsgesetz die Aufgabe gestellt, den verfassungsrechtlichen Auftrag aus Art. 87f des Grundgesetzes zu erfüllen. Danach ist die Versorgung mit Telekommunikationsdienstleistungen als privatwirtschaftliche Tätigkeit, die durch die Deutsche Telekom AG und andere private Anbieter erbracht werden, zu gewährleisten. Ein wesentliches Ziel der gesetzlichen Bestimmungen bestand darin, die staatlichen Rahmenbedingungen in der Telekommunikation so zu gestalten, dass chancengleicher Wettbewerb sichergestellt und ein funktionsfähiger Wettbewerb gefördert wird. Des Weiteren soll eine flächendeckende Versorgung der Bevölkerung mit Telekommunikationsdienstleistungen gewährleistet bleiben. **700**

Der Gesetzgeber ging davon aus, dass er das Ziel, einen funktionierenden Wettbewerb zu erreichen, nur mit sektorspezifischen Regelungen als Ergänzung zum allgemeinen Wettbewerbsrecht erreichen konnte. Er hielt die bestehenden wettbewerbsrechtlichen Bestimmungen des Gesetzes gegen Wettbewerbsbeschränkungen für zu eng und für die Umwandlung eines traditionellen monopolistisch geprägten Marktes für unzureichend. Internationale Erfahrungen zeigten, dass sich wettbewerbliche Strukturen und Verhaltensweisen in diesen Märkten nicht allein durch die Aufhebung von Monopolrechten entwickeln. Potenzielle Anbieter hätten ohne besondere regulatorische Vorkehrungen keine Chance gegenüber dem dominanten Anbieter, da sie insbesondere in der Startphase auf die Mitbenutzung der bestehenden Infrastruktur des Exmonopolisten angewiesen seien. **701**

Eine Grundvorstellung von der Netzstruktur ist erforderlich, um die Regelungen des Telekommunikationsgesetzes zu verstehen (s. Abb. S. 223). Die stark vereinfachten Grafiken stellen den Aufbau des Festnetzes für die Sprachtelefonie dar. Klassisch ist der Telefoniekunde über eine durchgehende Kupferdoppelader von seinem Telefon bis zur Teilnehmervermittlungsstelle verbunden. Diese sogenannte Teilnehmeranschlussleitung beginnt bei der TAE (Telekommunikations-Anschluss-Einheit) und endet im HVt (Hauptverteiler), wo sie entweder ins eigene vermittelte Netz oder in den Kollokationsraum eines Wettbewerbers geführt wird. Bis dorthin gibt es verschiedene Schaltpunkte, die Hausverteilung (sog. APL – Abschlusspunkt Linientechnik) und den KVz (Kabelverzweiger). Auf dieser Teilnehmeranschlussleitung wird auch der schnelle Internetzugang auf DSL-Basis bereitgestellt.

Das TKG96 hat die Wettbewerbssituation in Deutschland entscheidend geprägt. Inzwischen agiert eine Vielzahl von Telekommunikationsanbietern auf dem deutschen Markt und das vom Verbraucher zu zahlende Preisniveau ist in allen Bereichen erheb- **702**

Teilnehmeranschlussleitung („Letzte Meile“)

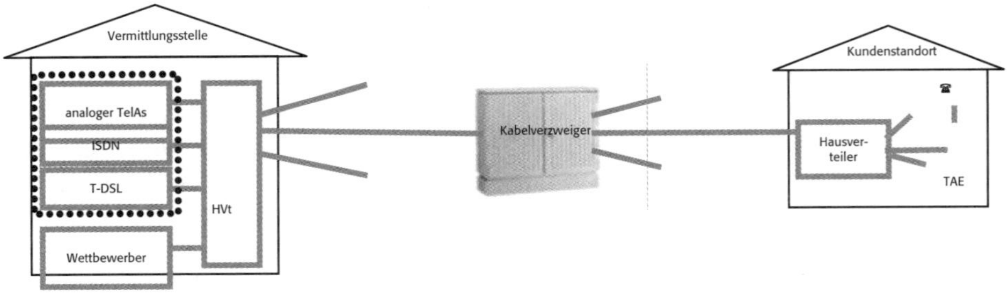

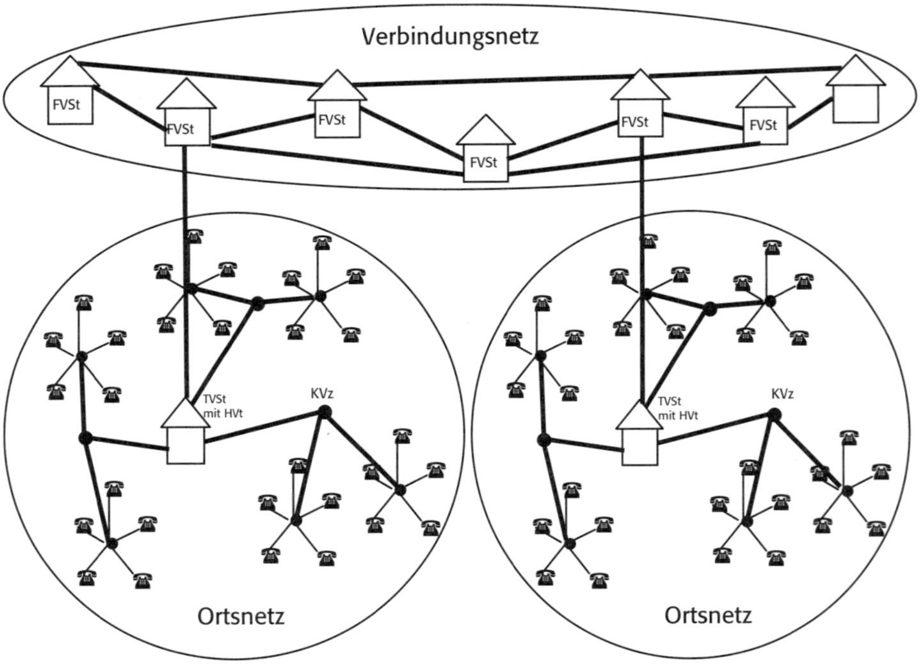

Begriffserklärungen:

FVSt = Fernvermittlungsstelle
TVSt = Teilnehmervermittlungsstelle
HVt = Hauptverteiler
KVz = Kabelverzweiger

lich gesunken. Durch die EU-Kommission wurde bereits Ende der neunziger Jahre eine Novellierung des Telekommunikationsrechts angestoßen. 2002 traten fünf neue europäische Richtlinien[3] in Kraft. Auf Basis dieser europäischen Vorgaben, die in nationales Recht umgesetzt werden mussten, wurde das TKG96 von 1996 überarbeitet und neu gefasst. Die TKG-Novelle 2012 setzte insbesondere die Änderungsrichtlinien „Bessere Regulierung" (2009/140/EG) und „Rechte der Bürger" (2009/136/EG) um. Da mit der Aufhebung von Art. 19 URL auf europäischer Ebene die BNetzA nicht mehr verpflichtet werden soll, eine Betreiberauswahl und Betreibervorauswahl („call by call" und „Preselection") vorzuschreiben, konnte der Gesetzgeber die Betreiberauswahl und Betreibervorauswahl im Rahmen der Netzzugangsverpflichtung nach § 21 Abs. 3 TKG regeln, so dass die §§ 40 und 41 TKG entfallen konnten. An ihre Stelle traten Regelungen zur funktionellen Trennung von vertikal integrierten Unternehmen.

Das neue Telekommunikationsgesetz (TKG) trat fast elf Monate nach Ablauf der im **703** EU-Richtlinienpaket vorgesehenen Umsetzungsfrist am 26.6.2004 in Kraft. Es hat ebenso wie bereits das TKG96 die Zielsetzung, durch Regulierung im Bereich der Telekommunikation die Rahmenbedingungen für einen funktionsfähigen Wettbewerb zu setzen. Gleichzeitig soll jedoch unnötige Regulierung vermieden werden und damit der erste Schritt im Übergang von einer sektorspezifischen Regulierung zum allgemeinen Wettbewerbs- und Kartellrecht getan werden. Mit dem neuen regulatorischen Rahmen soll flexibler auf Marktveränderungen reagiert werden können und eine technologieneutrale Regulierung aller elektronischen Kommunikationsdienste und -netze (Festnetz, Mobilfunknetz, Kabelnetz etc.) sichergestellt werden.

Von der Regulierung durch das TKG sind wie bisher die *Inhalte* der Dienste, die über **704** die elektronischen Kommunikationsnetze und -dienste übertragen werden (wie z.B. Rundfunkinhalte, Inhalte von Mehrwertrufnummern (sog. 0900-Rufnummern), ausgeklammert. Dagegen hat der Verbraucherschutz einen hohen Stellenwert im TKG. Anfang 2007 wurden die Vorschriften der Telekommunikations – Kundenschutzverordnung in das TKG überführt. Am 1.9.2007 sind zusätzliche verbraucherschützende Regeln – insbesondere § 66a–§ 66e – zur Verhinderung und Verfolgung des Rufnummernmissbrauchs in Kraft getreten.[4]

3 **Rahmenrichtlinie**, die Richtlinie 2002/21/EG des Europäischen Parlaments und des Rates vom 7. März 2002 über einen gemeinsamen Rechtsrahmen für elektronische Kommunikationsnetze und -dienste, ABl. EG Nr. L 108 vom 24. April 2002, S. 33; **Genehmigungsrichtlinie**, die Richtlinie 2002/20/EG des Europäischen Parlaments und des Rates vom 7. März 2002 über die Genehmigung elektronischer Kommunikationsnetze und -dienste, ABl. EG Nr. L 108 vom 24. April 2002, S. 21; **Zugangsrichtlinie**, die Richtlinie 2002/19/EG des Europäischen Parlaments und des Rates vom 7. März 2002 über den Zugang zu elektronischen Kommunikationsnetzen und zugehörigen Einrichtungen sowie deren Zusammenschaltung, ABl. EG Nr. L 108 vom 24. April 2002, S. 7; **Universaldienstrichtlinie**, die Richtlinie 2002/22/EG des Europäischen Parlaments und des Rates vom 7. März 2002 über den Universaldienst und Nutzungsrechte bei elektronischen Kommunikationsnetzen und –diensten, ABl. EG Nr. L 108 vom 24. April 2002, S. 51; **Datenschutzrichtlinie**, die Richtlinie 2002/58/EG des Europäischen Parlamentes und des Rates vom 12. Juli 2002 über die Verarbeitung personenbezogener Daten und den Schutz der Privatsphäre in der elektronischen Kommunikation, ABl. EG Nr. L 201 vom 31. Juli 2002, S. 37.

4 Gesetz zur Änderung telekommunikationsrechtlicher Vorschriften vom 18. Februar 2007.

705 Der Telekommunikationsbereich ist hoch innovativ und schnelllebig, so dass eine Anpassung des Rechtsrahmens auch zukünftig erforderlich ist. Die EU-Kommission hat im Juni 2006 mit einer öffentlichen Konsultation die Reform des Rechtsrahmens zur Telekommunikationsregulierung in Europa eingeleitet.[5] Mit dem Gesetz zur Änderung telekommunikationsrechtlicher Regelungen vom 2.5.2012 trat am 10.5.2012 die TKG-Novelle 2012 in Kraft, die im Wesentlichen verbraucherrelevante Zwecke verfolgte.

II. Die Regulierungsbehörde

706 Eine zentrale Funktion im neuen Regulierungsregime und damit auch im neuen TKG (Teil 8, §§ 116 ff. TKG) nimmt die nationale Regulierungsbehörde wahr. Diese Behörde ging aus dem Bundesministerium für Post- und Telekommunikation und dem Bundesamt für Post und Telekommunikation hervor und nahm am 1.1.1998 ihre Arbeit auf. Zum 13.7.2005 wurde sie umbenannt in Bundesnetzagentur für Elektrizität, Gas, Telekommunikation, Post und Eisenbahnen (BNetzA). Sie ist eine Bundesoberbehörde ohne Mittel- und Unterbau und für das ganze Bundesgebiet zuständig.

707 Neben den Aufgaben im Telekommunikationsbereich, auf die nachfolgend näher eingegangen werden soll, hat die Regulierungsbehörde die Aufgabe, durch die Sicherstellung eines diskriminierungsfreien Netzzugangs und durch effiziente Netznutzungsentgelte auch für die weitere Entwicklung auf dem Elektrizitäts-, Gas-, Post- und seit dem 1.1.2006 auf Eisenbahninfrastrukturmarkt zu sorgen.

708 Die Regulierungsbehörde ist umfassend zur Wahrnehmung der sich aus dem TKG oder anderen Gesetzen gegebenen Aufgaben zuständig. Ihr sind im neuen TKG in Umsetzung des europäischen Rechtsrahmens gegenüber dem TKG96 größere Handlungsspielräume hinsichtlich der Anwendung von Regulierungsinstrumenten eingeräumt worden. Praktisch relevante Schwerpunkte der Marktregulierung nach dem TKG liegen unter anderem in dem Verfahren der Marktregulierung (§§ 9 ff. TKG), der Zugangsregulierung (§§ 16 ff. TKG), der Entgeltregulierung (§§ 27 ff TKG) und der Besonderen Missbrauchsaufsicht (§ 42 TKG) mit der Möglichkeit zur Vorteilsabschöpfung (§ 43 TKG).

709 Dagegen ist ihre Aufgabe als Lizenzierungsbehörde entfallen. Im Mittelpunkt des TKG96 standen noch die Vorschriften über die Lizenzierung. In einigen Bereichen wurde der Marktzutritt durch die Vergabe von Lizenzen – der (vorherigen) Erlaubnis zum Angebot bestimmter Telekommunikationsdienstleistungen für die Öffentlichkeit – reguliert. Aufgrund der Genehmigungsrichtlinie ist die Lizenzpflicht bereits vor dem Inkrafttreten des neuen TKG grundsätzlich entfallen.

Beispielsfall

Ein Unternehmen, das auf dem deutschen Markt Telekommunikationsleistungen anbieten will, unterliegt keiner vorherigen Erlaubnispflicht. Dennoch muss es unter gewissen Voraussetzungen der Regulierungsbehörde Angaben über seine Geschäftstätigkeit machen. Nach § 6 TKG besteht eine unverzügliche schriftliche Meldepflicht der gewerblichen Betreiber von öffentlichen Telekommunikationsnetzen und der gewerblichen Anbieter von Telekommunikationsdiensten für die Öffentlichkeit. Diese müssen die Aufnahme, Änderung und Beendigung ihrer Tätigkeit sowie

5 http://ec.europa.eu/information_society/policy/ecomm/tomorrow/roadmap/index_en.htm.

die Änderung ihrer Firma unverzüglich schriftlich bei der Regulierungsbehörde melden. Die Regulierungsbehörde veröffentlicht regelmäßig ein Verzeichnis der gemeldeten Unternehmen. Ein Verstoß gegen die Meldepflicht des § 6 Abs. 1 ist eine Ordnungswidrigkeit, die mit einer Geldbuße bis zu 10 000 € geahndet werden kann. (§ 149 Abs. 1 Nr. 2 und Abs. 2, S. 1 letzte Alternative TKG).

Die Regulierungsbehörde legt den gesetzgebenden Körperschaften des Bundes alle zwei Jahre einen Bericht über ihre Tätigkeit sowie über die Lage und die Entwicklung auf dem Gebiet der Telekommunikation vor (§ 121 TKG) und veröffentlicht einmal jährlich einen Bericht über die Entwicklungen des Telekommunikationsmarktes (§ 122 TKG). **710**

Die Regulierungsentscheidungen werden durch Beschlusskammern gefasst. Die Entscheidungen ergehen durch Verwaltungsakt (§ 132 Abs. 1 TKG). Die Beschlusskammer kann ein Verfahren von Amts wegen oder auf Antrag einleiten (§ 134 TKG). Die Beschlusskammer entscheidet gem. § 135 Abs. 3 TKG aufgrund öffentlicher mündlicher Verhandlungen und hat gem. § 135 Abs. 1 TKG den Beteiligten Gelegenheit zur Stellungnahme zu geben. **711**

Gem. § 135 Abs. 2 TKG sind an den Verfahren vor der Beschlusskammer beteiligt: **712**

1. der Antragsteller,
2. die Betreiber von öffentlichen Telekommunikationsnetzen und die Anbieter von Telekommunikationsdienstleistungen für die Öffentlichkeit, gegen die sich das Verfahren richtet,
3. die Personen und Personenvereinigungen, deren Interesse durch die Entscheidung berührt werden und die die Regulierungsbehörde auf ihren Antrag zu dem Verfahren beigeladen hat.

Gem. § 128 TKG kann die Beschlusskammer alle Ermittlungen führen und alle Beweise erheben, die erforderlich sind. Sie kann gem. § 129 TKG Gegenstände, die als Beweismittel für die Ermittlung von Bedeutung sein können, beschlagnahmen. Gem. § 130 TKG kann die Beschlusskammer bis zur endgültigen Entscheidung vorläufige Anordnungen treffen. Ihre Entscheidung hat die Beschlusskammer gem. § 130 TKG zu begründen. Die Beschlusskammerentscheidungen können nicht von der Aufsichtsbehörde, dem Bundesministerium für Wirtschaft und Technologie (BMWi), aufgehoben werden. Die so genannte Ministerentscheidung des GWB ist dem TKG fremd. **713**

Gegen die Entscheidung der Beschlusskammer muss im Streitfalle Klage vor dem Verwaltungsgericht erhoben werden. **714**

Beispielsfall

Kann der Adressat einer Regulierungsverfügung die Umsetzung durch die taktische Ausnutzung von Rechtsmitteln verzögern? Gem. § 137 Abs. 2 TKG i.V.m. § 132 TKG findet ein Vorverfahren gegen die Beschlusskammerentscheidungen nicht statt. Auch hat die Klage gegen die Entscheidung der Regulierungsbehörde gem. § 137 Abs. 1 TKG keine aufschiebende Wirkung. Dies hat zur Folge, dass die Entscheidungen der Regulierungsbehörde grundsätzlich zeitnah von allen Beteiligten umgesetzt werden müssen und nicht erst nach langwierigen Verwaltungsprozessen wirksam werden.

Der Gesetzgeber ging davon aus, dass regelmäßig ein Interesse an der sofortigen Vollziehbarkeit von Verwaltungsakten der Regulierungsbehörde besteht und dass das öffentliche Vollziehungsinteresse höher ist, als das private Aussetzungsinteresse. Zur **715** schnelleren Herstellung von Rechtsicherheit wurde abweichend zu dem bisherigen Recht im neuen TKG der Instanzenzug auf eine Tatsacheninstanz beschränkt und die Beschwerde gegen andere Entscheidungen des Verwaltungsgerichts – insbesondere im vorläufigen Rechtsschutzverfahren – ausgeschlossen (§ 137 Abs. 3 TKG). Diese Verfahrensbeschleunigung mit dem Wegfall des Vorverfahrens und der Verkürzung des Rechtwegs kommt nur bei den – in der Praxis jedoch bedeutendsten – Beschlusskammerverfahren nach § 132 TKG in Betracht (§ 137 Abs. 2 und 3 TKG).

III. Verfahren der Marktregulierung/Marktdefinition und Marktanalyse

1. Allgemeines

716 Kernstück des TKG2004 sind die Regelungen im 2. Teil zur Marktregulierung. Nach dem TKG96 unterlag der gesamte Telekommunikationsmarkt der sektorspezifischen Regulierung. Auf Basis des europäischen Rechtsrahmens – insbesondere der Rahmenrichtlinie – besteht nach dem TKG2004 die Möglichkeit, gewisse Märkte aus der sektorspezifischen Regulierung zu entlassen und dem allgemeinen Wettbewerbs- und Kartellrecht zu unterwerfen.

717 Zu diesem Zweck führt die Regulierungsbehörde eine Marktdefinition nach § 10 TKG und eine Marktanalyse nach § 11 TKG durch und erlässt auf dieser Basis Regulierungsverfügungen gem. § 13 TKG (vgl. dazu auch den Grundsatz in § 9 TKG). Sofern der Regulierungsbehörde Anhaltspunkte bekannt werden, dass ihre Ergebnisse nicht mehr den tatsächlichen Marktergebnissen entsprechen oder die Empfehlung der Kommission auf Basis von Art. 15 Abs. 1 Rahmenrichtlinie aktualisiert wird, findet eine erneute Überprüfung statt. Außerdem muss die Regulierungsbehörde alle zwei Jahre eine Überprüfung der Marktdefinition und der Marktanalyse vorlegen (vgl. § 14 TKG).

718 Die Regulierungsbehörde hat erstmals nach Inkrafttreten des TKG die sachlich und räumlich relevanten Telekommunikationsmärkte festgelegt, die für eine Marktregulierung in Betracht kommen (vgl. § 10 Abs. 1 TKG).[6] Bis zum Abschluss der Marktüberprüfung blieben auf Grund der Übergangsvorschrift des § 150 TKG die von der Regulierungsbehörde vor Inkrafttreten des neuen TKG getroffenen Feststellungen marktbeherrschender Stellungen sowie die daran anknüpfenden Verpflichtungen wirksam.

719 Nach § 10 Abs. 2 TKG kommen Märkte unter den folgenden Voraussetzungen für die Regulierung in Betracht:

1. Der Markt ist gekennzeichnet durch beträchtliche und anhaltende strukturell oder rechtlich bedingte Marktzutrittsschranken,
2. Der Markt tendiert längerfristig nicht zu wirksamem Wettbewerb,
3. Die Anwendung des allgemeinen Wettbewerbsrechts reicht alleine nicht aus, um dem betreffenden Marktversagen entgegenzuwirken.

---

6 Die Marktanalysen und die entsprechenden Regulierungsverfügungen sind auf der Internetseite der Bundesnetzagentur unter „Einheitliche Informationsstelle" zugänglich.

Bei der Festlegung der Märkte steht der Regulierungsbehörde ein Beurteilungsspielraum zu. Sie muss allerdings die Empfehlungen der EU-Kommission in Bezug auf relevante Produkt- und Dienstmärkte, die auf Basis des Art. 15 der Rahmenrichtlinie beruhen, in ihrer jeweils gültigen Fassung berücksichtigen. In ihrer ersten Fassung aus dem Jahre 2003[7] umfasste diese Empfehlung achtzehn Märkte, aufgeteilt in Endkundenmärkte und Großkundenmärkte. In der bereits angesprochenen Diskussion der Reform des Rechtsrahmens zur Telekommunikationsregulierung in Europa wurde eine Deregulierung vorgeschlagen. Die meisten Endkundenmärkte konnten in das allgemeine Wettbewerbsrecht entlassen werden, da der Verbraucher durch eine effektive Regulierung der Vorleistungsmärkte ausreichend geschützt ist. Die Märkteempfehlung der Kommission vom Dezember 2007 enthält nur noch 7 Märkte. Nur noch ein Endkunden- und sechs Vorleistungsmärkte sollen der Ex-ante-Regulierung unterworfen werden. **720**

Auf Basis der Marktdefinition untersucht die Regulierungsbehörde, ob auf den definierten Märkten wirksamer Wettbewerb besteht (§ 11 Abs. 1 TKG). Wirksamer Wettbewerb besteht nicht, wenn ein oder mehrere Unternehmen auf diesem Markt über beträchtliche Marktmacht verfügen. Nimmt ein Unternehmen allein oder gemeinsam mit anderen eine der Beherrschung gleichkommende Stellung ein, das heißt eine wirtschaftlich starke Stellung, die es ihm gestattet, sich in beträchtlichem Umfang unabhängig von Wettbewerbern und Endnutzern zu verhalten, so gilt es als Unternehmen mit beträchtlicher Marktmacht (§ 11 Abs. 1 S. 3 TKG). **721**

Ein wesentlicher Indikator für die Marktmacht sind die Marktanteile des betreffenden Unternehmens. Der Begriff der beträchtlichen Marktmacht ist i.S.v. Art. 14 Abs. 2 Rahmenrichtlinie zu verstehen und entspricht damit dem Begriff der marktbeherrschenden Stellung nach Art. 102 AEUV (Art. 82 des EGV a.F.) und nicht dem kartellrechtlichen Begriff der Marktbeherrschung nach § 19 GWB. Nach den Leitlinien (vgl. Nr. 75) der Kommission zur Marktanalyse und Ermittlung beträchtlicher Marktmacht (2002/C165/03) nach Art. 15 Abs. 2 der Rahmenrichtlinie ist i.d.R. erst bei einem Marktanteil von über 40 % beträchtliche Marktmacht gegeben, während nach § 19 GWB bereits bei einem Marktanteil von einem Drittel die marktbeherrschende Stellung vermutet wird. Nach ständiger Rechtsprechung des Gerichtshofs liefern besonders hohe Marktanteile von über 50 % – ohne Weiteres, von außergewöhnlichen Umständen abgesehen – den Beweis für das Vorliegen einer beherrschenden Stellung. Weiterhin treffen § 11 Abs. 1 und 2 TKG Regelungen zur Übertragung beträchtlicher Marktmacht auf einen Nachbarmarkt und zu länderübergreifenden Märkten. **722**

Wesentlicher Bestandteil der Marktuntersuchung ist ein Konsultations- und Konsolidierungsverfahren (vgl. dazu § 12 TKG). Vor der Durchführung des „offiziellen" Verfahrens führt die Regulierungsbehörde umfangreiche Datenerhebungen durch, erstellt auf dieser Grundlage einen ersten Entwurf zur Marktdefinition und Marktanalyse und diskutiert diese ersten Arbeitsergebnisse mit dem Bundeskartellamt und der Kommission. **723**

7 Empfehlung der Kommission (2003/311/EG).

724 Danach findet ein nationales Anhörungsverfahren zu dem im Rahmen der Marktuntersuchung erstellten Entwurf statt. Die interessierten Parteien erhalten die Gelegenheit zur Stellungnahme. Nach Bewertung der vorgetragenen Argumente wird der Entwurf zur Marktdefinition und Marktanalyse ggf. angepasst. Das Einvernehmen des Bundeskartellamtes zu der von der Regulierungsbehörde beabsichtigten Entscheidung zur Marktuntersuchung ist gem. § 123 Abs. 1 TKG herzustellen.

725 Sofern die Ergebnisse der Marktdefinition und Marktanalyse Auswirkungen auf den Handel zwischen den Mitgliedstaaten haben, sind sie der EU-Kommission und den nationalen Regulierungsbehörden der anderen Mitgliedstaaten vorzulegen. Den Stellungnahmen muss weitestgehend Rechnung getragen werden. Die Kommission hat darüber hinaus unter gewissen Voraussetzungen ein Vetorecht, wenn der von der Regulierungsbehörde der Kommission vorgelegte Entwurf zur Marktuntersuchung eine von der Empfehlung der Kommission abweichende Marktdefinition oder Festlegung über die beträchtliche Marktmacht von Unternehmen enthält und diese Auswirkungen auf den zwischenstaatlichen Handel hat (§ 12 Abs. 2 Nr. 3 TKG).

726 Die Regulierungsbehörde kann im Wege einer sog. Regulierungsverfügung auf Grund der Marktanalyse Verpflichtungen auferlegen, ändern, beibehalten oder widerrufen (s. hierzu § 13 TKG). Bei einer Auferlegung, Änderung, Beibehaltung oder einem Widerruf von Verpflichtungen nach den §§ 19, 20, 21, 24, 30, 39 oder 42 Abs. 4 S. 3 TKG gilt das vorgenannte Konsultations- und Konsolidierungsverfahren entsprechend, wenn die Maßnahme Auswirkungen auf den zwischenstaatlichen Handel hat.

727 Regulierungsverfügungen ergehen gem. § 13 Abs. 4 TKG gemeinsam mit den Ergebnissen der Marktdefinition und Marktanalyse nach § 10 und § 11 TKG als einheitlicher Verwaltungsakt, so dass die Feststellungen der Regulierungsbehörde zur Marktuntersuchung nicht selbständig anfechtbar sind.

728 Mit dem Gesetz zur Änderung telekommunikationsrechtlicher Vorschriften vom 18.2. 2007 wurde dem § 9 TKG ein § 9a – Neue Märkte – angefügt. Mit dieser Vorschrift sollten neue Märkte grundsätzlich von der Regulierung freigestellt werden. Mit dieser Regelung sollte ein Anreiz für Investitionen in neuen Infrastrukturen – insbesondere in einen Hochgeschwindigkeits-Internetzugang (VDSL) geschaffen werden. Die EU-Kommission sah hierin einen Verstoß gegen einschlägiges EU-Recht und erhob Klage vor dem Europäischen Gerichtshof erhoben. Mit Urteil vom 3.2.2009 (C-424/07) gab dieser der EU-Kommission Recht. Im April 2011 strich der deutsche Gesetzgeber § 9a TKG im Rahmen des Gesetzes zur Neuregelung des Post- und Telekommunikationssicherstellungsrechts und zur Änderung telekommunikationsrechtlicher Vorschriften (PTSRNG). Die Regulierungsbehörde soll nun die Planungssicherheit für die Unternehmen im Rahmen des neu eingefügten § 2 Abs. 3 TKG sicherstellen. Nach dieser Vorschrift hat sie unter anderem die Vorhersehbarkeit der Regulierung (Nr. 1) und die Effizienz von Investitionen und Innovationen (Nr. 4) zu berücksichtigen. Der Vorhersehbarkeit dienen dabei insbesondere die sich aus § 15a TKG ergebende Möglichkeit zur Verfassung von Regulierungskonzepten und die Verlängerung der Regulierungsperioden von zwei auf drei Jahre in § 14 Abs. 2 TKG.

2. Zugangsregulierung unabhängig von der Marktmacht der Betreiber

Der Telekommunikationsmarkt kann nur funktionieren, wenn die einzelnen Telekommunikationsnetze kein „Inseldasein" führen. Der neue Marktteilnehmer ist darauf angewiesen, dass seine Kunden von den Kunden aller anderen Netzbetreiber angerufen werden können und dass seine Kunden auch außerhalb des eigenen Netzes alle anderen Rufnummern erreichen können. So hätten schon die ersten privaten Mobilfunknetzbetreiber, die bereits Anfang der neunziger Jahre eine Betriebslizenz erhielten, nie das enorme Marktwachstum erzielt, wenn aus ihrem Netz nicht die Festnetzkunden und Festnetzdienste erreichbar gewesen wären bzw. von den Festnetzanschlüssen die Mobilfunkendkunden nicht erreichbar gewesen wären. Daher spielen seit jeher die Bedingungen der Netzzusammenschaltung eine ganz zentrale Bedeutung für einen wirksamen Wettbewerb auf dem Telekommunikationsmarkt. **729**

Das TKG verpflichtet gem. § 16 TKG jeden Betreiber eines öffentlichen Telekommunikationsnetzes, anderen Betreibern öffentlicher Telekommunikationsnetze auf Verlangen ein Angebot auf Zusammenschaltung zu unterbreiten, um die Kommunikation der Nutzer, die Bereitstellung von Telekommunikationsdiensten sowie deren Interoperabilität gemeinschaftsweit zu gewährleisten. Da die Verpflichtungen aus § 16 TKG rechtlich nur schwer durchsetzbar sind, ist die Regelung vornehmlich appelativ zu verstehen. **730**

Die im Rahmen dieser Verhandlungen gewonnenen Informationen unterliegen schon per Gesetz einer besonderen Vertraulichkeit (vgl. § 17 TKG). Sie dürfen nur für die Zwecke der Zusammenschaltung verwendet werden. Die Regelung des § 17 TKG dient dem Schutz des Verhandlungspartners, falls sein Gegenüber nicht zu einer privatrechtlichen Vertraulichkeitsvereinbarung bereit ist oder hieran bei den Verhandlungen nicht gedacht wird. Die Vorschrift ist dispositiv und durch eine privatrechtliche Vereinbarung kann der Umfang des Umgangs mit vertraulichen Informationen verschärft oder abgemildert werden. **731**

Darüber hinaus kann die Regulierungsbehörde die Betreiber öffentlicher Telekommunikationsnetze, die den Zugang zu Endnutzern kontrollieren (sog. Teilnehmernetzbetreiber) und die *nicht* über beträchtliche Marktmacht verfügen, in begründeten Fällen zur Zusammenschaltung ihrer Netze mit denen von Betreibern anderer öffentlicher Telekommunikationsnetze verpflichten und ihnen dabei noch weitere Zugangsverpflichtungen auferlegen (vgl. § 18 Abs. 1 TKG). Den Teilnehmernetzbetreibern kann von der Regulierungsbehörde – unabhängig von der vorgenannten Verpflichtung nach § 18 Abs. 1 TKG – gem. § 18 Abs. 2 TKG aufgegeben werden, dass sie andere Teilnehmernetzbetreiber hinsichtlich der Erreichbarkeit und Abrechnung bestimmter Dienste untereinander nicht diskriminieren. **732**

3. Zugangsregulierung gegenüber Betreibern mit beträchtlicher Marktmacht

733 Den Betreibern öffentlicher Telekommunikationsnetze mit beträchtlicher Marktmacht können nach den §§ 19 ff. TKG besondere Verpflichtungen auferlegt werden.

Beispielsfall Neben dem ehemaligen Monopolisten haben weitere Teilnehmernetzbetreiber Kunden gewonnen. Für welche Leistung sind sie auf jeden Fall marktbeherrschend? Sie sind unabhängig von ihrem Marktanteil auf dem Telekommunikationsmarkt für die Terminierungsleistungen, also die Anrufzustellung beim Endteilnehmer, in ihren jeweiligen Netzen marktbeherrschend. Hier verfügt jeder Terminierungsanbieter über 100 % der Marktanteile, da die Endteilnehmer nur über das Telekommunikationsnetz erreichbar sind, an dem sie angeschaltet sind.

734 § 21 TKG ist die zentrale Vorschrift, mit der die Regulierungsbehörde das Unternehmen mit beträchtlicher Marktmacht auf Antrag oder von Amts wegen verpflichten kann, anderen Unternehmen Zugang – einschließlich einer nachfragegerechten Entbündelung – zu gewähren.

Was „Zugang" bedeutet, ist in der lesenswerten Vorschrift des § 3 TKG, der für 34 Begriffe des TKG Begriffsbestimmungen enthält, unter der Nr. 32 legaldefiniert. Danach ist „Zugang" die Bereitstellung von Einrichtungen oder Diensten für ein anderes Unternehmen unter bestimmten Bedingungen zum Zwecke der Erbringung von Telekommunikationsdiensten.

735 Die Zugangsgewährung soll insbesondere dann erfolgen, wenn anderenfalls die Entwicklung eines nachhaltig wettbewerbsorientierten nachgelagerten Endnutzermarktes behindert oder diese Entwicklung den Interessen der Endnutzer zuwiderlaufen würde. Die Regulierungsbehörde muss bei ihren Entscheidungen jeweils eine umfassende Abwägung treffen, ob eine Zugangsverpflichtung gerechtfertigt ist und in einem angemessenen Verhältnis zu den in § 2 Abs. 2 TKG genannten Zielen steht. Der Gesetzgeber hat der Regulierungsbehörde in § 21 Abs. 1 TKG sieben Prüfkriterien mit auf den Weg gegeben, die sie bei ihrer Entscheidung berücksichtigen muss.

736 Die Regulierungsbehörde muss danach die folgenden – stark verkürzt dargestellten – Punkte in ihre Abwägung einbeziehen:

1. Wirtschaftlich verfügbare Alternativen,
2. Verfügbare Kapazität,
3. Anfangsinvestitionen des Eigentümers der Einrichtung (Investitionsrisiko),
4. Notwendigkeit der langfristigen Sicherung des Wettbewerbs (insbes. durch Anreize für Infrastrukturinvestitionen),
5. Gewerbliche Schutzrechte/Rechte am geistigen Eigentum,
6. Bereitstellung europaweiter Dienste,
7. Bereits auferlegte Verpflichtungen und freiwillige Angebote am Markt.

737 Die Regulierungsbehörde *soll* gem. § 21 Abs. 3 TKG den Betreibern öffentlicher Telekommunikationsnetze mit beträchtlicher Marktmacht folgende Verpflichtungen nach Abs. 1 auferlegen:

1. Gewährung des Zugangs zu nicht aktiven Netzkomponenten
2. Vollständig entbündelter sowie gemeinsamer Zugang zum Teilnehmeranschluss,
3. Zusammenschaltung von Telekommunikationsnetzen,
4. Offener Zugang zu technischen Schnittstellen, Protokollen, etc.,
5. Kollokation oder andere Formen der gemeinsamen Nutzung von Einrichtungen,
6. Zugang zu bestimmten Netzkomponenten, -einrichtungen und Diensten.

Die Regulierungsbehörde kann gem. § 21 Abs. 2 TKG den Betreibern öffentlicher Telekommunikationsnetze mit beträchtlicher Marktmacht folgende Verpflichtungen unter Beachtung von § 21 Abs. 1 TKG auferlegen: **738**

1. Zugang zu bestimmten Netzkomponenten oder -einrichtungen (inklusive entbündelter Breitbandzugang),
2. Keine nachträgliche Verweigerung bereits gewährten Zugangs zu Einrichtungen,
3. Endkundenangebote zu Großhandelsbedingungen (Resale),
4. Schaffung von Voraussetzungen für die Interoperabilität der Ende-zu-Ende-Kommunikation (inkl. intelligente Netzdienste oder Roaming),
5. Zugang zu Systemen für die Betriebsunterstützung o. ä. Systeme,
6. Nutzungsmöglichkeiten von Zugangsleistungen sowie Kooperationsmöglichkeiten zuzulassen,
7. Billing und Inkasso,
8. Zugang zu zugehörigen Diensten wie einem Identitäts-, Standort- und Präsenzdienst.

Im Gesetzgebungsverfahren wurden insbesondere die Verpflichtungsmöglichkeiten zum Resale, Billing und Inkasso kontrovers diskutiert.

Mit der Resaleverpflichtung gem. § 21 Abs. 2 Nr. 3 TKG kann der Betreiber mit beträchtlicher Marktmacht verpflichtet werden, „Zugang zu bestimmten vom Betreibern angebotenen Diensten, wie sie Endnutzern angeboten werden, zu Großhandelsbedingungen zu gewähren, um Dritten den Weitervertrieb im eigenen Namen und auf eigene Rechnung zu ermöglichen". Vornehmlich die alternativen Festnetzbetreiber hatten ein Interesse, auf diesem Wege einen Zugang lediglich zum Teilnehmeranschluss des Endkunden zu erhalten. Auf diese Weise könnten sie in den Gebieten, in denen es ökonomisch nicht sinnvoll ist, mit eigener Infrastruktur präsent zu sein – was bei einer angemieteten entbündelten Teilnehmeranschlussleitung erforderlich ist – den Teilnehmeranschluss des Unternehmens mit beträchtlicher Marktmacht an ihre Endkunden im eigenen Namen weiterverkaufen. Aufsetzend auf diese entbündelten Resaleleistungen, könnten gegenüber dem Endkunden auch alle weiteren Leistungen – insbesondere die Verbindungsleistungen – durch den Reseller bzw. Teilnehmernetzbetreiber selbst erbracht werden. Der Gesetzgeber hatte jedoch eine Übergangsfrist bis zum 30.6.2008 geschaffen, in der die Unternehmen mit beträchtlicher Marktmacht nur ein gebündeltes Resale bestehend aus Anschluss und Verbindungsleistung zur Verfügung stellen mussten (vgl. § 150 Abs. 5 TKG). **739**

§ 21 Abs. 2 Nr. 7 TKG regelt die „Kann-Verpflichtungsmöglichkeit" des Zugangs zu Dienstleistungen im Bereich der einheitlichen Rechnungsstellung sowie zur Entgegennahme oder dem ersten Einzug von Zahlungen (Billing und Inkasso) sehr detailliert. Die Marktteilnehmer haben in dem Gesetzgebungsverfahren den Gesetzestext maß- **740** geblich mitgestaltet und haben sich im Zuge des Gesetzgebungsverfahrens auch privatrechtlich über die Modalitäten der Rechnungsstellungen und der Forderungseinziehung geeinigt, so dass hier keine Regulierungseingriffe erforderlich sind.

741 Der Betreiber eines öffentlichen Telekommunikationsnetzes mit beträchtlicher Marktmacht, dem eine Zugangsverpflichtung nach § 21 TKG auferlegt wurde, soll spätestens drei Monate nach der Auferlegung gegenüber Nachfragern ein entsprechendes Zugangsangebot abgeben. Die daraus resultierenden Vereinbarungen bedürfen der Schriftform und sind der Regulierungsbehörde zur Einsichtnahme für weitere Nachfrager vorzulegen (vgl. dazu § 22 TKG).

742 Bereits mit der Auferlegung von Zugangsverpflichtungen kann die Regulierungsbehörde den Betreiber eines öffentlichen Telekommunikationsnetzes, der über beträchtliche Marktmacht verfügt, verpflichten, innerhalb von drei Monaten ein Standardangebot für die Zugangsleistungen zu veröffentlichen, für die eine allgemeine Nachfrage besteht. Bei der Festlegung und Änderungen von Bedingungen des Standardangebotes steht der Regulierungsbehörde ein erhebliches Mitspracherecht zu (s. dazu im Einzelnen § 23 TKG). In den Verwaltungsverfahren zur Überprüfung der jeweiligen Standardangebote kann dem Verpflichteten vorgegeben werden, sein Standardangebot zu ändern und erneut vorzulegen.[8]

743 Grundsätzlich baut der Gesetzgeber darauf, dass die Zugangsvereinbarung nach § 22 TKG ebenso wie die Vereinbarung über Zugangsleistungen nach § 18 TKG durch die Beteiligten im Rahmen ihrer Privatautonomie getroffen werden.

Beispielsfall

Zwei Betreiber von öffentlichen Telekommunikationsnetzen haben einen Vertrag über die Ausgestaltung ihrer Zusammenarbeit geschlossen. Kann die Regulierungsbehörde ihnen abweichende Regelungen vorschreiben? Grundsätzlich kann sie dies nicht, da Regulierungseingriffe durch Anordnungen nur zulässig sind, soweit und solange die Beteiligten keine Zugangs- oder Zusammenschaltungsvereinbarung treffen (§ 25 Abs. 2 TKG).

744 Sofern die Verhandlungen jedoch scheitern, kann die Regulierungsbehörde auf Antrag oder von Amts wegen eine Anordnung des Zugangs treffen, sofern die Voraussetzungen für eine Verpflichtung zur Zugangsgewährung vorliegen. Die Regulierungsbehörde muss diese Entscheidung i.d.R. innerhalb von zehn Wochen (in besonders zu begründenden Ausnahmefällen innerhalb von vier Monaten) nach Anrufung durch einen an der Verhandlung der gescheiterten Vereinbarung Beteiligten treffen.

745 Gegenstand einer Anordnung können alle Bedingungen einer Zugangsvereinbarung sowie die Entgelte sein (§ 25 Abs. 5 TKG). Sogar Vorschriften der Rechnungsführung – einschließlich der Vorgabe einer getrennten Rechnungsführung für bestimmte Tätigkeiten im Zusammenhang mit Zugangsleistungen – kann die Regulierungsbehörde dem Betreiber gem. § 24 TKG auferlegen.

746 Neben der Verpflichtung zur Netzzusammenschaltung ist die Regulierung des Zugangs zur Teilnehmeranschlussleitung die ökonomisch bedeutendste Zugangsverpflichtung.

---

8 Zur Entscheidungspraxis der Regulierungsbehörde siehe: Intranet Homepage der Bundesnetzagentur: Einheitliche Informationsstelle → Zugangsregulierung → Standardvertragsangebote.

Reguliert ist die vollständige und teilweise Entbündelung der Teilnehmeranschlussleitung auf Basis der Kupferdoppelader (inklusive weiterer Verpflichtung, wie z.B. Kollokationsgewährung).

Der Betreiber eines öffentlichen Telekommunikationsnetzes mit beträchtlicher Markt- 747
macht kann von der Regulierungsbehörde auch verpflichtet werden, dass er Unternehmen, die gleichartige Dienste erbringen, Zugangsvereinbarungen anbietet, die auf objektiven Maßstäben beruhen, nachvollziehbar sind, einen gleichwertigen Zugang gewähren und den Geboten der Chancengleichheit und Billigkeit genügen. Mit diesem Diskriminierungsverbot soll eine Besserstellung der eigenen Produkte oder der Produkte seiner Tochter- oder Partnerunternehmen – sowohl hinsichtlich einzelner Bedingungen als auch Qualitätsmerkmalen – ausgeschlossen werden (vgl. § 19 TKG).

Beispielsfall

Wie kann sich ein Unternehmen, das im Telekommunikationssektor tätig werden will, einen Überblick über die Angebote und die Verpflichtungen des marktbeherrschenden Unternehmens verschaffen? Besonderen Wert hat der Gesetzgeber auf die Transparenz des Geschehens für alle Marktteilnehmer auf dem regulierten Telekommunikationsmarkt gelegt. Dies wird insbesondere durch folgende Regelungen deutlich: Verträge über Zugangsleistungen müssen der Regulierungsbehörde vorgelegt werden, damit sie andere einsehen können (§ 22 Abs. 3 TKG), das Standardangebot ist in die AGB des Betreibers aufzunehmen (§ 23 Abs. 7 TKG), die Regulierungsbehörde veröffentlicht die von ihr getroffenen Maßnahmen im Zusammenhang mit der Zugangsregulierung (§ 26 TKG).

Darüber hinaus kann die Regulierungsbehörde den Betreiber eines öffentlichen Tele- 748
kommunikationsnetzes mit beträchtlicher Marktmacht zur Veröffentlichung bestimmter Informationen – wie z.B. Buchführung und technische Spezifikationen – verpflichten (§ 20 TKG) oder kann die ihr vorgelegten Informationen über Kostenrechnungs- und Buchungsunterlagen selbst veröffentlichen (§ 24 Abs. 2 TKG).

Selbstverständlich wird diese Transparenzpflicht durch den Grundsatz der Verhältnismäßigkeit begrenzt und insbesondere sind die Betriebs- und Geschäftsgeheimnisse der betroffenen Unternehmen zu wahren.

4. Funktionelle Trennung vertikal integrierter Unternehmen und Netzneutralität

Nach der TKG-Novelle 2012 kann die Regulierungsbehörde gemäß § 40 TKG gegen- 749
über vertikal integrierten Unternehmen anordnen, dass diese ihre Tätigkeiten bezüglich bestimmter Zugangsprodukte auf Vorleistungsebene in einem unabhängig arbeitenden Geschäftsbereich unterzubringen haben. Die Anordnung einer Entflechtung soll nur als ultima ratio erfolgen, weshalb davon auszugehen ist, dass sie kaum praktische Bedeutung entfalten wird[9].

§ 41a Abs. 1 TKG ermächtigt die Bundesregierung, die grundsätzlichen Anforderungen 750
an eine diskriminierende Datenübermittlung (Netzneutralität) festzulegen, während die Regulierungsbehörde nach § 41a Abs. 2 TKG die Mindestanforderungen an die Dienstqualität bestimmen soll. Mit diesen Vorschriften soll im Rahmen der EU-Richt-

9 Siehe auch *Körber*, TKG-Novelle 2011, MMR 2011, 215, 218

linie 2009/140/EG gewährleistet werden, dass eine bevorzugte Übermittlung von Daten ausschließlich auf sachlichen Kriterien beruht, die in einer Qualitätsdifferenzierung (Quality of Service) liegen könnte. Danach könen beispielsweise Übermittlungen von Telefonie über VoIP, IPTV, Onlinespiele oder Videostreams gegenüber E-Mails bevorzugt werden, da letztere keine Echtzeit-Übertragung erfordern. Eine inhaltliche Differenzierung soll dagegen unzulässig sein[10].

IV. Die Entgeltregulierung

751 Die meisten Zugangsverpflichtungen gingen ins Leere, wenn das für sie zu entrichtende Entgelt von den betroffenen Unternehmen selbst festgesetzt werden könnte. Daher schließt sich an die Zugangsregulierung des Abschn. 2 des TKG die Entgeltregulierung im 3. Abschn. nahtlos an. Die Regelungen sind in drei Unterabschnitte gegliedert: Allgemeine Vorschriften (§§ 27–29 TKG), Regulierung von Entgelten für Zugangsleistungen (§§ 30–38 TKG) und Regulierung von Entgelten für Endnutzerleistungen (§ 39 TKG). Während das TKG sehr detaillierte Vorgaben zur Ermittlung der zu regulierenden Entgelte gibt, sind die Regelungen zur Entgeltregulierung in dem Richtlinienpaket der EU von 2002 wesentlich allgemeiner gehalten.

752 Ziel der Entgeltregulierung des TKG ist es, eine missbräuchliche Ausbeutung, Behinderung oder Diskriminierung von Endnutzern oder von Wettbewerbern durch preispolitische Maßnahmen von Unternehmen mit beträchtlicher Marktmacht zu verhindern (§ 27 Abs. 1 TKG). Sie soll nach dem Willen des Gesetzgebers dort, wo der Preis- oder Wettbewerbsmechanismus nicht oder nur sehr eingeschränkt funktioniert und demzufolge mit deutlichen Abweichungen von effizienten Preisen zu rechnen ist, als Ersatzinstrument für funktionsfähigen Wettbewerb regulierend eingreifen. Die von der Regulierungsbehörde genehmigten Entgelte unterliegen nicht der Inhaltskontrolle der Zivilgerichte, wenn der Verwender aufgrund bindender behördlicher Entscheidung über seine Geschäftsbedingungen keinen Spielraum für eine privatautonome Gestaltung hat.[11]

753 Eine Regulierung, das gilt insbesondere für die Entgeltregulierung, kann jedoch niemals den Wettbewerb ersetzen. Die Effektivität der sektorspezifischen Entgeltregulierung lässt bei steigender Dynamik der Märkte und zunehmender Wettbewerbsintensität erheblich nach und sollte dann dem allgemeinen Wettbewerbsrecht weichen. Bei sich neu entwickelnden Märkten, wie z.B. der IP- und Breitbandtechnologie, kann eine sektorspezifische Regulierung kontraproduktiv wirken, indem sie den Unternehmen Anreize für Entwicklungen und Investitionen nimmt und so die Markt- und Wettbewerbsdynamik bremst.

754 Die Regulierungsbehörde hat darauf zu achten, dass die Entgeltregulierungsmaßnahmen in ihrer Gesamtheit aufeinander abgestimmt sind (§ 27 Abs. 2 TKG). Mit diesem Konsistenzgebot – eine vergleichbare Regelung war im TKG96 nicht enthalten – ist die Regulierungsbehörde angehalten, bei der Festlegung der Entgelte die Interdependen-

---

10 Vgl. *Körber* a.a.O., S. 219; *Holznagel*, Das neue TKG, NJW 2012, 1622, 1625 f.
11 *BGH* III ZR 467/04.

zen auf den einzelnen Märkten – insbesondere auf dem Vorleistungs- und Endkundenmarkt – zu berücksichtigen. Insbesondere sollen damit Preis-Kosten-Scheren vermieden werden, d.h. sofern ein Unternehmen regulierte Vorleistungsprodukte nach § 21 TKG anbietet, muss ein hinreichender Preisabstand zu den vom ihm ebenfalls angebotenen Endkundenprodukten bestehen, um den alternativen Wettbewerbern eine Chance für konkurrenzfähige Endkundenprodukte zu lassen[12].

§ 28 Abs. 1 TKG verbietet Anbietern von Telekommunikationsdiensten und öffentli- **755**
chen Telekommunikationsnetzen mit beträchtlicher Marktmacht generell jede missbräuchliche Vereinbarung seiner Stellung bei der Forderung und Vereinbarung von Entgelten. § 28 Abs. 2 S. 1 TKG, der sich stark an § 19 Abs. 4 GWB orientiert, zählt einzelne Missbrauchsfälle beispielhaft auf.

§ 28 Abs. 2 TKG nennt drei Vermutungstatbestände für missbräuchliche Verhinderungs- **756**
praktiken: die Dumpinggrenze (Nr. 1), die Preis-Kosten-Schere (Nr. 2) und die ungerechtfertigte Produktbündelung (Nr. 3). Er greift damit zentrale Punkte auf, die unter der Geltung des TKG96 Gegenstand einer lebhaften Regulierungsdiskussion waren.

Zur sachgerechten Durchführung der Entgeltregulierung, insbesondere zur Erlangung **757**
der benötigten Informationen, sind der Regulierungsbehörde in § 29 TKG umfassende Rechte eingeräumt worden. Sie kann u.a. detaillierte Angaben zum Leistungsangebot, zum aktuellen und erwarteten Umsatz und zu den aktuellen und erwarteten Absatzmengen von dem zu regulierenden Unternehmen verlangen. Sie kann diesen Unternehmen Auflagen zu den Kostenrechnungssystemen machen, um die für die Entgeltregulierung benötigten Daten zu erhalten. Die Informationen kann sie zusätzlich wahlweise auf Datenträgern anfordern. Zur Durchsetzung ihrer Anordnungen kann sie gem. § 29 Abs. 6 i.V.m. Abs. 4 TKG ein Zwangsgeld bis zu einer Million Euro festsetzen. Während sich die Anordnungen regelmäßig gegen Anbieter mit beträchtlicher Marktmacht richten, kann sie auch gegenüber anderen Unternehmen Anordnungen treffen, wenn sie Informationen zur sachgerechten Ausübung der Entgeltregulierung benötigt.

Die Entgeltregulierung von Vorleistungen, also für die Zugangsleistungen die einem **758**
Betreiber eines öffentlichen Telekommunikationsnetzes mit beträchtlicher Marktmacht auferlegt sind, ist in den §§ 30–38 TKG detailliert dargestellt. Diese Entgelte unterliegen grundsätzlich schon zum Zeitpunkt der Leistungserbringung der Entgeltgenehmigung (Ex-ante-Entgeltregulierung). Grundsätzlich wirkt die Genehmigung der Entgelte auf den Zeitpunkt der erstmaligen Leistungsbereitstellung zurück. Falls ein Unternehmen jedoch höhere als die von der Regulierungsbehörde genehmigten Entgelte gerichtlich durchsetzen will, geht dies nur in dem engen Rahmen des § 35 Abs. 5 TKG.

Beispielsfall

Der alternative Teilnehmernetzbetreiber ist für die Terminierungsleistungen, also die Anrufzustellung im eigenen Netz, marktbeherrschend. Unterliegt er für diese Leistung der Ex-ante-Entgeltregulierung? Zu Gunsten der Netzbetreiber für die beträchtliche Marktmacht erst nach Inkrafttreten des TKG 2004 festgestellt wurde, wurde in § 30 Abs. 1 S. 2 Nr. 2 TKG eine Ausnahmeregelung getroffen. Die alternativen Teilnehmernetzbetreiber und die Mobilfunknetzbetreiber wurden nach dem TKG 96 nicht als marktbeherrschend eingestuft und würden daher an sich nicht der Ex-ante-Entgeltregulierung unterliegen. Nach der Spruchpraxis der Bundesnetz-

12 S. die Legaldefinition in § 28 Abs. 2 Nr. 2 TKG.

agentur wird die nachträgliche Entgeltkontrolle bei den vier Mobilfunknetzbetreibern jedoch nicht für ausreichend gehalten, lediglich die alternativen Teilnehmernetzbetreiber sind von der Ex-ante-Entgeltregulierung befreit.

759 Auch die Entgelte weiterer Zugangsleistungen, die nicht schon ex-ante reguliert werden, unterliegen nach § 30 TKG in vielen Fällen der nachträglichen Entgeltkontrolle durch die Regulierungsbehörde[13].

760 Darüber hinaus unterliegen unter gewissen Voraussetzungen auch die Entgelte für Endnutzerleistungen der Entgeltregulierung. § 39 TKG, der in Umsetzung von Art. 17 Abs. 1 der Universaldienstrichtlinie in das TKG aufgenommen wurde, macht deutlich, dass die Regulierung der Endkundenentgelte – anders als nach dem TKG96 – grundsätzlich nur als ultima ratio in Betracht kommt. Voraussetzung für die Regulierung der Endkundenentgelte von marktbeherrschenden Unternehmen ist, dass die Verpflichtungen im Zugangsbereich nicht zur Erreichung der Regulierungsziele nach § 2 TKG führen.

761 § 39 Abs. 4 TKG stellt einen Zusammenhang zwischen Vorleistungs- und Endkundenprodukten her. Sofern ein Unternehmen zu einer Zugangsleistung nach § 21 TKG verpflichtet wurde, die auch für ein Angebot auf dem Endkundenmarkt wesentlich ist, und dieses Unternehmen auch beträchtliche Marktmacht auf dem Endkundenmarkt hat, muss es gleichzeitig mit der Vermarktung neuer Endkundenleistungen auch ein entsprechendes Vorleistungsprodukt bereitstellen. Andernfalls kann die Regulierungsbehörde die Entgeltmaßnahme ohne weitere Prüfung untersagen. Den Wettbewerbern soll so die Nachbildung des Endkundenprodukts und die zeitnahe Markteinführung ermöglicht werden.

Die nationalen Entgeltregulierungsvorschriften reichten allerdings nicht aus, um europaweit das hohe Preisniveau für die Verwendung des Mobiltelefons in anderen Mitgliedstaaten (die sog. Roamingentgelte) abzusenken. Dem wurde mit der sogenannten Roaming-Verordnung, die dezidierte Vorgaben für die Groß- und Endkundenentgelte macht, begegnet.

V. Besondere Missbrauchsaufsicht

762 Im Abschn. 5, in den §§ 42 und 43 TKG, finden sich die abschließenden Regelungen zur Marktregulierung. Während die Regelungen in den anderen Abschnitten des Teils 2 (Marktregulierung) im Wesentlichen auf den europäischen Richtlinien beruhen, werden mit §§ 42 und 43 TKG keine europäischen Vorgaben umgesetzt. § 42 TKG ist eine Generalklausel, die sich an die entsprechende Vorschrift des § 19 GWB anlehnt. Sie entspricht im Grundregelungsgehalt dem § 33 TKG96, mit dem die Regulierungsbehörde die Marktöffnung ab 1998 weitgehend vorangetrieben hat. Auf dieser Generalklausel beruhen die grundlegenden Entscheidungen gegenüber der Telekom, Wettbewerbern den entbündelten Zugang zur Teilnehmeranschlussleitung anzubieten und Fakturierungs- und Inkassoleistungen für diese zu erbringen.

---

13 S. zu der Durchführung der Ex-post-Entgeltregulierung § 38 TKG.

§ 42 Abs. 1 S. 1 TKG verbietet es Unternehmen mit beträchtlicher Marktmacht, ihre Stellung missbräuchlich auszunutzen. Ein Missbrauch liegt nach § 42 Abs. 1 S. 2 TKG insbesondere vor, wenn andere Unternehmen unmittelbar oder mittelbar unbillig behindert oder deren Wettbewerbsmöglichkeiten ohne sachlich gerechtfertigten Grund erheblich beeinträchtigt werden.[14] 763

Ein Missbrauch wird vermutet, wenn das Unternehmen sich selbst, seinen Tochter- oder Partnerunternehmen den Zugang zu seinen intern genutzten oder am Markt angebotenen Leistungen zu günstigeren Bedingungen oder besseren Qualitäten ermöglicht, als es anderen Nachfragern angeboten wird, es sei denn, es liegt eine sachliche Rechtfertigung vor (§ 42 Abs. 2 TKG). 764

Ein Missbrauch wird auch dann vermutet, wenn das Unternehmen seinen Zugangsverpflichtungen nicht nachkommt, indem die Bearbeitung von Zugangsanträgen ohne sachlichen Grund verzögert wird (§ 42 Abs. 3 TKG).

Die Regulierungsbehörde trifft ihre Entscheidung zur Beendigung der missbräuchlichen Ausnutzung der marktbeherrschenden Stellung auf Antrag oder von Amts wegen und kann dem betreffenden Unternehmen ein Verhalten auferlegen oder untersagen oder Verträge ganz oder teilweise für unwirksam erklären. Die Entscheidung soll in der Regelfrist von vier Monaten nach der Einleitung des Verfahrens getroffen werden (§ 42 Abs. 4 TKG). 765

Mit dem § 43 Abs. 1 TKG wird der Regulierungsbehörde die Möglichkeit zur Anordnung der Vorteilsabschöpfung eingeräumt, wenn ein Unternehmen gegen eine Missbrauchsverfügung nach § 42 Abs. 4 TKG oder vorsätzlich oder fahrlässig gegen eine Vorschrift des TKG verstößt und dadurch einen wirtschaftlichen Vorteil erlangt. Dem Unternehmen soll die Zahlung eines entsprechenden Geldbetrages auferlegt werden, sofern der wirtschaftliche Vorteil nicht bereits durch Schadensersatzleistungen oder die Verhängung oder die Anordnung des Verfalls ausgeglichen ist (§ 43 Abs. 2 TKG). 766

Die Regelung zur Vorteilsabschöpfung ist relativ unbestimmt und wird daher sicherlich noch gerichtliche Auseinandersetzungen provozieren. Besonders problematisch ist die Vorteilsabschöpfung im Falle eines fahrlässigen Normverstoßes, da hier weder konkretisiert wird, welche Verstöße die Abschöpfung rechtfertigen können, noch ist eine vorherige Feststellung eines Verstoßes, der dem Unternehmen die Möglichkeit zur Abhilfe geben würde, erforderlich. 767

Die Höhe des wirtschaftlichen Vorteils kann von der Regulierungsbehörde geschätzt werden. Den abzuführenden Geldbetrag hat sie zahlenmäßig zu bestimmen (§ 43 Abs. 4 TKG). Stellt die Abschöpfung eine unbillige Härte dar, kann der Geldbetrag reduziert werden oder die Abschöpfung gänzlich unterbleiben. Ebenso soll die Abschöpfung unterbleiben, wenn der wirtschaftliche Vorteil gering ist (§ 43 Abs. 3 TKG). Die Vorteilsabschöpfung erfolgt grundsätzlich rückwirkend und kann einen Zeitraum von 5 Jahren umfassen (§ 43 Abs. 5 TKG). 768

14 Mit der TKG-Gesetzesänderung von 2007 wurde der § 42 auch auf endnutzerrelevante Verpflichtungen ausgedehnt.

Stichwortverzeichnis

Die Zahlen verweisen auf die Randnummern.

Abmahnkosten 360 ff., 386 f.
Abmahnung 55, 395
Abreden
– horizontale 571
– vertikale 571
Abschöpfungsanspruch 653
absolute Schutzhindernisse 425
Abwehranspruch 81
admin-c 463
ADR-Verfahren 552
aggressive Geschäftspraktiken 46, 50, 158
Aktivlegitimation 69 ff., 76, 81, 369 ff., 377
Aleatorischer Reiz 171
Alleinbelieferungsverpflichtungen 575
Alleinstellungs- und Spitzengruppenwerbung 286
Allgemeinwerbung 369
ältere Menschen 174
Angaben
– sonstige zur Täuschung geeignete 244
– unwahre 190, 244
angemessener Warenvorrat 312
Angst 174
Angst- und Schockwerbung 179
Anhörungsverfahren 724
Anlass des Verkaufs 274
Anlocken
– übertriebenes 153, 165, 167, 172
Anmeldesystem 570
Anordnung des Verfalls 769
Anpreisungen 246
– nichtssagende 249 f.
Anreißen 347
Anrufmaschine
– automatische 355
Anstifter 381
Aufnahmezwang 637
Aufträge unterhalb der Schwellenwerte 679
Aufbauhinweise 142 ff.
Ausbeutung 160
– missbräuchliche 755
Auskunftsanspruch 448
Auskunftsklage 406
Ausschreibung 673
Ausschreibungspflicht 676

Bagatellfälle 150
Bagatellhandlung 158
Bagatellklausel 148, 353
Bagatellregel 593
Bait-and-switch-Technik 46
Bandwagon 229
Bedarfsmarktprinzip 612
Behinderung 160, 755
– gezielte 371
Behinderungsverbot
– allgemeines 630, 633, 634
Belästigung
– unzumutbare 141, 345 ff.
Benetton-Judikatur 108 ff.
Benutzungsmarke 423, 427, 449
Beschaffenheit der Ware 264
Beschlagnahme 448
Beschlusskammern 711
Beseitigung 217, 360 ff., 362
Beseitigungsklage 406
Besondere Missbrauchsaufsicht 708
Betreiberaus- und Betreibervorauswahl 749
Betriebsgeheimnisse 211
Betriebsspionage 211
Beurteilungsspielraum 720
Beweislast 60, 306, 311, 646
Bezugsbindung 572
Bezugsperren 638
Bieter 218
Boykottverbot 638
Buchpreisbindung 647
Bundeskartellamt 648, 662
Bundesministerium für Wirtschaft und Arbeit 662
Bundesnetzagentur 706
business to business (B2B) 42
business to consumer (B2C) 42, 155
Bußgeldverfahren 655

call by call 750
Chancengleichheit 5, 107, 683 698

Denic 461, 532
Dienstleistungen 257
Direktwerbung 82

Diskriminierung 755
Diskriminierungs- und Behinderungsverbot 625
Diskriminierungsverbot 747
Domain
- Alleinstellungsbehauptung 526
- Anmeldung durch Agentur 477
- Anspruchsgegner 530 ff.
- deutscher Markt 492
- Dispute-Eintrag 535
- Eigentumsfähigkeit 468
- first come first served 525
- Funktion 466 f.
- Gattungsbegriffe 525
- Herausgabeanspruch 541
- irreführende Angaben 525
- Künstlername 472
- Markenrecht 487 ff.
- maßgeblicher Zeitpunkt 503
- Namensanmaßung
- Recht der Gleichnamigen 482 ff.
- Spitzname 472
- Störer 531
- Tippfehlerdomain 529
- Titelschutz 518
- Verwendung im geschäftlichen Verkehr 489
- Waren- oder Dienstleistungsähnlichkeit 502
- Werktitelschutz 511
- Wettbewerbsrecht 521 ff.
- Whois-Abfrage 530
- Zeichenähnlichkeit 496
Domain-Check 481
Domaingrabbing 522 ff.
Domain-Name 456 f.
Domain-Namensschutz 469 ff.
Domainparking 534
Doppelidentität 425
Dringlichkeit 401
Druck 163
Dumpinggrenze 759

effektiver Rechtsschutz 217
EG-Richtlinien 29 ff.
- DatenschutzRL 82, 357, 702
- GenehmigungsRL 702
- MarkenRL 418
- RahmenRL 702, 716 ff., 720, 722, 752
- RL für die Vergabe von Bau-, Liefer-, Dienstleistungsaufträgen 580
- RL über Aufträge im Bereich Wasser-, Energie- und Verkehrsversorgung sowie im Telekommunikationssektor 580
- RL über den elektronischen Geschäftsverkehr 31
- RL über den Schutz der Verbraucher bei Angaben der Lebensmittelpreise 31
- RL über den Schutz der Verbraucher bei Angaben der Preise von anderen Erzeugnissen als Lebensmitteln 31
- RL über die audiovisuellen Mediendienste 31
- RL über die Etikettierung und Aufmachung von Lebensmitteln 31
- RL über die Etikettierung von Tabakerzeugnissen 31
- RL über die Werbung für Humanarzneimitteln 31
- RL über irreführende und vergleichende Werbung 30, 33 ff., 228, 331
- RL über unlautere Geschäftspraktiken, irreführende und aggressive 32, 41 ff., 46 ff.
- RL zur Zuschlagserteilung durch Auftraggeber im Bereich der Wasser-, Energie-, Verkehrsversorgung sowie der Postdienste 580
- UniversalRL 702, 752, 763
- ZugangsRL 702
Eigenschaften und Rechte des Unternehmers 294
Eilbedürftigkeit 401
Einigungsstellen 409
Einrichtungen
- qualifizierte 360
Einstweilige Verfügung
- auf Beschlagnahme 398
- auf Unterlassung 398
Eintragungshindernisse
- absolute und relative 425
Einverständniserklärung 353
Einwilligung
- mutmaßliche 354
Einzelmarktbeherrschung 626, 628
Eltern 173
empfindliches Übel 163
Endkundenmärkte 720
Entbündelung 734
Entgeltregulierung 708, 752, 754 ff.
Entscheidungsfreiheit 161, 163
Ergebnisse von Tests 269
europäische Kartellbehörden 663
Europäische Kommission 585

Europäisches Fusionskontrollverfahren 577 ff.
Exkulpationsmöglichkeit 629

fachliche Sorgfalt 90, 146, 155
Fahrlässigkeit 381 ff.
Falschangabe 236
Fantasieangaben 246
Farbmarken 420
Firmierungen 253
Frühstückskartelle 607
Fusionskontrolle 656
– im europäischen Recht 577 ff.

Garantiefunktion 414
Garantieversprechen 304
Gastro-Kritiker 135 ff.
Gattungsbezeichnungen 436
Gebrauchs- und Geschmacksmustergesetz 203
Gehilfe 381
geistige Eigentumsrechte 296
Gemeinschaftsmarke 449 ff.
Gemeinschaftsmarkengericht 451
Gentlemenagreements 607
geschäftliche Bezeichnungen 419, 432
geschäftliche Beziehungen 414
geschäftliche Handlung 72 ff., 147, 158, 367
– irreführende 221 ff., 223, 226, 231, 235
– unlautere 141 ff., 142
Geschäftsehrverletzungen 195
Geschäftspraktiken
– irreführende 46 ff., 158 f.
Geschäftszeichen 432
Geschmacksmuster 208, 296
geschützte Rechtsgüter 65 ff.
Gesundheits- und Umweltwerbung 38
Gewährleistungsrechte 304
Gewinnabschöpfung 360 ff.
Gewinnabschöpfungsanspruch 384 f., 653
Gewinnspiel 190, 192, 194
Gewinnspiele mit Wettbewerbscharakter 191
Glücksspiel 46
Großkundenmärkte 720
Grundgesetz 1, 105 ff., 164
Grundrechte 105 ff., 164
Grundsatz der Gleichbehandlung 40, 107, 673, 690
Gruppenfreistellungsverordnung 631
– europäische 585
Güte- oder Prüfzeichen 272
Gütezeichen 253
Gütezeichengemeinschaften 637

Handwerkskammer 360
Härte
– unbillige 771
Hauptsacheklage 406
Herabsetzung 344
Herkunft
– betriebliche 201
Herkunftsangaben
– geografische 267, 414, 419, 433, 437 ff., 441 ff.
– einfache 435
– qualifizierte 435
Herkunftsfunktion 414
Herkunftstäuschung
– vermeidbare 205 ff.
Herkunftsvorstellung 205
Hinweisfunktion 414

ICANN-Verfahren 549
Identifikationsfunktion 414
Identität als Unternehmer 293
Imagewerbung 179
Industrie- und Handelskammer 360
Information 75
Insolvenzwarenverkauf 61
International registrierte Marken 453
Internet-Adresse 456
IP-Adresse 456
Irreführung 205
Irreführung durch Unterlassen 320 ff.

Jugendliche 174
Justizgewährungsanspruch
– allgemeiner 686

Kartellbehörden 662
Kartellrecht 7, 555 ff.
– deutsches, *s. a. Kartellrecht, nationales* 584 ff.
– europäisches 28, 556 ff., 581
– Europarechtliche Grundlagen 23 ff.
– Funktion 587 ff.
– Historie 19 ff.
– nationales 581
Kaufappelle 246, 249 f.
Kaufzwang
– psychischer 172

Kausalität 607
Kennzeichenrecht 414 ff.
Kennzeichnungsfunktion 414
Kinder 173, 174
Klage 406, 714
Konsultations- und Konsolidierungsverfahren 723
Kontrahierungszwang 690
Koppelungsangebote 167
Kopplung 192 ff.
Kopplungsverbot 191
Kundenbindungssysteme 186
Kundenfang 160

Legalausnahmesystem 570
Lieferboykott 555
Lizenzierung 709
Lizenzpflicht 709
Lockangebote 314
Lock- und Pinganruf 348
Löschungsanspruch 425, 444
Löschungsklage 425

Madrider Markenabkommen 452
Marken 414
Markenfähigkeit 419 ff.
Markengesetz 203
Markenrecht 414 ff.
Markt
– relevanter 611
Marktanalyse 717
Marktanteil 624, 628, 722
marktbeherrschende Stellung 26, 27, 633 ff.
Marktbeherrschung 623, 626, 628
Marktdefinition 717
Marktmacht 154, 722
– überlegene 634
Marktregulierung 708, 716
Marktstellung 632
Marktstörung 152 ff., 160
Marktteilnehmer 371
Marktzutritt 709
Marktzutrittsregelung 214
Marktzutrittsschranken 719
Mediendienste 183
Meinungs- und Kunstfreiheit 107 ff., 252
Meinungsäußerungen 195
Meinungsbildung 75
Meinungsumfragegutachten 244
Missbrauch 623 ff., 766 ff.
Missbrauchsaufsicht 664
Mitbewerber 78, 158, 212, 360, 371, 373
Mitbewerberbehinderung 212
Mitspracherecht 742
Mittäter 381
Mittelstandskartelle 620
Monopolkommission 661

Nachfragemacht 212
Nachfragewettbewerb 80
Nachricht 82
Namensrecht 414, 432
negative Koalitionsfreiheit 640
Nötigung 163
Notorietätsmarke 423, 430 f.

Oligopol-Marktbeherrschung 626, 628
Ordnungswidrigkeit 359, 413, 448, 655
Öffentlichkeit
– Ansprechen in der 348, 351

Pariser Unionsvertrag 430 f.
Passivlegitimation 378
Patentgesetz 203
Patentschutz- und Gebrauchsmusterschutz 296
physischer Zwang 163
Plakatwerbung 369
Post
– elektronische 356
Postreform I 696
Postreform II 698
Preis 190
Preis- und Konditionsbindungen
– horizontale 599
– vertikale 599
Preisausschreiben 191, 192, 194
Preisbewerbung 275
Preisbindung 647
Preisempfehlung
– unverbindliche 280
Preisherabsetzung 307
Preis-Kosten-Schere 759
Preisnachlässe 186
Preisvergleichsmöglichkeiten 216
Preselection 750
Produktbündelung
– ungerechtfertigte 759
psychischer Zwang 163

Qualitätskennzeichen 253
Qualitätszeichen 272

Rabattgesetz 53, 60, 166, 172
Rechtfertigungsgründe 382
Rechtsbehelfe
– außergerichtliche 394 ff.
– gerichtliche 394 ff.
Rechtsbruch 160, 213
Rechtsfolgen 360 ff.
Rechtsschutzbedürfnis 408
Registermarke 423, 424
Regulierungsbehörde 706 ff.
Regulierungsverfügung 717, 726
relative Eintragungshindernisse 425
Resaleverpflichtung 739
Roamingentgelte 764
Roaming-Verordnung 764
Rufausbeutung 209, 344
Rufbeeinträchtigung 209
Rufnummernmissbrauch 704
Rundfunk 183

Schadensersatz 147, 360 ff., 380, 406, 440, 444, 649, 769
Schleichwerbung 183, *s. a. Werbung*
Schmähkritik 196
Schneeballsystem 46
Schockwerbung 110, 128, 179
Schutzhindernisse
– absolute und relative 425
Schutzumfang
– der Registermarke 426
Second Level Domains 460 ff.
Sittenwidrigkeit 71, 109, 121, 127 ff.
Sonderrechtsschutz 203
Sonderveranstaltungsrecht 59
sonstige Marktteilnehmer 77, 158
sonstiger Vorteil 190
Sponsoring 299
spürbare Beeinträchtigung 148
Spürbarkeit der Marktbeeinflussung 610
Störer 69, 79, 364, 384 ff.
Strafvorschriften 410 ff.
Symbole 251

Täter 381
Tatsachenbehauptung 245
– unwahre 197
Täuschung 224
tech-c 463
Teilnehmeranschlussleitung 701
Teilnehmernetzbetreiber 732
Teilnehmervermittlungsstelle 701
Telefaxwerbung 46, 352 f.
Telefonwerbung 46, 352 f.
Telekommunikationsregulierung 705
Telemediengesetze 188
Tippfehlerdomain 529
Titelschutz 518
Top Level Domains 458 f.
Transparenzgebot 191, 674, 690
Transparenzpflicht 748
Treu und Glauben 156

Übertreibungen
– reklamehafte 246
übertriebenes Anlocken 165
Unangemessenheit 165
Unbilligkeit 631
Unerfahrenheit 174
unlautere Geschäftspraktiken 41 ff.
Unlauterkeit 146, 161
– subjektives Element 147
Unlauterkeitshandlungen 160
Unterhaltung 75, 217, 360 ff., 362, 368
Unterlassung
– irreführende 49, 320 ff.
Unterlassungsanspruch 63, 115, 124, 127, 147, 360 ff., 440, 444, 649
Unternehmensbegriff
– funktionaler 597
Unterlassungserklärung
– strafbewehrte 396
Unterlassungsklage 406
Unternehmenskennzeichen 432
Unternehmenskritik 510
Unternehmer 84
Unterscheidungsfunktion 414
Unterscheidungskraft 421 ff.
Urhebergesetz 203
Ursprungsangaben 267

Verbraucher 54, 91, 147, 158, 367, 614
– einzelner 69 f.
Verbraucherleitbild 94 ff., 157
– des BGH 99
– des EuGH 96
– neue 102
Verbraucherschutz 53, 69 ff., 704
Verdrängungsabsicht 212
Verfall 769
Verfügbarkeit der beworbenen Ware 258
Verfügungsanspruch 399
Verfügungsgrund 399
Vergabeordnung 666
Vergaberecht 217, 666

Vergabestelle 218
Verhalten
– marktbezogen 72
Verhaltenskodex 83, 303
Verheimlichung 357
Verhinderungspraktiken
– missbräuchliche 759
Verjährung 388 ff., 649
Verkauf unter Einstandspreis 634
Verkaufsförderungsmaßnahmen 174, 186 ff., 189, 191
Verkehrsauffassung 243
Verkehrsgeltung 427, 428
Verkopplung
– unzulässige 193
Vermögensschaden 652
Vermutung
– gesetzliche 60
– widerlegbare 609
Vermutungstatbestände 759
Vernichtungsanspruch 448
Verschleierung 357
vertikale Beschränkungen 571
Vertrauensbruch 211
Vertrauensschutz 690
Vertraulichkeit 731
Vertriebsvereinbarungen 555, 572
Vertriebswege 571
Verunglimpfung 344
Verwaltungsakt 711
Verwässerungsschutz 508
Verwechslungsgefahr 210, 341, 445
Verwechslungsverbot 341
Verwendungsmöglichkeit 262, 268
vorläufige Anordnungen 713
vorläufiges Rechtsschutzverfahren 715
Vorrangtheorie 28
Vorsatz 381
Vorteilsabschöpfung 654, 708, 765, 770

Ware
– unbestellte 351
– vorgehaltene 315
Waren 257
Wechselwirkung 431
Werbeaussage
– missverständliche 240
– übertriebene 240
– verunsichernde 240
Werbefunktion 414
Werbegeschenke 186
Werbung
– anlehnende 252
– getarnte, verdeckte 182 f., 241
– irreführende 37 ff., 226
– menschenverachtende 164
– unerwünschte 141
– vergleichende 33 f., 141, 305, 327 ff.
Wertreklame 165
Wertschätzung 342
Werturteile 198, 247
Wettbewerb 1 ff.
– Beeinträchtigung 149
– irreführender 141
– unlauterer 141
– wirksamer 721
wettbewerbsbeschränkende Vereinbarungen 591
– horizontale 562, 571, 599, 616
– vertikale 562, 571, 574, 599
Wettbewerbsbeschränkung
– bewirkte 609
– bezweckte 609
Wettbewerbshandlung 9
Wettbewerbsrecht 3, 4 ff.
– Europäisierung 29 ff.
– Europarechtliche Grundlagen 23 ff.
– Historie 12 ff.
– im engeren Sinne 7
– im weiteren Sinne 6
wettbewerbsrechtliches Abschlussschreiben 407 f.
Wettbewerbsverbände
– rechtsfähige 360
Wettbewerbsverbote 596
Wettbewerbsverhältnis
– abstraktes 81
– konkretes 79
wettbewerbswidrige Marktstörung 145
Whois-Abfrage 463
Widerspruch 425
Wiederholungsgefahr 362
Willkürverbot 690
Wortmarke 210, 421, 445

Zeichen 251
Zugaben 186
Zugabeverordnung 53, 60, 166, 172
Zugang 734
Zugangsregulierung 708, 729 ff., 733 ff., 752
Zugangsverpflichtung 735
Zusammenschlusskontrolle 656 ff.
Zwangsgeld 760
Zwangslage 174
Zwecktauglichkeit 261, 268